佛儒之间

Fo Ru Zhi Jian
QingChu Chengjiu FaShi De YiMin ShiJie

清初成鹫法师的遗民世界

叶宪允 著

中国书籍出版社
China Book Press

图书在版编目（CIP）数据

佛儒之间：清初成鹫法师的遗民世界/叶宪允著．
—北京：中国书籍出版社，2018.11
ISBN 978-7-5068-7063-4

Ⅰ.①佛…　Ⅱ.①叶…　Ⅲ.①成鹫（1637-1722）
—传记　Ⅳ.①B949.92

中国版本图书馆 CIP 数据核字（2018）第 252308 号

佛儒之间：清初成鹫法师的遗民世界

叶宪允　著

责任编辑	吴化强
责任印制	孙马飞　马　芝
封面设计	中联华义
出版发行	中国书籍出版社
地　　址	北京市丰台区三路居路 97 号（邮编：100073）
电　　话	（010）52257143（总编室）　（010）52257140（发行部）
电子邮箱	eo@ chinabp. com. cn
经　　销	全国新华书店
印　　刷	三河市华东印刷有限公司
开　　本	710 毫米×1000 毫米　1/16
字　　数	269 千字
印　　张	15
版　　次	2019 年 1 月第 1 版　2019 年 1 月第 1 次印刷
书　　号	ISBN 978-7-5068-7063-4
定　　价	78.00 元

版权所有　翻印必究

目 录
CONTENTS

绪　论 ··· 1

第一章　少年遗民 ··· 8
　第一节　明清之际的遗民与遗民僧 ························· 8
　第二节　大明遗民方国骅 ····································· 18
　第三节　成鹫法师的少年遗民风云 ························ 26

第二章　坐馆与隐居 ·· 41
　第一节　塾师二十年 ·· 41
　第二节　三藩之乱中的成鹫法师 ···························· 49

第三章　佛门岁月 ··· 55
　第一节　成鹫法师出家因缘 ································· 56
　第二节　成鹫的佛门传承及政治取向 ······················ 82
　第三节　住持岭南大刹的动因 ······························ 96
　第四节　华林寺住持之争及对佛门污行的批评 ········· 113

第四章　成鹫法师与遗民、遗民僧 ······················· 130
　第一节　成鹫法师与"逃禅"的遗民僧 ··················· 130
　第二节　成鹫法师与明遗民的往来 ······················· 146

第五章　反清问题 ·· 174
第一节　抗清与"通海" ·· 174
第二节　海南之行 ··· 184
第三节　澳门行:再论成鹫没有参加抗清斗争 ·················· 188
第四节　从"飘然为云水之游"反观其"踪迹突兀" ············ 193
第五节　"著名海内,贤士大夫多与之游":从成鹫与清朝官员
密集交游再论反清问题 ·· 198

第六章　悠悠遗民梦 ·· 202
第一节　忠诚与幻灭 ·· 202
第二节　坚守与志节 ·· 209
第三节　"天下事,无不可为" ·· 215

第七章　"晚世之真儒" ·· 218
第一节　成鹫法师的儒释道思想 ·· 218
第二节　儒家思想是主要思想 ·· 222

结　论 ·· 228

后　记 ·· 230

绪 论

成鹫法师(1637－1722年)乃清初一代奇僧,十三岁中秀才,十五岁归隐躬耕,十九岁作塾师,四十一岁出家为僧,八十六岁圆寂。作为一代文人,成鹫法师的人生命运起伏跌宕,从少年遗民到老年遗民僧,在国破家亡之时见证了明清之际的历史风云。明崇祯十年(1637)一代佛门高僧成鹫法师出生。成鹫生于广州方氏文化世家,父子号称"番禺三方",父亲方国骅乃岭南名士,"少读书有文章名",大有声誉,交游国中名士、国士,从游者数百人。成鹫从小受到良好的教育,号称神童,同时成鹫还力大无穷,能力举数百斤重的巨钟,"攘臂而起,擎巨钟若挈瓶然,众皆惊以为神"[1],可谓文武双全。按照传承已久的社会传统,成鹫无疑也会走上父祖的道路,科举出世,各地为官,他们父子三人被媲美于宋代"眉山三苏",当然也有可能像三苏父子一样或许有成为一代文化大家一代宗师的可能。然而成鹫生逢乱世,明崇祯十七年大明王朝在内外交困苦苦挣扎之后轰然倒塌,清军入关。明亡之后,十三岁已经成为诸生的少年成鹫随父归隐,尽弃科业,绝意仕途。豪勇之成鹫以晋代周处(236－297年)为榜样,不再以侠义自居横行街巷,转而收拾心性,实究濂、洛、关、闽之学。十九岁出为塾师,先后二十余年。三藩之乱即将平定时的康熙十六年(1677),遗民们的恢复明朝正统的期望彻底消失,四十一岁的成鹫毅然自行剪发出家为僧,又隐身佛门四十六年,"飘然为云水之游",出入于广东名山罗浮山、丹霞山、鼎湖山,到过海南岛和澳门,住持过著名寺院广州大通烟雨古寺和鼎湖山庆云寺。成鹫"足之所至,兴之所寄,即事遣情,往往有诗",号称清初诗僧第一人,沈德潜对他极为推重,在《清诗别裁集》中称"本朝僧人鲜出其右者"。在创作实绩上,成鹫一生中作诗一千三百多首,文章六百多篇,其他著述近十种,著述涵盖儒释道三教的著述中儒家著述和儒家思想是核心,部分著述在清代就流传海外。他号称岭南佛门的旷世奇才。成鹫的一生就是作为

---

[1] 清·释成鹫:《咸陟堂文集》附录,《纪梦编年》,广东旅游出版社,2008年版。

典型的文人而成为典型的遗民僧的一生,他是广州以及岭南文化圈的核心人士之一,也是佛门内的著名高僧,外释内儒是其本质特征。成鹫的一生正是甘于清贫、洁身自好的一生,他选择成为遗民隐士。但成鹫在广州和岭南都有一定的影响,海内著名、称雄文坛,"著名海内,贤士大夫多与之游",结识了广州以及岭南乃至海内的世家子弟、文人集团、遗民、遗民僧,而作为明遗民他还接触结交了包括礼部尚书陈元龙、两广总督兵部尚书赵弘灿等在内的大批清朝政府各级官员,这也是成鹫法师多面人生的一种体现。

从成鹫法师身上,我们能看到在民族危亡社会动乱之际,文人们充满矛盾的人生,人物命运折射出断崖式的历史时期对文人们造成的创伤。此一时期,天崩地裂般的历史风云,故国情怀和夷夏之防的传统观念,加之艰难世事与变幻人生中的铁血与苦难,对成鹫产生了深切影响。八十六年的生涯中他历经明崇祯帝、南明、清雍正和完整的康熙朝,他生存状态复杂多变,少年退出科举,归隐林泉二十多年,中年更是愤而出家为僧,出儒入释,都是坚守内心的理念与思想,他深入佛门是真诚的,但文人的习性从未丢失与改变,"公志行与世之逃虚空而习清净者不同日语",本质上依然是一位抱有儒家伦理思想规范的文人士子。佛门也没有能挽救他的内心情感世界,因而对佛门劣行多有批判。佛门五十年,也是号称圣祖的康熙帝亲政五十年的时间,岁月如流水,反清复明的遗民梦越发遥远淡漠,坚守成了个人的习惯。成鹫法师在人生后期二十年大量接触结交了一批清朝政府军政官员,就能充分说明他对统治根基早已巩固的清政府的态度已变。他曾多次有反清复明的想法,但也没有参加实际的抗清斗争。他的思想和情感自少年时期始脱离不开社会政治生活的影响,遗民以及遗民僧的身份是时代因素造成的,他可谓"政治和尚"[①]。

遗民的研究有重大意义。明清之际的遗民与遗民僧的研究,对于展示历史风云与历史教训、学习先贤的精神价值、挖掘先代文人慷慨激荡的爱国情怀和视死如归的忠孝节义、提振中华民族核心价值观而言,自有其意义。近十年来,查询有关数据库,有关遗民的论文每年都在百篇之上,可见此乃研究者所喜好的内容,因为遗民不但涉及到改朝换代的重大历史时刻,而且还包含有丰富的思想性与惊心动魄的情感世界,也还有品行志节等中华文化一直崇尚的价值观与人生观。同时,我们也必须看出,遗民研究与遗民精神的发扬仍然是未尽的话题,有继续深入挖掘的必要性。

本论文以成鹫为中心,展示明清之际百年动荡风云、士人的情感世界以及佛

---

① 蔡鸿生:《清初岭南佛门事略》,广东高等教育出版社,1997年版,第21页。

门的风云变幻。关于成鹫的研究,学界的成果相对有限。笔者眼界所及主要有:《罗浮山志会编》收录了成鹫的诗文作品,成鹫与广东观察使宋广业与其子端州知府宋志益有密切交往,且多诗文应酬。《清诗别裁集》卷三十二对成鹫有精当评价,收录成鹫诗九首。《清史稿》志一百二十九艺文三、《清代禁毁书目四种》《八千卷楼书目》卷十一子部都仅提及成鹫著《纪梦编年》。《晚晴簃诗汇》卷一九五著录成鹫诗十五首,并对成鹫有所评点。由于成鹫游历过广东不少地区,故此广东省地方志记载成鹫也较多,如清代《广东通志》《广州府志》《番禺县志》《肇庆府志》《新会县志》《香山县志》《顺德县志》《高要县志》《清远县志》《阳江志》《东莞县志》《西宁县志》等都有或详或略的资料存在,对成鹫生平有所记载。

1949年以后,邓之诚《清诗纪事初编》卷二辑录了成鹫诗《跳大王歌》《题赈荒图为马卧仙赋》《仙城寒食歌四章》《题东华侄诗文集》。还征引撮合史料证明成鹫具有反清复明的思想与行动。此说影响至今,为后来多位学者所因袭。为此,2009年,杨权作《成鹫"通海"辨》,对邓之诚把成鹫视为有"通海"嫌疑的政治人物的观点进行了批驳,可谓有所反正。

蔡鸿声《清初岭南佛门事略》①第五章专设成鹫一章,简单论述后,全文引入成鹫自作年谱《纪梦编年》,稍显提炼不够。蔡鸿声阐述了成鹫少年时期的生活经历和广州惨遭屠城的历史悲剧对成鹫的影响,指出成鹫是最典型的遗民僧,具有抗清的事实。"康熙二十一年(1682)成鹫的琼州之行,他作为身在佛门的遗民,确实踪迹突兀,情系海南,似乎参与过某种通海的密谋。……他去国之志决非一时即兴的狂想了。从上举两事,可知成鹫法师的遗民梦,有真有幻,耐人寻味。其中隐秘之处不止一端,尚待进一步去'破读'。"②这是延续邓之诚的看法,信息资料采集与论述服务于预先设定的错误观点。

陈永正主编的《岭南文学史》在清代一章第二节设"方外诗人",论述岭南著名遗民僧、诗僧函昰和函可,再加上成鹫法师。对成鹫有阐述,评述其诗风,也认为成鹫法师反清复明。陈永正指出,成鹫法师"父逝后,奉母避居罗浮山。清军攻入广州后,督学使者传檄诸生应试,否则治罪。颛恺志节自持,不肯应试,遁往肇庆鼎湖山,削发为僧。此后曾住持庆云寺,晚年归广州,为大通寺住持"③。此处记载,信息基本准确,但秩序混乱。首先,成鹫法师父亲方国骅在清康熙十年(1671)去世,时年成鹫法师三十五岁,他在此后几年因为生计养家糊口之故而继

---

① 蔡鸿生:《清初岭南佛门事略》,广东高等教育出版社,1997年版,第103页。
② 蔡鸿生:《清初岭南佛门事略》,广东高等教育出版社,1997年版,第103页。
③ 陈永正:《岭南文学史》,广东高等教育出版社,1993年版,第245页。

续作塾师,在洞悉三藩之乱即将失败之时,才在康熙十六年四十一岁时愤然自行剪发出家,寄迹于南海弼唐之亦庵,并未拜师。康熙十八年,罗浮山石洞禅院元觉离幻和尚往云门山路过小漫山,遂礼元觉离幻为师,奉师命到罗浮山石洞禅院修行佛法。所谓"父逝后,奉母避居罗浮山",失去准确性。其次,"清军攻入广州后,督学使者传檄诸生应试,否则治罪。颛恺志节自持,不肯应试,遁往肇庆鼎湖山,削发为僧"的记载也不准确。成鹫十三岁考中南明秀才,在第二年前后广州被清军占领,成鹫冒着生命危险拒绝了清朝重开科举考试让先朝学子文士参加的命令。但是往鼎湖山是在康熙四十七年(1708),成鹫已经七十二岁,出家为僧已经三十多年,这其中距离拒绝参加清朝科举考试已经有将近六十年。其间的辗转生平事件尚多,时间还长,如此关联没有合理性。这是征引一些方志中的节录记载所造成的,如《西宁县志》记载,"成鹫年十三补诸生。三十五,父故后,婚嫁毕,别母学佛于鼎湖。晚栖大通古寺。"①此外《岭南文学史》中延续邓之诚把成鹫视为有"通海"嫌疑的政治人物的观念,有所偏差。

覃召文撰写有论文《光鹫的诗文理论》,成鹫曾法名光鹫,该文指出,"光鹫的诗文理论为清初岭南的论坛带来了一股清流,它和此期岭南的其他论家如屈大均、陈恭伊、廖燕等抗清志士以及函昰、函可、今释等爱国诗僧同声一概,奏响了一曲时代的强音。尽管光鹫之论有时也不免带着禅佛思想的影响,但仍不失儒生本色与节士气骨。"②在绍介成鹫生平时,该文还指出成鹫"年三十五父死,次年即拜元觉禅师为师。后云游四方,曾任鼎湖山庆云寺第七代住持,并曾主持澳门普济禅院,晚年掩关于广州大通寺。光鹫一生坚守气节,曾参与南明抗清活动。"③其中则有两点不确切之处,一是在成鹫四十三岁即康熙十八年才拜元觉禅师为师。康熙三十六年(1697)夏秋之际,成鹫到澳门,只是短暂驻足澳门普济禅院,而不是住持该寺。还有覃召文也是认为成鹫"曾参与南明抗清活动",延续了有些学者的成见。

2006年,中华书局出版李福标、仇江点校的《鼎湖山志》,2015年再版,《鼎湖山志》乃成鹫所编,在山志著述中很有特色。在点校本前言中李福标对成鹫生平有所记载并有很高程度的评述,但也指出成鹫"曾往澳门普济禅院秘密进行反清活动"④。

---

① 民国·何天瑞、桂坫:《(民国)西宁县志》卷二十五,民国二十六年铅印本。部分方志使用了方志电子数据库,并保留其版本信息,以下不再逐一说明。
② 覃召文:《光鹫的诗文理论》,《岭南文史》1997年1期,第36页。
③ 覃召文:《光鹫的诗文理论》,《岭南文史》1997年1期,第35页。
④ 清·释成鹫:《鼎湖山志》前言,广东教育出版社,2015年版,第5页。

此外，周军《〈鼎湖山志〉与明清之际岭南禅宗》①着重从成鹫与鼎湖山庆云寺的关系展开。探讨明清之际岭南禅宗发展的鲜明特点和轨迹以及成鹫的贡献、作用。他指出，鼎湖山庆云寺僧众是明清之后岭南的一支重要法系。该文也引入蔡鸿声的观点，认为成鹫从事秘密抗清活动。

刘俊有硕士论文《成鹫及其〈咸陟堂集〉研究》，撰写于2009年。论文对成鹫生平作了简介归纳，认识到他的遗民僧身份，还研究了成鹫《咸陟堂集》的版本、历史价值、文学价值。该论文对于成鹫的其他生平贡献、历史价值未有全部涉及，但仍然是系统研究成鹫生平思想的主要成绩。

近几年对成鹫的研究，还有杨权论文《成鹫"通海"辨》，对成鹫是否进行了抗清斗争进行了比较符合历史事实的分析，指出成鹫没有进行抗清活动。杨权《临济宗僧成鹫与曹洞宗华首台系的关系》一文考察了成鹫的佛门法系及其与岭南佛门曹洞宗华首台系的关系，有助于梳理认识岭南佛门以及岭南遗民僧在明清之际的状况。而成鹫师门是岭南另一重要的佛门派别禅宗临济宗，广州华林寺是主要祖庭。朱万章的《岭南金石书法论丛》一书，其中章节涉及了成鹫等人的书画艺术，成鹫本人是岭南书画名家之一，有作品存世。成鹫诗文集中多有对书画的品评，他与一些画家有所交往，其岳父梁启运就是岭南善画之人。2016年，佛学杂志《人海灯》第1和第2期上发表了署名叶子的论文《清初遗民僧成鹫〈咸陟堂集〉历史价值研究》一文，对成鹫法师的创作成就进行了有价值的梳理与分析。上述研究只提及成鹫生平思想贡献的某一个侧面，有些信息以及论述并不确切。贯穿其中者是都认为成鹫从事了反清复明的斗争，而事实不是如此。成鹫的研究还可以深入展开。

本论著试图完整探讨成鹫一生之"童时、壮时、老时、衰时，种种人，种种物，种种事，种种因缘，种种苦乐"②，尽力展示成鹫法师一生波澜起伏的壮烈人生。笔者曾撰写二十四万字的《清初诗僧第一人成鹫法师研究》，通过七章"广州方氏文化世家""成鹫法师与广州文化世家""著名海内，贤士大夫多与之游：成鹫法师与官员、文人交游考""游历""结社""隐于浮屠，喜为文章""诗僧第一人"，比较细致地展示了成鹫法师的生平与贡献以及在文坛的卓越地位。本书集中论述成鹫法师前四十年在世俗社会为遗民的隐居生活，后四十六年在佛门的遗民僧历程。

第一章　少年遗民

成鹫出身于广州方氏文化世家，方氏世家在广州、岭南乃至全国皆有重要影

---

① 周军：《〈鼎湖山志〉与明清之际岭南禅宗》，《肇庆学院学报》，2009年第4期，第36页。
② 《咸陟堂文集》附录，《纪梦编年》。（下凡引用《咸陟堂集》，仅注书名、卷数和页码）

响,成鹫与父亲、弟弟合称"禺山三方",成鹫从兄方殿元以及方殿元二子方还、方朝是"岭南七子"中的成员,在岭南以及国内具有影响。其中方氏世家的重点和核心正是成鹫。成鹫获称清初诗僧第一人之赞誉。成鹫豪迈倜傥,文才过人,在佛门也是高僧,因此知交遍及岭南和海内,与广州文化世家有密切的关联,这是广州以及岭南具有代表性的群体。成鹫的文人身份是认识和把握成鹫生平、影响、贡献以及思想情感的社会现实基础。

第二章 坐馆与隐居

明清之际,国内和岭南战乱纷起,广州城遭屠城之祸,亲历其难的少年成鹫脱离科举考试,归隐成为明朝遗民,十五岁到十八岁躬耕野外,十八岁至四十岁以塾师为生。在四十一岁的盛年之际,面对"三藩之乱"即将失败,恢复明朝正统和衣冠的希望彻底破灭,绝望之下的成鹫愤然自行剃发为僧,成为遗民僧。遗民以及遗民僧这是成鹫一生的真实状态,他一生坎坷、矢志不移,避世归隐越躲越远,内心情感上处于长久的矛盾困顿痛苦状态。"中年削发,不解其故"的背后原因正是时代悲剧所造成。成鹫作为遗民与遗民僧的种种事实与因由,提供了遗民研究的一个较为细致的个案。

第三章 佛门岁月

成鹫侧身佛门近五十年,与全国佛门也渊源深厚。成鹫师门是临济宗木陈道忞门下,道忞受顺治帝宠信,赐号"弘觉国师",但成鹫作为遗民投入此派乃机缘巧合,并不是依附清朝。成鹫出家后四处云游,后二十年,先后住持广州大通古寺和鼎湖山庆云寺,门下僧众众多。成鹫投身佛门出于至诚,绝非暂时之避世,但佛门四十六年显然没有解决好人生本质问题,他兼通儒释道,本质上仍然是文人士子。成鹫对佛门有严厉的批评。

第四章 成鹫法师与遗民、遗民僧

成鹫一生接触过大批官员文人,他也与不少的遗民、遗民僧与密切的交往,他本人正是遗民和遗民僧的重要代表。

第五章 抗清问题

成鹫少年时期选择成为遗民,后再作遗民僧,前后七八十年,号称最典型的遗民僧,他是反对清朝统治的。然而,喜舞槊弄剑、好学万人敌而又志向远大的成鹫却并没有进行具体的抗清斗争。他先后到海南岛、到澳门都不是从事抗清活动,非为"通海"。他一生接触到不少的遗民和遗民僧,与"北田五子"和屈大均的交往并不涉及抗清斗争,并无"谋恢复再造"。最后二十年,大批清朝中央地方官员纷纷与成鹫有所接触,成鹫不再排斥清朝政府的统治。

第六章　悠悠遗民梦

成鹫法师遁入佛门近五十年,对佛门保持了忠诚,不是简单地寄身佛门作遗民。对于出家,脱离儒家以及世俗社会生活,辞别老母,抛妻别子,他是抱有真切的希望。选择作遗民并非一逃了之这样的简单,不但要彻底断绝可能的荣华富贵,还要失去曾经拥有的物质生活。遗民们对于自己思想上、节操上的努力坚守不得不付出沉重的代价。成鹫法师作遗民坚守了七十多年,虽历经磨难,也曾有所遗憾,但一生志节没有改变;当然岁月流逝,遗民梦越发遥远淡漠,坚守成为了习惯。

第七章　"晚世之真儒"

成鹫一生著述丰富,多才多艺,文笔纵横,诗文兼通,涉足儒释道诸多方面。成鹫的人生历程、结社、交游、习性充分说明他作为传统儒家士人的特质,本质上乃一位儒家士人,他的一生无论作遗民还是作僧人,但从未改变的是他的传统文人形象,只是生逢明末清初的乱世,面对几十年的持续不断的惊天巨变,不得已一步步退却归隐。但终其一生,始终没有改变他的根本思想与情怀。

成鹫少年八岁亡国,为少年遗民,再到四十一岁为遗民僧,终年八十六岁,以较为丰富细致的资料层层排列展示其近八十年的遗民生活,可谓遗民研究中的具体事例。细致梳理成鹫成为少年遗民的历史渊源、人生历程,仔细挖掘在重要历史关头他出家为僧的种种因由和决绝的情感状态。指明外释内儒是其人生轨迹,其根本原因是明清改朝换代的战乱杀戮导致成鹫归隐"云水最深处"。突出成鹫法师的心理状况与情感取向在他一系列行动中的推动作用,其心理历程真切地折射了整个时代。其中还专门讨论了成鹫是否反清问题,他作为遗民而入佛门,对佛门很是忠诚,但他也对佛门进行了种种批判,在文化史和佛教史上也是少见的,说明他身在佛门心怀儒家伦理情怀,也表明他的坚韧性情和对佛门的热爱。五章大致有时间及逻辑上的延续性,共同说明乱世文人作遗民的乱世情怀、困惑与痛伤。他的生平经历包含有明清之际的社会历史因素,显示了明清之际的历史时期儒家士人和佛门的风云变幻及渊源,岭南和全国范围内的遗民群体历史风貌也得以展示,由之呈现明清之际的社会生活。

第一章

少年遗民

明清之际,明亡清兴,从东北到西南,战乱几十年,此一时期,由于大批士人面对天崩地解、异族入侵的惨痛局面,精神遭受重大打击,还有面对生死存亡的困境,因而纷纷出家为僧,从而出现了一大批遗民与遗民僧。他们是改朝换代之际的艰难困苦情形下,维护思想与情感的纯粹而卓然独行者,代表着志节。

成鹫法师生于明崇祯十年(1637),此时已经是明朝的最后岁月,短短八年之后,明朝灭亡,他又在清朝生活了七十八年,与康熙皇帝同一年离世。虽然,明朝灭亡之时,成鹫法师年龄尚幼小,但他却是清初非常重要的一位遗民与遗民僧。他经历了明清之际的风云变幻,面对了岭南地区以及全国范围内几十年的沧桑历史,明亡时的1644年他只有八岁,到十三岁为诸生(秀才)后选择归隐避世,作塾师二十多年,面对南明与清朝相持的局面而韬晦自存,然后是三藩之乱的变局,在三藩之乱即将结束时,他彻底失望之下出家为僧,这时已经是1681年,他已经四十一岁。其后他在佛门四十六年,在康熙六十一年的1722年圆寂于广州大通烟雨古寺,享年八十六岁。成鹫法师一生跨越明朝崇祯、南明,完整跨越清朝顺治、康熙二帝。此时,绝大部分明朝遗民早已离世,时代状况也早就发生了彻底的变化,此八十六的成鹫法师可谓是最老的遗民或遗民僧,一身经历复杂多变,包含有非常丰富的内涵。本书征引具体资料分析论证成鹫法师"逃禅"过程,辨析成鹫法师"通海"问题,指出他是少年时期就跟随父辈成为遗民,为遗民七八十年,他与明遗民和遗民僧们有密切的交往,试图通过成鹫法师一人之种种思想情感之历程,见证明清之际文人知识阶层的心路历程。

第一节 明清之际的遗民与遗民僧

中华文明有五千年的文化传承,伟大的时代和灿烂的文明在历史上比比皆是。遗民在中国历史上早就有之,一般指亡国之民,即前朝遗留之人。《左传·哀公四年》:"司马致邑,立宗焉,以诱其遗民,而尽俘以归。"杜预注:"楚复诈为蛮子作邑,立其宗主。"①《史记·周本纪》:"成王既迁殷遗民,周公以王命告,作《多士》《无佚》。"②历朝历代有遗民之论者代不乏人。而历史上最早的遗民是不食周粟的伯夷、叔齐。《史记·伯夷列传》:"武王已平殷乱,天下宗周,而伯夷、叔齐耻之,义不食周粟,隐于首阳山,采薇而食之。"③历代文献关于遗民之记载不胜枚举。有人认为,唐宋时期是中国历史上文明水平最高的伟大时代。盛唐之后,中国历史进入五代战乱,而后是宋代统一。宋代时期中国精神与物质文明极度发展,但却国势衰颓,可谓内忧外患一直没有消除,在与辽、西夏、金、蒙古经过近三百年的战乱对峙之后,终亡于蒙古。此为中国历史上第一次汉人完全为少数民族所统治。宋人理学昌盛,文人集团最受重视,思想文化灿烂,文人众多。宋亡,出现了空前庞大的"遗民"群体。遗民们高尚的节操和视死如归的精神,成为中华民族精神文化的重要组成部分,焕发出震撼人心的精神力量与情感抒发,同时也造就了遗民历史与遗民文化,写下中国历史与文化史中可歌可泣的华章。

晚明以后,中国的社会历史又进入一个新的时期。世界上地理大发现和资产阶级的技术变革正在发生,贩卖奴隶与殖民贸易在全世界血腥展开。利玛窦等为代表的传教士正把西方文化和技术知识带入中国。但大明这个老大帝国在近二百年的大致和平延续中,晚明经济发展、文化兴盛,仍然在自身固有的惯性中行进。但一场巨变正在悄然逼近。明亡清兴,繁华和平的大幕落去,露出了时代铁与火的残酷真容。历史的经验与教训告诉我们,每一次的动乱与战火都造成巨大的人员伤亡与财产损失,由治到乱、再由乱到治历史周期的怪圈反复出现,一代代勤劳的中华民族先人辛苦积累的财富往往化为灰烬,家破人亡的惨剧反复上演。明清之际就是典型的悲剧时代。从东北到西南,战火燃遍了全国各地,动荡旷日持久。清军南下,一系列大屠杀惨绝人寰,千万人死于非命,百姓生灵涂炭的苦痛自是不言而喻,而更加胸怀天下推崇孔孟之道忠孝节义的广大文人士子们,面对庙堂堂皇、交游唱和、诗词歌赋、花鸟鱼虫转瞬间转变成尸骨如山、山河破碎,他们感怀人生,有难以言传的精神和情感痛伤。国破家亡、生灵涂炭有违于儒家传统文化的温柔敦厚、仁义礼智信。战乱之际,众多文人游走在生死荣辱之间,一部分人选择了归顺清廷,一部分人视死如归起而抗清,更多的则是选择归隐,作隐士或

---

① 晋·杜预:《左传杜林合注》卷四十七,清文渊阁四库全书本,第614页。部分古籍文献使用了中国古籍电子数据库,并保留其版本信息,以下不再逐一说明。
② 汉·司马迁:《史记》卷四,清乾隆武英殿刻本,第73页。
③ 汉·司马迁:《史记》卷六十一,清乾隆武英殿刻本,第713页。

遁入空门。但无论归隐何处身在何方，总归是无处可逃，内心的困惑、失落、沮丧都是自不待言，苦痛与挣扎难以排解，深深的幻灭与绝望无处不在。奔走与抗争，反清与复明，出世与入世等诸多矛盾集合于一身，呈现出复杂的多重意义。

遗民在宋元之际和明清之际最多，不但涉及到改朝换代，也关涉到异族入侵，华夏文明受到威胁。黄宗羲《谢时符先生墓志铭》中有特解："磋乎,亡国之戚。何代无之？使过宗周而不悯黍离,陟北山而不忧父母,感阴雨而不念故夫,闻山阳笛而不怀旧友,是无人心矣。故遗民者,天地之元气也。"①清初邵廷采《宋遗民所知录》有云："两汉而下,忠义之士至南宋之季盛矣。""于乎！明之季年,犹宋之季年也;明之遗民,非犹宋之遗民乎？曰:节固一致,时有不同。宋之季年,如故相马廷鸾等,悠游岩谷竟十余年,无强之出者。其强之出而终死,谢仿得而外,未之有闻也。至明之季年,故臣庄氏往往避于浮屠,以贞其志。非是,则有出而仕矣。僧之中多遗民,自明季始也。余所见章格庵、熊鱼山、金道隐数人,既逃其迹,旋掩其名。"②遗民与遗民僧们体现着忠孝节义，代表着视死如归的精神。生于乱世的慷慨悲歌，包含有丰富的思想性与情感内容。

清太祖努尔哈赤（1559－1626年）于明神宗万历四十四年（1616）建立后金，割据辽东，对大明王朝杀伐骚扰。从崇祯元年（1628）起，陕西农民大起义，然后遍及其他各地。大明王朝在天灾人祸、内外交困之下，朝政腐败、党争剧烈，已经国是日非、全面衰败，统治根基日趋削弱，最终亡国。1644年，李自成攻占北京，崇祯帝吊死；吴三桂降清，清军入关。几经更迭逐步败退的南明政权与大顺、大西农民军联合抗清。从东北到西南，战火燃遍了全国各地。紧随其后，三藩之乱起，历时八载。明清易代鼎革之际，时间长达半个世纪，从万历四十六年（1618）后金向明朝发难，至明遗民张煌言被杀的康熙三年（1664），有四十六年，到三藩之乱时间更为长久，时间是1681年。考虑到明遗民在重大事件结束后还会存在一段时间，明清之际的抗清斗争和思想文化动荡的时期则更为长久。丁志可在《明朝遗民的大清岁月》前言中说："他们以'汉臣'自居，他们是被大明王朝抛弃的孤儿。1644年3月19日，李自成率领农民起义军攻进北京城，明朝末代皇帝朱由检在万岁山自缢身亡，是为'甲申之变'。崇祯帝的'驾崩'宣告了有着二百七十六年基业的大明王朝的覆亡，而李自成则在北京建立了大顺农民政权，当起了'皇帝'。只是未等李自成在北京站稳脚跟，投降了清军的明朝总兵吴三桂便带领着十余万清军对

---

① 清·黄宗羲:《南雷文定前后三四集》卷二,清康熙刊本,第147页。
② 明·邵廷采:《思复堂文集》,卷三《明遗民所知传》,浙江古籍出版社,《思复堂文集》,1987年版,第212页。

其进行疯狂的反扑,农民军未能击退清军的进攻,被迫撤离北京。5月初,清军进占北京,建立了我国历史上最后一个封建王朝——清朝。明亡清兴,江山易手他族,在混乱中惊魂未定的汉族士人在新政权下很快就面临着自我安顿的问题,是俯首称臣还是自我放逐?有这样一群人,他们选择自我放逐于新政权之外,誓不向新政权称臣,或积极斗争、反清复明,或埋头著述、不问俗世,这些人被称为明朝遗民。"①田崇雪《遗民的江南》中说,"延续了两千余年的封建帝制终于走向了它的末世黄昏。明末清初,中国知识分子再次面临新一轮的考验,这一次的考验特别的严酷。特别之处在于没有了选择。以往的'遗民'或战或降,或进或退,还有个选择。这一次大不同了,隐也不是仕也不是,进也不是退也不是,所谓进退两难。更大的不同还在于明清易代之际的知识分子在当了两千多年的奴才之后似乎有些若有所悟,表现在许多著名的'遗民'对'遗民'自身的认识上。在清康熙十五年,黄宗羲曾多次郑重其事地诊释'遗民'的内涵。他认为,遗民产生在国破家亡之际,表征着人间正气,道德人心。"②

明清之际,"忠义人物前仆后继,大量涌现,谱写了一曲又一曲的壮烈赞歌。据清康熙年间徐秉义撰《明末忠烈纪实》一书中所收明清对峙时因抗清而死的义烈近三百人。清初屈大均撰《皇明四朝成仁录》一书收录崇祯、弘光、隆武、永历四朝(1628—1662年)因抗清而死事的人物即达三百余人。近人孙静庵撰《明遗民录》一书所收拒不与清统治者合作而守志不屈的明遗民有八百人。而乾隆年间敕编的《胜朝殉节诸臣录》一书所载,在明清对峙的全过程中因抗清不屈而壮烈死难者更达三千七百八十七人,足见明清之际忠义人士之多。"③"孙静庵在《民史氏与诸同志书》云:'又思宋明以来,宗国沦亡,孑遗余民,寄其枕戈泣血之志,隐忍苟活,终身穷饿以死,殉为国疡者,以明为尤烈。'明清之际,国破动荡,国家沦亡,百姓流离,而士人们不事清朝,宁死不屈者大有人在,而更多士人则是选择以'逃禅'的方式隐于山林以避乱世。佚名朝鲜人撰之《皇明遗民传》中共收录明遗民716家,孙静庵所辑《明遗民录》中辑遗民800余家,而近人谢正光、范金民先生据208种明遗民传记资料所汇辑《明遗民传记索引》计得遗民共1393人,其中逃禅者217人,这还仅仅是有姓名事迹可考者,'而其所遗漏者,尚汗漫而不可纪极也'。病骥老人序孙氏《明遗民录》云:'尝闻之,弘光、永历间,明之宗室遗臣,渡鹿耳依延平

---

① 丁志可:《明朝遗民的大清岁月》前言,广西人民出版社,2008年版。
② 田崇雪:《遗民的江南》,学林出版社,2008年版,第4页。
③ 张玉兴:《明清易代之际忠贰现象探赜》,《明清之际的探索》,社会科学文献出版社,2012年版,第2页。

者,凡八百余人;南洋群岛中,明之遗民,涉海栖苏门答腊者,凡二千余人。'遗民漂泊海外者就有数千人之多,其整体队伍之庞大可以想见。遗民不仅队伍庞大,分布的区域也极为广泛,几乎遍布了大江南北及东南亚各国。逃于海外者因资料医乏而无从详考,主要应集中在朝鲜半岛、日本群岛和南洋诸岛。遗民大抵分南北论,南方遗民群体以南京为核心,分布于江苏、江西、浙江、福建、广东各省,其中江苏和浙江是遗民活动的两个中心,也是遗民相对集中的地方。南京是朱元璋开国之国都,又是南明弘光政权的所在。因此,遗民们燕集此地,凭吊故国、怀念故都,更重要的是他们拒不接受国亡的事实,企图东山再起,有所作为。浙江、福建、广东等地是抗清势力相对集中、抵抗顽强的地区,其原因是因为三地的经济发达、交通便利,是当时的政治文化中心,有着深厚的政治、经济、文化、军事基础,著名遗民有杨园、黄宗羲、张岱、方以智、陈确、阎尔梅、屈大均等。北方则以关中、山左地区为中心,尤以关中为盛,著名遗民有李二曲、朱子斗、王弘撰、李柏和孙枝蔚等,著名遗民顾炎武晚年定居于关中。因地域文化差异及清兵入关时间的先后,清政府对各地的戮掠程度亦有不同,南北方的遗民人数明显呈南多北少的形态。"①刘雪梅还作有"明清之际逃禅遗民统计表",共记遗民217人。

遗民们往往有出家为僧者,故称遗民僧。"所谓遗民,是指在易代之际,忠于先朝而耻仕新朝者,清初昆山遗民归庄在《历代遗民录序》中提到:'遗民则惟在兴废之际,以为此前朝之所遗也。'所谓遗民情结是指遗民阶层在易代之后对昔日旧主、旧朝、故国政治制度和生活方式坚定执着、无时或释的怀念之情,对此赵园先生总结到:'遗民不但是一种政治态度,而且是价值立场、生活方式、情感状态,甚至是时空知觉,是其人参与设置的一整套的涉及各个方面的关系形式:与故国,与新朝,与官府,以至与城市,等等。'这是一个较为复杂的群体,他们大多一身兼三任——遗民、诗人、释子,这一集合型群体是政治、宗教、文学三者相结合的特殊产物,往往体现出政治、文学与宗教人物的三重人格。"②遗民僧兼有"遗民"与"僧人"双重身份,作为遗民意味着不仕后朝,他们还要信佛避世,可谓毅然决然者。遗民僧大致有三个区域,即江南、岭南、和西南地区,这与南明朝廷逐步退却相一致,因而三地的遗民和遗民僧不单是本地士人,即具有全国意义。

明清之际遗民逃入空门为僧的历史现象,研究已经很多。"研究内容涉及明清之际遗民逃禅的重要著作有:屈大均《皇明四朝成仁录》、陈垣《明季滇黔佛教考》《清初僧净记》《中国佛教史籍概论》、邵廷采《明遗民所知传》《中国禅宗思想

---

① 刘雪梅:《明清之际遗民逃禅研究》,吉林大学博士论文,2015年,第25页。
② 刘雪梅:《明清之际遗民逃禅研究》,吉林大学博士论文,2015年,第16页。

发展史》、秦光玉《明季滇南遗民录》、孙立《明末清初诗论研究》、黄河涛《禅与中国艺术精神》、孙静庵《明遗民录》、麻天祥《禅宗文化大学讲稿》、严迪昌《清诗史》、赵园《明清之际与士大夫研究》、周焕卿《清初遗民词人群体研究》、杨健《清王朝佛教事务管理》、卓尔堪《遗民诗》、孔定芳《清初遗民社会：满汉异质文化整合视野下的历史考察》、暴鸿昌《暴鸿昌文集，明清史研究存稿》、林振礼《朱熹新探》《朱熹与泉州文化》、王海涛《云南佛教史》、何宗美《明末清初文人结社研究》、何兹全《中国历代名僧》、张中行《禅外说禅》、赵园《明清之际士大夫研究》、郑健勇《黔北明清之际僧诗选》、蔡鸿生《清初岭南佛门事略》、王路平《贵州佛教史》、谢正光《明遗民汇录》《明遗民传记资料索引》、何冠彪《明末清初学术思想研究》、卢文芸《中国近代文化变革与南社》、马大勇《清初庙堂诗歌集群研究》、何乃川《闽学困知录》、吕少卿《承传与演进：浙江与倪瓒山水画风比较》、黄容《明遗民录》、佚名朝鲜人《皇明遗民传》、陈去病《明遗民录》、陈伯陶《胜朝粤东遗民录》、秦光玉《明季滇南遗民录》、谢正光、范金民编《明遗民录汇辑》等等。学者们从不同的角度和切入点对'逃禅'现象进行了各角度的分析。"①刘雪梅认为，学者们的研究主要是集中于五个方面，即"明清之际遗民'逃禅'的宏观分析与研究""'逃禅'的思想、政治角度分析""'逃禅'的背景分析""'逃禅'的作品分析""从个案进行逃禅研究分析"。她认为，"目前学界已从文学、史学、思想学、政治学、社会学、艺术等领域展开了对明遗民'逃禅'现象的多角度研究，并对明清之际遗民'逃禅'现象的文学创作、思想学术、政治背景、艺术创作等方面的综合性研究。"②遗民所表现的气节，以及时代变动所产生的生活状态与情感形态的巨大变化，能引起研究者的兴趣。

饶宗颐先生指出："明季遗民遁入空门，一时才俊胜流，翕然趋向。其活动自江南迤及岭南，徒众之盛，实以金陵天界寺觉浪上人一系，与番禺海云天然和尚一系最为重镇。"③空隐道独禅师与觉浪道盛出自同门，同样对清初佛门以及遗民僧产生重大。"空隐禅师，名道独，字宗宝，博山无异禅师法嗣，南海陆氏子也。""二十九岁入博山，博山异之，呼入方丈，与语竟夕。""师掩关金轮，复从黄岩，一意住山，无出世念。粤东宰官请住罗浮，开博山法门。"④《番禺县志》卷五："寺观废兴，以时广南释老之宫，王园冲虚分据其胜。明季空隐开法华首，自是海云、海幢法席

---

① 刘雪梅：《明清之际遗民逃禅研究》，吉林大学博士论文，2015年，第1页。
② 刘雪梅：《明清之际遗民逃禅研究》，吉林大学博士论文，2015年，第4页。
③ 杨权：《清初岭南禅史研究与佛教文献整理》，《深圳大学学报》，2014年第一期，第143页。
④ 清·阮元：《(道光)广东通志》卷三百二十八，清道光二年刻本。

极盛,不独羽客之庐莫由比迹,即王园亦少绌焉。"华首寺在罗浮山,海云寺、海幢寺在广州。

空隐道独禅师门下有函昰、函可等。明清之际,岭南有大量遗民僧,投于遗民僧领袖函昰禅师门下。"函昰禅师,南雄曾氏子,初名起莘。举崇祯癸酉(1633年)乡荐,与陈学佺友善,砥砺名节。甲戌(1634年)同佺上公交车,归而佺病卒。莘痛良友,云亡求了生死,昼夜苦参,豁然有省。时空隐独和尚得博山之传,隐庐山黄岩,莘往参学,蒙独印证,遂削发为僧,法名函昰。父母姊妹妻子咸为僧尼。"①《明遗民录》卷四十七:"天然禅师。天然禅师函昰,故南海孝廉曾起莘也,或云花县吉径人。起莘,字宅师,少负才名,年二十五举于乡。越五年,入庐山事空隐老人,父母眷属并为僧尼。壬午开堂诃林,住雷峰,暂住归宗,退居栖贤。丙寅,返雷峰而寂,年七十八。天然以盛年孝廉弃家,人颇怪之。及时移鼎沸!缙绅遗老,有托而逃者,多出其门,始叹其先见。天然之徒,今覩、今离、今释、今璧、今回俱知名。屈翁山始称今种,想亦曾师天然。"②《丹霞山志》卷六有《天然禅师传》中称"戊戌,归雷峰。历主华首、海幢、芥庵诸大刹。丙午,仁化丹霞寺落成,弟子今释迎师主之,称丹霞闲法和尚云。"空隐道独以及函昰禅师是岭南遗民僧的代表。

明清之际,岭南有大量遗民僧,投于函昰禅师门下今字辈僧人数量就非常众多,达上百人。《(道光)广东通志》卷三百二十八列传六十一:"函昰禅师,南雄曾氏子,初名起莘,举崇正癸酉乡荐,与陈学佺友善,砥砺名节。甲戌,同佺上公交车,归而佺病卒,莘痛良友,云亡求了生死,昼夜苦参,豁然有省。时空隐独和尚得博山之传,隐庐山黄岩,莘往参学,蒙独印证,遂削发为僧,法名函昰。父母姊妹妻子咸为僧尼。壬午,缁白请开堂诃林。丙丁戊己后,粤变屡更,师丛席愈盛,每阐发禅理三教同源,闻者莫不喜悦。住雷峰时,平南王尚可喜慕其宗风,以礼延之,师一见即还山,人服其高峻。长庆、归宗二古刹并请开堂,师以匡庐夙缘,暂住归宗,旋即退院,居栖贤。丙寅夏,返雷峰,咏诗有'床前休问菊花期'之句。及八月二十七,作偈投笔而逝,年七十八。天然以盛年孝廉弃家出世,人颇怪之,及时移鼎沸缙绅遗老有托而逃者多出其门,始知师有先见云。《南海县志》。谨按:天然和尚逃儒入墨,师事空隐,丕振洞宗。其时礼空和尚者,有函诸,字言者,东莞戊辰进士礼部侍郎王应华园长也;函闻,东莞明经王应芊崇芳也;函义,字安老,南海人,都督同知邝日晋无傲也;函美,字于斯,番禺丁卯举人,职方司主事黎遂球美周

---

① 清·阮元:《(道光)广东通志》卷三百二十八,清道光二年刻本。
② 孙静庵:《明遗民录》卷四十七,浙江古籍出版社,1985年7月第1版,第358页。

<<< 第一章 少年遗民

也;函全,字全人,南海癸酉解元,陈学佺全人也;函机,字妙明,番禺壬午举人,梁朝钟未央也;函骆,字思唐,番禺乙卯举人,南昌郡丞罗宾王季作也,皆与天然为佛门昆季。其礼天然者,则今忾,字高斋,湖广甲戌进士,都宪表彭年特邱也;今宣,福建癸未进士,副宪何运亮紫屏也;今悟,字了闲,番禺人,户部员外谢长文伯子也;今叶,字开五;番禺文学王琅澹子也;今报,字荐缘,香山人,兵部职方司主事杨晋二雪也;今象,字乘白,番禺文学梁声骏郎也;今吼,字说作,番禺副贡王邦畿诚钥也;今晴,字迥无,番禺明经李廷标鸿子也;今元,字具三,番禺文学麦侗之六也;今心,字目青,新会文学英上卓今也;今一,字万间,南海壬辰会元,桂林知府程可则周量也;今苙,字草一,番禺明经罗龙祥德若也;今傅,字当来,番禺乙酉举人,彭焊端玉也;今舒,字舍予,番禺文学林梦锡叶元也;今彭,字远公,番禺明经黎彭祖务光也;今延,字宣公,番禺恩贡,黎延祖方回也;今楸,字邺门,番禺隐士谢楸惟秉也;今趣,字净德,番禺副贡,何国相良哉也;今扬,字扬公,番禺文学张审鹄孟发也;今鹭,字月藏,番禺举人樊应元长文也;今罂,字亚目,番禺儒学教授潘楳元浣光也;今焰,字若云,南海明经龎嘉鼇祖如也;今济,字荡虚,番禺隐士崔植培生也;今载,字大车,番禺隐士麦定元正言也;今惺,新会布衣,汤晋建孟也;今济,字法航,番禺文学谢振翷厥摇也;古根,字灵杖,番禺布衣高嘉学斯启也;古若,字若莲,番禺布衣王镇远虎拜也;古混;字知处;番禺文学李蕚粤长吉也;古行,字敦庵,番禺明经朱衡少平也。古总,字大持,番禺人,候选州佐何王捷少军也;古记,字当蒭,番禺布衣,黄灿间如也;古顽,字灵洲,番禺隐士谢儼望畏也;古峰,字石人,新会布衣何九渊泽四也;古深,字自得,番禺中书卫文英杰元也;古颖,番禺布衣,许颖识微也;古贽,字镂白,番禺文学林上达苑君也;古荄,字二荄,番禺文学许城清漳也;古瓒,增城文学陈滟夔石也;古意,字悟非,龙川举人刘久初长孺也;古湄,字宛在,番禺隐士谢楷仪世也;古童,字十真,顺德文学张苊都咨也;古声,字无闻,番禺文学梁逢圣达子也;古翼,字辅昙,番禺布衣王隼蒲衣也;古咸,字无物,番禺隐士韩嘉谋旅庵也。"①《(光绪)广州府志》卷一百四十一还补充记载,"今种,屈大均,字一灵;今日,李成愚,字雪床;今堕,黎启明,字止言。阮通志未载者。"②在明清之际,岭南是重要斗争之地,也是明朝以及南明的最后退却之地,故集中了各地的士人与遗民,反应在岭南佛门也是如此,多遗民僧和诗僧。今字辈高僧众多更基本上是遗民诗僧。如今无禅师,字阿字,番禺万氏子。《海云禅藻集》卷二《今无传》记载,今无禅师年十九随礼天然和尚为僧,入匡山,监院栖贤。又曾奉师命北上沈

---

① 清·阮元:《(道光)广东通志》卷三百二十八列传六十一,清道光二年刻本。
② 清·戴肇辰:《(光绪)广州府志》卷一百四十一,清光绪五年刊本。

15

阳访剩人和尚,著有《光宣台集》。康熙元年(1662)今无和尚海幢开法,"买四亩余地,改创大殿、藏经阁……""一时法席交游之盛,不减晦堂",再加上平南王尚可喜及总兵许尔显、巡抚刘秉权等人的捐建,使得"海幢局式宏廓甲于岭南"。今无和尚号称天然和尚的第一法嗣,具有很高的艺术修为。《(道光)广东通志》卷三百二十八列传六十一:"阿字禅师今无,得法天然昰和尚,番禺万氏子。父,诸生,以株连坐系为禁卒拒,弗使进饮食。师哈卒书金券得再饱,俟尹出,遮道大哭,尹愕然,怜师稚小,乃问状判牒取释。师曰,迟则必毙。尹喻意乃立出之。禁卒叹曰,吾遂为孺子卖。年十六,抵雷峰,依天老人得度。十七受《坛经》,至参明上座因缘。师初以贫废学,侍峰得徧阅内外典。十九,随峰入匡庐,中途寒疾垂死,梦神人导师出世,师以钝辞,神授药粒,觉乃甦,从此思如泉涌,通三教,信笔注《三祖信心铭》,诸耆宿皆逊之。年二十二,奉师命出山海关。千山可和尚一见深器之。每罢参与语,自春徂秋顿忘筌蹄。三年渡辽海,归广州,游奇甸。遘兵变,有欲假渠魁以中师者,其党忽就擒。计师从塞北涉琼南,艰阻备尝,胸次益潇洒廓落。再依雷峰,一旦豁然。住海幢十二年。癸丑,请藏入北,过山东闻变,驻锡萧府。乙卯,回海幢,手疏《楞严》,辑《四分律藏大全》。辛酉元旦,有'收拾丝纶返十洲'句。九月卒,世寿四十有九,僧腊三十(《阿字禅师语录》)。"[①]县志是地方史志,能载入者一定不是泛泛之辈,像番禺县这样的岭南文化以及广州文化的核心区域,其人物并非一县之所能容纳,往往具有更高层次的代表性。如此众多的具有一方影响的人物,一时之间纷纷投入空门,其时代意义不言而喻,表明了政治态度与价值取向。

函昰禅师的师弟函可(1612－1660年),字祖心,号剩人,韩宗騋,广东博罗人,故礼部尚书韩日缵长子。崇祯九年(1636),与师兄函昰同隐于罗浮山华首台。崇祯十三年(1640)上庐山祝发受戒,遁入空门。顺治二年(1646)正月,福王朱由崧在南京建立南明弘光王朝,函可将亲历清兵攻陷南京的重大事变记为私史《再变纪》。顺治四年(1648),函可出南京城《再变纪》,流放辽阳千山,期间创"冰山诗社"及开堂说法。屈大均《广东新语》卷十二之《僧祖心诗》:"祖心,博罗人,宗伯韩文恪公长子。少为名诸生,才高气盛,有康济天下之志。年二十六,忽弃家为僧,禅寂于罗浮、匡庐者久之。乙酉至南京,会国再变,亲见诸士大夫死事状,纪为私史。城逻发焉,被拷治惨甚,所与游者忍死不一言,傅律殊死既得减,充戍沈阳。痛定而哦,或歌或哭,为诗数十百篇,命曰《乘人诗》。其痛伤人伦之变,感慨家国之亡,至性绝人,有士大夫之所不能及者。读其诗而君父之爱油然以生焉。盖其

---

① 清·阮元:《(道光)广东通志》卷三百二十八列传六十一,清道光二年刻本。

人虽居世外,而自丧乱以来,每以洟泚苟全,不得死于家国,以见诸公于地下为憾。而其弟骥、騄、骊以抗节,叔父日钦,从兄如琰,从子子见、子亢以战败,寡姊以城陷,妹以救母,騄妇以不食,骊妇以饮刃,皆死。即仆从婢媵,亦多有视死如归者。一家忠义,皆有以慰夫师之心。磋夫!圣人不作,大道失而求诸禅。忠臣孝子无多,大义失而求诸僧。春秋已亡,褒贬失而求诸诗。以禅为道,道之不幸也。以僧为忠臣孝子,士大夫之不幸也。以诗为春秋,史之不幸也。《剩诗》有曰:'人鬼不容发,安能复迟迟。努力事前路,勿为儿女悲'。又曰:'地上反淹淹,地下多生气'。呜呼!亦可以见其志也矣。"①《明遗民录》卷四十七:"祖心大师。祖心大师函可,博罗人,尚书韩日缵子。少为诸生,国变后,弃家入罗浮山。清兵破江南,函可坐事戍沈阳。所著有《剩人诗》。"②

杨权论及此一时期岭南佛门的状况时曾说,"岭南佛教虽然历代继轨有人,但是曹溪的细流,在经过历史的千折百回之后,到清朝初年才在这个地区形成了汤汤大潮。当时'佛国'的繁盛,为六祖圆寂以来所未有,在同时期亦为其他地区所罕见。域内寺院林立,法众云集,高僧代起,著述迭出,禅净济洞都有长足发展。兹以曹洞宗寿昌派博山支华首台系为例,该系以岭南为主活动区域,以番禺雷峰海云寺为核心基地,形成了一个以高僧天然函昰为中心、以"海云十今"(函昰的十位嗣法弟子)为骨干的庞大法众群体,'缙绅缝掖(对函昰)执弟子礼问道不下数千人,得度弟子多不胜纪'。而函昰的法嗣也有众多门徒。华首台系的势力曾达于粤赣闽三省,道场有博罗罗浮山华首台寺,番禺雷峰海云寺,东莞芥庵、戢庵,广州光孝寺、海幢寺、无着庵,仁化丹霞山别传寺,九江庐山归宗寺、栖贤寺,福州西禅长庆寺等。饶宗颐先生指出:'明季遗民遁入空门,一时才俊胜流,翕然趋向。其活动自江南迤及岭南,徒众之盛,实以金陵天界寺觉浪上人一系,与番禺海云天然和尚一系最为重镇。'而蔡鸿生先生则说:'甲申(1644年)以后,男女遗民逃禅成风,逐步形成爱国爱教的三大中心';'(函昰)将弘法护生与忠孝节义结合起来,言传身教,不遗余力,成为十七世纪岭南佛门的精神领袖'。而与此同时,同出博山派的曹洞宗高僧在犙弘赞亦在肇庆鼎湖山招贤纳士,使庆云寺精英麇集,名声鹊起,从此成为岭南的著名丛林,时人有'粤人之成僧者,非鼎湖即海云'之说。可以毫不夸张地说,就全国范围而言,当时论佛教之繁盛可与岭南颉颃者只有江

---

① 清·屈大均:《广东新语》卷十二诗语,清康熙水天阁刻本,第190页。
② 孙静庵:《明遗民录》卷四十七,浙江古籍出版社,1985年7月第1版,第358页。

南,西南近之,而中原佛教几乎没有影响。"①

对于明清之交的遗民与遗民僧的研究,显然具有特殊意义,对于展示历史风云与历史教训,学习先贤的精神价值,挖掘先代文人学士等的慷慨激荡的爱国情怀和视死如归的忠孝节义,提振中华民族核心价值观而言,意义重大。成鹫法师和其父方国骅就是典型的遗民。

第二节 大明遗民方国骅

方国骅字楚卿,生于仕宦之家,书香门第。祖父方琼,曾官至湖广襄阳府参军,迁光化县令。父懿生公为胥吏(椽曹),早逝。因此方国骅"少孤食贫",过着清贫的生活,"砚耕糊口于四方,罐无贮粟,糟糠不饱"。但方国骅以书香不绝的家学传统,与兄长读书于广州城东门内豪贤街濠弦草堂,"少读书有文章名"。方国骅长子方颛恺,即后来的成鹫法师,在年届八十之际,在《纪梦编年》忆及家世,其中称"先府君名国骅,字楚卿,号骑田,举明季乙酉科乡荐。先母碧江苏氏,礼报资旷老和尚,禀受三皈,法名悟乾;礼仁寿纯觉和尚,受优婆夷五戒。寒家先世仕宦,书香不绝。至先曾祖,讳琼,字达和,官至湖广襄阳府参军,迁光化县令,卒于官。先府君生于楚中,故字楚卿。骑田者,楚粤名山也,因以为号。先祖懿生公讳□□,以椽曹早世。先君少孤食贫,与先从伯正庵公同居省城之东门内,少读书有文章名。先母二十于归,事孀姑孝谨,先君砚耕糊口于四方,罐无贮粟,糟糠不饱,绝无交谪之言。"②

方国骅很早就声名鹊起。成鹫《纪梦编年》:"是时先君入学,大有声誉,交游国中名士。""时先君以诗文名世,从之游者往往吟咏达旦。"成鹫《友云堂合集序》:"风雅一道,盛于吾广。广州城东,作者如林,皆奉先辈东村王公为鼻祖。东村才名噪于明季,与邝舍人露、孝廉府君结社齐名。"《(光绪)广州府志》卷一百二十也记载方国骅"语及忠孝大节,则裂背奋臂不屑屑为乡人,由是知名海内。士大夫争与之游,或延居师席,命子弟执北面礼。修脯所归以养母,余则解赠贫乏。广购书籍,不事家人生产,得千金辄散去,弗惜也。"可见方国骅有志节,慷慨多义。按《纪梦编年》,此时成鹫法师约在四五岁时,那方国骅正在三十岁上下,说明方国

---

① 杨权:《清初岭南禅史研究与佛教文献整理》,《深圳大学学报》,2014年第一期,第142、143页。
② 《咸陟堂文集》附录,《纪梦编年》。

骐三十岁时已经有了不小的影响。大明王朝在天灾人祸、内外交困之下，风雨飘摇，天翻地覆，处于岭南士子中心的方国骐必定受到时事的波及与影响。1644年，李自成攻陷北京，崇祯帝吊死，明朝灭亡，此时方国骐年三十四岁，正是风华繁盛之年岁。《(光绪)广州府志》还记载："明代甲申之变，慨然有澄清志。尝北面恸哭，不与闯贼戴天中。"成鹫法师也说："尝侍先君(方国骐)侧，闻与客谈论甲申之变曰：宰相误国，某相公奸，某相公贪婪，某相公庸鄙，秉钧失人，是致丧乱，不可救也。予闻而心愤之。"①1644年之后，远离北方的岭南逐步直接面对战乱，南明、清以及三藩之乱前后几十年时间内反复进行，岭南政治经济文化中心的广州更是风云际会的焦点区域，方国骐亲身历经一系列事件，直至在三藩之乱即将平定的1671年才离世。方国骐"以诗文名世"，从游者众多，往往吟咏达旦，于是大有声誉，往来应和者多国中名士，如番禺王鸣雷、邝露、梁启运等人皆有声名。但这种风雅聚会结社应该是1644年以前的事了。按成鹫法师之记载，这些事发生在1641年前后，方国骐正好年三十岁，正是风华正茂，慷慨气壮，故有此表现，这与他后来选择作遗民有一定关系。在明亡后的岭南短暂的和平时期，方国骐等人还可以结社吟咏，还可以清谈。也正是在1645年，方国骐中南明隆武朝举人。成鹫父方国骐中隆武朝举人。《(光绪)广州府志》卷四十选举表九有"大清顺治二年广东有伪隆武一科广州中式"，"方国骐，番禺人"，时"试番禺，取一十五人"，方国骐列名第二。但这只是历史风云突变的短暂平静，很快暂时平和局面就消失了，岭南进入了长期的动荡。

1646年十一月，隆武帝朱聿键之弟唐王在广州称帝，建立绍武政权。十二月，清攻入广州，绍武帝被俘自杀。"广东三忠"(顺德陈邦彦、南海陈子壮和东莞张家玉)揭竿而起，广东战乱纷纷。方国骐直接遭受到战乱的冲击。成鹫法师《纪梦编年》记载，"明运将革，广州唐王、粤西桂王，各臣其臣、土其土，拥戴角立，城池累卵，如燕处堂，弗恤也。先君谓吾师曰：'天下大乱，民不聊生，儿辈读书且休，保全性命足矣。'予从旁应声云：'除却《诗》《书》，将以何者为性命乎？'先君笑为痴儿。朝夕就傅，学业不辍。是岁十月之朔，清抚军佟名养甲、督师李名成栋，潜师东下，直抵省城。城门不闭，兵不血刃，入郭如破竹。唐王肇武，身殉社稷。予随父母避兵亦院，窜榛莽间。三日不火，夜半还家，得少食而返。祖母二亲未食已，不敢先，虽极饥困，强作饱声。遇斋戒期，望空顶礼，素食如常。"②方国骐一家在广州城破之时，避兵乡下。

---

① 《咸陟堂文集》附录，《纪梦编年》。
② 《咸陟堂文集》附录，《纪梦编年》。

明末清初之际的战乱显然很大地影响到方国骅的生活,不但不能再安心读书问学,还要面对生死大义。方国骅在1647年曾有性命之忧,几乎死于非命。此年,广州有枉杀短衿之祸,方国骅仅以身免。此时的广州以及岭南腥风血雨、风云飘摇,人心惟危,人身也惟危。在时事艰危,天崩地解的局面下,作为交游广泛的一代名士,身处政治文化中心广州,方国骅以及年幼的方颛恺不可能不感受到时代风云的惨烈。1648年,方国骅在艰难困苦之际,被南明永历朝廷诏授翰林院庶吉士(翰林庶常),对于翰林来说,充任者多是精通经史、饱读诗书之士,方国骅能担任此职,虽然有"时方危乱,文臣缩手,词翰需人"的缘故,但不能否认还有方国骅在岭南具有不小的影响力的原因。方国骅到肇庆(端州)上任不久,见永历朝廷众臣纷争不止、党争不断,知事不可为,乃匆匆离职归隐林泉,佃田数亩于广州东郊城外黄花塘畔,率儿仆躬耕自食。不再参加科举,不仕新朝。躬耕之余,著书受徒,从之游者数百人,世称之为学守先生。成鹫法师曾说,"风雅一道,吾家家学也。昔明之季,先孝廉府君举于乡,未仕而隐,以古文词鸣世,教授生徒,诸子侄辈承授受于趋庭者,皆能属对声律,如俎豆之戏。"(《咸陟堂二集》卷四)。可见方国骅授徒之余,对子侄辈的教育也是重要的内容,这是"禺山三方"之形成,方殿元父子三人侧身岭南七子之列的重要因素。

若从1648年归隐算起,至1671年方国骅去世,他归隐读书授徒的长达二十多年。方国骅家居广州城豪贤街濠弦草堂,此时耕于城东郊外黄花塘。《(宣统)番禺县续志》卷四十:"明翰林院待诏方国骅濠弦草堂,在豪贤街,故址今不可考。据李志《方国骅传》《粤东诗海》五十七、《咸陟堂集》《采访册》,方国骅《梦还濠弦草堂》诗:'草堂昨夜梦,了了见茅屋。画壁存龙蛇,去向月痕读。破瓦盈蛛丝,短檐巢小鹨。直指当年题,日色照离陆。侧户履花寮,兰芷香若馥。厨烟凌高霄,庶妇羞香薂。出还理邺架,恍惚昔万轴。细雨湿庭阶,父老相过逐。予亦冠带迎,蹰躅走童仆。山鸡觉蓬然,往事千行哭。'谨按,今豪贤街昔名'濠弦',以街在城东濠沿,形似弓弦也。方国骅子颛恺,僧名成鹫,著《咸陟堂集》。言桂王都肇庆时,父国骅赴行在。桂王西奔,隐于黄花塘畔,率儿辈躬耕。今黄花塘在东城外,与豪贤街仅一城之隔。《梦还濠弦草堂》一诗,当是隐居后梦忆城中故居也。"[1]昔日豪贤街濠弦草堂的安适优雅的生活不复存在,只能梦中再回首了。据记载,在豪贤街还有一名士霍子衡。《番禺县续志》卷四十:"明太仆寺卿霍子衡故宅在豪贤街。顺治三年,大清兵入广州,子衡赴宅后塘中自沉死,妾及子媳孙女小婢均殉之。总督佟养甲表其间,曰'阖门死节之家'。遗址无可考。据《南海百咏》续编卷四。"

---

[1] 清·梁鼎芬《(宣统)番禺县续志》卷四十,民国二十年重印本。

成鹫法师《赠李秀山五十一诗》:"濠上观鱼君与我,溪边放鹤我逢君。东林池上三生石,粤秀山头一片云。取足全身归至道,何须五十笑无闻。三多五福皆成幻,过量如君勿复云。"①

成鹫法师的岳父梁启运也是一位遗民,嗜读兵法、律历之书,曾欲起兵抗清,在不得已的情况下。梁启运乃成鹫法师父亲方国骅同科举人。《(光绪)广州府志》卷一百二十记载:"时与国骅善者,梁启运,字文震,北亭人,万历副贡,以女妻国骅子颛恺。少尝寓波罗,嗜读兵法、律历之书。与东莞袁崇焕相往还,又尝与黎遂球有恢复明祚之志。后知事不可为,筑水云别墅,隐居不出。雅善鼓琴,工写竹,与梁森琅皆称一时高手。殁,以别墅施僧,今北亭水云寺是也。子,龙跃,康熙岁贡。"②梁启运女儿后嫁给方国骅长子方颛恺。梁启运乃万历十年(1582)、十六年(1588)两榜副贡,有《澄江楼集》。梁启运"嗜读兵法、律历之书",与袁崇焕相往还,又尝与黎遂球有恢复明祚之志,可见也是书生知兵,有慷慨之志。袁崇焕(1584-1630年),字元素,生于广东东莞石碣。于万历四十七年(1619)中进士,后通过自荐的方式在边关任职,得到孙承宗的器重镇守宁远。在抗击清军(后金)的战争中先后取得宁远大捷、宁锦大捷。明思宗朱由检即位后袁崇焕得以重新启用,并声称自己可以五年复辽,赴任后持尚方宝剑将东江毛文龙设计杀害。袁崇焕于崇祯二年(1629)击退皇太极,解了京都之围。袁崇焕最终被皇帝朱由检以通敌叛国罪处死。黎遂球抗清复明失败,梁启运知事不可为,筑水云别墅,隐居不出。后梁启运"以别墅施僧,今北亭水云寺",《(同治)番禺县志》卷二十四:"水云寺在北亭乡。"梁鼎芬《(宣统)番禺县续志》卷四十一:"水云寺在北亭乡蔡下坊,顺治五年僧悦庵舍建,乾隆二十九年重修。有进士张宪撰碑。据《李志》、'采访册'参修,碑文不录。谨按:水云寺建于何年,李志未详载,故补正之。"成鹫法师岳父如此,成鹫生母苏氏是受过五戒的居士,成鹫本人自小就受到母亲的影响,他在归隐二十年后再选择出家为僧,也有些渊源在内。

清军屠城广州时,成鹫法师父亲方国骅的好友、名士邝露(1604-1650年)慷慨赴难。邝露是一位杰出文人,字湛若,南海人。年十三为诸生。工诸体书,能诗,诗有《峤雅集》。善琴,喜蓄古器玩,与诸将守广州,城破,以二琴、宝剑及怀素真迹等环置左右而死。《(宣统)南海县志》卷二十六:"邝湛若,少工诸体书,……。湛若大笑弃去,纵游吴楚燕赵之间,赋数百章,才名大起。岁戊子,以荐得擢中书舍人。庚寅,奉使还广州,会敌兵至,与诸将戮心死守,凡十阅月。城陷,幅

---

① 清·梁鼎芬《(宣统)番禺县续志》卷四十,民国二十年重印本。
② 清·李福泰:《(同治)番禺县志》卷四十二,清同治十年刊本。

巾抱琴将出，骑以白刃拟之，湛若笑曰，'此何物，可相戏耶'。骑亦失笑。徐还所居海雪堂，环列古奇器、图书于左右，啸歌以待。骑入，竟为所害。为人好恢谐，大言汪洋自恣，以寓其牢骚不平之志，或时清谈，缓态效东晋人风旨，所至辄倾一座。至为诗，则忧天悯人。主文谲谏，若七哀述征之篇，虽《小雅》之怨诽、《离骚》之忠爱，无以尚之……。子，鸿，字剧孟，亦负不羁之才。年二十余，能诗及击剑。先时，丙戌之变，率北山义旅千余战敌于广州东郊，死之，得赠锦衣千户，父子皆烈士也。而世徒以为风流旷达诗人也噫。(《广语》)。粤东诗派皆宗区海目，而踵其美者邝露湛若也。露著《峤雅集》，有骚人之遗音……。(《渔洋诗话》)。粤中文集之名有两《峤雅》。一则高明区怀瑞启图所辑粤先辈之诗也；一则南海邝露湛若自辑其诗也……。(《楚庭稗珠》)。"王士禛在《池北偶谈》中记载，"邝露，字湛若，南海人，狂生也。负才不羁，常敝衣跣履，行歌市上，旁若无人。顺治初，王师入粤，生抱其所宝古琴，不食死。"屈大均《广东新语》："黎美周尝客扬州，于郑氏影园与词人即席分赋《黄牡丹》七律十章，已糊名殿最，钱牧斋拔美周第一。郑氏以书报曰：'君已录牡丹状头矣'。以二金罍赉之。其后美周过吴下，人皆称牡丹状元。其诗有曰：'月华醮露扶仙掌，粉汗更衣染御香。'又曰：'燕衔落蕊成金屋，凤蚀残钗化宝胎'，皆丽句也。是时邝湛若亦赋《赤鹦鹉》七律十章，其句有云：'舞爱玉环低绛袖，歌怜樊素啭朱樱'。又曰：'飞琼阆苑乘朱雾，小玉璇宫化紫烟'。一时人士传诵，有黎牡丹、邝鹦鹉之称。"成鹫有《扶南怀旧》："蒹葭深处引舟航，不到扶南四十霜。石上三生思旧社(予初至扶南，拜搭谁知庵)，门前五柳忆襄阳(故明府怀清邝公宰襄阳有政声，越四年告休归里，筑清白楼)。灵山草圣今何在？(故孝廉爱及公舆先君同举于乡，鼎革后归隐灵山。擅草书)，峤雅徽音若许长(故中秘湛若公舆先君同社，有《峤雅集》行世)。一度重来一度老，行云流水两茫茫。"①成鹫有《友云堂合集序》："风雅一道，盛于吾广。广州城东，作者如林，皆奉先辈东村王公为鼻祖。东村才名噪于明季，与邝舍人露、孝廉府君结社齐名。"②邝露与方国骅生平气节皆相似，结局是邝露含笑赴难，方国骅归隐二十余年而亡，父辈友朋们的种种行为和鲜血淋漓惨痛的事实不能不触动少年成鹫法师的心灵。这奠定了成鹫法师不仕新朝的思想基础。

王鸣雷，也是岭南著名诗人，"岭南七子"王邦畿之弟。成鹫《友云堂合集序》："风雅一道，盛于吾广。广州城东，作者如林，皆奉先辈东村王公为鼻祖。东

---

① 《咸陟堂二集》卷十四，第331页。
② 《咸陟堂二集》卷六，第123页。

村才名噪于明季,……说作王公(王邦畿),先辈兄弟也,诗亦如之。东村学富才赡。"①"王鸣雷,字震生,号东村,番禺人。聪慧早知名。乙酉乡试,鸣雷兼五经,考官惊其才,欲首举之,而格于例,乃抑置榜末。鸣雷学于梁朝锺,为文有师法,奇古奥劲,似战国诸子,不可识辨。康熙初,与修《广东通志》,时称典核。著有《王中秘文集》《空雪楼诗集》。"②

　　王鸣雷也是有名的抗清义士、隐士。王鸣雷至孝,而母贤,他为掩埋广州屠城死难者的共塚所作祭文最为有名。《(乾隆)番禺县志》卷十五记载:"王鸣雷,字震生,号东村。父者辅,字汝珩。性勤学,窗间火尝达曙。好古文,奇奥为文,搆思必趋僻径,倘佯然后就纸。虽贫,好购书,岁终计学塾赀售书肆,空橐归。妻知其故,佯索之。谢曰:计可添薪,然已随手散书肆矣。妻笑汝珩。事母甚笃。母患疽,生虫,口吮而出之。昼夜为母诵经,疽顿愈。晚乃补诸生,得岁贡。鸣雷少聪慧,名于时。最早乙酉乡试,鸣雷兼五经,考官惊其才,欲首举之,而格于例,乃抑置榜末。拥戴时,受中书舍人官。我师克广州,与罗宾王俱下狱,将诛之。时汝珩犹在,闻之喜甚,且自贺曰:'吾儿得死所矣'。会与宾王俱免,时丧乱之后,暴骨山积,好义者哀为共塚。鸣雷自称东门博士,为文祭之,词最哀惨。曰:'呜呼,一治一乱,维天有道;一死一生,维人有数。在昔尉佗,南土翼翼迄于卢循,降割邦域,杀人盈城,尸填沟洫。甲申更姓,七年讨殛,何辜生民,再遭六极,血溅天街,蝼蚁聚食,饥乌啄肠,飞上城北。北风牛溲,堆积髑髅,或如宝塔,或如山邱。便房已朽,顶门未掊,欲夺其妻,先杀其夫,男多于女,野火模糊,羸老就戮,少者为奴,老多于少,野火辘轳。五行共尽,无智无愚,无贵无贱,同归一区。岂无同姓,鬼食嫌疑。生妻在傍,冥漠未知。儿尚襁褓,母已生离。骨无人收,儿在背饥。亦有弱妇,仓倅入房。暮婚晨别,未拜姑嫜。断肌埋尘,委骨埋香。生不相见,良友巾帼。如何墓门,不远咫尺。嗟乎悲哉!黄云浩浩,萧萧碧草。谁敛魂魄。而聚比户,野狐邻穴,野葵塞路。峥嵘荒阤,白杨衰蚕,短首呼号,旧同乡土。回向西天,勿生刬道。江南庾信,哀心作赋。因而大招,夫宁无祷。乃招曰:欲开兮天门芜城兮,陇树寒有年月兮,无瓦棺谁之哀兮,露漫漫徍复兮,新圹未干狭兹窀穸兮,相安天下大定,道路悉通。'鸣雷乃出岭北,游历燕赵,往来吴楚中。时抗高隐者渐复出,鸣雷过旧都之长千里,为义鸳冢铭,以刺时。谓彼妇者谁,子夫肉未寒,已嫁江干;履敝犹可穿,衣敝犹可完,一节之失不可以复赎。皎皎清池、濯濯涟漪,宁不重愧斯禽。其词盖有所指也。鸣雷学于梁朝锺,为文有师法,奇古奥劲,读之多涩口。其

---

① 《咸陟堂二集》卷六,第123页。
② 清·阮元:《(道光)广东通志》卷二百八十六,清道光二年刻本。

《梓洫子》《斑柔子》《辛桑生》《旅说》诸篇,峭刻似战国诸子,不可识辨。而鸣雷究安于贫,不谋仕,自题所居曰'穷室'。卜云门西室南,其穷鬃鬃,乃为醉乡侯傅,以寄意。时秀水朱太史彝尊、新城王尚书士祯至岭表,俱引重鸣雷。鸣雷于文,尤长大似□□。尝为《祭電文》,佶屈如汲冢书,句必三覆,始能读字;必再索,始能解,不使人一览尽之也。康熙初,曾与邑人屈琚等修《广东通志》,时称典核,然未能究所长。所著有《王中秘文集》十卷。其《空雪楼诗集》有樵李山人禾水道人序。山人谓:'其诗纯于中唐钱、王、韩、王诸家,真得风人之旨。'但生于岭外,既地僻又非其时,是以其诗流传海内甚少。即其三游吴浙建业广陵,所游未久。昨游都门,见其诗,如蓝㐌渚、施愚山、吴园次、韩圣秋皆推叹,以为成家犹未尽知,其必傅百世后,定有知者。然鸣雷诗佳,其文尤自成一子。道人谓其读破万卷,才可兼十余家,洵不诬也。"①成鹫之父方骓与王鸣雷齐名,志趣相投,政治态度也相同。

　　黎遂球(1602－1646年)字美周,明末岭南名诗人,广东番禺板桥乡人,也是成鹫的同乡。天启七年举人,再应会试不第。崇祯中,陈子壮荐为经济名儒,以母老不赴。南明隆武朝官兵部职方司主事,提督广东兵援赣州,城破殉难,谥忠愍。善诗文,工画山水,传世画作有《送区启图北上山水图》。南明隆武朝官至兵部职方司主事,提督广东兵援赣州殉难。《(道光)广东通志》卷二百八十五,"黎遂球,字美周,番禺人。曾祖瞻、父密,有传。……遂球五六岁能读书,九岁能文,工诗及古文辞,下笔辄奇警纵横。丙寅张国维令番禺,试童子科,拔之冠军。明年天启丁卯,举于乡,数上公车,道经吴越,与徐汧、吴伟业、张溥、张采、金声、陈际泰辈唱和,树帜中原,呼绝代才子。庚辰,抵邦关,集郑超宗影园赋黄牡丹诗十首,列第一,镂金罍为贽,时称牡丹状头。生平好游,自燕赵吴楚鲁蜀以及滇黔,足迹无不至。甲申三月,国变痛哭,誓死力启直指,及藩臬诸书,大都以巩固省会为急务。先是崇正中,诏行保举法,宗伯陈子壮方在官,称球博学干敏,可当方域之寄。南都再造,球乃出复与当事建议呼乡徼劝输公贮饷粳以付友人张家玉代上中兴硕画十事,累累万言,大要以援虔为第一义。又与巡按王化澄、部院丁魁楚、副使汤来贺往来谋议图战方略。吏部特荐学问经济人才,诏授兵部职方司主事,颁赐敕印,提督两广水陆义师应援虔州。同验封司主事龚棻募水师四千皆屯南安,督总兵黄志忠游击罗明受等军数万,尅日度岭,大治战舰千余艘赴虔,约连各部为水陆夹攻之势,大战三日,先被泗水劫奋击却退,会水浅胶舟,大兵纵火焚之。明受大溃,走还广州。乃入赣城,与督师阁部杨廷麟督师、部院万元吉、监军御史姚奇允,统总兵黄志忠、严遵诰、吴芝范、张悰、张安等援兵数万捍御鼓励坚壁固守,日夕与弟参

---

① 清·任果:《(乾隆)番禺县志》卷十五,清乾隆三十九年刻本。

将遂琪登陴对垒。姊子刘师雄俱从军,授官游击,历参将,身冒矢石,督发铁铳火器,目不及睫,凡数阅月。南门陷,城中大乱,遂球下城督健卒数百人巷战。胁中三矢,坠马遂死之,年四十五。弟遂琪,与仆卢从赞、梁义、陈广金等三十余人同日战死。诏邺虔城殉难诸臣,赠球太仆寺卿,赐祭葬。……赐谥忠愍,比例加赠兵部尚书,荫一子锦衣卫指挥佥事。球性忼易通爽足扬举,颇不屑文缛,或以为傲物。所著有《莲须阁集》《周易爻物当名》《易史》《诗风史刺》,凡百余卷行世。二子延祖、彭祖皆明经好学笃行之士。"①

成鹫《牡丹百咏序》,"古今咏牡丹者不下一家。唐之李义山,明则吾乡黎美周,皆援引典故,影响刻画为工,世争脍炙之。"②屈大均《广东新语》:"黎美周尝客扬州,于郑氏影园与词人即席分赋《黄牡丹》七律十章,已糊名殿最,钱牧斋拔美周第一。……一时人士传诵,有黎牡丹、邝鹦鹉(指邝露)之称。"

邝露、黎遂球、王鸣雷都是广州人,皆为成鹫法师的父辈,都是才高名重的义士英雄,这些父辈人士的事迹正是少年成鹫所观所感,不能不受到影响。父辈们在明亡之后,或战死或归隐,必定会影响到成鹫的政治取向和思想态度。"明末天启、崇祯年间,岭南诗坛上涌现了一大批优秀的爱国诗人,其中包括著名的爱国将领袁崇焕以及在抗清斗争中牺牲的烈士黎遂球、邝露、梁朝钟、陈子壮、陈邦彦、张家玉等。这些诗人为了挽救民族危亡,勇赴国难,经过艰苦卓绝的奋斗,终于献出自己宝贵的生命。诗人的'耿耿孤忠',发而为诗,表现了汉族人民在民族斗争中坚贞不屈的精神和强烈的爱国主义思想。"③其中黎遂球、邝露、陈邦彦三人最为杰出,清人温汝能编辑《粤东诗海》,把黎遂球称作粤中李白,把邝露称作粤中屈原,把陈邦彦称作粤中杜甫,可见三人成就之高。黎遂球、邝露是成鹫的父辈好友,这既能说明成鹫所属的方氏家族在岭南文坛的地位,也可说明成鹫的志节明显受到这些杰出人物的充分影响。一些广州文人显然与黎遂球、邝露一样的思想行为,抗清斗争较为普遍,成鹫是番禺人,该地以及附近的文人士子投入遗民僧领袖番禺人函昰门下者就有一百多人,这些人是文人中的代表,能表明整个文人群体的态度。

岭南遗民僧较多,由于从明末农民起义到明清易代、由南明到三藩之乱之间几十年内,岭南都是重要经历地区,使士人们有更多机会感受改朝换代的剧痛和夷夏之别的心结,因而亦儒亦佛的遗民僧数量多、影响大,具有显著的代表性。岭

---

① 清·阮元:《(道光)广东通志》卷二百八十五,清道光二年刻本。
② 《咸陟堂文集》卷一,第15页。
③ 陈永正:《岭南文学史》,广东高等教育出版社,1993年版,第8页。

南遗民僧主要有函昰(1608—1685年)、函可(1612—1660年)、大汕(1613—1705年)、澹归(1614—1680年)、屈大均(1630—1696年)等。岭南著名遗民僧领袖函昰也是广州番禺人，正是成鹫法师的同乡，其门下有不少成名的诗人，如今吼(王邦畿)、今种(屈大均)、今释(金堡)等，门下著名弟子号称"十今"(阿字今无、石鉴今见、诃衍今摩、澹归今释、乐说今辩、仞千今壁、角子今釐、泽萌今遇、尘异今但、广慈今摄)，还有有名有姓的士子僧人一百多人。岭南大规模的遗民和遗民僧的出现，可以说就发生在成鹫法师的身边，不少人还是方国骅以及方氏家族的故交友朋，这不能不对成鹫法师产生实质影响。

第三节　成鹫法师的少年遗民风云

成鹫法师生于仕宦之家，书香门第，父亲方国骅乃岭南名士。1644年，成鹫法师年仅八岁，明朝灭亡。消息传至岭南，文人圈颇感震动，包括方国骅在内皆如此，少年成鹫闻而心愤之。"尝侍先君侧，闻与客谈论甲申之变曰：宰相误国，某相公奸，某相公贪婪，某相公庸鄙，秉钧失人，是致丧乱，不可救也。予闻而心愤之。"①甲申之变，方国骅"慨然有澄清志。尝北面恸哭，不与闯贼戴天中"，这些自然为成鹫法师所亲历。

成鹫法师十三岁随父亲方国骅归隐，选择作了遗民，不再参加清朝的科举考试，也就是不会出任清朝的官员，可谓是年龄最小的明朝遗民，比著名的抗清义士年仅十七岁的夏完淳(1631—1647年)还小。成鹫法师又是年龄最大的遗民，他在四十岁出家之前，作了二十多年的塾师，以坐馆授徒为生计。然后四十一岁时毅然出家为僧，在佛门四十六年，以八十六的高龄圆寂于康熙六十一年(1722)，此年在帝位上六十年的康熙帝也正好去世，康熙朝结束。如此成鹫法师为遗民七十多年，虽然后期二十余年他的遗民思想随着清朝统治的稳固有所淡化。

"清初'遗民诗僧'原是一个统称的概念，究其实应有两个层次：一是僧之为遗民者，一是遗老而为僧者。前一层次则指原本僧人而仍不忘故国之恨者，后一层次是原有家室而为固守志节，遁走空门。"②成鹫法师就是后一种遗民。从他自十三岁时起，退出科举考试，作塾师二十多年，再于四十一时出家为僧，作遗民民僧，他的身上有非常明显的遗民思想与行为。成鹫法师的遗民思想表现，在生平之

---

① 《咸陟堂文集》附录，《纪梦编年》。
② 严迪昌：《清诗史》，浙江古籍出版社，2002年版，第289页。

外,还真实的表现在其作品中著作中。当然,经过几十年岁月的洗礼,在成鹫法师诗文集《咸陟堂集》刊刻时,清朝的统治早已经建立起来,成鹫法师的许多思想情感已经弱化,加之文字狱的盛行,文人们刊刻著述不能不防备一二。但在成鹫法师的诗文中的字里行间仍包含着对清朝统治的批判。

一、八岁国变

成鹫法师作遗民当然是受到父辈的影响,也是与其自身遭遇的影响有密切关系。成鹫法师在《纪梦编年》中记载,"年十有二,岁在戊子(1648年)。大兵之后,必有凶年。至夏大饥,斗米千钱,人或相食。予家十余口,日啖糠核,存亡不保。至是始废学业,斋戒礼拜,未尝废也。艰难万状,不可具述。先是佟、李争长,文武不协,李帅蜡书密通西粤,迎立桂王,移师下端州,三月内反正朔,复衣冠,奉桂王为主,改元永历,以郡宇为行宫。时方危乱,文臣缩手,词翰需人,先君蒙荐,诏授翰林庶常。予从赴行在,知其不可,力劝返辙,先君亦以为然,以母老辞,退修初服。既归里,佃田数亩于东郊外黄花塘畔,率儿仆躬耕。筑草亭于田间,以避风雨,颜曰:'祝丰'。"①《(光绪)广州府志》卷一百二十:"方国骅,字楚卿……。明代甲申之变,慨然有澄清志。尝北面恸哭,不与闯贼戴天中。伪隆武乙酉举人,授翰林待诏。未几,鼎革。杜门学圃著书受徒,从之游者数百人,皆国士也。教其子以耕稼,课之诗书,期以忠孝,不汲汲于名利。自铭其堂曰'学守',世称为学守先生。"成鹫法师记载此时隐居生活时曾有,"予虽总角,膂力过人,负耜馌饷,一日数往返,犹能乘间读书。先君加顾复焉。旧集中有《祝丰亭示儿诗》,盖命之也。诗失于兵,仅忆'笑看于耜者,犹是采薪人'之句,余忘之矣。"②

1646年,成鹫法师十岁,四处蔓延的战火已经推向最南端的广东省。成鹫法师遭受战乱之祸,避兵亦院。1647年的战争形势越发不利于南明政权。九月、十月、十一月,"岭南三忠"陈邦彦(1603-1647年)、张家玉(1615-1647年)、陈子壮(1596-1647年)先后战死。屈大均撰《四朝成仁录》,在《陈邦彦传》末赞曰:"自岩野陈公,与文忠(陈子壮)、文烈(张家玉),三路连兵,势同鼎足。于是广之忠臣,从之而起者,人人破产,在在扬戈,以与敌人争一旦之死命。盖从文忠而死者,三十余人;从文烈而死者,六十余人;从公而死者,十有一人皆大节皎然,有当于从容慷慨之道也。"江南陈子龙(1608-1647年)、夏完淳以及各地士人纷纷死难。陈子壮乃广东南海县人。他是万历四十七年进士,历官编修、崇祯间累迁

---

① 《咸陟堂文集》附录,《纪梦编年》。
② 《咸陟堂文集》附录,《纪梦编年》。

礼部右侍郎、南明弘光帝礼部尚书、桂王东阁大学士兼兵部尚书，起兵攻广州，兵败，惨被锯死。《（道光）广东通志》卷二百八十四："陈子壮，字集生，号秋涛，南海沙贝人。母梦神人以丹桂枝拂其腹曰：'俾尔生儿，流芳百世'，及生，异香满室。年十六试冠邑弟子员，由番禺学中式。万历乙卯乡试，万历四十七年己未以进士第三人，授翰林编修同充修史馆……。顺治三年，子壮自雄归广，以奉旨协办军务，乃捐赀召募得众二千余人，日夜训练。九月初，闻大兵入闽，总兵周之藩卫主战死，唐王被执，汀州遘变。报至，恸哭曰：'今福州既亡，永明王现驻端州'。乃遣人至端州，奉表劝进。十月，丁魁楚兵败还粤，见子壮，云至中途闻大兵陷赣城，万元吉赴水死，兵部员外郎黎遂球与弟遂琪俱阵亡。子壮闻之太息因以劝进端州事。丁魁楚等拥立桂王子永明王由榔于肇庆……。明年丁亥春，张家玉陈邦彦及新会王兴潮阳赖其肖先后起兵，子壮亦以七月起兵九江村，兵多疍户番鬼善战。乃与陈邦彦约共攻广州，结故指挥使杨可观等为内应，事泄可观等死，子壮驻兵五羊驿。连日攻广州不克，为大兵击败，走还九江村。长子上庸战殁。会故御史麦而炫破高明，迎子壮，以故主事朱实莲摄县事。实莲，子壮邑子也。九月，大兵克高明，实莲战死，子壮、而炫俱执至广州，不降被戮。子壮母自缢。永明王赠子壮太师、上柱国、中极殿大学士、吏兵二部尚书、番禺侯，谥文忠，荫子。子三人，长，上庸兵部职方司主事，殉节二十七岁，赠太仆寺少乡。次，上延，荫尚宝司丞。三，上图，锦衣卫指挥使。所著有《经济言》《南宫集》《礼部堂稿》《练要堂诸稿》。"①成鹫为陈子壮孙子陈东崖而作《赠陈东崖序》，其中说："念昔者明柞遽倾，南北死事之臣，不可更仆而数计，先文忠秋涛公誓一旅之师，斩木揭竿，无或应者，孤军血战死焉。文忠二子长登甫、季叔演，痛父之死，号召多方，继志未逮，抱憾而殁。忠臣孝子，同出一门，宇宙中其不寂寞乎！东崖，叔演公季子也，流离播迁，弗宁厥居，以文忠婚于吾族之姑，因奉母避地韦上。"②而此前的九月，"岭南三忠"的陈邦彦死。屈大均撰《四朝成仁录》，在《陈邦彦传》末赞曰："自岩野陈公，与文忠（陈子壮）、文烈（张家玉），三路连兵，势同鼎足。于是广之忠臣，从之而起者，人人破产，在在扬戈，以与敌人争一旦之死命。盖从文忠而死者，三十余人；从文烈而死者，六十余人；从公而死者，十有一人皆大节皎然，有当于从容慷慨之道者也。"十月，张家玉死。张家玉，字玄子，号芷园，广东东莞万江镇人，南明抗清将领，岭南三忠之一，爱国诗人。张家玉"好击剑，任侠，多与草泽豪士游"。十九岁考取秀才，二十二岁乡试中举人，二十九岁中进士，授翰林院庶吉士。弘光元年（1645）五

---

① 清·阮元：《（道光）广东通志》卷二百八十四，清道光二年刻本。
② 《咸陟堂二集》卷一，第15页。

月,清兵攻破南京,朱由崧被俘,家玉逃到杭州。闰六月,唐王即位于福州,改元隆武,张家玉被授为翰林院侍讲,兼编帝王起居注。抗清而亡,壮烈殉国,时年仅三十三岁。次年(1648年),南明永历帝赠封他为太子少保、东阁大学士、吏部尚书。不久,又加赠太保兼太子太保、武英殿大学士、增城侯,谥"文烈"。张家玉诗作遗留不少,后人辑有《张文烈公军中遗稿》和《张文烈公遗集》。《见闻随笔》卷二:"张家玉,号芷园,东莞人。崇祯癸未进士,改庶常。李自成破京师,家玉骂贼被缚,执讯间,见其少而秀拔,声巨乱辩,爱而释之。家玉惧不免,佯为文誉贼,因乘间南走。时马士英柄国,方与东林构难而家玉。周文忠公,凤翔门人,也恶之,因罗织削籍。居钱塘,与副使苏观生等同护唐王至闽。唐王立观生为相,家玉为侍讲,寻兼兵科监、永胜伯。郑彩军先驱抵广信,解抚州之围。丙戌正月,被围于新城,力战得出,加金都御史。与郑彩议不合,请回粤招募,得兵数万人。闻上杭败信,兼饷尽溃归,居东莞。陈邦彦,号岩野,顺德人。乙酉,以诸生走金陵,上政要三十二策,不见用。唐王得其策,读而伟之,既立即家授监纪推官,而邦彦已登是科。贤书以苏观生荐,改兵部职,方主事监,狼兵至岭,赣州破,劝观生东保惠、潮,不听。会丁魁楚等已立永明王于肇庆,观生前与魁楚不睦,撤兵回。至韶,使邦彦赴肇称贺,且觇动静也。王已西走梧州,闻邦彦至,大喜。桂太妃垂帘召见,改授兵科令,回慰观生,召之入辅。迨邦彦东归而观生已迎立聿𨮁于广州。未几。大清巡抚佟养甲、总兵李成栋破广州聿𨮁及观生皆死。会城定。李成栋由肇庆西入梧州。养甲居守,故缙绅窜伏山谷。多观望不肯出、养甲使人召家玉,亦抗辞不至。"在广东以外,郑成功起兵抗清。顺治四年(1647),郑成功率领海上义师,兴兵福建,破同安、海澄和泉州,据金门、厦门。江南地区陈子龙、夏完淳等名士或战或死。张献忠等也在此时战死身亡。这些英雄人物的种种英勇义举和前仆后继、慷慨赴死的精神力量不能不影响到少年的成鹫法师。而战争还直接影响到成鹫法师本身的生活和生存。

1648年,成鹫法师在《纪梦编年》中自忆,"年十有二,岁在戊子。大兵之后,必有凶年。至夏大饥,斗米千钱,人或相食。予家十余口,日啖糠核,存亡不保。至是始废学业,斋戒礼拜,未尝废也。艰难万状,不可具述。先是佟、李争长,文武不协,李帅蜡书密通西粤,迎立桂王,移师下端州,三月内反正朔,复衣冠,奉桂王为主,改元永历,以郡宇为行宫。时方危乱,文臣缩手,词翰需人,先君蒙荐,诏授翰林庶常。予从赴行在,知其不可,力劝返辙,先君亦以为然,以母老辞,退修初服。既归里,佃田数亩于东郊外黄花塘畔,率儿仆躬耕。筑草亭于田间,以避风雨,颜曰:'祝丰'。予虽总角,膂力过人,负耜馌饷,一日数往返,犹能乘间读书。先君加顾复焉。旧集中有《祝丰亭示儿诗》,盖命之也。诗失于兵,仅忆'笑看于耜者，犹是采薪人'之句，余忘之矣。"①成鹫法师还在《赠梁擎霄入学》诗中说，"我昔入学时，问年刚十二，总角戴儒巾，蓝袍长扫地"②，已经是少年文人的形象。从成鹫法师的这段涉及家事和国事的记载中，我们能真切感受到历史风云对少年成鹫法师的影响。世事难为，方国骅、方颛恺父子选择了归隐。四月，清将李成栋胁迫佟养甲反正，宣布两广反清复明，封惠国公，南方形势一时变得有利于永历。八月，永历帝还居肇庆。永历朝君臣没有抓住有利时机，内斗严重，有"五虎"干政、"楚党"与"吴党"相争等重大党争不断，从而形势很快发生逆转。《通鉴辑览》卷一百十九："(顺治五年)秋八月，桂王由榔至肇庆。瞿式耜虑李成栋挟由榔自专，如刘承允事复上疏力争，由榔乃驻肇庆。成栋进谒，由榔拜成栋大将军，以其子元允为锦衣指挥使，封南阳伯。成栋言式耜拥戴元臣，不宜久在外。由榔召式耜，式耜愿留桂林，终不入，然闻政有阙失，必具疏力谏。尝曰：臣与主上患难相随，休戚与共，不同他臣一切大政自得与闻。由榔虽褒纳，不能尽从也。时由榔诸臣各树党，从成栋至者曹华、耿献忠、洪天擢、潘曾纬、毛毓祥、李绮自夸降附功，气陵朝士。自广西从由榔至者，朱天麟、严起恒、王化澄、晏清、吴贞毓、吴其雷、洪士彭、尹三聘、许兆进、张孝起皆自恃旧臣，诋斥曹耿等。久之，复分吴、楚两党。"危机之下，不忘党争。

1649年，方颛恺年十三，应试童子科，充番邑博士弟子员，受到番禺县令汪起蛟的赏识，但方颛恺则是比较彻底地回避了朝廷，十三岁童子科后不再应试，《胜朝粤东遗民录》之《自序》评论说，"明季吾粤风俗，以殉死为荣，降附为耻，国亡之后，遂相率而不仕不试，以自全其大节。其相勖以忠义，亦有可称者，何言之？自顺治丙戌(1646年)冬，李成栋、佟养甲偏师袭广州，绍武遇害，逾年春，成栋复追桂王及于桂林，势将殆矣，而粤之陈文忠、张文烈、陈忠憨三臣振臂一呼，义兵蜂起，于时破家沉族者，踵相继也。养甲惧，遂令成栋旋师。及三臣败死，山海诸义士扰拥残众为复仇计，会城之外，至于号令不行，李、佟因是有反复为明之举。盖桂王所以延其残祚者，实维吾粤诸臣之力。至若何吾驺、黄士俊、王应华、曾道唯、李觉斯、关捷先等，虽欠一死，后皆终老岩穴，无履新朝者，故贰臣传中，吾粤士大夫乃无一人。而吾驺、士俊以崇祯朝旧相出辅桂王，及平、靖二王围广州(1650年)，桂王西走，吾驺犹率众赴援，士俊亦坐阁不去。其苦心勤事，思保残局，比之贰臣传中冯铨、王铎等，自当有间，而此诸人，当时咸被乡人唾骂，至于不齿，至今

---

① 《咸陟堂文集》附录，《纪梦编年》。
② 《咸陟堂二集》卷十，第187页。

弗衰。此亦可见吾粤人心之正,其敦尚节义,浸成风俗者,实为他省所未尝有也。"①在岭南士人当中,方国骅、方颛恺父子显然是"以殉死为荣,降附为耻,国亡之后,遂相率而不仕不试,以自全其大节"。

二、广州屠城之祸与成鹫的遗民抉择

1650年,清军屠广州城,成鹫法师父亲方国骅险些遇难,方家"家徒四壁,生计萧然",可谓国破家亡。据方颛恺追忆,当时广州屠城,其父方国骅虽然没有死于非命,但"责输军饷二千余金。先君(方国骅)还里,罄卖田宅,典鬻衣物,经营二月余,眷属复得完聚。既归,家徒四壁,生计萧然,不得已,设席党塾,受徒传经,藉修脯以供菽水。""年十有四,岁在庚寅。清平南王尚可喜、靖南王耿仲明,帅师南下,恢复广东。正月内城中闻警,举国惶惶。巡抚杜名永和,移家战舰,将帆海南窜矣。越月,大兵未入境,复还据城。未几兵至,驻札北郭外,连营十里,军势殊锐。杜不克帆海,乃坚壁固守,三面拒敌,惟南门通海运,接济粮草,不致合围坐困耳。下令居民妇女不许出城,男子往来印臂为号。先君以母在不忍遽去,遣予兄弟先还乡里。围城八月余,日夕攻守,炮礟声如洊雷,民不聊生,士不解甲。城中有掌兵柄者范某,逾垣纳款,致炮台失守,清兵据险薄城,势不可支,众将解体。先君知不可守,泣别老母,先六日冒险还乡。至十月初二日城陷,以拒命故,屠焉。男子之在城者,靡有孑遗。妇稚悉为俘掳,监管取赎。七日止杀。先君入城,幸眷属无恙。揭榜国门,责输军饷二千余金。先君还里,罄卖田宅,典鬻衣物,经营二月余,眷属复得完聚。既归,家徒四壁,生计萧然,不得已,设席党塾,受徒传经,藉修脯以供菽水。"②顺治七年的此次广州屠城,清平南王尚可喜、靖南王耿继茂率师从韶州南下,围广州城八个月,最终攻陷了广州。清军屠城七日,造成六十余万人死亡,此乃"庚寅之劫"。方国骅本就"广购书籍,不事家人生产,得千金辄散去,弗惜也",加之国破家亡,故此"家徒四壁,生计萧然",不得已,设席党塾,受徒传经,借此以养家糊口。方国骅还令二子改业学为农圃,佃田耕稼,在耕作之余,才"教其子以耕稼,课之诗书",并"期以忠孝,不汲汲于名利"。可以说方国骅归隐之后,生计艰辛,维护气节。"清王朝为尽快完成一统江山之大业,以严酷血腥的杀戮血洗中原腹地,更是以酷政峻制的民族政策压制明遗民的反清情绪,却没有料到士大夫们的忠烈节义精神已深入骨髓,尤其是以'节义'自矜的明遗民们,他们思想深处的节义之志所酝酿出的民族情结以及'为往圣继绝学'使命感,使他们之志无可

---

① 清·陈伯陶:《胜朝粤东遗民录》,《莞水丛书》第四种,乐水园印行,2003版,第151页。
② 《咸陟堂文集》附录,《纪梦编年》。

夺取。清王朝的强硬措施不但摧毁不了遗民之志,反而是引起了更加了强烈和高涨的反抗意识。明遗民士大夫们面对鼎革巨变的强大冲击,心中所思'华夏中心'与'夷夏之防'之情结,外化而为激越与孤愤的'救'国之志。"①压迫越大,有志节者就越是能焕发出抗争精神。

1646 年十一月,隆武帝朱聿键之弟唐王在广州称帝,建立绍武政权。十二月,清军攻入广州,绍武帝被俘自杀。"广东三忠"揭竿而起。士人多逃禅。《寒支集》初集卷六:"隆武于乙酉年七月初一即真其尊人选官,当在八月丙戌。八月福州陷。十一月苏观生、何吾驺等方立绍武于广州、十二月十五日。李成栋即入广州。此时永历尚在肇庆,二十五日方闻广川之报也。"《蠹勺编》卷十九:"顺治三年,总督佟养甲、提督李成栋入广州,执绍武,杀故明藩王十五人于东校场。惟滋阳铜陵兴化永丰信阳永宁六王,避地惠州。七年,广州围急,有奉化伯黄应杰者,与副使李士琏诱执六王,以惠州先降,既而悉杀之。凡诸王子在襁褓,及宗室女已嫁者,尽杀焉。"清军大屠杀成为世人心中永远的伤痛。"从顺治二年,也就是公元1645 年 4 月开始,清军南下,所到之处以民族征服者自居,杀戮立威,演出了一幕幕惨绝人寰的屠城悲剧。屠扬州:抵抗了 7 日,屠城 10 日。屠嘉定:抵抗了 52 日,屠城 3 次。屠江阴:抵抗了 80 日,屠城 3 日。屠昆山:抵抗了 21 日,屠城 1 日。屠嘉兴、屠常熟、屠苏州、屠海宁、屠广州、屠赣州、屠湘潭、屠大同、屠四川……,整个华夏大地尸积成山,血流成河。至少有六千万人惨死,可能远不止此数,还有很多被掠为奴。昆山之役,一天的死难者就达四万,'昆山顶上僧寮中,匿妇女千人,小儿一声,搜戮殆尽,血流奔泻,如涧水暴下'。"②著名遗民归庄(1613 – 1673 年)在顺治二年(1645)作有《悲昆山》诗,"悲昆山! 昆山城中五万户,丁壮不得尽其武,顾同老弱妇女之骸骨,飞作灰尘化作土。悲昆山! 昆山有米百万斛,战士不得饱其腹,反资贼虏三日谷。悲昆山! 昆山有帛数万匹,银十余万金,百姓手无精器械,身无完衣裙。乃至倾筐篚,发窦窖,叩头乞命献与犬羊群! 呜呼,昆山之祸何其烈! 良繇气慑而计拙,身居危城爱财力,兵峰未交命已绝。城陴一旦驰铁骑,街衢十日流膏血。白昼啾啾闻鬼哭,鸟鸢蝇纳争人肉。一二遗黎命如丝,又为伪官迫慑头半秃。悲昆山,昆山诚可悲! 死为枯骨亦已矣,那堪生而俯首事逆夷! 拜皇天,祷祖宗,安得中兴真主应时出,救民水火中。歼郅支,斩温禺。重开日月正乾坤,礼乐车书天下同!"③

---

① 刘雪梅:《明清之际遗民逃禅研究》,吉林大学博士论文,2015 年,第 93 页。
② 田崇雪:《遗民的江南》M,学林出版社,2008 年 12 月版,第 194 页。
③ 王英志:《新编清诗三百首》,江苏古籍出版社,2008 年版,第 23、24 页。

成鹫法师亲身经历的广州大屠杀,六十万人死于屠刀之下。关于顺治七年(1650)广州遭屠城,史籍记载也是颇多。顺治七年,清平南王尚名可喜、靖南王耿继茂率师从韶州南下,败李成栋,围广州城八个月,最终攻陷了广州。清军屠城七日,造成六十余万人死亡,此乃"庚寅之劫"。《(乾隆)番禺县志》卷十八:"七年庚寅春二月,尚可喜、耿继茂围广州。冬十二月朔二日,克广州。可喜等屠城,死者七十万人,民居遂空。两藩兵因尽入居住,号为老城。文职各衙门俱于新城权设。"《(光绪)定安县志》卷十:"庚寅七年,靖南王耿继茂、平南王尚可喜统兵攻广东省城,阅九月乃下。壬辰十月,恢复海南州县。(《东华录》)。广东自顺治四年归顺后,复为流贼所据,至此始恢复。"《(道光)广东通志》卷二百二十六古迹略十一:"共冢在东门外。顺治庚寅正月,耿继茂、尚可喜兵入广州,屠戮甚惨,城内居民几无噍类。其奔出者,急不得渡,挤溺以死,复不可胜计。有紫衣僧真修募役,购薪聚骴于东门外隙地,焚之,累骸成阜,即于其旁筑为大坎瘗焉,名曰共冢。番禺王孝廉有祭共冢文,颇行于世。(《粤觚》)。"《(乾隆)番禺县志》卷五:"会冢,一名共冢,在东门外。顺治辛卯冬月,尚可喜、耿继茂破广州,屠戮甚惨,城内居民几无噍类。其奔走者,急不得渡,挤溺以死,复不可胜计。浮屠氏真修曾授紫衣之赐,号紫衣僧者。乃募役购薪聚骴于东门陈地焚之,累骨成阜,行人于二三里外望如积雪,即于其旁筑为大坎瘗焉,名共冢。乱定后,延侣结坛设伊蒲之祭。番禺王孝廉有祭共冢文,颇行于世。按此纪,见之名共冢,而集有会冢行。自注云:侍御田公及义士王潜父也,诗云:'平原黯黯云脚垂,白杨树底游魂归。沧海已销精卫恨,青山无复杜鹃啼。忆昨阴风暗南土,长林夜夜髑髅语。苍苍古道无人行,燐燐鬼火烧秋雨。枯骸朽骨乌鸢余,总是当年琼树枝。然腹为灯宁自照,漆头作器任人为。江湖义士洪都客,泪洒尸陀林下石。自怜无力效秦封,日扣公门请周泽。绣衣使者乘骢来,玉鞭一指瘴烟开。吹枯振朽百废举,顿起沟壑登春台。粤王城头暮烟碧,处处秋山净如拭。遥听牛背笛声来,不似前时惨淡色,泉台岂是铭恩处,事不近名又著。君不见,宋陵松柏已萧条,行人犹忆冬青树。'据此诗,则检骸之举倡于王潜父,而田侍御玉成之,不云紫衣僧也。田侍御不著名,疑即田希尹也。希尹不知何处人,以顺治十二年为广东副使,会冢之封应在此时,时已为僧,不归何缘有此诗。又玩诗中语意,则会冢即共冢无疑,非他有一冢也。"①《(乾隆)番禺县志》卷十五:"李物华,字天宝,猎德人。有至性,好名义。顺治丁亥父春先死于兵,物华恸之,废蓼莪,自号蓼庵。庚寅,广州克复,以尚可喜、耿继茂镇之,遂据粤自侈,残虐粤民,大姓无不破家。李氏本巨族,祠宇房屋为可喜所毁,片砾无

---

① 清·任果:《(乾隆)番禺县志》卷五,清乾隆三十九年刻本。

遗,尽占其田业,给与徐梁三镇屯兵。众仓皇无措,涕泣而已。是时,粤民惮威甚,无敢犯难。"①《岭南佛门事略》卷二中记载,在华的意大利籍耶稣会士卫匡国(Martin Martini,1614—1661),撰《鞑靼战纪》(1654年出版),其中写道:"大屠杀从11月24日一直进行到12月5日。他们不论男女老幼一律残酷地杀死,他们不说别的,只说:'杀!杀死这些反叛的蛮子!'但鞑靼人饶恕了一些炮手以保留技术为自己服务,又饶恕了一些强壮的男人,为他们运送从城里抢到的东西。最后,在12月6日发出布告,禁止烧杀抢掠。除去攻城期间死掉的人以外,他们已经屠杀了十万人。"(引文见杜文凯编《清代西人见闻录》,第1版,53页)清初来华的荷兰使臣约翰·纽霍夫(John Nieuhoff),也在《从联合省的东印度公司出使中国鞑靼大汗皇帝朝廷》(1669年出版)一书,写下大体相同的报道:"鞑靼全军入城之后,全城顿时是一片凄惨景象,每个士兵开始破坏,抢走一切可以到手的东西;妇女、儿童和老人哭声震天;从十一月二十六日到十二月十五日,各处街道所听到的,全是拷打、杀戮反叛蛮子的声音;全城到处是哀号、屠杀、劫掠:凡有足够财力者,都不惜代价以赎命,然后逃脱这些惨无人道的屠夫之手。"(司徒琳著、李荣庆等译《南明史》,1版,131页)。此外,广州遭屠城之事,吕坚《迟删集》、陈际清《白云越秀二山合志》、黄佛颐《广州城防志》等也有记载。《通鉴辑览》卷一百十九:"(顺治七年)冬十一月,我大清兵克广州。广州城三面临水,李成栋在时复筑两翼附于城外,为炮台,水环其下。大兵攻围十阅月不下。杜永和、偏将范承恩约内应决炮台之水,大兵藉薪径渡,遂得炮台。是月二日克其城。承恩来降,永和由海道奔琼州。我大清兵克桂林,桂王由榔、留守大学士临桂、伯瞿式耜等死之。"对于广州屠城之劣迹,靖南王耿继茂、平南王尚可喜本人也是承认部分事实的。顺治十年五月,"广东左布政使胡章言,臣闻靖南王耿继茂、平南王尚可喜藩下官兵有掳掠乡绅妇女及占据藩司公署,滥委官员事。命二王回奏。十一年正月,耿继茂疏辩,胡章所劾兵丁肆掠一事,前大兵抵广州,城中死拒,阅九月乃下。士卒餐风宿雨,炮击锋伤,不知凡几。城下之日,即食肉寝皮,未足以泄其恨。城中皆为贼党俘获实多,至兵占官署,官占民房,此殆入城时有之。"②耿继茂、尚可喜以及旗下清兵为泄愤大开杀戒,屠广州城。

岭南战乱,白骨遗落,后还有悟止和尚收骨之举。成鹫法师《送悟止上人收白骨序》:"悟止上人悯遗骸暴露之惨,与其徒数人,拏舟载具以往,穷山竭泽,凡有所遇,就地瘗之。地无远近,江河溪涧,斥卤潢污,舟之所通,靡弗届也;境无夷险,怒

---

① 清·任果:《(乾隆)番禺县志》卷十五,清乾隆三十九年刻本。
② 清·蒋良骐:《东华录》卷七,清乾隆刻本。

涛啮波，黑风暴雨，兴之所至，靡弗之也；分无差等，王臣厮役，旅魂国殇，目之所见，靡弗收也。悟止之为是举也，不要福于天，不求助于人，不干名于众，胼手胝足，奖衣垢形，不遑自逸，必尽大地之枯骨盖之藏之而后已。"①另外收葬骨骸者还有卢东山，成鹫法师对此有记载。《(光绪)广州府志》卷一百六十二有记载，来自成鹫法师的文章。"处士卢东山，先世来自钱塘，耕于粤之宝安，旋迁省会。鼎革后，家业荡尽，孑然仅以身免。年十六而孤，事母至孝。虽废诗书，能旁通六艺，儒者弗若也。既长，傲傥不群，常有志于古豪杰之行，往往事不师古，心辄契合。当广州之陷也，屠戮万家，白骨藉藉如邱山。处士既免于难，奋不顾身，拾而藏之，聚为千人之塚。又尝多贮药石、备棺椁，置义地以待贫病而死丧者。滇黔之变，草窃蜂起，浮云阳焰，人争赴之。处士杜门裹足，不屑染指其间。事后清议，一无所玷。每当成败利钝之先，洞若观火，大率类此。"②成鹫曾作《题卢东山遗像》："癯然之翁，渊然之衷。贞如乔松，穆如清风。出不必城市，隐不必隆中。衣不必青紫，食不必鼎钟。一切梦幻泡影，百年成住坏空。生时略识面，没后偶相逢。虽然如是，东山过去东山在，不妨识得主人公。"③据沈曾同《义塚记》记载，东莞也有义塚，"僧检枯骸而归之，顾乡僻山泽之间停棺暴骨者，犹累累焉。"④此时已经是雍正年间，骨骸暴露，很可能也是战争造成的，一般太平无事的时期，除非巨大天灾，难以有此局面。

　　成鹫法师七十岁上下住持大通古寺，作有《挽硕堂老人十章，历序平生相遇之缘》"高峻门庭不易登，每逢寒食谒尊僧。狂歌薤露逢蒿里，即事分题记得曾。予以寒食日谒翁，因感寺后荒坟，与客分赋《仙城寒食歌》四章。"《仙城寒食歌四章》之《尚公坟》，"海珠海水流腥血，十万生灵冤莫雪。杜康有力不借人，入室操戈凭曲蘖。郎君本是拔山雄，一饮千钟双耳赤。座上杀人如草营，府中聚骨成丘垤。承恩赐射中金钱，至尊含笑称'俺达'。归来虎视故眈眈，神器妄窥狂力竭。黄带长悬鞅望心，赭衣遽与繁华别。烟销火灭脊原空，白骨衔冤死同穴。孤坟快与梵宫邻，疏钟敲落城头月。夜台沈醉酒初醒，猛然悟得无生诀。起来若遇绵上人，从头汗马休重说。"⑤对尚可喜父子统治岭南作了历史总结。此诗是《仙城寒食歌四章》中的第四首，上三首分别是《尉陀墓》《刘主塚》《绍武陵》。绍武君臣殉难，成鹫后来有绍武君臣塚诗。《(宣统)东莞县志》卷三十九："绍武君臣塚，在广州大

---

① 《咸陟堂文集》卷二，第34页。
② 清·戴肇辰《(光绪)广州府志》卷一百六十二，清光绪五年刊本。
③ 《咸陟堂文集》卷二十四），第290页。
④ 民国·叶觉迈：《(民国)东莞县志》卷十九，民国十年铅印本。
⑤ 《咸陟堂诗集》卷四，第62页。

35

北门外流花桥南，象冈炮台下。明绍武与苏观生殉国葬此。(《瘿晕山房集》)。荒陇数尺，卓立菜畦间，百年来耕人无敢犯之者。(《南海百咏续编》)。明僧成鹫《绍武陵诗》：亢龙宾天群龙战，潜龙跃出飞龙现。白衣苍狗等浮云，处处从龙作宫殿。东南半壁燕处堂，正统未亡垂一线。百日朝廷沸似汤，十郡山河去如电。高帝子孙隆准公，身殉社稷无牵恋。粤秀峰头望帝魂，直与煤山相后先。当时藁葬汉台东，三尺荒陵枕郊甸。四坟角立不知名，云是诸王殉国彦。左瞻右顾冢累累，万古一邱无贵贱。年年风雨暗清明，陌上行人泪如溅。寻思往事问重泉，笑折山花当九献。怅望钟山春草深，谁人更与除坛墠。"成鹫《绍武陵诗》乃《仙城寒食歌四章》中的第三首，见《咸陟堂诗集》卷四，上两首是《尉陀墓》《刘主冢》。《仙城寒食歌四章》："赤帝山河一百二，不致老夫无葬地。春城寒食野花飞，朝汉台空锦蕞废。当年黄屋自归臣，万古苍山思越吏。沧桑有恨银海枯，草木无情翁仲睡。猎火烧残隧道烟，龟趺半蚀苔钱字。道旁驻马立踟蹰，居人指点荒丘是。王气销沉奈若何，楼船去后泉扉闷。不须回首问婴齐，汉家陵寝同兴替。尉陀墓""亭山山下守陵户，日久都忘陵下住。新蒲细柳掩松楸，绿墅青苗改封树。春犁耕破垄头云，梓宫弃掷由童竖。玉鱼金盌出人间，白璧明珠委行路。自从众宝尽输官，剩有阴房穴狐兔。山前啼鸟不知名，相呼相唤归何处。流花桥下水声哀，素馨冢畔春光妒。衮衣玉食能几时，白草黄壤等闲度。令人长忆古轩辕，鼎湖龙去无朝暮。刘主冢。"①对历史惨剧的哀伤永远遗留在成鹫法师的心中。成鹫《题金石草诗卷后序》："田横之客五百人，知有其主，义不帝汉，相与栖身海上，闻横伏剑死于洛阳，赴海死焉。论世者莫不闷诸海滨。予谓死等死耳，五百人中岂无有志之士图再举者，脱身而出，游戏人间，采山钓泽，鼓腹吹籥，皆可以全身以俟时。惜其时未有佛也，移彼置此，焉知五百人中岂无三衣一钵，自托逃禅以韬晦者乎？"②似乎诠释了自己一生作遗民，后作遗民僧的真实的内心诉求，采取了"自托逃禅以韬晦"的人生道路。成鹫还在《六灯诗》第五首"灯遮"中写道，"眼前三尺暗，物外古人心。触目皆如此，真光何处寻。云霞互舒卷，日月有晴阴。吾意在韬晦，因之怀陆沈。"③此诗中"吾意在韬晦"之句，事实表明他在此一时期前后时间段内的处事态度；"因之怀陆沈"，陆沈，陆地无水而沉。比喻隐居，出自于《庄子·则阳》，"方且与世违而心不屑与之俱，是陆沉者也。"郭象注："人中隐者，譬无水而沉也。"成鹫此诗，意义很明确，归隐是其坚决的诉求，表达的是对战乱中和平生活遭受破坏，

---

① 《咸陟堂诗集》卷四，第62页。
② 《咸陟堂二集》卷六，第135页。
③ 《咸陟堂二集》卷十，第194页。

人们生命财产蒙受损伤的极度不满与满腔义愤。

清军以及尚可喜对岭南的残酷屠杀以及统治必然会引起岭南人民的痛恨。岭南三大家之一的著名诗人梁佩兰(1630－1705年)有《养马行》,也是反映了岭南人民和文人们对尚可喜等的态度。《养马行》:"庚寅(1650年)冬,耿、尚两王入粤,广州城居民流离窜徙于乡,城内外三十里所有庐舍坟墓,悉令官军筑厩养马。梁子见而哀焉,作《养马行》。'贤王爱马如爱人,人与马并分王仁。王乐养马忘苦辛,供给王马王之民。马日龁水草百斤,大麦小麦十斗匀。小豆大豆驿递频,马夜龁豆仍数巡。马肥王喜王不嗔,马瘠王怒王扑人。东山教场地广阔,筑厩养马几千群。北城马厩先鬼坟,马厩养马王官军。城南马厩近大海,马爱饮水海水清。西关马厩在城下,城下放马马散行。城下空地多草生,马头食草马尾横。'王谕:'养马要得马性情,马来自边塞马不轻。人有齿马,服以上刑! 白马王络以珠勒,黑马王各以紫缨,紫骝马以桃花名,斑马缀玉缫,红马缀金铃。王日数马,点养马丁。一马不见,王心不宁。百姓乞为王马,王不应。'以赞颂之笔写讽刺之旨,贵畜贱人如此,其败亡也必然矣。此种诗前无所承,后无所继应,是独开生面之作。"① 显然,人不如马,在爱马和屠戮人命的真切对比中,强烈的爱憎情感一目了然。联系到尚可喜之流攻占岭南在广州屠城六十万的惨剧,诗文字句间饱含着难以压抑的血泪。

1651年后,年仅十五岁的成鹫法师,在广州屠城之后,与父亲躬耕于郊外,拒绝参加清朝举行的科举考试,由此坚守了一生的隐居。"年十有五,岁在辛卯。岭南底定,文宗李名颐,驰檄远近,岁例校士,士子一名不到,以叛逆罪罪之,永谢场屋。先君既有命矣,至是公令严督,自凭血气之勇,文以忠孝之名,毅然不赴,众皆危之。或相劝曰:'盍畏死乎?'曰:'人谁不死,贵得死所。壮士死于沙场,义士死于法场,文士死于名场,等死耳! 既不能为马革裹尸,复不屑为猴冠改面,舍生取义,不犹胜于文场求活耶?'未几场后,计不赴考数十百人,不可胜诛。文宗雅量,置之不问。榜列姓名,除诸生籍,且令学校诸生,作《西山采薇》文以送之。予获幸免,殊有矜色,夸示同党,自称忠孝男子,不自知其非也。父母禁之不可,宗族乡党忧之,不敢面斥其非。"② 此时广州一代形势渐趋平静。永历帝在南宁,后在新宁。孙可望自立为后明。吴三桂被清册立为平西王。1652年二月,张献忠义子孙可望、李定国、刘文秀率部与南明化敌为友,向永历帝俯首称臣,共图中兴。七月,李定国攻取桂林,清定南王孔有德自焚死。十一月,李定国在衡州击毙清谨敬亲王

---

① 清·沈德潜:《清诗别裁集》卷十六,清乾隆二十五年教忠堂刻本。
② 《咸陟堂文集》附录,《纪梦编年》。

尼堪。这些鼓角峥嵘之岁月毕竟对于岭南地区的影响越来越小。成鹫法师要思考未来的生活。"明季士人把科举、仕进当做是人生的终极目标,他们大部分的精力都投入其中,而明亡的惨痛事实却使他们沦为遗民。对于遗民而言,科举进仕变得遥不可及。遗民们不仅要面对失国之痛,还要面对理想破灭、生活无着的困窘。"①自耕自活的生活自适方式,是遗民们的一种普遍选择。"易堂九子"乃著名遗民群体,其中林时益,甲申国亡后更名改姓,归隐于冠石。"既日贫,中尉(林时益)曰,不力耕不得食也。率妻子徙冠石种茶。长子楣孙,通家子弟任安世、任瑞、吴正名皆负担,亲鉏畚,手爬粪土以力作,夜则课之读《通鉴》学诗,间射猎,除田豕。有自外过冠石者,见圃间三四少年,头着一幅布,赤脚挥鉏,朗朗然歌出金石声,皆窃叹以为古图画不是过也。而中尉酒后亦往往悲歌慷慨,见精悍之色。近十余年,益隐畏务,摧刚为柔,俭朴退让,使终身无所求取于人,无怨恶于世。虽子弟行以横非相干者,勿与较也。晚又好禅,尝素食,持经咒。尤严杀生戒,见者以为老农、老僧,不复识为谁何之人。"②其他遗民傅山、王夫之等皆隐居不出,此乃普遍现象。方氏父子归隐后,躬耕于黄花塘,有其典型性。陆坦,"遭丧乱,弃儒冠,隐于卜肆,……甘贫乐道,以奉其亲,虽日不举火,怡然也。"徐远,"未几变革,……贫益甚,萧然环堵,读书著述自娱。"陈南箕,"衣垢敝,不洗濯,糜粥不充,恬如也"。陈确于国变隐居后,"患拘挛之疾,不良于行,桃李花时,载酒乘篮舆,二子一僮肩之而趋,往来阡陌,与田夫野老占课晴雨,遇竹木翁郁,花草鲜妍,辄饮数杯,颓然而醉"③。遗民们的经济生活、政治生活和文化生活都有所改变,改变最大的是他们的感情生活和精神世界。

成鹫法师十五岁至十七岁,在广州屠城之后,与父亲躬耕于郊外,自食其力,自我放逐于庙堂之外,奠定了他整个人生的生活道路和思想轨迹。《迹删和尚传》:"十五遭时变,飘然有出卋想,以亲在未获如愿,乃尽弃制科业,力究濂、洛、关、闽之学。出为塾师,藉修脯以供甘旨。"上文成鹫法师在《纪梦编年》所自言,在十五岁时,不顾"以叛逆罪罪之,永谢场屋"的威胁,坚守父亲之"有命",秉承忠孝,毅然不顾生死,不赴科场,被除诸生籍。显然成鹫法师在十五岁时就已经思想成熟,决意不再参加新朝的科考,不再出世为官。按好友胡方的说法,此时成鹫法师就有出家为僧的思想,成鹫本人因不参加清朝的科考,绝了仕途之路,"殊有矜色,夸示同党,自称忠孝男子。父母禁之不可,宗族乡党忧之,不敢面斥其非。"可

---

① 刘雪梅:《明清之际遗民逃禅研究》,吉林大学博士论文,2015年,第31页。
② 清·魏禧:《魏叔子文集外篇》文集卷十七传,清宁都三魏全集本。
③ 刘雪梅:《明清之际遗民逃禅研究》,吉林大学博士论文,2015年,第88页。

以说明他在十五岁时已经决意不与新朝大清合作,而忠于前朝大明,此乃谓"忠孝男子"之忠,依照父亲方国骅之安排,与父亲一起归隐广州城郊,以躬耕自食,此乃谓"忠孝男子"之孝;"殊有矜色,夸示同党",则说明成鹫法师之意志坚定,无所反顾,并引以为豪。事实上确实如此,对于此等忠与孝,成鹫法师坚守了一生,自十五岁后的七十余年没有改变。先是随父亲归隐二十余年,为了生计,做塾师二十多年。父亲去世后,在征得居士母亲苏氏的同意下,毅然出家为僧,在佛门四十六年。"清初明遗民激越愤怒的情绪主要表现在三个方面,一是,亲自参加抗清复明的斗争中,如著名的遗民黄宗羲、王夫之、顾炎武、方以智、屈大均、吕留良、归庄、傅山、张岱、万寿祺等人,他们的作品中都反映出了这样的情绪和内容;二是,表达反清复明的情绪,如通过凭吊孝陵、思陵等极具象征性的活动和易名更姓等方式来寄托对故国的怀念和对现实的不满;三是,采取与清政府'不合作'的态度,以无视清政府的态度来守节故国。'逃禅'的遗民们因久浸佛理禅义之中,常以禅理融合当下生活,他们在心中追慕陶渊明式的'适世行乐'、'随缘素位'的生活理念,他们放弃入仕,归隐山林,畅游嬉戏,以隐逸的审美趣味与嗜好,享受澹远怡然的士隐生活。"①成鹫法师在此时年少之际与父亲选择归隐,乃至父亲去世后他进一步"逃禅"出家,显然不是偶然之举,他坚定地作了遗民。

　　选择作为遗民并非一逃了之这样的简单,不但要彻底断绝可能的荣华富贵,还要失去曾经拥有的物质生活。"逃禅人士面临的最大困难就是物质上的匮乏与困顿。明代士人以仕进为生活目标,因为生活相对优裕,他们不事生产,仅以科举作为获取功名的手段。所以残酷的现实使他们失去了人生目标,不得不放弃入仕,士人的生活陷入到贫而无养的窘境。明遗民们(对)有些维持生计的方式'不屑为',有些则'不能为',遗民们理想的维生方式是既可养家糊口又能保持名节的职业,而从事农耕应当是最简单又最符合遗民士之情结的方式,半耕半读历来被视为优雅、陶冶情趣的生存方式,'耕'与'读'互为点缀与附庸,而明遗民因为生活的窘迫使得耕稼成为了切切实实的生存需要,而不仅是精神层面的一种寄托。"②方氏父子躬耕广州城外,显然也是不得已而为之。时人萧诗有诗《时命》:"吾生不先后,丁此离乱时。有家亦已破,斯文久凌迟。一身如飘蓬,泛泛靡所之。谁谓膏粱子,不若游侠儿。无能事鞍马,荣贵安可期?入门徒四壁,瓶空断晨炊。搔首问苍穹,生我将何为?古道世所弃,奚必东西驰。俯首归田园,不识鉏与犁。

---

① 刘雪梅:《明清之际遗民逃禅研究》,吉林大学博士论文,2015年,第72页。
② 刘雪梅:《明清之际遗民逃禅研究》,吉林大学博士论文,2015年,第29页。

日夕愁饥寒,秋风鬓成丝。"①显然,遗民的生活是清苦的,而且没有出路,忠贞是需要坚守的。与胸怀天下之志相比,基本的人生需求"更加现实消磨着遗民们的意志"②。遗民陈确有诗《家有病妇》③细细描摹了家境的艰难。据一些学者认为著名遗民如傅山、黄宗羲等虽然坚持为遗民一生,但后期他们的子孙和学生重新进入科举考试的行列,他们本人也渐渐与出仕朝廷的官员士人们有交往。著名美籍中国史学专家魏斐德说,"晚明社会复杂混乱,政局动荡不定,派系变幻,观念歧异,慌乱犹豫原是这一时代的特色。"④几个方面的势力从东北到西南杀伐征战了几十年,人心惟危,可以想象。但方国骅以及少年方颛恺躬耕之后就坚守到底,方颛恺更是在父亲去世后,决然出家为僧,作了彻底的遗民,前后时长达七十年。

---

① 清·萧诗:《释柯集》,《明清稀见文献五种》,北京:人民之学出版社,2006年版,第311页。
② 刘雪梅:《明清之际遗民逃禅研究》,吉林大学博士论文,2015年,第30页。
③ 清·陈确:《陈确集》下册,北京:中华书局,2009年版,第686页。
④ 美·魏斐德,《洪业:清朝开国史》,江苏人民出版社,2003年版,第201页。

第二章

坐馆与隐居

成鹫法师先是少年老成随父躬耕,十八岁后作了塾师开馆授徒。现代社会,十八岁成年,成鹫法师在1654年进入十八岁,他的人生也进入新阶段,为糊口生计,出为塾师二十余年,同时开始了作为传统文人的创作生涯。成鹫法师在1677年五月初五日自行削发为僧,时年四十一岁。在十八岁到四十一之间,我们主要看两点,成鹫法师一是做塾师二十余年,二是"期为晚世之真儒",体现在思想上、学识上、著述上和文学创作上。"隐居是历代遗民最传统、最普遍的生存方式。明朝中后期,江南地区出现资本主义生产关系萌芽,商品经济发达,社会分工也日趋细化,'逃禅'遗民隐居的方式变得更加多样化,有隐于土室岩穴者,如李二曲、王夫之;有隐于力田耕稼者,如孙奇逢、颜元、张履祥等;有隐于行医济世者,如吕留良、傅山等。也有遗民为了生计以开馆授徒、卖文卖卜、相面测字等方式来隐藏身份、维持生计。"[1]成鹫法师先作塾师,再隐佛门。

第一节 塾师二十年

1654年的岭南并不平静。四月,南明李定国由广西进攻广东,复取罗定、新兴、石城、电白、阳江、阳春等县城。十月,李定国围广州,十一月败。十二月,李定国围攻新会、肇庆,不克。永历朝发生"十八先生狱",南明另一位重要人物孙可望杀害了永历朝十八个大臣,这就是历史上流传的"十八先生之狱"。孙可望与李定国的矛盾日趋激化,终于加速了分化抗清营垒的步伐。1656年永历帝奠都昆明。三月初一日,李定国派部将靳统武率军迎南明永历帝入云南,奠都昆明,改云南府为滇都。这是明朝历史上最后一个都城。永历进封李定国为晋王、刘文秀为蜀王、白文选为巩国公。南明永历政权日趋式微,广东战火渐趋沉寂。

---

[1] 刘雪梅:《明清之际遗民逃禅研究》,吉林大学博士论文,2015年,第28页。

方家在广州战乱中家财尽失,方国骅率家人躬耕于广州城郊外,并开馆授徒,可以想见生活之艰难。成鹫法师作为长子,又不愿意做新朝的官,只有开馆授徒一途是可行的方法。"学而优则仕,士人为中国历代帝王的计划教育的结果,目的使士缺乏自养,而不得不走入仕途,结果士遂对于自然科学、应用科学一无所悉,成了一个十足的门外汉。士在这种情形之下,假使又不愿意做官,唯一的办法是把从先生学来的那一套子曰诗云再传授给别人,藉以生活。"①成鹫法师记载,"至年十八,岁在甲午(1654年)。馆于家庙之寝室,罗致群书,杜门谢客。昼夜稽古,撤去床席,不卧不坐,倦则倚壁披卷,入夜拥书就月。自春迄秋,忽然有悟,得博学反约之要。出关与同学谈说文义,衡论古今,悬河倒峡,莫能穷其辨者。一日,请于先君,求为人师,砚耕以养。先君疑之,试以讲义,出入经史,老生弗若之也。时有世友郭子名鹏字程万在座,喜而商之曰:'馆席在我,第恐年少识力未定,夙习复萌,攘臂下车,为士论所笑耳。'先君请姑试之。郭乃适东郭十里外棠下乡,过其旧馆居停主人钟公朴庵、讷庵,博学而好贤者,语其事,请设醴焉。长者欣然许之。"②成鹫法师还说,"年十有八,安分食贫,砚耕糊口,直至为僧乃已。中间二十余年,毫无过犯,从不曳裾侯门,希图名利。足迹所至,不越岭表,登高临深,惟恐亏体辱亲,有伤名教。"③明末,社会经济有所发展,商业逐步发达繁盛,城市规模壮大,市民文化与世俗生活文化都有发展,文人结社唱和享乐的奢靡已经很常见。也正是如此,一旦国破家亡,越发造成了更为深切的痛苦。张岱《张子文秕》卷十一有《自为墓志铭》,"少为纨绔子弟,极爱繁华、好精舍、好美婢、好娈童、好鲜衣、好美食、好骏马、好华灯、好烟火、好梨园、好鼓吹、好古董、好花鸟,兼以茶淫橘虐,书蠹诗魔;劳碌半生,皆成梦幻。年至五十,国破家亡,避迹山居。所存者,破床碎几,折鼎病琴,与残书数性、缺砚一方而已。布衣蔬食,常至断炊。"少年成鹫法师显然也因为选择作遗民,而开始了别样的生活。成鹫法师所做的是成为塾师,授徒为生,持续时间长达二十多年。

一、在广州番禺,1655年至1656年,年十九岁至二十岁

生活总要进行下去,在1655年,十九岁的成鹫法师正式出为塾师,最早在番禺棠下乡。此后长达二十余年,断断续续从事教学。"时年十九,岁在乙未。贽币来聘,延致师席,受诸生礼。钟氏子弟,皆髯丈夫也,予犹未冠,微有难色,辞弗获

---

① 蒋星煜:《中国隐士与中国文化》,上海书店1992年版,第36、37页。
② 《咸陟堂文集》附录,《纪梦编年》。
③ 《咸陟堂文集》卷十四,第194页。

已,公然受之。既正席,说书竖义,据古证今,凿凿有本。诸生侧耳改容。会日课文程艺,先出离奇光怪自成一家之言,邻馆宿儒,皆以年少忽之。东家知人,礼敬弗衰。居无何,乡有大会,角力赌胜。祠内巨钟重数百斤,悬绝而仆于地,众共举之弗胜,哗声达于馆席。予出而观之,见猎心动,果如郭子之言,攘臂而起,擎巨钟若挈瓶然,众皆惊以为神。自是日与市人狎习,平生所恃以见长者不觉毕露,学业渐荒矣。而师资轨范,终始肃然;二时讲肆,未尝愆期,可告无过于钟氏,独有惭于郭子耳。"①番禺棠下乡,今广州棠下街道棠下村。《(乾隆)番禺县志》卷十九:"沿海而北,稍折而西,有乡曰棠下。居人若李、若潘,为姓不一,有神庙焉。莫知其所由建,盖百有余年矣。地枕扶胥之右,踞珠海上游,临以鼠阜之冈,面以琶洲之海。海鳌浮屠若拱若峙,而庙实当其中,岁久圮坏。乾隆癸亥岁,乡人谋以新之……。予观棠下之乡,当海道之冲。有明鼎革之初,洊经兵燹绕城东北村落为墟,而乡之井里独完,室庐如故。"

成鹫法师此乃首次为塾师,为时不长,但也"师资轨范,终始肃然;二时讲肆,未尝愆期",还是有良师之风范的,可以说开端良好。可成鹫法师"自知弱冠不可以为师",仅仅一年就离开棠下乡,继续从事农业生产,因病再开馆授徒。"年二十,岁在丙申。自知弱冠不可以为师也,反其旧业,复治农圃以养父母。饥饱劳役,寒暑不时,得虐疾于夏畦,犹荷锄力作也。病中自笑曰:'焉有拔山盖世之雄,甘为卖菜佣死牖下乎!'释鉏而起,复出求馆席于所亲,得蒙童数辈,誓改前辙,屈志以事行墨。"②

二、在佛山顺德碧江,1657年至1662年,年二十一岁至二十六岁

一六五七年,成鹫法师二十一岁时,又到顺德碧江梁氏家为塾师。顺德即今天佛山市顺德区,距离成鹫法师家乡并不远。《纪梦编年》:"年二十有一,岁在丁酉。馆于顺德碧江梁氏,桑梓接壤,相距一水耳。往来省觐,未尝以跋涉为劳。东家贤,为筑别馆以居讲席。其子弟复驯谨,无纨绮气。予知其可教也,悉心遇之,朝夕讲究,夜以继日,不半载,粗知大意。予立教过严,出入威仪,声音点画,少有差谬,扑责不为宽假。蒙童恬然受责,父母之爱其子者不敢旁致一词。"成鹫母亲苏氏乃碧江人,"先母碧江苏氏,礼报资旷老和尚,禀受三皈,法名悟乾;礼仁寿纯觉和尚,受优婆夷五戒。"③

---

① 《咸陟堂文集》附录,《纪梦编年》。
② 《咸陟堂文集》附录,《纪梦编年》。
③ 《咸陟堂文集》附录,《纪梦编年》。

成鹫法师在顺德碧江前后六年。以成鹫之才情个性,加之年方二十余,自然与坐馆的老夫子有所不同,虽用心授徒,但心中不能没有苦闷,六年时间确实不短。"从是岁(1657年)至壬寅(1662年),皆设帐于碧江梁氏。自念家有老父,矢志不仕,砚耕养母,糊其口于觚翰,为之子者不忍坐食,不得已俯首人后,甘为学究生涯,平生倜傥任侠之概,销磨殆尽。入与乳臭婴儿填朱运墨,出与黄发老儒依文论义,农圃野人晴较雨,负戴佣贩把臂周旋,此外别无高情卓识之辈。闻所未闻,见所未见,郁郁两经寒暑,马齿加长,坐井观天,学问不增,见闻不广,中心歉然。"①

在碧江的居讲席第一年,成鹫法师病愈,成婚。"是夏(1657年)有室,越八年,露儿生。又四年,照儿生。"②成鹫曾作《自题小影付露、照两儿》:"我有两个影子,旁人难辨虚实。一个从地水火风合成,一个从黑白青黄幻出。一个去似闲云野鹤来往无踪,一个留与骨肉里毛相对竟日。咦!身前四大聚散无常,颊下三毛依希仿佛。相随去也接木移花,若问归来脱胎换骨。"③成鹫岳父乃其父方国骅同科举人梁启运。《(光绪)广州府志》卷一百二十记载:"时与国骅善者,梁启运,字文震,北亭人,万历副贡,以女妻国骅子颛恺。少尝寓波罗,嗜读兵法、律历之书。与东莞袁崇焕相往还,又尝与黎遂球有恢复明祚之志。后知事不可为,筑水云别墅,隐居不出。雅善鼓琴,工写竹,与梁森琅皆称一时高手。殁,以别墅施僧,今北亭水云寺是也。子,龙跃,康熙岁贡。"④

三、在广州番禺。1663年至1664年,年二十七岁至二十八岁

1663年,成鹫法师回家乡番禺,教授族中子弟,再至伯父家。"年二十有七,岁在癸卯(1663年)。辞梁氏,归乡里,设帐于家庙之寝室,从之游者皆族中纨绔子弟。予教督严惮,逾于梁氏之子,以其狃于富贵之习,琴瑟不调甚矣,非更张不能鼓也。未期月,子弟出入皆知揖让,粗通文义,学为制科业,稍能破除世俗尘腐之习。""次年甲辰(1664年),年二十有八矣。家从兄蒙章成进士,先伯正庵公虑其子弟之骄偕也,延至家塾。予既居西席已,揖伯言曰:今而后师矣,幸毋以家人视我。乃兀坐终日,授经讲义,如严师保,子弟不率,鞭挞从之,不少宽假。伯父母闻挞责声,心生不忍,叩门请贷,闭户不纳,曰:'予先有请矣,欲宽假耶?请俟明年。'

---

① 《咸陟堂文集》附录,《纪梦编年》。
② 《咸陟堂文集》附录,《纪梦编年》。
③ 《咸陟堂文集》卷二十四),第286页。
④ 清·李福泰:《(同治)番禺县志》卷四十二,清同治十年刊本。

自是家人虽甚姑息,不敢旁致一辞。居二年,子弟出入,恂恂乎邹鲁也。"①成鹫法师在自己伯父家任塾师两年时间。此次成鹫法师在家中时,成鹫法师从兄方殿元此年中进士。方殿元,字蒙章,号九谷,广东番禺人。康熙三年(1664)进士。历官江苏江宁县知县,能以经术饰吏治,教化民众,有政声。明末清初几十年的反复战乱显然也影响到方殿元的生活以及内心世界。特别是1650年,广州遭屠城之祸,六十万人死于清军屠刀之下,此时方殿元年方十五岁,对世事人生的淋漓鲜血感受应该较为深切。他在《五羊城》一诗中写到,"五羊城,我生之初犹太平。朱楼甲第满大道,中宵击鼓还吹笙。南隅地僻昧天意,二王赫怒来专征。城中诸将各留命,百万蒸黎一日烹。家家宛转蛾眉女,尽入王宫作歌舞。妙舞娇歌杂鬼哭,疮痍尚在重翻覆。乱后遗黎又化离,当日哀娄更茕独。前秋奉母辞乡里,弟妹牵衣怜我姊。日日高楼望母归,谁知魂返烽烟里。魂返烽烟不可知,灵辀倏忽滞三期。何年得度梅关去,泣血浈江向南注。"②其"百万蒸黎一日烹","家家宛转蛾眉女,尽入王宫作歌舞"的悲惨局面,对比"朱楼甲第满大道,中宵击鼓还吹笙"的昔日繁华,岂能不让人泣血痛伤。但方殿元显然没有像方国骅、成鹫法师一样归隐乡间、不仕新朝,而是走上了科考为官的传统文人道路。《(光绪)广州府志》卷一百三十列传十九记载:"方殿元,字蒙章,顺治甲午(1654年)举人。初应礼部试,往来齐鲁郑卫吴越间,见民困俗伪,乃考古酌今,为《升平二十书》。十八年(1661),至京师,欲上之。值大事,不果。康熙甲辰(1664年)成进士。"由此记载可知,方殿元在顺治甲午(1654年)中举人,年十九岁。此时广州已经在清朝控制之下,距离1650年清朝屠城已经有五年,岭南渐趋平静。成鹫法师在《题东华侄诗文集》中说,"忆我伯兄九谷子(方殿元),先世分室城东居。一朝落地为兄弟,先后雁行如贯珠。七岁同师授章句,八岁九岁能操觚。十岁为文学声律,弟兄唱和无时无。大庭广众弄柔翰,满堂宾客争称誉。伯翁我翁莞尔笑,私心相庆阳谦虚。我年十三举博士,自夸逸足能先驱。须臾阳九天改步,儒冠高挂归田庐。伯兄十五始入学,一举再举登贤书。兄年十九我十八,从此出处天渊殊。兄方及弟两出宰,廿年不调思归与。我年四十入山去,终老不材如大樗。殊途同辙各有以,盖棺事定当何如。"③其中成鹫法师把自己与从兄方殿元求学过程作了对比,后方殿元出仕,自己出家为僧。"兄年十九我十八,从此出处天渊殊",方殿元正是此年中举,十年后的1664年方殿元中康熙甲辰科进士。《(道光)广东通志》卷七十七记载,"康

---

① 《咸陟堂文集》附录,《纪梦编年》。
② 民国·徐世昌:《晚晴簃诗汇》卷三十五,民国退耕堂刻本。
③ 《咸陟堂诗集》卷四,第69页。

熙三年甲辰严我斯榜:方殿元,番禺人,二甲。江宁知县。"严我斯,字就思,浙江归安人。康熙甲辰,赐进士第一人,官翰林学士。著有《尺五堂诗删》。方殿元与严我斯是同榜进士。方殿元参加清朝举行的科考,应该是紧要关头的第一届。据《(嘉庆)溧阳县志》卷十一记载,"史燧,字旭初,顺治六年进士,授广东驿传兵巡道。时大兵往定两广。两广藩臬由部郎推升监司郡守用新进士,州县印官用贡生,并随军赴任,盖异数也。七年十二月克定广州,各官进城,受事道员主兵马调发夫船动以千万计。燧先事区处,供亿无恐。以学道教职员缺,请用琼州府属官。未赴任者署府县教职籍故明博士弟子亲试之,得程可则、方殿元等士,心大安。当是时广东佐杂官不由部选,听两藩委用。巡检自署,或称守备,或称都司。交结营弁,侵夺县令。燧稍以法裁抑之。"说明方殿元也是在广州以及岭南地区早早成名,后来他更是作为"岭南七子"之一。

四、再回佛山。1666 年至 1675 年,年二十九岁至三十九岁,中间父病故守丧一年

1666 年,成鹫法师再次返回佛山顺德碧江梁家,时间是三年,此年成鹫法师三十岁。"岁在丙午,碧江梁氏复延居师席。昔年髫龄,皆成人矣,追思前教,冀有异闻。予时方以道学自任,复馆二年,所讲求者,皆濂洛关闽之学,无复经生训诂之常谈。盖年与学增,识随齿长也。自甲辰以后,专心理学,非圣人之言不言,非圣人之行不行,日与二三良友伯兄仲弟辈朝夕砥砺,期为晚世之真儒,维持风化。帖括之言,口耳之学,不屑道也。"[1]1669 年至 1670 年,在佛山建武陈金吾家开馆,再在邻人冯氏家开馆。"年三十有三,岁在己酉。馆于佛山建武。邻人冯氏各有子孙,思得严师督责,闻予名,赍贽以请。予应聘至,端居师席,不苟言笑,立方设教,首以儒行为务。及门士初畏惮之,久之起敬生信,受业二年,翕然思为圣贤之士矣。"[2]

1671 年正月,成鹫法师父方国骅病故,守丧于家一年。"年三十有五,辛亥。正月,先君以胁气内攻,卧病经旬,遽捐宾客之馆。予辞馆执丧,读礼于家。兄弟居庐,力循典礼,三日不食,百日馆粥,期年蔬食,三年蔬果,不入内室,不茹荤酒肉食,附身附棺,必诚必敬焉。良由平生所学,得诸圣贤者,笃信力行,非为生者也。"[3]《迹删和尚传》:"年三十有五,孝廉见背,于是出家之念更切,所难者以母

---

[1] 《咸陟堂文集》附录,《纪梦编年》。
[2] 《咸陟堂文集》附录,《纪梦编年》。
[3] 《咸陟堂文集》附录,《纪梦编年》。

在。而苏宜人正崇信三宝,一请得命,遂决志薙染,然未有师也。"成鹫《再复华林方丈书》:"辛亥春,先君弃世,释练后,发心脱白,誓报四恩。"①《咸陟堂二集》序:"东樵迹公十三为诸生,斐然有声,承先孝廉骑田公庭训,兄弟皆以古文雄世,世称'眉山三苏','禺山三方'足鼎峙云。骑田公以忠孝大节矢志不仕,抱道而殁。迹公居庐有高柴风,服既阕,弃家而游于空门,其志盖有所托,人罕知者。"这年著名遗民方以智(1611-1671年)也逝去,字密之,号曼公,又号龙眠愚者、泽园主人、浮山愚者等。安徽桐城人。少时参加复社活动,与陈贞慧、吴应箕、侯方域并称明季四公子。崇祯十三年(1640)进士,官检讨。弘光时为马士英、阮大铖中伤,逃往广东以卖药自给。永历时任左中允,遭诬劾。清兵入粤后,在梧州出家,法名弘智,发愤著述同时,秘密组织反清复明活动。康熙十年,因"粤难"被捕,十月,于押解途中自沉于江西万安惶恐滩殉国。学术上博采众长,主张中西合璧,儒、释、道三教归一。著有《东西均》《博依集》《浮山文集》《通雅》《四韵定本》《物理小识》《方子流寓草》等。《清史稿》记载,"方以智,字密之,桐城人。父孔炤,明湖广巡抚,为杨嗣昌劾下狱,以智怀血疏讼冤,得释,事具明史。以智,崇祯庚辰进士,授检讨。会李自成破潼关,范景文疏荐以智,召对德政殿,语中机要,上抚几称善。以忤执政意,不果用。京师陷,以智哭临殡宫,至东华门,被执,加刑毒,两髁骨见,不屈。贼败,南奔,值马、阮乱政,修怨欲杀之,遂流离岭表。自作序篇,上述祖德,下表隐志。变姓名,卖药市中。桂王称号肇庆,以与推戴功,擢右中允。扈王幸梧州,擢侍讲学士,拜礼部侍郎、东阁大学士,旋罢相。固称疾,屡诏不起。尝曰:'吾归则负君,出则负亲,吾其缁乎?'行至平乐,被絷。其帅欲降之,左置官服,右白刃,惟所择,以智趋右,帅更加礼敬,始听为僧。更名弘智,字无可,别号药地。康熙十年,赴吉安,拜文信国墓,道卒,其闭关高座时也。友人钱澄之,亦客金陵,遇故中官为僧者,问以智,澄之曰:'君岂曾识耶?'曰:'非也'。昔侍先皇,一日朝罢,上忽叹曰:'求忠臣必于孝子!'如是者再。某跪请故,上曰:'早御经筵,有讲官父巡抚河南,坐失机问大辟,某薰衣,饰容止如常时。不孝若此,能为忠乎?闻新进士方以智,父亦系狱,日号泣,持疏求救,此亦人子也。'言讫复叹,俄释孔炤,而辟河南巡抚,外廷亦知其故乎?澄之述其语告以智,以智伏地哭失声。"成鹫法师与方以智相类似,但出家为僧还要在三藩之乱平定之后。"明遗民忠于故国,却又生活在新朝。作为未亡人,明遗民有着不同程度的精神困境。与殉国者相比,他们始终怀有'忍辱偷生'的道德愧疚;而为了生存,他们不得不从事有损自己名节的活动;以救亡图存或尽孝等原因存活,当救国无望和双亲已故时,他们再继续生

---

① 《咸陟堂文集》卷十四,第194页。

存又有何价值;若不言'节义',他们是否比那些出仕新朝的士大夫对国计民生更有建设意义。"①成鹫法师在父亲去世后不久就出家了。这也许是对二十多年遗民生涯的反思,更像是彻底的作个遗民,成为遗民僧。

方国骅去世后的第二年,迫于生计,成鹫法师再次还回佛山冯氏家。"期月改殓,岁在壬子(1672年)。家有大母,耋且耄矣。老母善病,无以为养,权复旧馆,往应佛山之请。棘人(指居父母丧)栾栾,柴形骨立,仅存视息,无复生意。"②就是在佛山期间,成鹫法师之坐馆生涯又发生激烈的动荡。1673年,成鹫法师,"年三十有七,岁在癸丑(1673年)。先君已归窀穸,风木兴悲,思有所以报罔极者,夙夜永怀,学业几废。一日散帙,得向所受于碧溪卧叟者,三复研究,始悟不传之秘。数年来所讲道学、谈性理者,复为夙习所胜。是时海内多故,思出其技一试之。偶从东家席上遇一异人,来自燕京,众皆称为张仙者。多默少语,是夜同宿室中,对榻灭烛就寝。异人兀坐面壁,不交一言。坐至子半,榻中耿耿有光,未几光洞屋极,急起视之,异人遍体毫发放光四射,予固知其非常,坐以待旦。鸡初鸣,光复摄入如平时。晨起,就榻拜请其术。异人笑而不答,少顷乃云:'幸汝弗予惊也,惊则予与汝皆死矣。'予闻而悚然,还就箧中出前所受书,拜首请益,冀有诲所不逮也。三请而三却焉,一如前叟之言。退而自负持此书以应世,可王可霸矣。次年甲寅。当宁有徙置三藩之议,予移席佛山李氏之馆,仰观天象,出语人曰:'天下从此多事,将有变乱,不久底定,无足忧也。'"③成鹫法师所论之事正是振动天下的"三藩之乱",刚刚平静没有几年的华夏大地再次战火纷纷,作为有一身之能而又力大无穷的成鹫法师,心中蠢蠢欲动是可以想象的。他事先洞悉先机才没有在"海内多故"之时,贸然"出其技一试之"。成鹫法师还说,"当宁有徙置三藩之议,予移席佛山李氏之馆,仰观天象,出语人曰:天下从此多事,将有变乱,不久底定,无足忧也。未几滇黔拒命,闽粤继之。大江以南,阻于声教,四方不轨之徒,相继蜂起。岭南山海,半为啸聚之场。先是党中之任侠者,诎于时势,弗获一逞,至是奋臂而起,人尽贲育,咸以豪杰自命。予固知其不济也,力劝止之,曰:'历数有归,神器未易窥也。'众皆哂为懦怯。拱手谢之,闭户不出。后闻外人沸议,有觊觎前书者,急投水火。然平生夙习,闻鼙鼓声时复跃跃也。"④因平生夙习,"闻鼙鼓声时复跃跃",充分说明了成鹫法师对待三藩以及清朝廷的态度,他也时常想参加反抗清廷

---

① 刘雪梅:《明清之际遗民逃禅研究》,吉林大学博士论文,2015年,第56页。
② 《咸陟堂文集》附录,《纪梦编年》。
③ 《咸陟堂文集》附录,《纪梦编年》。
④ 《咸陟堂文集》附录,《纪梦编年》。

的战争,上文成鹫所言"神器未易窥"等语,可知他的立场是站在参与"三藩之乱"势力的一方,与清廷是相反的一方,但也承认政权事实上为清廷所掌握;政权未易窥,其真实的意思是劝别人不要心存妄想,他本人自然也不会有窥视之意。

第二节 三藩之乱中的成鹫法师

1673年尚可喜请撤藩。顺治元年(1644),尚可喜随清军入关,征剿李自成农民军,击败南明永历诸将,顺治六年(1649),特封他为平南王,镇守广东,为清初四大藩王之一。吴三桂、耿精忠、尚可喜三藩各拥重兵,尾大不掉。清廷撤藩令下达后,吴三桂即密谋叛清,三藩之乱起。《清史稿》列传四:"康熙十三年,吴三桂、耿精忠并反。"《清史稿》列传四十一:"康熙十三年,三桂反。陕西、湖广并警。"《(道光)广东通志》卷二百六十一宦绩录三十一:"康熙十三年,逆藩吴三桂、耿精忠相继叛。"三藩是指平西王吴三桂、平南王尚可喜、靖南王耿精忠。康熙十二年(1673)春,康熙皇帝做出撤藩的决定。吴三桂首先于这年11月杀云南巡抚朱国治,自称天下都招讨兵马大元帅,提出"兴明讨虏",将矛头指向朝廷。其后云、贵、湖南、四川、福建、广东、广西、陕西、湖北、河南等地都有藩王或将领响应。康熙二十年(1681)冬三藩之乱被平定。《(光绪)广州府志》卷一训典一:"吴三桂负国深恩,倡为变乱,阴结奸党,同恶相援,抗违诏令,窃据疆土滇、黔、闽、浙、楚、蜀、关、陇、两粤、豫章之间。"

对于三藩之乱的状况与形势,成鹫法师是时刻加以关注留意的,上下文有许多资料说明这一点。成鹫法师有《读武林郭宗臣惠祥录有赋甲寅之变,海氛陆梁,浙东州郡被俘妇女万余,郭公倡义,募钱五万贯赎还五千余口,旌表不受。既没,浙人至今尸祝之》:"武林有琪树,奕叶流芳徽。灵雨固根柢,甘露凝柯枝。荫覆夭与乔,咸承雨露滋。四时任代谢,一气挺葳蕤。""上有咫尺天,下有方寸田。良田丰三谷,天步丁迍邅。海风扬波滋,斥堠生烽烟。哀鸿号中泽,豺虎横荒阡。""覆巢靡完卵,破屋遗灰烬。玉貌委泥沙,红颜逼锋刃。琵琶马上魂,蹀躞同壶粉。蒿目徒苦心,解骖难独任。""出效申胥哭,还轻季子金。金钱赎缧绁,义声腾古今。全活五千余,翕然歌德音。同牢圆破镜,分室栖萍梗。""权奇返义妻,韬光谢钟鼎。丛桂老金沙,万古清风迥。清风迥且长,薤露晞朝阳。一磬泣郊薮,群凤鸣高冈。""东南沛膏泽,北阙著循良。我本林下人,邂逅承清光。远寄嘉祥编,怀人天一方。

金石永不磨,志之慎勿忘。"①此诗中的甲寅之变,正是1674年,清康熙十三年,此年三月,吴三桂攻取湖南。同月,耿精忠据福建叛,不到半年,清廷的滇、黔、湘、川、桂、闽六省全部失掉。四月,郑经在厦门登陆。从此首诗中可以看出,成鹫法师对于战争造成的人民苦难是抱有深切的同情。

1674年到佛山李氏家,时间持续到1675年。成鹫"移席佛山李氏之馆",成鹫法师有诗《村南怀旧赠吴石甫乔梓》中提及之。《村南怀旧赠吴石甫乔梓》:"四十年前予设帐于李氏书楼,脱白后结社于陈氏池馆,今之别业,去此不远,回首旧游,不可复问矣。晚年寄迹,不胜今昔之感。村南一水通潮汐,消长盈虚如瞬息。忆昨当年全盛时,朱门甲第连云织。临溪杰阁影参差,两岸人烟接阡陌。鸡鸣狗吠声相闻,鼓吹弦歌竟晨夕。我曾适馆邺侯家,匡坐皋比读《周易》。我曾结社睦州堂,白莲花下修禅寂。隔桥咫尺即通津,闹市周遭尘偪仄。乌衣子弟白面郎,高视扬眉岸巾帻。须臾别去四十春,梦里依稀犹记忆。再来白发老衰翁,旧路迷津非往昔。颓垣顿擗古基平,踵事增华台榭辟。千金费尽买名花,五丁运致英州石。假山突兀鬼斧工,碧沼涟漪泛文翼。昔有今无遗有无,陵谷沧桑三变易。延陵先生心手高,踏遍红尘厌形役。青蚨飞去作干城,过眼浮云悟空色。主宾互换古徽猷,新旧经营任因革。风檐雨瓦小补成,蛛户芜窗聊拂拭。栽松人羡三株树,种石天生双白璧。过鲤不闻剥啄声,挥毫但觉云生席。琴将山水当登临,书对圣贤为主客。何来褦襶□苴僧,冲破门前雪三尺。拟借新居续旧游,春宵春雨寒分席。郎君释卷话深宵,香冷炉灰灯倚壁。榻边鼾睡能几何,且尽平生老胸臆。回首前尘感废兴,开窗不觉东方白。吾生幻寄等浮沤,矮屋高轩均浪迹。广居安宅在当人,润屋润身随所适。盘桓信宿动经旬,临别高歌报良觌。出门岐路更多岐,不辨村南与村北。"②关于吴石甫,成鹫法师有诗《冬日寓村南别业,赋赠吴石甫生日》:"水绕缭垣花绕廊,村南南面读书堂。卑栖漫借高轩宿,静者能容野客狂。篱菊经霜犹见赏,芝兰入室不闻香。负暄正爱初长日,一到瀛州日更长。"③

1675年,成鹫法师祖母逝,成鹫法师遂离开佛山,返家广州守孝。"年三十有九,岁在乙卯(1675年)。先祖母邱太孺人弃世,予以冢孙承重居庐,守制一如前丧。苦块之下,虽挟我以风云,动我以带砺,弗遑顾矣。岁在丙辰(1676年),予年

---

① 《咸陟堂二集》卷十,第209页。
② 《咸陟堂二集》卷十四,第357页。
③ 《咸陟堂二集》卷十四,第356页。

四十。春三月,岭南反复衣冠,予从缞绖中见作随喜,自幸本来面目得全生全归见先人于地下也。"①同样的思想情绪,成鹫法师在《答谢邺门》诗中也有表达,"谢君于我称父执!贱子今年过四十。昨日别君穗城下,短鬓参差冠岌岌。今朝相兑秋风里,兀突山僧摊高笠。本来面目看未真,须臾大笑转成泣。大笑空尔为,仲尼弟子称阇黎。"②出家之时,见到故人的须臾大笑转成泣,表现出了强烈的思想感情,可以说作为文化世家弟子、一代才学过人的才子,成鹫法师出家成为僧人的命运并非是他个人心甘情愿的选择,而是社会生活中的种种磨难,以及对社会的极度不满造成了他不得已的人生选择,走上了脱儒入佛的逃避的人生道路,他的大哭大笑,正如他自己所言,是因为"仲尼弟子称阇黎",其中况味复杂,似乎对于成鹫法师本人来讲,也是难以接受的现实,造成这样的人生结局的原因,非他个人的自然而然的自主选择。谢邺门即谢秋,也是隐士,自然也是不满清朝统治的人。

此时的岭南以及国内的状况正是三藩与清廷激烈争夺时期。吴三桂攻克肇庆、韶州等处。郑经军进围惠州城、东莞、新安、龙门诸县,望风悉下。尚之信降吴三桂,乃让惠州之归善及博罗二县与郑经。以东莞、新安、石浓为界。尚可喜卒。尚可喜,字元吉,号震阳,祖籍山西洪洞,后迁辽东海州。从军后效命东江总兵毛文龙帐下。袁崇焕斩毛文龙,尚可喜携麾下诸将归降后金,封总兵官。崇德元年(1636),皇太极改国号为清,加封孔有德恭顺王、耿仲明怀顺王、尚可喜智顺王,此清初"三顺王"。顺治元年(1644)清军入关,随豫亲王多铎南下,兵至湖北鄂州(今武昌)。顺治六年(1649)官封"平南王"。与"靖南王"耿仲明进军广东。顺治七年攻陷广州城,大肆屠杀城中居民,后世称为"广州大屠杀"。康熙十二年(1673)吴三桂起兵反清,耿精忠举兵响应。尚可喜将吴三桂的劝反书呈报给朝廷,以表忠心。康熙十五年(1676)在广州薨逝。1677年,成鹫法师四十一岁。五月,清兵攻陷韶州,尚之信反正归清,仍封平南亲王。五月初五,成鹫法师自行剪发,寄迹于南海弼唐之亦庵,即今佛山城郊弼唐村。从而结束了他二十多年塾师生涯。对于成鹫法师二十多年的塾师生涯,《咸陟堂集跋》中称,成鹫法师"初当明季诸生,岭表名公一时出其门者甚众",可见他培育了不少的人才。

成鹫法师的家世,少年时期的经历与生活,这些打下他一生思想和行为方式的基础。本章还论述了成鹫法师十八岁以后,因为作遗民,和父亲归隐乡下,为生

---

① 《咸陟堂文集》附录,《纪梦编年》。
② 《咸陟堂集(一)》卷二,第14页。

计的原因而出为塾师,坐馆育徒,走上了和他的父亲方国骅一样的人生道路。本章以"晚世之真儒"命名,能概括成鹫法师前四十年的生命历程。成鹫法师生于1637年,即明崇祯十年,其时天下大乱,爆发于明崇祯元年(1628)七月农民军起义已经十年,在成鹫法师八岁时,清军入关,明朝灭亡。但岭南地区却真正开始其后几十年的战乱纷争,风云变幻,众多人物粉墨登场。先是南明隆武朝建立,再是清将佟养甲、李成栋占领广州并反正,清军再次占领广州并屠城六十万,其后岭南又成为三藩之乱的重要地区。辗转几十年间,成鹫亲身经历了明清之际许多重大事件,这对其生平思想具有重大影响。在三藩之乱之后,成鹫也毅然决然于四十一岁盛年离世出家,这时已经是1677年。他耳闻目睹明清变局的惨烈伤痛,广州大屠杀的惨剧直接影响到他家庭成员和父辈友朋的生死存亡,激起了他国破家亡的忠孝大义,于此他拒绝清朝的统治,放弃了科举这一传统文人的基本道路,也看到了南明政权的虚弱与难成大事,因而效仿古代义士周处,洗心革面,重读圣贤书,期为"晚世之真儒",在短短的时间内,学业精进,可以为人师。

　　成鹫法师前半生四十年,他是传统意义上一位具有典型性的儒者。在十九岁和四十岁之间,作为塾师坐馆二十余年,始终没有脱离传统文人的生活道路,渴望成为"晚世之真儒"乃此一时期他思想中的核心内涵。成鹫法师在《陈德山墓表》中说,"忆予少时,锐志于圣贤之道,遍历都邑垍塾间。"他在《纪梦编年》中还称,"自甲辰(1664年)以后,专心理学,非圣人之言不言,非圣人之行不行,日与二三良友伯兄仲弟辈朝夕砥砺,期为晚世之真儒,维持风化。帖括之言,口耳之学,不屑道也。"成鹫法师在《赠陈昆垂入学》中有"我年四十为腐儒,寻行数墨遵程朱"之句。成鹫法师有授业弟子陈昆垂。《赠陈昆垂入学》中有"我年四十为腐儒"、"莫负老僧亲授记"可知。《赠陈昆垂入学》:"生之生也气食牛,祖父爱之如琛球。曾从我口授章句,过目成诵如泉流。九岁通经知大意,十岁能文先制义。纵横日课五千言,首尾不更三两字。我年四十为腐儒,寻行数墨遵程朱。三日一回频刮目,廿年久别当何如。眼前世事殊忽草,少壮看看人已老。我来旧社种莲花,生向环桥采芹藻。羡生作赋拟凌云,羡生逸足能超群。羡生良才不隐世,羡生乐道长安贫。安贫乐道良不易,前路更多难了事。愿言努力事驰驱,莫负老僧亲授记。"①从中能看出成鹫法师对自己培养出的学子殷切的关爱与期盼,陈昆垂大致也如同成鹫法师年少之时一样的才气纵横,自己虽然进

---

① 《咸陟堂诗集》卷四,第66页。

入佛门,但还是希望陈昆垂能"愿言努力事驰驱,莫负老僧亲授记"。"我年四十为腐儒,寻行数墨遵程朱",一是点名了成鹫法师作为儒者,也是尽心尽力而为之,这是他一生总体的价值取向。四十为儒,以及其后的老僧,这之间的反差,大概成鹫法师终其一生都不会忘记。而实际上,他内心世界作为一名儒者的思想其实并没有本质上的改变。

康熙五十八年(1719)冬腊月,成鹫法师好友罗颢甫逝,八十四岁的成鹫法师作《祭罗戒轩文》,"呜呼哀哉!愧萌于心,汗浃于背,哀从中来,泪溢于目,真情所发,天君使之,五官不能自主,况先王之法,圣人之教所得而制之使窒,节之使杀乎哉!予与戒轩(罗颢甫)相知四十余年,匪他人之可比,盖生死交也。戒轩之卒于石城学署也,在己亥冬月三日,予方抱疴晦迹,如聋瞽人,外边人事,绝无闻见。越腊月之二十日,广柳南归,讣书始至。古朋友之丧为之三月缌,礼也。戒轩,古人也,是当以古道处之矣。是日也,适予有终身之丧,晡乌衔哂,素衣淡食,礼也。既而闻讣,两忧并集,七情荒迷,不觉望空恸哭,大声疾呼。天乎!人乎!何夺我良友之速乎!愧恨哀伤,情发乎中,泚然汗出,涔涔乎涕泗交零,不自知其所以。所以然者,愧以三,哀以三。生为男子,不能显亲扬名,仰报所生,不能成仁取义、慰答良友所期。愧一。中道为僧,既无神足之通,随慈母于莲华国土,又无宿命之通,寻吾友于三生石上。愧二。年八十有四,学道无成,不能少伸资报,修行无力,不能复践前盟。愧三。以兹三愧,重以三哀:幽明之永隔也,朋友之道绝也,此中不可以久居也。言念及此,殆不欲生。苟生一日,如历万劫,犬马齿老,筋罢力竭,行百里者半九十,是则可哀也。追惟昔者订交,惟予与子及握山陶子三人,鼎足宇内,志同道合,如药叉聚,不能益之使四,不能损之使二。居无何,握山中道绝尘先奔,予与戒轩共为后殿,庶几声气不孤也。今已矣,求足音于空谷,渺然不可复睹矣。晚年泛交,然诺几遍天下,弟我者若干人,先我而生,宜其先我而死。兄我者若干人,后我而生,亦或先我而死。同于我者若干人,与我同生或不待我而先死矣。孤掌独鸣,难乎为声;枯形暗处,难乎为影。况复寄身正鹄之下,丛矢集之;幽囚大火聚中,积薪燎之。如金飙之振槁,仅存危绿于高标,雹霰霜雪,从而凋之揉之;如黄梅之过雨,仅留余实之二三,鸟衔蠹蚀,从而剥之落之。如是而可以以久乎?吾正冀其不久,纵假我以彭铿之年、握佺之寿,寿则多辱,徒自自辱耳。戒轩免矣,年跻大耋,不谓促龄;官至师儒,不谓贫贱;家有三子,不谓寻常。生平立德立功立言,不至与草木同朽腐。人生得此,亦既足矣,何陇蜀之可望?呜呼已矣,言止此矣!愧极哀极,汗尽而继之以泪,泪尽而继之以血。血泪研墨,使管城子代为之言。有不能尽言者,俟之龙华三会时,相视莫逆,当不失为平生故

53

人也。呜呼哀哉!"①其中饱含着对罗颢甫去世,友朋凋零殆尽的哀伤之情,但我们能从行文中读得出,这是一位文人的祭友文,而不是一位八十四岁高僧的苦寂禅,成鹫法师一生保持了儒者的情感与内心世界,这样的文风文笔在他的《咸陟堂集》中是主基调。

---

① 《咸陟堂二集》卷七,第155页。

第三章

佛门岁月

三藩之乱历时八年,在1681年前后即将平定时,四十一岁的成鹫于此年五月份毅然出家为僧,次年即拜元觉禅师为师。后四十六年,成鹫是作为一名僧人存在的,1722年成鹫与康熙皇帝同年去世。此一时期,由于大批士人有感于家国变故纷纷出家为僧,从而出现了一大批遗民僧和诗僧,岭南地区堪称为代表。成鹫正是岭南遗民诗僧的代表性人物。由于岭南地区在明末清初的风云变化中与整个国家历史命运紧密结合在一起,如南明、三藩等事件并非限于岭南范围之内,参与其中的众多人物也非仅岭南境内人士,因而成鹫一生虽没有离开岭南,其生平思想却具有全国意义。作为僧人,成鹫与当时禅宗临济宗、曹洞宗众多高僧关系密切,住持一些重要寺院,如广东四大名山罗浮山、丹霞山、鼎湖山寺院成鹫都曾入住,广州市几所大寺院成鹫都曾住持或有所关联。"飘然为云水之游,于是东入罗浮,西渡泷水,南泛珠崖,北抵庾岭。"成鹫游历海南,出入澳门,当时整个广东省东西南北差不多走遍,高僧和士人皆有云游,成鹫是兼而得之。同时,众人视成鹫法师为一代高僧,包括总督在内的众多广东广西省官员以及省内省外文人纷纷与之结交。

康熙五十三年(1714),归隐鹿湖山。二年后的康熙五十五年(1716)秋冬之际,八十岁的成鹫法师还居大通烟雨宝光古寺,此次在大通寺又有七年,康熙六十一年(1722)十月初圆寂于大通寺,年八十六岁。成鹫法师后四十六年僧人生活基本上如以上所记,在成鹫自作的《纪梦编年》和《咸陟堂集》中有非常详细的记载,他与岭南以及来粤的佛门人士、官员、文人有广泛的接触都很清晰地呈现。康熙五十三年(1714),《归隐鹿湖山留别书》中说,"鹫樵芽败种,胶柱刻舟,志慕上乘,退就小乘之果;年周八耋,将来大耋之嗟。出世初心,较出家为倍切;入山痴念,比人道而弥坚。无那造物主人弗肯从吾所好,遂致洞天福地,屡移逐客之文。最初石洞从师,良导相依,名山凤契,宜久住也,席未暖,突未黔,暴客驱之而出。取次朱崖,探胜山开,多异岩,辟海潮,宜久住也,母待养,具待圆,业风载之以归。中道寓迹丹霞,主宾针芥,宜久住也,栖隐三年,居亭退院,榻边无鼾睡之人。末后住持云顶,祖翁田地,宜久住也,支掌六载,物换星移,局外作旁观之客。中间萍漂梗断,东西南北,逐浪迹以浮沉;晚来日暮途穷,地水火风,随光阴为聚散。时节至矣,归去来兮!幸也咫尺鹿湖,留得荒山一角;快哉迢遥鹫岭,分来屋三间。"①佛门近五十年,也是半个世纪的丰厚岁月。这在明清之际的动荡时期,政治文化思想以及各方人物纷纷登上历史舞台的时代大潮下,成鹫法师五十年佛门生涯也因之内涵丰富。成鹫住持名寺,师门乃名僧,在岭南佛教界有重大影响力。但佛门弊端明显,出自儒家士子的成鹫对此进行了严厉的批评。可以说,佛门并没有能解决成鹫的问题,他本质上还是具有儒家情怀的遗民。

第一节　成鹫法师出家因缘

康熙十六年(1677),成鹫法师四十一岁。五月,清兵攻陷韶州,尚之信反正归清,仍封平南亲王。五月初五,成鹫法师自行剪发,寄迹于南海弼唐之亦庵,即今佛山城郊弼唐村。"年四十有一,忽而薙染,别老亲,去乡里,飘然为云水之游。"②《寿张直咨文》:"予则恩爱割舍,飘然为云水之游。"③成鹫法师还在《再复华林方丈书》:"辛亥春,先君弃世,释练后,发心脱白,誓报四恩。"④可见成鹫法师出家决心很大,仰天大笑,也许内心充满着血泪,在没有拜师的情况下,毅然自行剪发。成鹫法师在父亲方国骅离世之际就有出家的念头了。"同时相约披发入山者,故人陶握山也。握山前身为白云山濂泉行僧,乘愿再来,予与生同庚,居同城,长同学,同负不羁之志,思与造物者争复覆之权,争之竟不能胜,将还之造物,寻濂泉之旧隐矣。与予盟,卜日薙发。奈彼壮志未销,风力所转,寒盟而去,终其身为俗人,惜哉!予则绝尘先奔也,快哉!"好友陶握山要出家没有及时出家,成鹫法师深感遗憾,而自己则绝尘先奔,并且觉得很快意,可见是压抑很久,有彻底解脱之感。成鹫法师在后来《致亡友陶握山书》:"回忆昔者岁在丁巳夏之五月,日月薄蚀,大地陆沈,鸿鹄惊栖,狐虺跳掷。时予与子各乘鹿车出于火宅,方期携手同归,既而中道分辙,予则西面,子乃东辕,此时出家一大机会也,而子则否。"⑤显然还是认为陶握山没有像自己一样快快出家为僧,是一种大错。

---

① 《咸陟堂二集》卷三,第72页。
② 《咸陟堂文集》卷一,第13页。
③ 《咸陟堂文集》卷八,第110页。
④ 《咸陟堂文集》卷十四,第194页。
⑤ 《咸陟堂文集》卷十四,第190页。

成鹫法师在四十一岁时出家为僧。结束了作为儒者的人生生涯。成鹫法师曾为梁无技诗集《梁王顾诗序》作序,其中称,"黄村多梅,岁一花,观者如堵。饮酒赋诗其下,晨至夕不忍去。昔予犹居士也,与梁子王顾两与斯游。予固知其为有道之士,匪独以诗见长者,携手入林,指梅花而与之语曰:'与其老于山泽乎,郊大国乎?'梁子曰:'山泽哉!''与其培植于农圃乎,攀折于贵游之手乎?'曰:'宁为老农老圃所培植耳。'梁子得之矣。笑与之别,曰:'凡物之托也宜深,深则远,远则不求赏于人,人自赏之。反是,天机浅矣,鲜不见伤于攀折者,岂培植之咎哉!'梁子然予言。别去未几,予去家为僧,东入罗浮,西游泷水,南渡珠崖,北抵庾岭,务置此身于最深极远之处,至老不可得,日怦怦焉,恐其浅以露也,又何暇于言诗。年来,匿影大通烟雨中,得梁子诗,倚松高咏,有味其言,曰是诚深且远哉!夫有意于求深其为深也浅矣。梁子之诗如黄村梅生于山泽,根深蒂固,叶茂花繁,虽使千骑万乘游赏其下,无损色香之万一。折取一枝,置诸怀袖,则芬芳沁入肺腑。静者得之,躁者失之,是所谓不期深而自深,不期远而自远者,何容心焉。题其帙首,质诸同好,当不以我为迂。"[1]说明在成鹫法师出家前,作为文士与诗友们结社交游时,已经是"予犹居士",不论是指在家信佛,或指自己隐居不仕,都可看出成鹫法师后来出家为僧是有思想和行为的基础。因而,"别去未几,予去家为僧,东入罗浮,西游泷水,南渡珠崖,北抵庾岭,务置此身于最深极远之处",其中有合理的延续。看上文,成鹫法师以梅为喻的一番人生哲理的探讨,更说明其出家非偶然之举。

儒释道作为中国传统文化的主要代表,佛教思想深入人心,烧香礼佛遍及大邑乡野,可谓司空见惯。但与之同时,出家为僧、远离红尘俗世,向来非为小事一桩,往往震动人心。山棚山人出家,成鹫曾作序《送山棚山人出家诗序》送之。"出家无中人,非大智则大愚,不为大贤必大不肖。尽大地,穷古今,如来门下焉有中立之徒哉!山棚山人先我为人,迟我三十年而后为僧,一时同人见而喜之,闻而惜之,各半也。其喜之也,曰:'昔日荃九,今之山棚,早年慕道,中年信道,晚年入道,末年闻道,八十行脚,赵州未老也。'惜之者曰:'六十不得为比丘,七十犹称求寂,菩萨现身,下座驱乌,躘等前行,高沙弥,独不能为种松道者乎?'东樵闻而笑之曰:'诸公之论胶矣。恶知世出世间,有所谓大智大贤之士,未出娘胎,度人已毕,善来比丘,须发自落者乎?彼丈夫也,此丈夫也,视碌碌者流,智愚贤不肖,相去何如,而可以恒情律之耶?山棚薙染未几,别众入山,党中之能诗者咏歌以赠,恐其未忘世见也。弁以一言,俾世之出家者,毋作中立之想焉,吾与山棚当不孤立耳。'山棚,青螺缠山李氏子,生有气骨,深明大义,常与之游,知其为人大智大贤,山栩善

---

[1] 《咸陟堂文集》卷一,第7页。

自为之。愚不肖乎,吾知免矣。"①这里成鹫法师显然也是认为出家为僧人不同小可,是件大事,他也认为能出家需要"大智大贤"之人。与山棚山人一样出家为僧的还有番禺人李芬,"昔日茎九,今之山棚"。《(同治)番禺县志》卷二十七记载:"《二守堂稿》,国朝李芬撰,据岭南五朝诗选。谨案:芬,字茎九,以诗鸣。后祝发于海幢寺。"海幢寺多遗民和遗民僧,不少文人出家于此。这些出家人,成鹫法师显然认为是志同道合者,为之欢欣赞赏加以鼓励。

成鹫法师这样名士之后,少年成名、才气纵横的文人,突然之间抛妻别子远离老母,放弃世间之种种,决然地遁入佛门。此必然让人产生疑惑,成鹫法师本人心中有何所思又有何所想?此重大人生举措不可能是随意之举,他认为自己"蹉跎四十一回春",不得已抛弃儒家纲常伦理,剃发出家,"割爱舍恩,出家以报罔极",他已经顾不得其他了。《祝发呈本师》:"男儿爱身及肤发,平生一毛不敢拔。蹉跎四十一回春,负此遗骸等株橛。蒙师为我操慧刀,头上不与留纤毫。一朝四大轻鸿毛,昔日缝掖今方袍。缝掖翁,方袍子,本来面目应相似。镜中见影不见形,莫道昨非今乃是。请辞大众入山去,山月松风供稳睡。莫道昨非今乃是,见为儒未必非,为僧未必是也。知其未必是,而为之此,何故耶?"诗见沈德潜《清诗别裁集》卷三十二,卷内引成鹫诗多首。本诗见成鹫《咸陟堂诗集》卷二,内容有所差异,全诗是,"男儿爱身及广发,平生一毛不敢拔。蹉跎四十一回春,参差两鬓同鸡肋。蒙师为我操慧刀,头上不与留纤毫。一朝四大轻鸿毛,昔日缝掖今方袍。缝掖翁,方袍子,本来面目应相似。镜中见影不见形,莫道昨非今乃是。请辞大众入山夫,山月松风供稳睡。但愿慧刀时在侧,不令须眉长埽地。"②在此诗中成鹫法师认为自己出家也是有原因的,对世俗社会深怀失望,不得已才遁入佛道,顾不得身体发肤皆受自父母不得损伤的世俗观念了。成鹫《祭罗母文》,"鹫年四十有一,始知有竺乾氏(佛教)之学,欲割爱舍恩,出家以报罔极。谋诸戒轩,戒轩知我,不以我为异也,既从臾之,归告老母,老母许之。遂飘然为云水之游,晨昏定省,付之诸儿,朝夕门闾,无复返顾,天伦之乐,不得与戒轩共之。戒轩知我,既不以我为异;我知戒轩,不欲强之使同也。"③文中表明,成鹫法师珍惜孝道与天伦之乐,但相比之下,投入佛门则更为重要。

成鹫法师在盛年之际出家的深层原因究竟为何。《清诗别裁集》卷三十二中称"成鹫,字迹删,广东番禺人。著有《咸陟堂诗集》。上人姓方氏,本名诸生,九谷

---

① 《咸陟堂文集》卷二,第38页。
② 《咸陟堂诗集》卷二,第13页。
③ 《咸陟堂文集》卷十二,第174页。

先生弟也。中年削发,不解其故。"沈德潜(1673－1769年),苏州人,生活的时代稍晚于成鹫法师,待他出生,清朝统治已经稳定,三藩之乱平定,他还是几岁孩童,不及记忆,自然无法理解成鹫法师之出家为僧的历史因由和情感取向。沈德潜与成鹫法师是不陌生的,他与成鹫法师出家前所在的方氏家族关系密切。成鹫法师从兄方殿元在为官三十年后,移居苏州,方殿元与儿子方还、方朝都是清初岭南有名诗人,同为"岭南七子"成员,方殿元女儿方洁、女婿金捷皆为诗人,故此同在苏州的沈德潜与方家关系十分密切。方殿元诗文成就突出,在苏州一带影响很大,"吴中豪俊多从之,名藉甚"。沈德潜称方殿元诗"高华伉爽,不在岭南三家下"。经沈德潜大力推崇,诗名誉满岭南,被认为是有清一代粤人之冠,大致"诗文雄长南粤,鸿丽浑厚,苍然蔚然",作品有很高的境界。沈德潜《方冀朔灵洲诗集序》云:"吾友方子冀朔(方还)为九谷先生(方殿元)长子,九谷雄长南粤,所著《环书》自成一子。""诗文集鸿丽浑厚,苍然蔚然""欲究天人窍奥,馀事乃作诗人也"。方殿元有《征怨》诗,"怯把金钱卜,春残不道归。昨宵看月晕,枨触几重围!"沈德潜《清诗别裁》评之曰"古意古音"。方殿元的二子方还、方朝受其影响,诗风与之相似。方还(1674－1717),字其朔,号灵洲,有《灵洲诗集》。方朝(1675－1734年),字东华,一字奇亭,号勺湖,诗擅写景,尤以五言为佳,著有《勺湖集》。方还、方朝同列名为岭南七子,兄弟二人还被号称为"广南二方""吴中二方",可见诗名卓著,颇有影响。沈德潜对方还称颂不已,称其"诗品弥高","每一披读,多囊时相与分简,蘸烛吟啸,歌呼而成者。而冀朔(方还)墓草久宿矣。追维往事,触绪纭纭,能无山阳闻笛之感耶。弟东华(方朝)诗近阮陶,风格古澹。"①《番禺县志》的记载来源于沈德潜为方还《灵洲诗》所作之序。沈德潜原序中还说,"冀朔之抱负不苟,可以有为,非犹夫当世艺林之士争长于声华物采之间者也。生平工古乐府,彝鼎瓦泰并陈于前。于公燕酬应、刻画小物非所长。然而诗品之高于兹,弥章矣。方氏既以诗学擅其家,而九谷先生(方殿元)以后文集未出,吴中想望方氏诗者日众。嗣君平三先镌其手(稿),定二卷。邮寄京师,问序于余。"②清钱维城《勺湖集序》:"岭南诗自三家外有九谷子,与陶苦子并称五家。九谷者,方公殿元之号也。九谷官上元令,老卜居苏州,有子曰冀朔,曰东华。冀朔才高早卒。"③方殿元在苏州建广歌堂,去思念故乡广州之意。方还、方朝在阊门东筑勺湖,沈德潜有勺湖记,方朝文集即《勺湖亭稿》。"方还,字冀朔,广东番禺人,贡生。著有《灵洲诗集》。冀

---

① 清·任果:《(乾隆)番禺县志》卷十五,清乾隆三十九年刻本。
② 清·李福泰:《(同治)番禺县志》卷二十七,清同治十年刊本。
③ 清·钱维城:《钱文敏公全集》茶山文钞卷四序,清乾隆四十一年眉寿堂刻本,第279页。

朔为九谷先生长子，所学一本庭训。移家于吴，倡诗教，喜宾客。四方诗人来吴者，每登方氏广歌堂，赋诗宴饮，称一时之盛。知广南屈（大均）、梁（佩兰）、陈（恭尹）三家外，别有'方氏派'衍云。"①沈德潜在《清诗别裁集》中收录方还《九边诗》，此诗所作，沈德潜正是在场亲见，方还才气纵横，举座皆惊。据《番禺县志》记载，"沈宗伯德潜未第时，与（方）还游。（方）还长数岁，宗伯兄事之，交最厚，常与（方）还集广歌堂咏旧边诗九章。时沈方舟、孙丕文、刘东郊、李客山诸能诗人俱在坐，还点笔而成，辞气腾上，议论激越。凡前明所以失我朝，所以得画沙聚米形势了如。诸人袖手敛气，莫能与角。宗伯每叹（方）还抱负不苟，可以有为，非争长于声华物采者。"沈德潜称方朝，"东华（方朝）诗近阮陶，风格古澹。"②方朝《勺湖亭稿》六卷收录于《清代稿钞本》中。沈德潜为之作序。沈德潜序中称，"东华没距今二十余年，家渐零落，集未付镌，同人恐其散轶也，谋为镌之。属余芟薙诗为主，文亦附焉，东华之性情学问见矣。至生平孝母氏，重然诺，轻财利，备见李处士客山传中。读者如遇其为人。"③方朝诗文成就，沈德潜认为要高于其兄方还。方朝"文读诸子，诗读汉、魏、盛唐，宋、元以下书均未寓目，故著述无时下一点习气"，故诗作清新典雅。"（方）朝学既成，每吐所蓄，无纤佻柔靡习，而于诗，尤深性爱闲静，嗜山水。无事坐勺湖之楮荫轩中，有得，形诸翰简。良友至，邀清谈赋诗。辄终日轩中，寂不闻声，如无人。"所谓心无尘浊气息，出为诗章气韵高华，"深远古淡"。沈德潜《清诗别裁集》卷二十八收录方朝诗二十首，可以说在众多诗人中是很多的，在方氏父子中也是最多的，反应了沈德潜对方朝的充分肯定。方朝诗风宗唐诗，与许武平竹素齐名苏州。许武平竹素即许廷鑅，字子逊，号竹素，长洲人。康熙庚子举人，曾官至武平知县。有《竹素园诗存》。沈德潜曾说，"前此三四十年远近竞尚宋诗，见读唐人诗者辄笑之。时吴下不染宋习者，惟许武平竹素及东华（方朝）。竹素遍阅唐宋诗，断断焉，严分界限。东华胸中目中本无宋人诗，故未尝严分界限，而所占自高。两人皆不随流俗者，艺林交重之。"沈德潜认识方殿元和方还、方朝，再认识方殿元女方洁、婿金鋋。在方殿元、方还、方朝诗集相继刊刻的情况下，方洁之子贵州按察使金祖静也把方洁诗集刊刻出来。方洁其孙女婿、清乾隆十年状元钱维城《勺湖集序》："彩林夫人，九谷女，蕴亭先生配也。亦喜谈诗。每曰，吾先子云何，吾先兄云何。时余甫操管学为诗，窃耳熟而心识之。乾隆三十

---

① 清·沈德潜：《清诗别裁集》卷二十八，清乾隆二十五年教忠堂刻本，第578页。
② 清·任果：《（乾隆）番禺县志》卷十五，清乾隆三十九年刻本。
③ 清·任果：《（乾隆）番禺县志》卷十五，清乾隆三十九年刻本。

二年,外舅定涛公既刻《蕴亭》《彩林》集。"①沈德潜与金綖有良好交往。金綖以诗名海内,也是颇有影响的诗人,红兰主人勤郡王岳端(1671－1704年)、王士禛(1634－1711年)都对金綖加以充分肯定。沈德潜有《狂歌行赠金蕴亭移居》长诗。

沈德潜作为文坛宗师,熟知文坛人物,又与方氏家族有非常密切的关系,他对成鹫法师这位誉满岭南海内知名著名诗僧一定会是熟悉或者说是有所了解的。沈德潜在《国朝诗别裁》中说:"上人(成鹫法师)姓方氏,本名诸生。九谷先生弟也。中年削发,既为僧,所著述皆古歌诗杂文,无语录偈颂。本朝僧人鲜出其右者。拟之于古,其惟俨、秘演之俦欤。"②这是非常之高的评价,在明末清初大批士人文人出家为僧,遁入佛门,有才学的诗人不在少数,聚集在岭南遗民僧领袖释函昰门下的就有上百人,这些人都是成鹫法师的父辈或同辈,相互间并不陌生,有的还有密切的往来。沈德潜称"本朝僧人鲜出其右",这是对成鹫法师相当赞许之言,有人据沈德潜此说而称成鹫法师为清朝诗僧第一人。

那么沈德潜不知成鹫法师为何出家为僧,可以是因为时过境迁难以理解之,也可能是成鹫法师誓作大明朝的遗民而遁入佛门,此时的沈德潜已经不便再明言。

成鹫法师之出家原因可以从三个方面来看。

一、士林风气和社会佛教信仰

佛教在唐宋以后,日渐衰微,明太祖出身佛门,深知其中利弊,明代佛教经过其严格规范,虽有所净化,但繁盛的局面没有当然也不会出现。到明末,以四大高僧为代表的佛门再次兴盛。万历而后,禅风寖盛,士夫无不谈禅,僧亦无不欲与士夫结纳,"寓膺而援,禅风寖盛,士夫孰不故樟,僧亦然不欲与士夫结纳"③。陈弘绪(1597－1665年)指出"今之仕宦罢归锡者,或陶情于声色,或肆意于山水,或学仙谈禅,或求田问舍,总之为排遣不平。"如陈继儒等著名文人纷纷与高僧的交往。"以明神宗万历朝为分界,黄宗羲《苏州三峰汉月藏禅师塔铭》云'万历以前,宗风衰息。云门、沩仰、法眼皆绝。曹洞之存,密室传帕。临济亦若存若没'万历后,高僧辈出。郎目本智名动京师。当时宰官如汪可受、陶望龄、袁宏道、王元翰等,咸执弟子礼。部分士大夫文人醉心于习禅礼佛,静坐焚香,交结僧人。一时之间,禅

---

① 清·钱维城:《钱文敏公全集》茶山文钞卷四序,清乾隆四十一年眉寿堂刻本,第279页。
② 清·沈德潜:《清诗别裁集》卷三十二,清乾隆二十五年教忠堂刻本,第681页。
③ 陈垣:《明季滇黔佛教考》,河北教育出版社,2000年版,第129页。

悦之风大为流行。明社会的腐败使文人们醉心于禅学。清初沿袭晚明余风,文人士大夫好佛蔚然成风。"①儒释交融是为潮流,"会通儒释"乃至"三教",这成为了明末清初大部分遗民逃禅者所取姿态,岭南遗民僧函可曾说:"在佛言佛,在儒言儒可;在儒言佛,在佛言儒亦可,不则以儒非佛,以佛非儒,又复以儒非佛,以佛非佛,是皆胸中无主或恃己。"②在函可的眼里,儒、释是异途而同归,这一思想在他的诗作《儒释》中阐述透辟:"儒释虽云异,天涯放逐同。……敢谓天将丧,应和吾道穷。"③就成鹫法师所在广州番禺地区而言,当也是如此,有士人出家者,如著名遗民僧领袖函昰禅师(1608－1685年),字丽中,法号天然,广东省番禺县吉迳村(今广州市花城区吉星乡)人。"函昰禅师,南雄曾氏子,初名起莘。举崇祯癸酉(1633年)乡荐,与陈学佺友善,砥砺名节。甲戌(1634年)同佺上公交车,归而佺病卒。莘痛良友,云亡求了生死,昼夜苦参,豁然有省。时空隐独和尚得博山之传,隐庐山黄岩,莘往参学,蒙独印证,遂削发为僧,法名函昰。父母姊妹妻子咸为僧尼。"④函昰禅师后来成为明遗民僧的领袖,许多文人士子纷纷投奔其门下出家为僧。但他出家以前明朝尚未灭亡,他们一家全部进入佛门显然是出自佛门风气的熏染。刘雪梅《明清之际遗民逃禅研究》中认为明遗民现象的出现有着深厚的文化与宗教背景,包括"禅宗的盛行""王阳明心学的兴起""传统'家国'观念的影响",大致成鹫法师出家原因也不外于此。

另外,明末佛教信仰在社会上的影响也是有深厚的基础。成鹫法师是广州番禺人,番禺、南海二县是岭南古县,是广府文化的核心区域,也是整个岭南文化的核心区域。我们看广州府番禺县(今广州市番禺区)的佛教情形。"寺观废兴,以时广南释老之宫,王园(寺)、冲虚分据其胜。明季空隐开法华首(寺),自是海云(寺)、海幢(寺)法席极盛,不独羽客之庐莫由比迹,即王园亦少绌焉。废兴有时,固其所也,其亦由人乎？城内寺观,南番迭治,一彼一此,无常也,故悉纪列。城外远乡,非番禺不列其他。"⑤这些提到的番禺县寺院如今往往皆为广州市著名寺院。在清代番禺大致有佛教寺院、庵、阁等五十九所,其中番禺城内有十九所,包括净慧寺、光孝寺、怀圣寺、广果寺、千秋寺、龙藏寺、开闻寺、西竺寺、悟性寺、大佛寺、观音阁、东山寺、长春寺、护国寺、寿国寺、永寿庵、东华寺、永胜庵、莲池庵。光孝寺是广州四大寺院之一,乃广东省佛教协会的驻地,其历史十分悠久,广州民谚

---

① 刘雪梅:《明清之际遗民逃禅研究》,吉林大学博士论文,2015年,第26页。
② 清·释函可:《千山剩人语录》,《答李居士书》。
③ 清·释函可:《千山诗集》,哈尔滨:黑龙江大学出版社,2011年版,第140页。
④ 清·阮元:《(道光)广东通志》卷三百二十八,清道光二年刻本。
⑤ 清·任果:《(乾隆)番禺县志》卷五,清内府本,第250页。

说:"未有羊城,先有光孝"。《番禺县志》卷五:"光孝寺在城内西北,本南越王建德故宅。吴虞翻居此,植诃子树,名虞苑。晋隆和中为王园寺。宋永初间,陀罗三藏改曰'诃林',刱戒坛。梁天监三年,智药三藏植菩提于坛前,二僧皆预知六祖肉身菩萨者也。唐仪凤元年,六祖祝发树下。神龙元年,房融于此笔授楞严。宋太祖改为乾明禅院。绍兴二十年,改报恩广孝寺,后易为光孝。寺中古迹有洗钵泉、洗砚池、达摩井、诃井、西来井、风幡堂、瘗发塔、白莲池、东西铁塔、铁镬石筒,诃子树今已无存,菩提犹茂也。"①达摩、六祖慧能(638－713年)与明末四大高僧之一的憨山德清(1546－1623年)等高僧都与光孝寺有着密切的关系。民国二十四年重刊乾隆刻本《光孝寺志》序称:"震旦名刹,言其史迹,当以光孝称首。寺在三国时为虞苑,文曰诃林,东晋为王园寺,唐为乾明法性寺,宋改为崇宁万寿,寻又改为报恩广孝,明成化始有'光孝'之名。明清以来法象庄严,中外瞻仰。"②光孝寺是广州市四大丛林之一,此四大寺院是光孝寺、六榕寺、海幢寺、华林寺,其中光孝寺居首。净慧寺也是很重要的古寺,即六榕寺,是广州四大寺院之一。"净慧寺在城内西北南海治。东汉时,建为长寿寺,刘之宗女为尼,居之。梁大同三年,沙门昙裕建舍利塔,曰宝庄严寺。唐高宗时,王勃记之。宋端拱中,改寺名净慧,时塔已毁,不知何时。元祐中,前宝鸡主簿、郡人林修出赀倡建。度地已定,梦神告使广之,遂广四十五尺,掘地得古井,九环列基外,适与度合。复获巨鼎,中藏剑三、镜一,铦莹如新。瘗佛牙其下,即故塔基也。鸠工累甓,高二百七尺,曰净慧寺千佛塔。绍圣间,苏学士轼至此,颜曰'六榕'。明洪武六年,毁其半为永裕仓。八年,住持坚愈于塔东重创佛殿,改寺门东向,令僧今边在寺持戒修篩。正统五年,僧净逸;宏治四年,僧真泰;万历二年,僧德隐俱有功于寺者。见存实税田地十四顷三十二亩零。按:寺之始刱寺记,以为东汉,旧志以为南汉。据王勃塔记:此寺乃曩在宋朝,再延题目,则是寺刱于刘宋。故刘之宗女为尼,居之,是此尼固宋之宗室女也。粤之寺光孝为始,此寺次之。"③

在番禺城外也有不少的寺院,所谓深山藏古寺,传统上一些寺院是位于山林幽静之地,适合于出家僧人的修行。番禺城外有寺庵四十所。它们是清冷庵、无著庵、黄华寺、白云庵、东林寺、白衣庵、莲花庵、永庆庵、接引庵、水月庵、净土庵、弥陀庵、福善庵、海幢寺、慈度寺、大通古寺、白云寺、龙果寺、月溪寺、景泰寺、云根庵、双溪禅院、别峰方丈、紫竹洞、新景泰寺、九龙庵、蒲涧寺、帘泉寺、古胜寺、胜因

---

① 清·任果:《(乾隆)番禺县志》卷五,清内府本,第252页。
② 清·顾光修、何淙:《光孝寺志》序,民国二十年重刊乾隆刻本,广东编印局刊,第1页。
③ 清·任果:《(乾隆)番禺县志》卷五,清内府本。

寺、七仙寺、乾明庵、资福寺、海云寺、海光寺、海鳌寺、眉山寺、龙华寺、逻坑寺、觉悟寺。其中海幢寺、大通烟雨宝光寺较为有名。光孝寺、六榕寺、大佛寺、海幢寺、华林寺合称广州五大丛林。"海幢寺在河南,始为郭家园。僧池月、光半募建佛殿,延道独禅师驻锡于此。后僧买四面余地,改创大殿、藏经阁、方丈僧寮。康熙十一年,尚可喜建天王殿,巡抚刘秉权建山门,宏敞庄严,为岭南雄刹。后有鹰爪兰一株,郭园旧植,经数十年兵火不灭,寺愈盛而兰愈茂。今以亭盖之,环以栏楯,在崇兰堂前,识者比之为优昙花云。康熙二十五年,从堪舆家言,改藏经阁为后殿。"①后来,成鹫法师前后两次住持大通古寺十几年之久,也多次出入其他寺院,如华林寺是其师祖宗符禅师恢复重建,其师元觉禅师为第二代住持,众人力推成鹫法师为第三代住持,他没有接受,但一直视华林寺为祖庭。因影响越来越大,又在名城广州,因此交游的官员和文人众多。以上内容可以说明佛教在番禺境内是兴盛的,距离人们并不遥远。当然,经济的因素向来不可或缺,"民有余财方能施佛,财众有羡利方能修福利"②"民亦有经产,可以拾净财,结善缘,闻钟磬之音,则随喜之心生者,慈悲之相则起。"③这是真实原因,以致不太提及,修庙礼佛离不开经济后盾的支撑。番禺地区经济文化皆兴盛,儒释文化自会拥有发展的条件。清初是岭南佛教的又一繁盛期。"岭南佛教,自六朝菩提达摩入粤以来,尤其中唐六祖慧能振兴顿教以来,一直传灯不绝。石头希迁、仰山慧寂的出世,云门宗在五代的兴盛,临济宗在宋明的发展,都说明了这一点。《鼎湖山第二代住持在犙禅师塔志铭》有言:'宗风西来,粤疆是即。爰及《楞严》,广州初译。五岭巍巍,斯为佛国。曹溪发源,演于迁、寂。万派千江,皆其涓滴。'便是岭南佛教发展大势的写照。故清初番禺的秀才李蓁粤在其诗《奉赠应公尊宿》中说:'岭南本是禅宗地,世世传灯有姓卢。'岭南佛教虽然历代继轨有人,但是曹溪的细流,在经过历史的千折百回之后,到清朝初年才在这个地区形成了汤汤大潮。当时'佛国'的繁盛,为六祖圆寂以来所未有,在同时期亦为其他地区所罕见。域内寺院林立,法众云集,高僧代起,著述迭出,禅净济洞都有长足发展。"④

成鹫法师在《三生堂记》:"佛山佛地也,闾阎比壤,缁素接踵,争以事佛相尚。名蓝大刹之外,会馆禅房,星罗棋布,钟磬之声相闻:节其地者咸生敬信焉。"⑤佛山靠近广州,距离成鹫法师家乡咫尺之遥,成鹫法师出家前有不少年岁是在佛山

---

① 清·任果:《(乾隆)番禺县志》卷五,清内府本。
② 清·王𪴂:《金石萃编》卷一二五·五十一,中国书店,1985年,第101–102页。
③ 柯愈春:《清人诗文集总目提要》,北京古籍出版社,2001年。
④ 杨权:《清初岭南禅史研究与佛教文献整理》,《深圳大学学报》,2014年第一期,第142页。
⑤ 《咸陟堂二集》卷七,第147页。

做塾师,母亲也是佛山人。可以说佛教在成鹫法师所处的社会生活环境中是有影响力的。康熙朝《大清会典》记载,康熙六年(1667)"僧人十一万二百九十二名,道士二万一千二百八十六名,尼八千六百一十五名。……僧、尼、道士十四万一百九十三名。"①"当时,全国共有寺庙七万九千六百二十二座。至乾隆四年(1739)'自乾隆元年起至四年止,共颁发过顺天、奉天、直隶各省度牒、部照三十四万一百十有二纸……'可见当时有僧约三十余万人,亦可见当时佛教之兴盛。"②清代寺院数量众多,据康熙朝《大清会典》记载,康熙六年,"礼部通计直省敕建大寺、庙共六千七十三处,小寺、庙共六千四百九处。私建大寺、庙共八千四百五十八处,小寺、庙共五万八千六百八十二处……通共寺庙七万九千六百二十二处。"③不能不说,佛教僧徒以及寺院是整个社会生活中的一部分,不一定是主要部分,但其存在于社会生活之中是不争的事实。

成鹫法师在《重修庆莲庵佛殿碑记》中说,"我佛之教,与圣人治天下之道,相为表里,其移风易俗之微权,殆谓过之。当今之时,学佛者几遍天下,通都巨邑,名山大泽,皆有丛林,犹京师之有辟雍、州县之有学校也。荒原闹市,穷陬僻壤,茅庵竹院,棋布星罗,咸有高僧主之,亦犹党有塾师,家有外傅。十室之邑,必有忠信教化之行,恶可以地之远近、道之异同而忽之乎!"④唐宋以后伴随着佛教日趋衰落之事实,是儒释道三教合一的思想文化融合。儒者多有信佛者,或者与佛门关系密切;佛门也有不少的学问僧、诗僧,如唐末五代永明延寿(904－975年)禅师等历代高僧著述宏富,本是自幼习儒,成年后出家,兼通佛儒,思想内涵中佛儒不能截然分割。前代佛门与士林的交集的现实,必定使后世的文人出家为僧减少了许多的内外阻碍。明末佛教的再次兴盛,也充分地表现出佛儒交融的特点。

二、家庭影响

成鹫法师母亲苏氏,"礼报资旷老和尚,禀受三皈,法名悟乾;礼仁寿纯觉和尚,受优婆夷五戒。"她是受了三戒和五戒的女居士,烧香礼佛在所难免,成鹫法师自小深受母亲的影响。据成鹫法师回忆童年,在出生时,其母梦老僧入室而娩,曾说过,"汝从僧来,当从僧去,夙缘如此",在四岁时,"甫能行走,便学长跪礼拜。先母自少至老,崇信三宝,晨夕焚修,顶礼观音大士。儿时见而效之,母拜亦拜,斋素

---

① 清·伊桑阿:(乾隆朝)《大清会典·礼部·祠祭清史部·僧道》,卷十二,复印文渊阁《四库全书》,史部三八二,政书类第六二二册,台湾商务印书馆,1986,第891页。
② 刘雪梅:《明清之际遗民逃禅研究》,吉林大学博士论文,2015年,第70页。
③ 刘雪梅:《明清之际遗民逃禅研究》,吉林大学博士论文,2015年,第71页。
④ 《咸陟堂文集》卷四,第61页。

从之,未尝杂以荤酒。"这种自小受母亲影响而养成的习性与喜好往往能在人的一生中保持下来。成鹫法师在九岁时,"先君(方国骅)以诗文名世,从之游者往往吟咏达旦,予请于师,旁通风雅,粗知声律,自是矢口能诗,不自知有六朝、三唐、近体也。一夕,腊尽隆寒,先君与客分赋花、月、风、雪四诗,沉吟未就。予与仲弟嬉戏堂下,扰乱诗思,先君叱之使去,予鼓掌笑曰:'吟诗乐事,苦吟徒自苦耳。'客曰:'小子亦能诗乎?'即应声云:'瓶中一枝花,窗外一轮月;花落月归天,风吹满地雪。'座客皆惊,谓能四题合作,词约景该,长大当为作者。味其词,亦枯禅余习尔。是年先君读书于邻坊之亦院,予朝夕随侍,不离左右。一日燕客,俎中有肉,予侍客旁,客劝令食,是日斋期,不及记忆,怡然啖之。先君顾而笑曰:'儿破戒矣!'闻之大惭,哭而归,跪大士前叩首出血。母问所以,乃知误受肉食之故,劝令忏悔。忏悔已,哭犹不辍,出而哇之,尽吐宿食,啜淡粥三日,然后饭食,用长斋一月,以补前愆。儿时谛信如此,家人卜吾异日必为戒律僧也。"①这时成鹫法师已经是有神童之誉的聪慧少年,自然已经初通人间是非,对佛陀的信仰已经初步建立起来。在他十二岁时,广州刚被屠城,接着"是夏大饥,斗米千钱,人或相食。予家十余口,日啖糠核,存亡不保。至是始废学业,斋戒礼拜,未尝废也"。由此少年时期形成的初步的信仰,后来的成鹫法师走上出家为僧的道路,也并不突然。成鹫法师六十四岁时作《寿蒙青甫文》,其中说"予少时常作妄计,思得万金,分而四之。其一置田宅,长子孙,为室家计;其一筑池馆,罗树石,建楼阁,购奇书,为身心计;其一延师教子,欸洽朋友,有无相推,所识穷乏者得我,为道义计;其一则供高僧,作佛事,结净社,修白业,为最后慧命之计。计既定,出语人,人尽迁之。"②此自然是少年成鹫法师的人生梦想,有其天真的一面,故"人尽迁之"。但儿时的梦想中已经有了"供高僧,作佛事,结净社,修白业,为最后慧命之计"的想法,与佛门的亲近深入了内心深处。

康熙二十四年(1685),成鹫法师四十九岁,于故里广州番禺闭关,七月十八日乃母七十一寿诞,成鹫法师为之作佛事祝寿。成鹫法师在《陈母寿诗题辞(补遗)》曾如此记载,"山僧老母,今年七十有一矣。孟秋末浣览揆良辰,世外儿归为母寿,不奉觞,不歌舞,不烹饪,不识会,唯设香花,延缁侣,奉金仙,悬绣佛,古香一瓣,清磬一声,仙梵远闻,天花乱坠。母及眷属皆大欢喜,见者闻者,亦各赞叹。出家儿之娱其亲也,若是而已。期满愿毕,别母遂行。"③十年后的七月,成鹫法师借

---

① 《咸陟堂文集》附录,《纪梦编年》。
② 《咸陟堂文集》卷九,第121页。
③ 《咸陟堂二集》卷四,第88页。

住粥塘庞氏之园林,为老母办佛事,庆八十一岁生日。成鹫法师在《纪梦编年》中说,"居东林者,自辛未迄乙亥,五历寒暑。是岁七月十八日,先母诞辰,时年八十有一矣。学道无成,不知所报,倾赀竭力,大兴佛事,以有为法少酬罔极之恩。法事圆满,别母出方。先母夙具正信,绝无姑息之恋,许以远游。"①可见佛事对于成鹫法师母子是相当重要的事宜,在七十大寿和八十大寿接连以做佛事庆生显然不能视为此乃轻松随性之举。他在《借园说》:"迹删子身无长物,平生所有皆目为借,欲其便于还也。性喜幽居,随缘即借。辛未冬,卜居于香城之东郊,颜曰'东林',盖借地于高氏之园亭,借名于远公之白社。等借也,而不明言其指,既而安之。坐越三夏,宾主相视如家舍焉,几忘乎其为借也。寻以老母悬念,不忍远离,遂从旧隐,借地于粥塘庞氏之园林,因其池馆,少修治之,暂寄迹焉,名从其实,颜曰'借园'。"②即便是身无长物一贫僧,也要在母亲大寿之时为母祝寿,功名富贵可抛,亲情不能忘怀,成鹫法师一生对父母至孝。

康熙三十五年(1696)四月,老母在八十岁之年腊月去世,成鹫法师为母逝而奔丧,此年成鹫法师也已经六十岁高龄。"夏之四月,家报凶讣,始知先母于去年腊月二十日见背,登即望空痛哭,襫衣绝食,跣足下山。倍值雇舟,兼程归里,舟中哭泣,达旦不寐。窃自思惟我佛之教,出家儿不丧其亲,过量人先率倡之,不及量者从而和之。予固不能为过量之为,亦不忍为不及量者之恝然也。当援例于《梵网经》十重之本,皆云无孝顺心者波罗夷,予独非人子乎?既为名教之罪人,复甘为佛法之弃人,两俱失之,吾尽吾性,伸吾情,畴得而禁之。归至里门,大哭而入,抵家抚灵,三踊一恸而绝,绝已还苏。临棺恸绝无度,出家俗僧见而笑之,弗恤也。时丧已逾卒哭矣,仍循典礼,绝粒粥食,晨号呼,夕泣奠,寝苫枕块,不违家礼。此不幸出家儿之创举也,不敢强吾徒以从我,惟此心无愧耳。六月而葬,躬自负土筑坟,既封而树之,复痛哭而后别去。盖出家舍家,眷属聚哭之次,非宜久居也。告别灵寝,复还丹霞。执心丧礼,再入僧次。二时粥饭,食不下咽,渐成关隔,不纳水谷,病将不起,予亦不愿有生也。"③此种之孝,已经非关佛儒了,乃成鹫法师天性的真情流露。成鹫法师在《祭罗母文》中还说,"乙亥之腊,先母逝,予时云游未返,附棺附身,不无遗憾。越春归里,世俗拘儒,多以名教贻讥;戒轩知我,既不以我为异,竟无一言以相规。"④成鹫法师好友胡方在《迹删和尚传》中说,"师至孝,丁外

---

① 《咸陟堂文集》附录,《纪梦编年》。
② 《咸陟堂文集》卷二十一,第249页。
③ 《咸陟堂文集》附录,《纪梦编年》。
④ 《咸陟堂文集》卷十二,第174页。

艰时方为儒者,其尽礼固足以风末俗。至居内忧在出家后,而闻讣擗衣绝食,跣足奔丧,途中哭泫不寐。抵家,恸痛绝而复苏,饘粥苦块,一遵儒礼。由其天性刚毅,故践履笃实,为儒则挺然大节,为僧则梵行精严,文字特其夙习余事耳。"①总而言之,一生崇信佛陀的母亲对成鹫法师出家为僧的影响不能说没有关系。

　　成鹫法师之母苏氏"礼报资旷老和尚,禀受三皈,法名悟乾"。广州有报资寺,相传为尚可喜家庙。三藩之乱后,尚之信被处死,"庚申(康熙十九年,1680)八月十七日赐死于府学名宦祠,焚尸扬灰,沈上达家人锺姓者收其骸骼余烬,瘗之西园报资寺"②有传言,崇祯皇帝煤山自尽,太子朱慈烺随梅州人士李士淳逃难,在灵光寺剃度出家,法号蟫山,后还住祥云庵。1685 年,蟫山和尚经广州报资寺,远游交趾(今越南),后复返至报资寺,圆寂于此。成鹫法师与报资寺旷老和尚也有不少交往,康熙二十年(1681),成鹫法师被推举为华林寺住持,坚辞之,"大众公推,承主法席。追忆前嘱,坚辞而退。众知不可强,敦请报资旷老人为处分",可见报资老和尚也是德高年长之辈。成鹫法师曾三次致信报资和尚,《上报资和尚》:"大作垂示,法音宣流,顽石点头,胕蟹布写。连时病作,未得恭诣法筵,顶礼鸣谢,偶从药炉边搜枯奉和,漫成四首,录呈记室,乞有以教之。满拟荔子垂丹时,奉迎法驾,屈临荒寺。日者节届端阳,大通烟雨,浪得虚名。此时士女云集,岁以为常,从晨至夕,往来如织,尘坌阶除,纵横几席,真觉热客恼人,刻欲避而去之。屈大象而游兔径,似非所宜。聊具荔子二筐,暂充法喜之供。俟衬袜屏迹、荷花吐蕊时,请更卜日扫径拥帚,恭候慈航,只聆尘海,当不见却耳。"从中可见此时成鹫法师在大通寺,时间约1702 至 1709 年间,或更晚。第二封信《上报资和尚》:"荔枝生于孔道者,半饱热客之腹。是以早收一株,托根幽僻,幸得全其真味。久之香越林外,恐为有力者夜半负之而走。倾筐墼之,再献左右,方之前日生熟酸甜,不无差别。明眼大人,验过何如?"③《上报资和尚》:"寒食时恭谒丈室,深荷存注,别后尝铭诸怀。连日滞霪,前有离支之约,恐不能践。敬致一筐,少充法喜。树渐老,果渐酸,大通守院僧亦复如此,大人何以药之?"④《咸陟堂诗集》卷十四有《答报资旷老人见寄来韵》。如果三封信都是写给报资寺旷老和尚,则此老和尚也是一位颇为高寿的大和尚。《(道光)广东通志》卷三百二十六记载:"文斗,字魁柄,一字白云,南海人。以画名,子女皆教以丹青。家贫,惟资润笔以给饔飧,绝不干谒豪贵。性

---

①　《咸陟堂文集》卷首,序,第 2 页。
②　清·阮元:《(道光)广东通志》卷三百三十一,清道光二年刻本。
③　《咸陟堂文集》卷十五,第 204 页。
④　《咸陟堂文集》卷十五,第 205 页。

亦好吟,尤耽奕家人,不以断炊告。虽求画者踵至,漫应之而已。香山令彭耆,贤尹也,访之羊城报资寺。赠诗云:'尽日图青嶂,终年卧白云',其风致可想。卒年九十三。"①可见广州报资寺也是有影响的寺院,成鹫法师之母苏氏与佛门的关系非为一般,这必定会影响到成鹫法师对佛门的态度。

成鹫岳父是万历年间的副贡梁启运。"时与国骅善者梁启运,字文震,北亭人,万历副贡,以女妻国骅子颛恺(成鹫法师俗名)。少尝寓波罗,嗜读兵法、律历之书。与东莞袁崇焕相往还,又尝与黎遂球有恢复明祚之志。后知事不可为,筑水云别墅,隐居不出。雅善鼓琴,工写竹,与梁森琅皆称一时高手。殁,以别墅施僧,今北亭水云寺是也。"梁启运以住宅施僧,即北亭水云寺,此举不论是成鹫法师出家前还是出家后,都能说明梁启运与佛门渊源匪浅,也说不定成鹫法师的岳父也是支持他出家为僧,至少是少了一些阻碍。

但显然,单是以上两点,不会也不可能让同时深受家学熏染和传统儒学教育的成鹫法师在盛年之际匆忙出家,逃离尘世,必定还另有原因。

三、作大明遗民

成鹫法师以毅然决然的态度,急急忙忙奔入佛门,还甚感快意,这必定是长期的思想打算在一时之间的总爆发。蔡鸿生《清初岭南佛门事略》第五章和杨权《成鹫及其咸陟堂集》《成鹫"通海"辨》等文都有所讨论,认为还是明清易代导致成鹫出家"逃禅",可谓言之成理。

(一)逃禅的历史背景

我们看成鹫法师在《纪梦编年》中的表述,"丁巳(1677年),禫祭毕。滇黔之炎炎者,将见扑灭;闽广之滔滔者,渐睹安澜。冠冕之峨峨者,又不免于裂冠毁冕,退修初服矣。是时,丁巳岁五月五日也,余年四十有一矣。闻变而起,仰天大笑曰:久矣夫,吾之见累于发肤也。左手握发,右持并剪,大声疾呼曰:黄面老子。而今而后,还我本来面目,见先人于西方极乐之世矣。"②有面目见先人于地下,可以非常明确地指明成鹫法师的政治态度,国难之痛难以消解,他作了三十多年的遗民仍然放不下心中的坚守。短暂的三藩之乱产生的恢复明朝衣冠的希望,转眼间就又要"裂冠毁冕,退修初服",这般的伤痛又要在旧创之上再添新伤,于是彻底了断,剃除毛发、换掉儒装,出家为僧。张岱于《乡绅死义列传总论》亦曾有曰:"若夫罢职归田,优游林下,苟能以义卫志,以智卫身。托方外之弃迹,上可以见故主,下

---

① 清·阮元:《(道光)广东通志》卷三百二十六,清道光二年刻本。
② 《咸陟堂文集》附录,《纪梦编年》。

不辱先人,未为不可。"①即逃禅于方外,是不得已之下的最好选择。所以本就生性豪迈的成鹫法师才"仰天大笑","左手握发,右持并剪",自己剪断了受之父母的尘世之发。中山大学杨权教授为《咸陟堂集》作序,他分析成鹫法师突然出家是因为"闻变而起",这就透露了成鹫的出家与当时政局有密切的关系。成鹫法师所说的"变",就是上文成鹫法师明确指出的三藩之乱被平定、清朝重新克服南方。"滇黔之炎炎者,将见扑灭;闽广之滔滔者,渐睹安澜。冠冕之峨峨者,又不免于裂冠毁冕,退修初服矣"。三藩之乱,"由于为首的吴三桂是打着'兴明讨虏'的旗号与清廷对抗的,因此使当时的不少人产生了错觉,以为大明江山恢复可期。成鹫虽未像大名鼎鼎的屈大均一般兴冲冲地离乡从军,但其内心对三藩的前途无疑是充满着期待的。"②随着此一有所期待的梦想的破灭,成鹫法师再也无法忍受下去,才急急逃离尘世而去,心中满怀着巨大的痛苦与失望。清代中州名儒李来章曾为成鹫诗文集《咸陟堂集》作序,《序》云:"大通迹删上人(成鹫法师)以文字说法,著名海内,贤士大夫多与之游……。意其人固豪杰倜傥之流,殆有所托而逃焉者乎?"这里"殆有所托而逃"正是关键,其中的"逃"字,即谓"逃禅",就是出家为僧。

明遗民出家为僧的现象,历代人士加以论述者众多。陈去病《明遗民录》自序云:"自太祖攘除胡虏,恢复中原,夷夏之防,普天同喻。一旦衣冠更制,发肤惨刑。其所以拂郁人心,砾伤志气者,弥益切至。夫是故有出家披剃,服僧袭衣,以终身者。有黄冠草服,飘然长往,而不知所之者。"③曾灿《六松堂文集》《石镰上人诗序》记载:"今石师之为诗,其老于浮屠乎,亦有托而逃焉者耶?观其剧饮大呼,狂歌裂眦之日,淋漓下笔,旁若无人,此其志岂小哉?"④他们遁入空门,一是躲避剃发异服不愿在清朝统治之下,另一方面他们也意欲有所图谋。施闰章曾说:"夫药翁(方以智)非僧也,卒以僧老,其于儒言儒行,无须臾忘也。……其皆有所托而逃邪?"⑤李确在《隐林列传就小序》中云"至于有托而逃,游方之外者,亦有二种:一曰'黄冠',一曰'细衣',则古绝无而今仅有。"⑥

1644年,李自成攻占北京,崇祯帝吊死;吴三桂降清,清军入关。几经更迭逐步败退的南明政权与大顺、大西农民军联合抗清。从东北到西南,战火燃遍了全

---

① 清·张岱:《石匮书后集》卷二十三,清钞本,第114页。
② 《咸陟堂集》卷首。
③ 陈去病:《陈去病全集》,上海古籍出版社,2009年版,《明遗民录》自序,第695页。
④ 清·曾灿:《六松堂集》卷十二,《四库未收书辑刊》,北京出版社,1997年版。
⑤ 何龄修:《五库斋清史丛稿》,学苑出版社,2004年版,第285页。
⑥ 清·李确:《蜃园文集》,《明清之际九家诗文集》卷三,1980年版,第11页。

国各地。前后相持几十年，1662年（康熙元年）四月，明永历帝朱由榔（1625－1662年）在昆明被吴三桂绞杀，永历政权亡。紧随其后，三藩之乱起，历时八载，至1681年三藩被平定。而直到1683年，清军攻克台湾，郑克塽降清。即便是从明朝灭亡的1644年计起，也整整动乱了四十年，若加上明末的明清对抗和明末农民大起义，社会动荡近百年。改朝换代的天崩地解，异族入侵的历史风云激荡，加之艰难世事与变幻人生中的铁血与苦难，对当世文人必将产生深切影响，如此，明末清初遗民僧的大量产生就可以理解了。终于前朝使他们远离新朝，彻底采取了不与新朝合作的态度。明清易代之际，数以百计的有识之士面对选择了出家为僧，此所谓"逃禅"。天崩地裂后的故国情怀、佛教禅宗在明末的兴盛、夷夏之防的传统观念等共同促成了遗民僧在明清之际的大量出现。遗民僧大致有三个区域，即江南、岭南和西南地区，这与南明朝廷逐步退却相一致，因而三地的遗民和遗民僧不单是本地士人，即具有全国意义。岭南遗民僧较多，由于从明末农民起义到明清易代、由南明到三藩之乱之间几十年内，岭南都是重要经历地区，使士人们有更多机会感受改朝换代的剧痛和夷夏之别的心结，因而亦儒亦佛的遗民僧数量多、影响大，具有显著的代表性。岭南遗民僧主要有函昰（1608－1685年）、函可（1612－1660年）、大汕（1613－1705年）、澹归（1614－1680年）、屈大均（1630－1696年）等，当然还有成鹫法师。空隐名道独，字宗宝，姓陆，南海人。长期主持罗浮山华首台法席。他有两大弟子天然和尚（函昰）和剩人和尚（函可），乃岭南乃至全国遗民僧的主要代表人物。天然和尚门下弟子众多，号称"十今"（阿字今无、石鉴今见、诃衍今摩、澹归今释、乐说今辩、刃千今壁、角子今鼇、泽萌今遇、尘异今但、广慈今摄十人），多为著名僧人，其中有不少有才学的士人，也多番禺县人。陈伯陶《胜朝粤东遗民录》之《自序》："明季吾粤风俗，以殉死为荣，降附为耻，国亡之后，遂相率而不仕不试，以自全其大节。其相勷以忠义，亦有可称者，何言之？自顺治丙戌（1646年）冬，李成栋、佟养甲偏师袭广州，绍武遇害，逾年春，成栋复追桂王及于桂林，势将殆矣，而粤之陈文忠、张文烈、陈忠愍三臣振臂一呼，义兵蜂起，于时破家沉族者，踵相继也。养甲惧，遂令成栋旋师。及三臣败死，山海诸义士扰拥残众为复仇计，会城之外，至于号令不行，李、佟因是有反复为明之举。盖桂王所以延其残祚者，实维吾粤诸臣之力。至若何吾骝、黄士俊、王应华、曾道唯、李觉斯、关捷先等，虽欠一死，后皆终老岩穴，无履新朝者，故贰臣传中，吾粤士大夫乃无一人。而吾骝、士俊以崇祯朝旧相出辅桂王，及平、靖二王围广州，桂王西走，吾骝犹率众赴援，士俊亦坐阁不去。其苦心勤事，思保残局，比之贰臣传中冯铨、王铎等，自当有间，而此诸人，当时咸被乡人唾骂，至于不齿，至今弗衰。此亦可见吾粤人心之正，其敦尚节义，浸成风俗者，实为他省所未尝有也。"在岭南士人当中，方国骅、方颛恺父子显然是"以殉死为荣,降附为耻,国亡之后,遂相率而不仕不试,以自全其大节"者也。

清初岭南佛教特盛的原因除了文化因素之外,政治因素亦有重要作用。"在明清鼎革的社会背景下,岭南内外有大批不愿接受新朝正朔的庄臣节士见复明无望,便接踵在岭南这个南明抗清的最主要阵地遁身佛门,成为具有鲜明政治立场的遗民僧。而清朝统治者实行的'留发不留头'的野蛮政策,以及把汉族士民落发为僧视为'臣服'的奇怪逻辑,也对遗民的逃禅起了推波助澜的作用。新出家的袈裟遗民有不少是文化学术底蕴深厚的社会知识精英,他们加入僧团,不仅扩大了佛教的队伍,更给禅门注入了新鲜血液,使岭南佛教出现了崭新气象,推动了佛教的繁荣。"

(二)逃禅为僧的普遍性

历史上两次大规模的儒生进入佛门的是在南宋末元初和明末清初。《楚石愚庵梦堂三禅师》:"楚石禅师,名梵琦,乃径山元叟端禅师之高弟也……。至正间,四方多事,士大夫逃禅海滨者众矣。从西斋(梵琦)游者,如宋公景濂辈最称博物,入西斋之门。"① 明代文献关于"逃禅"也很多。"梁田玉,浙江定海人。洪武末,仕至郎中。建文末,与叶御史俱髡发逃禅,晦迹终其身。"② "儒者奉佛。宋尹和靖拜迎天竺观音在虎丘,每旦顶礼佛念金刚经。今之士大夫托名逃禅,往往修斋诵经,事佛甚虔,至有捐妻舍女以奉僧道者。"③ "缙绅以逃禅为雅致,俗士以佞佛为净修。"④ 明代一些诗文中也有"逃禅"。沈明臣《送君房之育王山》:"避地少人烟,青山一笑便。江村黄叶雨,野寺白云天。闭户观秋水,焚香礼太元。即知能解脱,何必定逃禅。"⑤ 张茂之《过玉几松堂见先文定留题感而蹑韵》:"梦入名山又十年,于今登眺可逃禅。流云影落疏松里,过雨痕收浅水边。鸟道琴樽横玉几,月催钟鼓直金仙。何期手泽留丈丈,感慨重题修竹前。"⑥ 茅坤《寄狮子禅院头陀》:"古来狮子院,碑卧不知年。此日头陀过,忽开卓锡缘。浮生俱属幻,我亦欲逃禅。削发空山里,双称面壁仙。"⑦ 明末四大高僧之一的紫柏真可在《山居咏怀二首》中的第二首诗中写道,"茫茫苦海正波涛,莫若逃禅计最高。世路已惊心不死,功名犹梦

---

① 清·自融:《南宋元明禅林僧宝传》卷十,续藏经本,第78页。
② 明·许相卿:《革朝志》卷六,明刻本,第56页。
③ 明·田艺蘅:《留青日札》卷二十七,明万历重刻本,第215页。
④ 明·戴君恩:《剩言》卷十二,明刻本,第52页。
⑤ 明·郭子章:《明州阿育王山志》卷十三,明万历刻清乾隆续刻本,第147页。
⑥ 明·郭子章:《明州阿育王山志》卷十三,明万历刻清乾隆续刻本,第152页。
⑦ 明·徐嘉泰:《天目山志》卷三,旧钞本,第42页。

鬓先凋。因甘白粥忘枯淡，却怪苍苔分寂寥。乐极只缘贫到骨，巢由未许让前茅。"①以上"逃禅"皆为遁入空门佛门之意。"何以释意'逃禅'，《古代汉语大辞典》注释有二：一是逃出禅戒。源自杜甫《饮中八仙歌》：'苏晋长斋绣佛前，醉中往往爱逃禅。'仇兆鳌注：'逃禅犹云逃墨逃杨，是逃而出，非逃而入，醉酒而悖其教，故曰逃禅。二是指逃避世事，参禅学佛。王实甫《西厢记》第二本第二折：'我经文也不会谈，逃禅也懒去参。'《唐诗百科大辞典》注释为：逃避世事，归依佛法。"②"'逃禅'遗民群体是指逃入禅门修持佛理的遗民群体，他们中间最重要的一个群体是僧人群体，还有一部分皈依佛法而未施剃度之遗民。"③

明末，有大量的遗民，遗民出家为僧，不但要采取不与新朝合作，而且要更进一步，就连隐士、高士也不做，普通的世俗生活一并决绝抛开，选择作为世外之人，内心包含着深深的思想情感与巨大的痛楚。当然遗民僧中也有是抗拒清朝剃发令而作了僧人，也有是以僧人的身份作掩护，便于从事抗清斗争。遗民僧们选择隐藏行迹，事迹多不可考；加之政治禁忌、康雍乾时期的文字狱，所能留存下来的资料应该少之又少。但一部分遗民僧们的思想情感和英勇事迹仍然难掩灿烂的光辉。"清军的入侵，既是一场政治、军事冲突，又是一次文化之争。与时代易变的风潮相伴随，以狩猎为主的游牧文化，与以种植为主的农耕文化之间发生了全方位的碰撞。中国自古就有'华夏中心'的意识，不仅民族认同基于文化：'中国有礼仪之大故称夏，有章服之美谓之华'，而且，'华夷之辨'亦基于文化：'夷狄之有君，不如诸夏之亡也。'""汉代以降，'华夏中心'的意识逐渐浸入士大夫的思想意识深处化为士大夫们的集体无意识之共识，清朝铁骑挺进中原，遗民士大夫们却无法接受以狩猎为生的野蛮游牧民族要取代华夏之文明的现实。"④"'华夏中心'的爱国思想与忠君思想根植于士大夫的心中，这是古代社会家国同构之政治模式的体现。所以国变带给士大夫们的是更深层次的痛楚，国灭，家已亡，君不在，臣何以苟活，而士大夫们心中升腾的是忠君卫国的情怀，鼓荡着儒家'入世''节义'的思想，积极投身复国抗清的战斗之中，疾志不渝。抗清失败，复国无门，他们所选择的是成全忠孝节义的惨烈方式，他们以殉国、隐逸、逃禅等方式来抵制夷狄之族的统治，却绝不会放下'华夏中心'的大民族主义意识，在遗民士大夫心中，只有故国才是他们唯一的家园，只有旧君才是他们唯一的帝王。"⑤

---

① 明·释真可：《紫柏老人集》卷十三，明天启七年释三炬刻本，第410页。
② 刘雪梅：《明清之际遗民逃禅研究》，吉林大学博士论文，2015年，第9页。
③ 刘雪梅：《明清之际遗民逃禅研究》，吉林大学博士论文，2015年，第10页。
④ 刘雪梅：《明清之际遗民逃禅研究》，吉林大学博士论文，2015年，第60页。
⑤ 刘雪梅：《明清之际遗民逃禅研究》，吉林大学博士论文，2015年，第61页。

明清之际最为著名的遗民僧应该就是陈子龙（1608－1647年）、方以智、朱耷（1626－约1705年）、归庄、万寿祺、杜浚、阎尔梅、屈大均等人。抗清斗争，江南地区是最为激烈的区域之一，"扬州十日""嘉定三屠"等都发生在江南，一批名节之士纷纷死难，是中国文明史上最为壮烈的时期之一。上海松江名士陈子龙与夏允彝（1596－1645年）、夏完淳（1631－1647年）父子等抗清失败，或投水死或被杀，堪称抗清义士的代表。明亡，陈子龙开展抗清活动，事败后被捕，投水殉国。陈子龙曾为躲避清军追捕出家为僧。《明史·陈子龙传》："陈子龙，字卧子，松江华亭人。生有异才，工举子业，兼治诗赋古文，取法魏晋，骈体尤精妙。崇祯十年进士。"明亡，南明福王即位，朝政混乱。"子龙又言：'中兴之主莫不身先士卒，故能光复旧物。今入国门再旬矣，人情泄沓，无异升平，清歌于漏舟之中，痛饮于焚屋之内，臣不知其所终。其始，皆起于姑息一二武臣，以至凡百政令皆因循遵义，臣甚为之寒心也。'亦不听。明年二月，乞终养去。子龙与同邑夏允彝皆负重名，允彝死，子龙念祖母年九十，不忍割，遁为僧。寻以受鲁王部院职衔，结太湖兵欲举事，事露被获，乘间投水死。"①《通鉴辑览》卷一百十七记载："（1646年）夏六月，我大清兵克绍兴，鲁王（朱）以海遁入海。大兵进克金华，督师大学士朱大典阖门死（大典赐谥烈愍）。时（朱）以海至石浦，定西侯张名振从之至舟山，守将黄斌卿不纳，乃浮海至厦门，遂走南澳。方国安、方逢年俱来降，寻以蜡丸书通闽，搜得诛死。阮大铖在方国安军，亦偕谢三宾、宋之晋等赴江干降，从大兵攻仙霞关，僵仆石上死。士英拥残兵欲入闽，唐王聿键不许，会大兵剿湖贼，士英与吴易俱禽获，斩之。事具国史，而野乘载士英遁台州山寺为僧，为大兵搜获，寻得其与大铖通闽疏，斩之。延平城下，大铖方游山，自触石死，仍僵尸云。吴易，字日生，吴江人，与举人孙兆奎、诸生沈自骃自炳吴福之等聚兵长荡。唐王聿键授为兵部尚书，鲁王以海封为长兴伯，大兵至，俱被获死。总兵程槐、沈茂、职方主事倪曼倩、监军道朱世昌、通判冯时敏、评事冯一鹭与易等俱死。时太湖中阻兵者甚众，有镇南伯金公玉、安抚许耕奇、徐明道、参将李世忠、总兵王元震、史宏弼、田希成、毛济字、同知吴任兰、藩镇汪硕德、参谋陆美初、副将施子昭，及朱大定、曹辰、沈君晦等俱先后被获死。兵科给事中陈子龙方遁迹为僧。鲁王以海授以兵部侍郎衔，潜谋结太湖兵举事，事露被获，乘间赴水死……子龙赐谥忠裕。闽中大震，郑芝龙假言海寇入犯，须往备御，拜疏即行，尽撤兵回安平镇，守关将士皆随之。仙霞岭二百里间，遂空无一人。"②陈子龙投水死难，其后其弟子同乡少年英雄，华亭（今上海松江）

---

① 清·张廷玉：《明史》卷二百七十七列传第一百六十五，清乾隆武英殿刻本，第2883页。
② 清·傅恒：《通鉴辑览》卷一百十七，清文渊阁四库全书本，第3693页。

夏完淳慷慨赴死，年仅十七岁，江南遗民的抗清斗争一度非常激烈。同样是华亭人，还有一位重要的遗民僧，那就是荫泽今遇禅师，他是著名遗民僧领袖天然和尚最为重要的弟子"十今"之一，康熙二十五年（1686）至康熙三十五年（1696）间主法丹霞别传寺，这是遗民僧的主要聚集地之一。

再如朱耷，明宁王朱权后裔，明末清初画家，中国画一代宗师。明亡后削发为僧，后改信道教，再还俗。"朱耷，又一个被生活和艺术扭曲了的灵魂，'中国17世纪最伟大的艺术家'。袈裟、道袍、青衫，在中国文化史上也许再也找不到第二个像朱耷这样的僧人、道人和俗人了。服装的频繁更迭转换折射出的是八大山人对自己身份的焦虑：国破了，家亡了，自我丧失了，到哪里才能找回那个19岁之前的朱耷？由儒入佛是因为看到了复国的无望；由佛还儒是因为尘缘未断六根并未清净；由儒入道是因为想寻找一个两全的人生；再由道还儒倒是因为真正参透了人生：这世界并无一方可以安妥灵魂的净土。80年的人生就这样在忽僧忽道半迷半醒疯疯癫癫寻寻觅觅中完结了。也许，唯有艺术才可以安妥他那焦躁不安的灵魂。"①在儒释道之间人生的轮换彰显的是精神情感的巨大失落，国破家亡，人生的信仰和道德的崇奉也崩塌了。孙静庵《明遗民录》卷四十六："八大山人，明宗室某，世居南昌，诸生。明亡，弃家遁奉新山中，祝发为僧，年甫弱冠。初为僧号雪个，后更号曰人屋，曰驴屋，曰书年，曰沪汉，最后号八大山人。为僧不数年，竖佛称宗师，住山二十年，从学者常百余人。临川令胡亦堂，闻其名，延之官舍。年余，忽忽不自得，遂发狂疾，忽大笑，忽痛哭竟日。一夕，裂其浮屠衣焚之，走还会城，独有徜徉市肆间，常戴布帽，曳长领袍，履穿踵决，拂袖翩跹行市中，儿随观哗笑，人莫识也。其侄某识之，留止其家。久之，病良已。山人工书法，行楷学大令鲁公，能自成家，狂草颇怪伟。亦喜画水墨芭蕉、怪石花竹及芦雁汀凫，倏然无画家町畦。人得之，争藏异以为重。饮酒不能尽二升，然喜饮，贫士或市人屠酤，邀山人饮辄往，往饮辄醉，醉后墨沈淋漓，亦不甚爱惜。数往来城外僧舍，雏僧争嬲之索画，至牵袂捉襟，山人弗拒也。然贵显人以数金易一石不可得。以故贵显人欲求山人诗画，乃反从贫士山僧屠沽儿购之。一日，忽大书'哑'字署其门，自是对人不交一言，然善笑而喜饮益甚。或招之，则缩项抚掌，笑声哑哑然。又喜为藏钩拇陈之戏，赌酒胜则笑哑哑，数负则拳胜者背，笑愈哑哑不可止，醉则往往唏嘘泣下。山人有诗数卷，藏箧中秘不令人见。山人题画及他题跋皆古雅，间杂以幽涩语，不尽可解。"②朱耷之苦是深沉而又难以言说的，其狂癫行为正是内心情绪无法疏解

---

① 田崇雪：《遗民的江南》，学林出版社，2008年版，第94页。
② 孙静庵：《明遗民录》卷四十六，浙江古籍出版社，1985年7月第1版，第349、350页。

的表现。

　　再看方以智。博山无异元来禅师(1575－1630年),安徽人,俗姓沙,又名元来法师,博山元来,明末著名高僧。无明慧经传、鼓山元贤、晦台元镜;博山元来传长庆道独,长庆道独传函昰禅师。晦台元镜传觉浪道盛,觉浪道盛传石濂大汕禅师和方以智、屈大均。门下皆多遗民僧。方以智,安徽桐城人。祖父方大镇(字君静,号鲁岳),万历十七年(1589)进士,官至江西道监察御史。父亲方孔炤(字潜夫),万历四十四年(1616)进士,官至湖广巡抚。方以智少时参加复社活动,与陈贞慧、吴应箕、侯方域并称明季四公子。崇祯十三年(1640)进士,官检讨。南明永历朝时任礼部侍郎、东阁大学士。《清史稿》记载"方以智,字密之,桐城人。父孔炤,明湖广巡抚,为杨嗣昌劾下狱,以智怀血疏讼冤,得释,事具明史。以智,崇祯庚辰进士,授检讨。会李自成破潼关,范景文疏荐以智,召对德政殿,语中机要,上抚几称善。以忤执政意,不果用。京师陷,以智哭临殡宫,至东华门,被执,加刑毒,两髁骨见,不屈。贼败,南奔,值马、阮乱政,修怨欲杀之,遂流离岭表。自作序篇,上述祖德,下表隐志。变姓名,卖药市中。桂王称号肇庆,以与推戴功,擢右中允。扈王幸梧州,擢侍讲学士,拜礼部侍郎、东阁大学士,旋罢相。固称疾,屡诏不起。尝曰:'吾归则负君,出则负亲,吾其缁乎?'行至平乐,被絷。其帅欲降之,左置官服,右白刃,惟所择,以智趋右,帅更加礼敬,始听为僧。更名弘智,字无可,别号药地。康熙十年,赴吉安,拜文信国墓,道卒,其闭关高座时也。友人钱澄之,亦客金陵,遇故中官为僧者,问以智,澄之曰:'君岂曾识耶?'曰:'非也'。昔侍先皇,一日朝罢,上忽叹曰:'求忠臣必于孝子!'如是者再。某跪请故,上曰:'早御经筵,有讲官父巡抚河南,坐失机问大辟,某薰衣,饰容止如常时。不孝若此,能为忠乎?闻新进士方以智,父亦系狱,日号泣,持疏求救,此亦人子也。'言讫复叹,俄释孔炤,而辟河南巡抚,外廷亦知其故乎?澄之述其语告以智,以智伏地哭失声。"①清兵入粤后,在梧州出家,法名弘智,发愤著述同时,秘密组织反清复明活动。民间流传天地会以及后来的青洪帮皆起源于方以智,可在严酷的斗争之下历经几百年的岁月,历史真相变得模糊晦暗。近年,有人考证之而言之确确,种种历史传闻似乎并非空穴来风,笔者在福建莆田少林寺,亲见周围山顶隧道纵横,绵延几十里,传为方以智等人抗清所为。康熙十年(1671)三月,方以智因"粤难"被捕。《浮山志》卷三曰:"辛亥(1671年),粤难作,师(方以智)闻信自出曰:'吾赊死幸过六十,更有何事不了?'终日谈笑,处之坦然。即之岭南,临行时,寄山足札云:

---

① 民国·赵尔巽:《清史稿》列传二百八十七,民国十七年清史馆本。

'浮山一局，努力善守，致意吴氏诸护法。'"①十月，于押解途中自沉于江西万安惶恐滩殉国。著名学者余时英先生在20世纪70年代接连于《方以智晚节考》《方以智晚节考新证》《方以死节新考》《方以智自沉惶恐滩考》中考证认为方以智被清军捉拿，路经文天祥当年"惶恐滩时说惶恐"的惶恐滩时投水自尽。此为当代史学界所认同。

余英时先生在《方以智晚节考》"小引"中说，"密之一生，大节凛然。早年怀血疏为父鸣冤，孝名满布于中朝。中岁避党祸流窜南荒，姓字见重于乡曲。及乎国亡不复，则去而'逃禅'。"他是著名的移民，堪称明移民僧的代表性人物。方以智出家时间，《无可禅师传》中记载"转徙百粤，流离苗壮，十召不受宰相。庚寅（1650年），遂剃发焉，再经煴火，以死自守，乃归省鹿湖。"由此可知，方以智出家于1650年。其后方以智在江西吉安青原寺十余年，在1663年，正式住持青原寺。其间也时有外出。"密之晚年最后一次回归桐城浮山是在顺治乙未、丙申、丁酉三年（1655－1657）。"②方以智还住持过西南大雄寺，这应该是刚出家时期。《东明闻见录》中称"大学士方以智为僧，在大雄寺"③《明遗民录》卷五："明方以智，字密之，桐城人。崇祯时，尝避地南都，与杨廷枢、陈子龙、夏允彝相友善，成庚辰进士。父孔炤以楚抚被逮，以智怀血疏，跪朝门外，叩头号呼，求代父死。帝叹曰：'求忠臣必于孝子之门。'并释之，擢检讨。北都陷，父子为贼所掠，濒于死。南都马、阮当国，诬其污伪命，入之六等罪中，举朝大哗，乃已。叹曰：'是尚可为邪？'褫衣散发，卖药五岭间。隆武帝召之，未赴。永历时，以翰林学士知经筵，寻命入阁。以智知不可为，乃为僧去，号'无可'，最后，自号曰'浮山愚者'。清兵尝物色得之，令曰：'易服则生，否则死。袍服在左，白刃在右。'乃辞左而受右。清帅起谢之，为之解缚，听其以僧终。乃披缁诣天界，事俍公。同时有啸峰者，亦皖人，尝官都给事中，与并师俍公，时称为皖江两大师。"④方以智遂流离岭表，隐姓埋名，以卖药为生，与成鹫法师地域上相近。《清史稿》中称方以智"变姓名，卖药市中。桂王称号肇庆，以与推戴功，擢右中允"。永历帝朱由榔（1623－1662年）于1646年称帝于广东肇庆，建年号为永历，方以智在此时进入朝廷。1648年，成鹫法师之父方国骅以岭南名士的身份被南明永历朝廷诏授翰林院庶吉士（翰林庶常），"时方危乱，文臣缩手，词翰需人"。方国骅到肇庆不久，见永历朝廷众臣纷争不止、党争

---

① 曹刚华：《方以智晚节考补》，《清史研究》2013年5月第2期，第113页。
② 曹刚华：《方以智晚节考补》，《清史研究》2013年5月第2期，第108页。
③ 明·瞿共美：《东明闻见录》，清钞本，第28页。
④ 孙静庵：《明遗民录》卷五，浙江古籍出版社，1985年7月第1版，第35、36页。

不断,知事不可为,乃匆匆离职归隐林泉,佃田数亩于广州东郊城外黄花塘畔,率儿仆躬耕自食,不再参加科举,不仕新朝。成鹫法师随父前往,时年仅十二岁。

1653年,方以智投入著名遗民僧领袖、禅宗曹洞宗三十三世宗匠觉浪道盛禅师门下。觉浪道盛乃无明慧经(1548－1618年)弟子,无明慧经于明万历年间重振法席,门下有博山元来、鼓山元贤、晦台元镜等著名禅师。晦台元镜传觉浪道盛,觉浪道盛传大汕禅师和方以智、屈大均等著名文人和高僧。1656(顺治十三年),时为博山寺方丈的觉浪道盛禅师,偕徒墨历大智(方以智)禅师等到曹山宝积寺主持重葬本寂灵骨并建塔立碑,大智并撰塔铭。觉浪道盛(1592－1659年),字觉浪,号浪杖人,俗姓张,福建柘浦人。明末著名高僧。初参博山无异元来禅师,旋谒无异元来禅师弟子晦台元镜禅师,元镜禅师称,"吾寿昌这枝慧灯属子矣","因付源流"①,为曹洞宗第三十三世弟子。明崇祯八年(1635)后,开法于福船寺、园通寺,后入主南京天界寺、广丰县博山能仁寺。"道盛,字觉浪,别号杖人,浦城张氏子。东苑镜禅师法嗣,坐道场五十三处。道盛禅律精严,儒释淹贯……。有《学庸宗旨》《庄子提正》《儒宗三宝》及《语录》百余卷。"②因"儒释淹贯"才对出家为僧的遗民们有吸引力,他们是文人士人,本为儒家,遁入空门,故兼通佛儒。《五灯会元续略》卷一下:"杭州径山觉浪道盛禅师,建宁浦城张氏子。""遂往瑞岩剃落,随师住梦笔山,誓死闭关,因见百丈再参公案,顿彻马祖机用。参博山于董岩受具。是冬谒东苑。""不期子乃能深入此秘密法门,吾寿昌者技慧命属子流布去也。"③

张芬在《月用大师行业记》中就记载了杭州人江浩这位才学过人、一生正气的儒者文人,在明清之际有感于国破家亡的惨痛经历而出家的过程,江浩出家为僧代表了很大一批知识分子的实际人生和精神层面的选择,只是程度不同、显隐不同而已。《月用大师行业记》:"师俗姓江氏,讳浩,字道闇,仁和人。生而颖悟,善读书,落笔数千言立就。汤公显祖,生平不轻许人,见师文,大奇之甲王公宇、方公应祥、萧公士玮,皆叹为盖世才。先是,里中黄公汝亨、虞公淳熙、葛公寅亮,咸深知师,敬为小友,至是得汤公辈啧啧传海内,海内嗜古负奇之士,以诸大儒惊服,遂无不知仁和江生,愿交纳者,以故师交知半天下,心甚厌苦之,乃遁入西溪之横山,层峦叠秀,刘茅栽杏,挈妻子而家焉,颜之曰'蝶庵'。其初,经子史集无所不读,而文则神明乎史迁,诗则胚胎于李白。所尤嗜者,漆园之书也。故其人冲谈乐道,意

---

① 清·谢旻:《(康熙)江西通志》卷一百四,清文渊阁四库全书本。
② 清·嵇曾筠:《(雍正)浙江通志》卷一百九十八,清文渊阁四库全书本。
③ 明·释净柱:《五灯会元续略》卷一下,《卍新续藏》第80册,第474b页。

泊如也。师筋骨弱,多病,于功名事不汲汲,且尤不喜习举子业,偕其弟之浙,与同志十余人,订读书社,后先砥诫,誓追古人,遇不可,即面赤,虽至戚爱,必出肝胆力争之。岁甲申,有自京师来者,谈闯贼破城事甚悉,师愤怒,发丝丝上指,乃厉声曰:'遂至此乎!'且嚼齿疾骂,曰:'速死,以哭诉上帝。'不顾客,颠驰庵右绝壁,狂叫跃坠,首触乱石,血流满涧,家中人奔救,血珠尚喷溅,头顷刻如斗,自中尤喃喃骂贼,张岐然辈舁致游仙里,调护之,幸不死。自是游心禅悦,功名益置度外,而放形于丘壑之间。亡何,乱兵逼处横山,遂依博山汝航禅师,难发为僧,更名弘觉,号梦破知蝶梦,盖不作栩栩也。次慕具德和尚道望,遂倾心依止,更字月用,掌书记。方期荷负祖道,旋以病脱化。噫!师以道不得行,而忠无所效,栖遁空门,卒愤愤而死,是则师虽托迹方外,而有功于名教不浅鲜也。张岐然,字秀初,志行与师同,后亦祝发于具和尚会下,讳济义,字仁庵,参禅得悟,法嗣皋亭显宁澹予垣和尚。初住显宁,次云居,终于江北泰州之庆云。道行表表,称济宗龙象,与月师行履,虽有出世、不出世之分,其志皆秋霜烈日,而为万古之奇人也,故因表月师而并及焉。"①清初一批抱有忠孝节义的儒门人士纷纷逃入空门,出家作了僧人,佛与儒在重要的历史关头,依然成为广大士人思想力量之源。再看成鹫法师同乡番禺人李正,"山人姓李名正,字正甫,番禺诸生也。丙戌城破,其父乃于兵难。山人乃髡首,名今日僧,遁居零丁之山。遇哀至放声曼歌,歌文文山正气之篇,歌已而哭,哭复歌,四顾无人,辄欲投身大洋以死,与厓门诸忠烈魂同游。既又自念吾布衣之士耳,与其死于父,何如生于君,死于父则无子,斯死父矣,生于君则有臣,其尚可以致吾之命,而遂吾之志也乎!于是弃僧服而返。"②《明遗民录》卷四十五记载,"轮庵和尚,名同拱,吴县人,相国文文肃弟震亨之子也。少为诸生,名果,字园公。明亡,祝发为浮屠,常住云南大理府。所著有《寒溪集》,纪明末轶事甚多。有《鼎湖篇》一首,凄悲虽不如梅村《永和宫词》,而命意正大,则较为过之。有序云:'丁丑、戊寅间,先公受知烈皇,遵旨改撰《琴谱》,宣定五音正声,被诸郊庙大祀。上自制五皇建极、百僚师师诸操,命先公付尹紫芝内翰,翻谱钩剔。时司其事者,内监琴张。张奉命出宫嫔褚贞娥等,礼内翰为师,指授琴学,颁赐上方珍物酒果嫌葛之属,又屡赏御书,极一时宠遇。迫闯贼肆逆,烈皇殉国,诸善琴嫔御,相率投池死。内翰恐御制新谱失传,忍死抱琴而逃。南归,谒先公于香草垞,言亡国事甚悉,从此三十九年不复闻音耗。癸亥秋,余在寒溪,内翰忽来相见如梦寐,意欲祝发从余

---

① 清·孙治初辑、徐增重修:《灵隐寺志》卷六下,杭州出版社,2006年,第111页。
② 清·屈大均:《广东新语》卷十二《诗说》,中华书局,1985年版,第352页。

学佛,为赋此篇以赠。"①释大错(1602－1673年),即钱邦芑,字少开,江苏镇江人,明诸生。隆武中除御史,永历时擢右金都御史,后出家为僧,号大错。徐鼒《小腆纪传·钱帮芑》中叙述了其出家为僧的原因,云:"钱帮芑以忧归,隐黔之蒲屯,可望强官之,至于封刃行诛,不为动,甲午,二月二十三日,为帮芑诞辰,同人鲫酒,可望使者复至,山阴胡兔庵在座赋诗,有'痛哭花前莫相讶,不如往泛五湖船'之句,帮芑乃祝发为僧。"②

　　成鹫法师就是逃禅众人中的一位,他曾说,"田横之客五百人,知有其主,义不帝汉,相与栖身海上,闻横伏剑死于洛阳,赴海死焉。论世者莫不问诸海滨。予谓死等死耳,五百人中岂无有志之士图再举者,脱身而出,游戏人间,采山钓泽,鼓腹吹籁,皆可以全身以俟时。惜其时未有佛也,移彼置此,焉知五百人中岂无三衣一钵,自托逃禅以韬晦者乎?"③"自托逃禅以韬晦"是成鹫法师的人生自况。中州名儒李来章曾云:"大通迹删上人(成鹫法师)以文字说法,著名海内,贤士大夫多与之游……。意其人固豪杰倜傥之流,殆有所托而逃焉者乎?"④这其中的"逃"字,就是"逃禅"之意,出家为僧,采取不与清朝合作的态度。石娥啸论述,"三世诸佛皆血性男子,气配义道,斯可以佛可以祖,不即文字不离文字,古称释迦为文佛,其所说法如《金刚》之浩宕,《楞严》之灵奥,实至文之文者,儒、老家未能仿佛一二,是则担荷斯道,非大气魄、大文章,何能有所建明邪!东樵迹公(成鹫法师)十三为诸生,斐然有声,承先孝廉骑田公庭训,兄弟皆以古文雄世,世称'眉山三苏''禺山三方'足鼎峙云。骑田公以忠孝大节矢志不仕,抱道而殁。迹公居庐有高柴风,服既阕,弃家而游于空门,其志盖有所托。"⑤石娥啸是成鹫法师交往多年的好友,对成鹫法师是认识较深的人,他说成鹫法师"弃家而游于空门,其志盖有所托",显然是精确的论断。不论是"逃禅",还是托于空门,其意义都是一致的,即成鹫法师在明清易代的特殊历史时期,选择了作为一名遗民。人称成鹫法师"宿儒而隐释",可谓精当。

　　三藩之乱三年后,成鹫法师曾说,"岁在丙辰,予年四十。春三月,岭南反复衣冠,予从缁经中见作随喜,自幸本来面目得全生全归见先人于地下也。"⑥显然,三藩之乱前期,军事行动顺利时,打着反清复明旗号的吴三桂等人的抗清活动给成

---

① 孙静庵:《明遗民录》卷四十五,浙江古籍出版社,1985年7月第1版,第339、340页。
② 清·徐鼒:《小腆纪传》,清代传记资料丛刊,台北明文书局,1985年版,第321页。
③ 《咸陟堂二集》卷六,第135页。
④ 《咸陟堂诗集》序。
⑤ 《咸陟堂二集》序。
⑥ 《咸陟堂文集》附录,《纪梦编年》。

鹫法师们以饱满的希望,可以复国并不再剃发易服,自幸能以"本来面目得全生全归见先人于地下"。如此,成鹫法师的真实心态和对清朝的态度已经十分明确。《纪梦编年》是成鹫法师作于八十岁,距离成鹫法师四十岁时已经是整整四十年后,时间也到了康熙五十五年(1716),清朝的统治早已稳定,明遗民们也早已凋零,就连成鹫法师也不再有任何别念,与清朝的军政官员包括礼部尚书陈元龙、两广总督赵弘灿等有所交往。而且清朝文字狱时有发生,康熙五十年(1711),左都御史赵申乔,据《南山集·致余生书》中引述南明抗清事迹,参戴名世"倒置是非,语多狂悖","祈敕部严加议处,以为狂妄不敬之戒",《南山集》案发,康熙五十三年(1714)三月戴名世被杀。戴名世"南山案"距离成鹫法师作《纪梦编年》仅仅两年。总之,成鹫法师语气肯定会有所迟缓或隐晦,但却是如此的直白地表明了态度,这肯定是他内心的真实态度。成鹫法师在大通时,曾两次致信林梅村,在其中一封信《又与林梅村》中说,"日来文逋堆案,猬集山积,应酬不暇,尊委竟迟至今,想见原宥耳。初拟各体俱录,不意七古未毕,纸已尽矣,此中多不合时宜之语,乞为秘之。"①不论所要保密的是什么内容,都说明成鹫法师不会轻易触犯时忌,他要以"本来面目得全生全归见先人于地下"的话,是不得不说、无以隐晦的根本性思想理念。

"明遗民为逃避清廷的严酷镇压,不得不选择各种隐居方式,儒家传统守道固穷的坚持使得生活陷入贫病交煎的地步,直至败倒于现实柴米油盐的生活之中而丧失了心力与操守。"②康熙十七年(1678),成鹫法师初出家,寄居于陶握山别业小漫山。"予年四十有二矣。时粤东变乱,盗贼蜂起,虽欲远适,蹙蹙靡所骋也。暂假馆于故人陶握山之别业,依山而居。山名小漫者,因漫溪而得名。同时避乱择里买邻,惟弼唐为安土,盖先儒之后,俗厚人淳,有理学之遗风焉。明经祖如高士法启,弼唐公后昆也,避地者咸奉之为居亭。梁药亭太史为首倡,予亦与焉。买地十余亩,环溪卜筑,匝以箐篁,森然有山水之趣。药亭顾而乐之,谓同事者曰:'此漫隐之所,我辈岂蓬蒿人耶!'遂名其地为漫溪,自号漫溪翁焉。握山家有余赀,别买地于山之阳,去漫溪烟火相望耳。结屋数椽,以待避乱之客,名小漫山。溪山均漫隐者之所居,声应气求,出处一辙也。是时小漫主人全发入山,委其居于草莽。予日暮途穷,计无复之,乃寄迹焉,亦漫然安之而已。居半载,大病几死,好友李祈年怜予贫病,移榻就之,投以药石,越月乃瘳。"③遗民们对于自己思想上的

---

① 《咸陟堂文集》卷十五,第206页。
② 刘雪梅:《明清之际遗民逃禅研究》,吉林大学博士论文,2015年,第28页。
③ 《咸陟堂文集》附录,《纪梦编年》。

节操上的努力坚守,不能不放弃他们曾经拥有或可能继续拥有的社会地位与经济生活,他们会为自己的选择付出真实的代价,有的是惨痛的代价。致死不改或坚守一生者就更加难能可贵,成鹫法师坚守了七十多年,他也许就是最后一位大明遗民。

第二节 成鹫的佛门传承及政治取向

成鹫四十一岁自行剃发为僧后,康熙十七年(1678)成鹫最初在广州府南海弼唐的亦庵自修,后来又寄迹于其老友陶握山在小漫山的别业。康熙十八年(1679),临济宗高僧离幻元觉(1623—1681年)入云门扫祖师塔,与成鹫邂逅于小漫山,相谈之下颇为有得,故成鹫以离幻元觉为师,法号光鹫,不久改名成鹫。离幻元觉是罗浮山石洞禅院的方丈,号石洞,是曾被清顺治帝赐号"弘觉国师"的岭南名僧木陈道忞的徒孙,因此成鹫在法脉上属临济宗天童系,此乃明末清初佛教中的主要派别,号称临济正宗,法脉遍及天下。康熙十九年(1680)成鹫至西宁(今郁南),主持翠林僧舍。康熙二十年(1681)回广州礼其师于华林寺,禀受十戒,入罗浮山。康熙二十一年(1682),游海南岛,入会同县灵泉寺。康熙二十三年(1684),从海南一路回转,依佛山仁寿禅寺闲云老和尚受具足戒。康熙二十四年(1685)在家乡番禺闭关三年。康熙二十七年(1688),结庵于南海县的马山之阳,与一群文士友朋组建了"莲社"。康熙二十八年(1689)受闲云和尚之招到佛山仁寿寺,先当书记,后任首座。康熙二十九年(1690),成鹫开仁寿寺,到香山(今中山)铁城河泊高氏园林建立了东林庵,并仿庐山东林故事结莲社,入社者共有僧俗三十余人,前后五年。康熙三十四年(1695),成鹫应泽萌今遇和尚之邀,北上广东省北部仁化丹霞山,客居于别传寺和寒梅古寺,泽萌今遇是著名遗民僧领袖释函昰的重要弟子。康熙三十六年(1697)夏,成鹫在六十一岁时曾从丹霞山南下驻足澳门普济禅院,游三巴寺,秋返回丹霞山。康熙三十七年(1698)回佛山,后应肇庆鼎湖山庆云寺第四代方丈契如元渠之邀到肇庆修纂《鼎湖山志》。《鼎湖山志》成,再回东林。康熙三十九年(1700)秋,还故里,再至弼唐之亦庵。康熙四十年(1701),成鹫辞亦庵,借住庞氏之梅园。康熙四十一年(1702)秋九月十日,成鹫受请住持坐落在广州珠江南岸的大通烟雨宝光古寺,在大通烟雨宝光古寺前后七年,这是他首次住持寺院,年六十六岁。康熙四十七年(1708),鼎湖山庆云寺虚席,成鹫应请入山主法,成为庆云寺第七代方丈,住持肇庆鼎湖山庆云寺六年,并对寺宇进行了重修和扩建,其间声名越发远扬,一大批两广官员文人在此一时期纷纷与成鹫结交。康熙五十三年(1714),归隐鹿湖山。二年后的康熙五十五年(1716)秋冬之际,八十岁的成鹫还居大通烟雨宝光古寺,此次在大通寺又有七年,康熙六十一年(1722)十月初圆寂于大通寺,年八十六岁。成鹫后四十六年僧人生活基本上如以上所记,在成鹫自作的《纪梦编年》和《咸陟堂集》中有非常详细的记载,他与岭南以及来粤的佛门人士、官员、文人有广泛的接触很清晰地呈现。

成鹫师四十一才出家,出家前已经是很有影响的文人。1677年,师从元觉禅师,从法嗣上讲,元觉禅师乃宗符禅师弟子,宗符禅师师从岭南名僧木陈道忞(1596—1647年),曾被清顺治帝赐号"弘觉国师",木陈道忞又是明末著名高僧临济宗中兴之祖密云圆悟(1566—1642年)的嗣法弟子,此一系构成了明末佛教的主要部分。明末另有四大高僧憨山德清(1546—1623年)、云栖袾宏(1535—1615年)、紫柏真可(1543—1603年)、藕益智旭(1599—1655年),他们是明末佛教兴盛的代表性人物,与密云圆悟齐名,成鹫与四大高僧中的憨山德清、云栖袾宏也颇有渊源。因此,成鹫与明末清初的佛门众多高僧和宗派多有关联,与禅宗临济宗和曹洞宗关系密切。

一、师出名僧
(一)临济宗密云圆悟、木陈道忞子孙,嗣法于元觉禅师

佛教是我国古代文化三大支柱之一,对中国的文化和思想影响深远。我国佛教有汉传佛教和藏传佛教之分,又有大乘佛教和小乘佛教之别,但总之是以大乘佛教和汉传佛教为主。中国佛教出现过许多派别,主要有八宗。一是三论宗又名法性宗,二是瑜伽宗又名法相宗,三是天台宗,四是贤首宗又名华严宗,五是禅宗,六是净土宗,七是律宗,八是密宗又名真言宗。这就是通常所说的性、相、台、贤、禅、净、律、密八大宗派。"窃按吾中国之佛学,由印度西域传译,几三千年,三藏圣典,达万卷。往昔大德,宗经宗论,各发优长,建立宗派,立十三宗:曰三论宗、曰法相宗、曰天台宗、曰华严宗、曰律宗、曰禅宗、曰涅槃宗、曰地论宗、曰摄论宗、曰净土宗、曰真言宗、曰俱舍宗、曰成实宗(或立十宗)。此十三宗,前十一宗为大乘宗,后之二宗为小乘宗,乃我国佛学线上之总分析。"[①]其中禅宗和净土宗因为简便易行,成为后来中国佛教的主流,其他各派渐趋衰亡。禅宗自初祖菩提达摩,经二祖慧可、三祖僧璨、四祖道信、五祖弘忍之后,分为六祖惠能的南宗禅及神秀的北宗禅。北宗禅主张渐悟,不久即衰落;南宗禅主张顿悟,在中唐以后渐兴,成为禅宗主流,而传衍出五家七宗诸派。五家七宗,即临济宗、曹洞宗、沩仰宗、云门宗、法

---

① 释法舫:《太虚大师解行之特点》,载《法舫文集》第3卷,金城出版社,2011年版,第23页。

眼宗等五家，加上由临济宗分出的黄龙派和杨岐派，合称为七宗。唐宋后禅宗中的五家七宗唯临济宗和曹洞宗得以流传有序，绵延至今，其他各宗渐趋湮灭无闻。就临济宗、曹洞宗而言，又有"临天下、曹一角"的说法，临济宗传承遍及天下。

成鹫乃临济宗第三十代祖师密云圆悟的四传弟子，密云圆悟被称为临济宗中兴祖师，在佛教史上有着重要的地位。密云圆悟有嗣法弟子多人，其中影响较大的有木陈道忞国师，木陈道忞有弟子宗符禅师，宗符禅师大弟子即为元觉禅师，乃成鹫的师父。

康熙十八年（1679），成鹫四十三岁，正式拜师入佛门。罗浮山石洞禅院元觉禅师往云门山路过小漫山，遂礼元觉为师。"先师石洞和尚因入云门扫偃祖塔，道经小漫山过余。余述前愿，乞为弟子。乃受法名，名曰光鹫，字曰迹删。"①《迹删和尚传》："阅二载，值华林（广州华林寺）离幻和尚扫塔云门，便道访之，语间投契，即乞为弟子。由是晨夕参究，棒喝之下，已有所得。"②元觉禅师与成鹫渊源，"元觉，字离幻，晚居罗浮石洞，因以为号焉。平阳本陈国师法孙，云门宗符嫡嗣，简氏子也。从宗剃度，礼鼎湖栖壑圆具，以大事未明，遍参诸方，往来吴越，丛席名宿多见许可。既而归觐，首众华林，亲受记莂，平生坦怀接物，禅律兼通，才品并茂，四方学者多从之游。宗示寂，元觉继主法，大兴云门之道，会下千指，未尝轻许。晚年厌烦剧，暂别华林，住静循州。一日游罗浮，道经漫溪。会番禺方氏子成鹫先为庵于此，元觉一见爱之，乞为弟子，坦将入东樵，过石洞，爱其岩壑高深，筑室居焉。成鹫者，即世称迹删和尚也。始终从之躬耕洞中，有终焉之志。师若弟情深投契，相与游戏翰墨，假文字而作佛事，以十戒付之。居华林，以元觉命入罗浮，甫行，而元觉病。成鹫早起心动，即遄归。元觉乃历序平生出世因缘，蒲团上人悟消息，因举灵云桃花公案征验见地。云，自从一见桃花，后直到于今永不题。成鹫应声答之。元觉首肯，时康熙辛酉十月朔也。晨起沐浴，处分华林常住，安慰大众已，索笔自题遗像悬之坐。间谓大众云，诸兄弟道这个似还不似，似则打煞老僧，不则烧却影子。众无以对。乃代云，似则似矣，是则未是。端坐而逝。"③关于灵云桃花公案，这是唐末灵云志勤禅师的开悟法偈，"三十年来寻剑客，几逢花发几抽枝。自从一见桃花后，直至如今更不疑。"灵云桃花悟道公案，盛传于佛门丛林，后代佛门尊宿往往借此公案开式僧众者。"昭示禅师顿悟体验的比兴之诗则

---

① 《咸陟堂文集》附录，《纪梦编年》。
② 《咸陟堂诗集》卷首，第3页。
③ 清·郭汝诚：《(咸丰)顺德县志》卷三十，清咸丰刊本。

被称为开悟偈"①,这种偈颂成为禅宗语录的一个重要组成部分,历代高僧的诸多著名偈颂是禅宗思想的重要构成部分,也为佛门内外的人士所熟悉,含佛性禅意,有机锋且文字优美。

　　元觉禅师,名元觉,字离幻。晚居石洞,因以为法号,故有石洞禅师之称,也是一代高僧。按上文记载,元觉禅师乃平阳木陈国师法孙,云门宗符禅师嗣法嫡传弟子。元觉禅师从宗符禅师剃度,礼鼎湖山栖壑和尚圆具,"以大事未明,遍参诸方,往来吴越,丛席名宿多见许可"。后回归广州,成为广州著名大寺院华林寺的首众,负责管理职能。元觉禅师"平生坦怀接物,禅律兼通,才品并茂,四方学者多从之游。"宗符禅师示寂后,元觉禅师继主法席,"大兴云门之道,会下千指,未尝轻许。晚年厌烦剧,暂别华林(寺),住静循州。一日游罗浮,道经漫溪。"这才得遇自行出家的成鹫。成鹫编《鼎湖山志》卷五收录《石洞幻和尚传(百峰陶璜握山甫撰)》,"师讳元觉,字离幻,顺德简氏子。早年慕道。值鼎革,陷于兵,仅以身免。夜走鼎湖,礼宗符和尚得度。"元觉离幻禅师也是因战乱而避世者,与成鹫的父亲方国骅以及成鹫本人生平经历相似,这应该是师徒二人十分相得,元觉"一见爱之"的思想基础。康熙二十年(1681),元觉禅师在华林寺为成鹫受具十戒,并让成鹫带回罗浮山石洞。不久,元觉禅师圆寂于华林寺,众人推举成鹫住持华林寺为第三代住持,可见大家一致认为成鹫为元觉禅师的重要弟子,元觉禅师对成鹫也是厚爱有加,深为认可的。元觉禅师"禅律兼通",成鹫其后也是兼善禅律,一生戒律森严。元觉禅师才品并茂,有《石洞遗稿》,四方学者多从之游,成鹫作为世家子,名士方国骅之子,本人又是才学过人,师徒间易于相互认可。"明末清初,许多遗民面对清政府的酷政峻制,不得不落发,逃禅为僧。他们大多数是明朝的士大夫,这些逃禅者一旦遁入空门,因其学识和修养高深,修持佛法禅旨则精进有加,很快就成为高僧,受到寺院的器重,有些人则于宗门内主掌住持。如方以智、济义禅师张仁庵、晦山戒显、金堡、林增志等人。"②元觉禅师在收下成鹫后不久,就被师门推举不是偶然,出家之前成鹫就是"禺山三方"的成员,文化世家子弟。《罗浮山志会编》卷六:"石洞禅师,名元觉,字离幻,晚居石洞,因以为号焉。平阳木陈国师法孙,云门宗符禅师嫡嗣,顺德简氏子也。……禅律兼通,才品并茂。四方学者多从之游。宗公示寂,师继席主法,大兴云门之道。会下千指,未尝轻易许可。晚年厌烦剧,暂别华林,住静循州。一日游罗浮,道经石洞,爱其岩壑高深,筑室居

---

① 张胜珍:《自从一见桃花后,直至如今更不疑——灵云禅师桃花悟道公案解读》,《五台山研究》2009 年第 2 期,第 18 页。
② 刘雪梅:《明清之际遗民逃禅研究》,吉林大学博士论文,2015 年,第 36 页。

焉。其徒迹删鹫从之游,躬耕洞中,有终焉志。师资契合,相与游戏翰墨,以文字而作佛事。所著有《石洞遗书》《咸陟堂前后集》,并行于世。师示寂后,迹删下山云游,庵宇遂圮,遗址尚存。"①可见元觉禅师所著《石洞遗书》与成鹫的《咸陟堂前后集》一样有影响,也是能够著述的有才学之人。

罗浮山乃广东名山,乃道教圣地,安期生、葛洪等道教著名人物修行于此。罗浮山的佛教与儒家文化也很兴盛,乃隐居修行的世外之地。石洞禅院在罗浮山,元觉禅师隐居石洞禅院时间应该不是很长。而华林寺位于广州城,即今天的荔湾区下九路西来正街,是广州佛教四大寺院之首。华林寺乃元觉离幻禅师的师父宗符禅师创建于顺治十二年,作为宗符禅师首徒,元觉离幻在其师之后成为第二代住持。华林寺前身是"西来庵",始建于梁武帝普通八年(527),与广州的光孝寺、六榕寺、大佛寺、海幢寺合称五大寺院。1655年,宗符禅师再兴该寺,改名华林禅寺。因宗符禅师是木陈道忞国师嗣法弟子,木陈道忞国师又是深受顺治皇帝宠信的几位高僧之一,因而有可能源于此,顺治帝亲笔御书"华林禅寺"榜额。元觉禅师所撰《华林寺开山碑记》,全面记载华林寺建立之始末缘由,载《(宣统)南海县志》卷十三,中称"一时当道宰官暨绅士程可则、王念初、梁佩兰、陈恭尹诸公仰师道范。""师住持一十有七载,大建西来宗旨,常垂三关语勘验诸方学者。建风远播,闻者景从,前后复开法双桂、勇猛、东湖、云门诸刹,嗣法门人离幻、铁航、识此、天藏,皈依弟子不可以数计。""华林第二代住持离幻元觉撰、粤东督学使楚黄陈肇昌书。"②陈肇昌,湖北黄冈人。顺治戊戌(1658年)进士,历官顺天府尹,当时担任粤东督学使。"陈肇昌,字扶升,江夏人。顺治戊戌进士。由刑部郎中,康熙十七年,督学广东。值兵燹,士多流亡,肇昌加意招徕,秉公甄拔,岭表赖以起衰复廉。士之贫者,量为周给。所至申明条约,严饬学校,士习以淳。时军兴旁午,例许入赀。肇昌于各学正额外,甄拔遗才,示劝士鼓舞焉。"③华林寺、双桂寺、勇猛寺、东湖寺、云门寺诸刹皆岭南有名寺院,是成鹫一脉僧众的主要道场。有双桂洞(寺)。元渠契如等高僧曾到双桂寺,在"辛亥春,宗符主法华林,元渠随往"。成鹫作有《宿双桂洞》《春日双桂天公偕何孟门过访,归后唱和见寄,用韵赋答》《雨中答双桂洞天公见寄,兼柬同门兄弟》。成鹫编《鼎湖山志》卷五"法孙光鹫(成鹫)"撰的《愚关和尚传》,其中说:"师讳智华,字宗符,号愚关。闽之漳州林氏子。年十五,依本郡昭然禅师出家……最后谒弘觉国师(木陈道忞)于天童,机缘契合,棒喝

---

① 清·宋广业:《罗浮山志会编》卷六,清康熙刻本,第55页。
② 清·郑荣:《(宣统)南海县志》卷十三,清宣统二年刊本。
③ 清·阮元:《(道光)广东通志》卷二百五十六,清道光二年刻本。

之下,尽得其大机大用,遂受密印焉。辞归岭南,觉送以偈。"对师祖的生平与佛门贡献有详细记载。上文"诣诃林双桂洞",礼宗符和尚。所谓诃林,就是广州以及岭南最著名寺院光孝寺的别称。成鹫一门与光孝寺也有渊源,成鹫《法华禅院记》中记载,"法华禅院者,在诃林西北隅,去大界外相数武,别立招提,始于万历丁未岁,有高僧明宗公来自西蜀,卓锡其地。……方其制于诃林,具体而微耳。""予家祖席始于双桂,双桂之界邻于法华,皆同入于诃林而实出于诃林者。"①

宗符禅师乃木陈道忞国师嗣法弟子,木陈道忞乃著名禅师密云圆悟的嗣法弟子。明末号称佛教重兴,产生了以四大高僧为代表的众多佛门人物。还有就是禅宗的密云圆悟禅师也发挥了重要作用。圆悟禅师号称"临济宗中兴之祖"和"法遍天下",为禅宗中的临济宗三十世,在我国佛教史上占有非常重要的地位。在法脉传承上,密云圆悟传法于木陈道忞,道忞禅师传宗符禅师,宗符禅师传元觉禅师,元觉禅师传成鹫。密云圆悟先后住持天台山通玄寺、嘉兴广慧寺、福州黄檗山万福寺、育王山广利寺、天童山景德寺、金陵大报恩寺六大名刹,大振临济宗风。"六坐道场,说法二十六年,化溢支那,言满天下。"②清钱谦益作《天童密云禅师悟公塔铭》,对其在佛门的地位有详细的记载,称其影响之大,"近古未有"③。释道忞《布水台集》卷十六有《明天童密云悟和尚行状》:"为周海门(周汝登,1547-1629年)、陶石篑(陶望龄,1562-1609年)、王墨池(王舜鼎)所赏识,三公皆海内人望……。言满天下,以至日南。景慕海外,钦风且祠,奉为中兴临济之祖。"④《祖庭嫡传指南》卷下把天童密云圆悟禅师列为南岳怀让禅师(677-744年)下第三十四世祖师,第三十三世为荆溪幻有正传禅师,第三十五世为径山费隐通容禅师。南岳怀让禅师从曹溪的六祖慧能(638-713年),是慧能弟子中最为重要的"五大宗匠"之一,经过南岳怀让、马祖道一(709-788年)、百丈怀海(749-814年)、黄檗希运(776-856年),一直到临济义玄(787-867年),创立临济禅院弘扬宗风,后世称为临济宗,是禅宗"五家七宗"中最为兴盛的一宗,宋以后禅宗基本上只有临济宗和曹洞宗在传承,有"临天下,曹一角"之称,即临济宗最盛。《祖庭嫡传指南》卷下记载,密云圆悟禅师"嗣法一十二人,五峰学、邓尉藏、破山明、径山容、金粟乘、宝峰忍、龙池微、天童忞、雪窦云、古南门、报恩贤、天童奇。"他的弟子遍及海内外,剃度弟子有三百余人,"其未及付授者,又若干人。王臣国士参请归依者,不

---

① 《咸陟堂二集》卷二,第33页。
② 清·释道忞:《布水台集》卷十六,清康熙刻本,第138页。
③ 清·钱谦益:《牧斋有学集》卷三十六塔铭,四部丛刊景清康熙本,第356页。
④ 清·释道忞:《布水台集》卷十六,清康熙刻本,第135页。

可胜数"。密云圆悟嗣法弟子中最著名者有汉月法藏(1573－1635年)、费隐通容、木陈道忞、破山海明(1597－1666年)、浮石通贤(1593－1667年)等,多是名重一时的高僧,费隐通容为临济宗第三十一世祖师。陈垣《明季滇黔佛教考》卷一中考云南贵州两地僧人一百二十一,除七人外,"虽分破山、浮石、木陈、汉月四派,然皆天童悟子孙,观其所住地名,几于无府不有,可谓盛矣。"①佛教在唐以后渐趋衰微,明代晚期佛教再次有所兴盛,以云栖袾宏、紫柏真可、憨山德清和藕益智旭为代表的一批高僧的出现就是体现,此四位高僧也被誉为"明末四大高僧"。此外密云圆悟也是代表性高僧,"中兴临济之道,万古法门标格,真一代开辟大宗师"②。

(二)成鹫与明末四大高僧云栖袾宏等海内高僧的渊源

唐宋以后,佛教总体衰微不振,元代十分重视藏传佛教和汉传佛教,帝师、国师不少,僧官地位显赫。蒙元时期,有两位非常著名的政治人物耶律楚材(1190－1244年)、刘秉忠(1216－1274年)都与佛教中的禅宗关系异常密切。耶律楚材号"湛然居士",法名"从源",以禅宗曹洞宗著名禅师万松行秀(1166－1246年)为师,修习禅法。1215年,元太祖闻其名,聘之,1218年耶律楚材离开燕京随太祖西征。作为蒙元的中书令(宰相),他精通佛儒,"以佛治心,以儒治国",成为一代著名的政治家。刘秉忠(法名子聪)为临济宗第二十世祖师海云印简(1202－1257年)的再传弟子,在海云印简禅师的推荐下受到元世祖忽必烈的重用。但元朝存在时间并不长。明代的佛教经过出自佛门了解佛门的明太祖朱元璋的一番改造与修整,一直没有出现兴盛的局面,颓废之势态明显,佛门各宗到此时后继乏人,社会各界对佛教也不象前代那样极力支持。但到明末,佛教重新兴起,标志之一就是出现了一批著名高僧。除上文成鹫的祖师爷圆悟禅师为代表的禅宗临济宗之外,还有明末四大高僧,此一时期的佛教对朝廷政局、文人士大夫以及普通民众的佛教信仰都有不少的关联。

成鹫的师父元觉禅师乃"平阳本陈国师法孙,云门宗符嫡嗣",同时元觉禅师还"徧参诸方,往来吴越,丛席名宿多见许可",游方之间还参访了不少的高僧大德,他是"从宗(宗符禅师)剃度,礼鼎湖栖壑圆具"。圆具又云近圆戒、具戒,是一种重要的佛教轨仪。鼎湖栖壑即鼎湖山庆云寺栖壑禅师(1586－1658年)。栖壑俗姓柯,法名道丘,法字离际,晚号栖壑,自号云顶老人,广东顺德人,为庆云寺开山第一代住持。成鹫为第七代住持。成鹫编《鼎湖山志》卷二第238页收录有《初

---

① 陈垣:《明季滇黔佛教考》卷二,《陈垣全书》18册,安徽大学出版社,2009年12月版,第35页。
② 武原居士、徐昌治觐周父编述:《祖庭嫡传指南》卷下,《卍新续藏》第87册,第176页。

代开山主法云顶和尚年谱》,其曰:"师讳道丘,字离际,晚号栖壑。因开山云顶,因以为号。系出广州顺德龙山柯氏子。明万历丙戌年二十六日示生。……丙子岁五月二十二日,开山鼎湖主法于庆云本寺。禅净律三学并行,莲宗净土渊源于云栖(云栖袾宏),洞上宗风嗣法于博祖(博山无异,1575-1630年,明末著名高僧)。"崇祯八年(1635)秋,栖壑访六祖新州故址,经端州,望见鼎湖山山水秀丽,遂有开山之志。庆云庵主持弘赞闻栖壑至,即迎其入山,力请其为住持。崇祯九年(1636)农历五月二十六日,栖壑正式在鼎湖山开山主法,将庆云庵扩建为庆云寺。庆云寺自此声名大振,四方之士慕名而来者络绎不绝。南明永历三年(1649)夏,永历帝朱由榔偕母妃上庆云寺,请栖壑为母妃说法。永历帝拟为庆云寺置田,栖壑闻知,以"舍身出家,期登觉岸",不能广置田产为由拒绝。栖壑曾于宝林寺(今南华寺)侍憨山大师,博览典籍,得憨山德清器重。后屡参高僧。栖壑和尚"薙祝后,侍憨山大师(憨山德清)于宝林。通内外典籍,遂辞憨师,度岭至金陵,亲雪浪(雪浪洪恩,1545-1608年,明末著名诗僧)、一雨(一雨通润,1565-1624年,华严宗僧人,雪浪洪恩弟子)。深究宗趣,令为嗣讲。复如杭,参莲池大师(云栖袾宏)。师授以净土法门,并付衣钵。后入江右侍博山无异(无异元来禅师)和尚久之。又入匡庐,会同参家宗保禅师于金轮。归广州,闻者竞谒。"①栖壑禅师有《云顶剩语》,乃"鼎湖山栖老和尚遗书",成鹫曾代郑际泰作《云顶剩语序》,中称"云顶老人,当为庆云鼻祖"。后成鹫成为庆云寺第七代主持,也曾住于庆云寺云顶得我堂。

栖壑禅师"禅净律三学并行",修律宗,着重研习及传持戒律,至弟子在犙禅师时,"所成就者甚众,岭南咸以得顶湖戒(律)为重"。栖壑禅师又师法禅宗,所参访的憨山德清、无异元来等皆是禅门龙象。栖壑禅师还"莲宗净土渊源于云栖(云栖袾宏)",云栖袾宏乃明末净土宗的中兴祖师。如此,栖壑禅师就禅律净三宗皆修。以栖壑禅师交游之广,从师之多,基本上与当世禅律净诸位大师皆有师承关系,这也就勾连起了岭南佛门与国内佛门的关系。我们看看栖壑禅师参访的一些国内佛教名宿。成鹫后来住持鼎湖山庆云寺,发扬了戒律森严的传统。鼎湖山庆云寺成为岭南名寺。

云栖袾宏,世称莲池大师,因久居杭州云栖寺达四十余年,又称云栖大师。袾宏与紫柏真可、憨山德清、蕅益智旭并称为明末四大高僧,清雍正中赐号净妙真修禅师。中国佛教中,禅宗与净土宗影响尤为深远,净土宗有十三祖,八祖莲池大师就是云栖袾宏。"戒律是佛教丛林僧伽生活的规范,明末佛教的衰微促进了戒律

---

① 清·屠英:《(道光)肇庆府志》卷二十,清光绪二年重刊本。

的复兴,使之成为明末佛教复兴运动中的重要部分。与明末三教合一、诸宗融合的趋势相一致,此时的戒律复兴体现出文化交融,禅、教、律、净圆融的思想特点。莲池袾宏是明末四大高僧之一,在明末佛教复兴运动中功不可没。对于戒律的重振与改革,其贡献亦举足轻重。台湾的圣严法师就将明末戒律复兴分为两大系统:以莲池为代表的一系,立足于大乘思想,倡导以戒为基、禅律一致、净律一体,旨在以戒律的规范性和功能性作用恢复僧团如法的律仪生活,并不止于恢复和再续律宗法脉;古心如馨一系,则立足于律学的立场,以弘扬戒律、中兴律宗为使命。"①《两浙名贤录》等资料记载,"宏以精严戒律为第一行"②,"古来丛林未有如斯之清肃也。"莲池大师的高深佛学修为产生重大影响,"海内贤豪闻名感化者若大司马宋公应昌、太宰陆公光祖、宫谕张公元忭、大司成冯公梦祯、陶公望龄,并一时诸缙绅先生次第及门问道者以百计"③。就连宠信佛教的李太后也听闻了莲池大师的声名,"慈圣皇太后崇重三宝,域内名僧靡不供养。一日偶见宏放生文,极口赞叹。乃遣内侍赍紫袈裟? 香问法。宏拜受,以偈答之。"④

雪浪洪恩也是明末著名高僧,是有名的诗僧,著有《雪浪集》。《南屏净慈寺志》卷五:"雪浪恩,留都(南京)人,得法无极讲主。讲主之嗣有宽悦、德清皆名彻宫禁,道压丛林,而师尤名振东南,猊床之下龙象济济。"⑤"雪浪洪恩大师,姓黄氏,金陵人。博通内外典。"⑥"洪恩,上元人,出家报恩寺。后住持宝华雪浪山,故称雪浪大师。云文庄评云,风期俊爽,议论亹亹动人,诗字有晋唐风流。"⑦雪浪洪恩"南北法席之盛,近代未有"⑧。

栖壑禅师"洞上宗风嗣法于博祖",博祖即博山无异元来,明末高僧,开禅宗曹洞宗博山一系,在中国佛教史上产生很大的影响。明末曹洞宗还出现一批著名高僧,即寿昌慧经禅师(1548 – 1618 年)、湛然圆澄禅师(1561 – 1626 年)、无异元来禅师、永觉元贤禅师(1578 – 1657 年)、为霖道霈禅师(1615 – 1702 年),无异元来禅师即寿昌慧经禅师嗣法弟子。

无异元来禅师有嗣法弟子空隐道独禅师(1599 – 1661 年),长期住持罗浮山

---

① 刘红梅:《明末文化交融背景下的佛教戒律复兴——以莲池袾宏为中心》,《淮北煤炭师范学院学报》2008 年第 6 期。
② 明·徐象梅:《两浙名贤录》外录卷八,明天启刻本,第 1558 页。
③ 明·徐象梅:《两浙名贤录》外录卷八,明天启刻本,第 1559 页。
④ 明·徐象梅:《两浙名贤录》外录卷八,明天启刻本,第 1559 页。
⑤ 明·释大壑:《南屏净慈寺志》卷五法胤,明万历刻清康熙增修本,第 111 页。
⑥ 清·何绍章:《(光绪)丹徒县志》卷四十五,清光绪五年刊本。
⑦ 清·张绍棠:《(光绪)续纂句容县志》卷末,清光绪刊本。
⑧ 清·吕燕昭:《(嘉庆)重刊江宁府志》卷五十一,清嘉庆十六年修清光绪六年刊本。

华首台(寺)。明万历年间,罗浮山佛道兴盛,有九观十八寺之说,十八佛寺第一寺即华首寺,称"第一禅林",兴建于唐朝开元二十六年(738)。顺治十二年(1655)春,空隐和尚到广州名刹海幢寺说法,有海幢诗派形成。成鹫后来在罗浮山,曾游华首寺。空隐名道独,南海人,乃广东遗民僧领袖函昰、函可的师父,"随身两膝无剩余,龙象踏蹴看二驹",见钱谦益作《华首空隐和尚塔铭》①。函昰、函可是岭南乃至全国遗民僧的主要代表人物,他们显然受到乃师空隐道独的影响。空隐道独一派是岭南最为重要的禅宗派别,多遗民僧,成鹫与此派高僧多有往来,而函昰禅师也是番禺人,与成鹫同乡,函昰禅师出家前也是秀才,也与成鹫相同。成鹫曾作《不退传》②,其中也提到空隐道独,而不退和尚尤其有神奇色彩。

成鹫的师父元觉禅师礼栖壑禅师圆具,那么成鹫与栖壑禅师也就颇有渊源。成鹫编《鼎湖山志》卷二有《栖老和尚自序》《开山主法栖老和尚行状》《栖老和尚塔铭》,对其生平有记载。栖壑遗书称《云顶剩语》,成鹫为之作序。成鹫后来于康熙三十七年(1698)后应鼎湖山庆云寺第四代方丈契如元渠之邀到鼎湖山庆云寺修纂《鼎湖山志》。栖壑禅师圆寂于1658年,这已经是四十年后了,但他们之间的渊源早就存在了。

曹洞宗寿昌派博山支华首台系以岭南为主要活动区域,以番禺雷峰海云寺为核心基地,形成了一个以高僧天然函昰为中心、以"海云十今"为骨干的庞大法众群体,影响波及粤赣闽三省。"博山派的曹洞宗高僧在犙弘赞亦在肇庆鼎湖山招贤纳士,使庆云寺精英麋集,名声鹊起,从此成为岭南的著名丛林,时人有'粤人之成僧者,非鼎湖即海云'之说。"③

如此,成鹫与岭南佛门的主要派别皆有密切的关系,在师门禅宗临济宗之外,与鼎湖系和海云系都有很深的渊源,鉴于三系相互之间的密切关系以及它们与国内佛门的传承体系,也就建立了成鹫与岭南佛门和国内佛门的关系。

(三)佛山仁寿禅寺受具足戒

1684年之前三年,成鹫法师周游海南岛各地,经乐会、万州、陵水等地。六月,从海南回归故里,到佛山仁寿禅寺,闲云老和尚为之受具足戒,此年成鹫四十八岁。《纪梦编年》:"请闲云老人登坛授具,奉老人为乌波陀耶,以觉兴隆、圆捷机二长老为阿遮利耶,四白羯磨,如法成就,时甲子年六月二十日也。从此得为大僧,不负渡海南归之愿矣。受戒后,专心律部,不违经论。至腊乃理旧业,或著述以辅

---

① 清·钱谦益:《牧斋有学集》卷三十六,四部丛刊景清康熙本,第359页。
② 清·钱谦益:《牧斋有学集》卷三十六,四部丛刊景清康熙本,第359页。
③ 杨权:《清初岭南禅史研究与佛教文献整理》,《深圳大学学报》,2014年第一期,第143页。

正教,求不虚过此生耳。"①

佛山闲云老人当是一代高僧,为佛山仁寿寺住持。成鹫与闲云老和尚交往很多,渊源深厚。康熙二十八年(1689),闲云和尚招成鹫到佛山仁寿寺,先当书记,后任首座。成鹫《寿仁寿和尚(代)》,其中说:"南海之有佛山,大聚落也。佛山之有仁寿,大刹土也。仁寿而有闲云老人为之主,又大行菩萨之现身而说法者也。""顷年来,诸方闻风,四众向化,知有戒律之持犯,禅定之顿渐,以仁寿为大宗师,从之游者惟恐后之。予与老人,在俗有亲戚之谊,居家为桑梓之邻,闻名切饥渴之慕。"②佛山仁寿寺今位于佛山市区,由密宗上师纵堂始建于清顺治十三年(1656),释玉琳于康熙八年(1669)重修山门,成鹫称其"大刹土",说明仁寿寺在当时已经颇有影响。仁寿寺在1851年曾又重修。民国四大高僧之一、"一身而系五宗法脉"的虚云大和尚也曾到过仁寿寺。成鹫在仁寿寺正式受戒,"以觉兴隆、圆捷机二长老为阿遮利耶(轨范师)"。圆捷机即圆捷一机和尚,一机圆捷为庆云寺第六代住持,庆云寺七代祖师即是成鹫法师,住持庆云寺七年,成鹫之能作该寺住持,可能其因源于此。觉兴隆即觉兴成隆和尚,也与成鹫有交往。成鹫编《鼎湖山志》卷五有《觉兴长老传》。

综上所论,成鹫是禅宗临济宗,而他与明末清初的一些著名僧人和宗派皆有渊源,其法脉源流不限于岭南一地,而是具有全国性质。就佛门而言,他师门传承有序可循。

二、师承与附清

木陈道忞国师乃天童密云圆悟的嗣法弟子之一,密云圆悟之后,木陈道忞系成为禅宗临济宗的主要系统之一。顺治皇帝崇信佛教,1659年下诏天童寺召木陈道忞进京,不久木陈道忞被封为弘觉禅师,号称国师,是清初最受朝廷信任的几位高僧之一。《康熙会稽县志·人物》记载,顺治十七年(1660),顺治还赐帑金五百两,嘱道忞修葺云门寺雪峤禅师塔。顺治在给道忞的御札中说:"锡杖还山,时萦远念。……朕每念法门,辄景先哲,知雪峤大师藏塔卓立云门,后学诸方应共瞻仰。比闻山界虽分,基址渐圮,恐年深人远,凌毁不堪虞,今特捐五百金,重为修治,虽未必足窣波之费,然经朕一回整葺,人必改观起敬,自不敢复杂行侵侮矣。"③木陈道忞一生著作甚丰,其中的《北游集》《布水台》《宏觉禅师语录》俱收

---

① 《咸陟堂文集》附录,《纪梦编年》。
② 《咸陟堂文集》卷十一,第152页。
③ 清·吕化龙:《会稽县志》卷第二十六,民国二十五年绍兴县修志委员会校刊铅印本。

入清初御制《大藏经》，后经雍正帝删节，仍保留《宏觉禅师语录》，他工诗，善画，也是清代诗僧之一。他的诗词在清代诗坛占有重要位置，黄宗羲、钱谦益、吴梅村都对木陈道忞有很高评价。"木陈在明季，主持东南坛坫。"①木陈道忞晚年时，离开金粟院，隐栖于会稽化鹿山，设立了平阳堂，另设立临济宗支派法脉，按"道本元成佛祖先，明如杲日丽中天。灵源广润慈风溥，照世真灯万古悬"延续。成鹫原来的法名是光鹫，后来改为成鹫，正是因为木陈道忞设立平阳堂的缘故，成鹫因之而称木陈道忞为平阳祖师，木陈道忞平阳派徒子徒孙之起僧名辈分，最先几代就是"道""本""元""成"，即道忞、宗符、元觉、成鹫。另外，木陈道忞后法传本昼，为平阳堂第二世，本亮为第三代祖，清代的山水画大师石涛元极，是本亮禅师弟子，正是"元"字辈。木陈道忞还有弟子旅庵本月、山晓本哲等，也是"本"字辈。广州光孝寺是广州市年代最古、规模最大的佛教名刹，与六榕寺、海幢寺、华林寺、大佛寺号称广州五大丛林。《光孝寺志》卷四："光孝寺主持比邱敏言元默嗣法于来自天岳本昼和尚。于国朝雍正间自天童还，携有祖师像册页，云出自名手所写，供奉寺内数十年。"②这又说明本昼和尚的法脉进入岭南，住持名寺光孝寺。《光孝寺志》卷六有敏言传，其中说："敏言法师，名元默，号葆庵，南海九江村冯氏子。学年出家，即究心上乘，往游诸方，遍参知识。至天童与天岳和尚叩击相投，遂传正法。初临济正宗传三十一世至木陈国师，木陈传天岳，天岳传师，是为三十三世，得法乃归隐诃林(光孝寺)。雍正间受□山请，住方丈。"③木陈道忞较早认同了清朝政府，这还在成鹫出家之前，但显然成鹫在政治立场上没有受到这位师祖的影响，成鹫终其一生都是一位遗民，成鹫最初出家不是主动投靠此派的，他是自行断发，没有师承。成鹫与元觉禅师一见相识，元觉禅师主动收其为徒，此时的1679年距离木陈道忞圆寂的1674年已经有六年，距离1660年木陈道忞接受请顺治皇帝的封赏已经有二十年。因此，成鹫出家于临济宗木陈道忞平阳派，并不影响他作为明朝遗民僧的政治态度取向。"与'故国派'僧人相反，在岭南佛教界内部，有一部分人在政治形势尘埃落定之后，乃主动改变立场，向新朝靠拢。这类'新朝派'僧，有一部分获得了朝廷的恩宠，成为了禅门新贵，他们在统治者的扶持之下，不断扩大本门的势力，使岭南佛教在全国的影响迅速扩大。'新朝派'僧的最典型人物，是

---

① 陈垣：《明季滇黔佛教考》卷三，《陈垣全书》18册，安徽大学出版社，2009年12月版，第97页。
② 清·顾光修、清·何淙纂：《光孝寺志》卷四，民国二十年重刊乾隆刻本，广东编印局刊，第108页。
③ 清·顾光修、何淙纂：《光孝寺志》卷四，民国二十年重刊乾隆刻本，广东编印局刊，第108页。

临济宗杨岐派的木陈道忞(潮州潮阳人)与茆溪行森(惠州博罗人)。道忞于顺治十六年(1659)奉诏晋京,为世祖说法,被皇帝赐号'弘觉禅师'。行森是清朝策封的'大觉普济能仁国师'玉琳通琇的弟子,于顺治末年入事内廷,深受宠信,雍正时被追封为'明道正觉禅师'。以道忞为首的临济宗平阳系曾称盛一时,而行森差一点就说动了顺治帝弃位出家。"①成鹫有题赞多则,其中有《题平阳老和尚影》,"这个国师,自神自圣。外道归降,人天恭敬。"②另外,木陈道忞国师从憨山德清受具足戒。憨山德清与雪浪洪恩同参无极法师,声名隆盛,受朝廷李太后赏识,后因朝廷政争获罪而发配岭南。"憨山禅师,名德清,字澄印。入报恩寺与雪浪洪恩同事无极法师。慈圣太后建祈储道场于五台,以清主其学,慈圣布金造寺,赐额海印,前后所赐金银悉以赈饥民。嗣为黄冠所构,遣戍雷阳。清以佛法摄受,手著楞伽笔记。居五年往来罗浮、曹溪间。"③憨山德清南至雷州,到过广州光孝寺以及韶关南华寺,也曾引领了岭南的佛教风气。

木陈道忞一脉是岭南佛门的重要力量。但成鹫出家于此派,并不是出自于靠拢朝廷的愿望,不然就没有必要出家,作为岭南重要文人集团中的有才之士显然参加科举考试更为仕途顺畅,而不可能通过加入佛门再来曲径通幽、靠拢朝廷。成鹫进入佛门之时,已经是时过境迁,宠爱佛教的顺治皇帝和木陈道忞本人都已经不在人世。

宗符禅师到广州,传承临济宗法脉,于顺治十二年(1655)住持华林寺十七年,然后其大弟子元觉禅师接仟住持华林寺,应该是在1672年前后,到1681年圆寂为止。此时的华林寺应该政治色彩也没有那么的浓厚。成鹫接续元觉禅师的法嗣,一见之下被收于门下,显然元觉禅师对成鹫是相当认可的。"石洞禅师,名元觉,字离幻,晚居石洞,因以为号焉。平阳木陈国师法孙,云门宗符禅师嫡嗣。顺德简氏子也。从宗公剃度,礼鼎湖山栖壑和尚圆具。以大事未明,徧参诸方,往来吴越丛席,承事名宿多见许可。既而归觐,首众华林,亲受记莂。平生坦怀接物,禅律兼通,四方学者多从之游。宗公示寂,师继主法,大兴云门之道。会下千指,未尝轻易许可。"④宗符禅师对于华林寺内门下弟子千人之众都没有多少赏识者,而因"晚年厌烦剧,暂别华林,住静循州。一日游罗浮,道经石洞,爱其岩壑高深,筑室居焉。其徒迹删鹫从之游,躬耕洞中,有终焉志。师资契合,相与游戏翰墨,以文

---

① 杨权:《清初岭南禅史研究与佛教文献整理》,《深圳大学学报》,2014年第一期,第143页。
② 《咸陟堂文集》卷二十四,第284页。
③ 清·袁枚:《(乾隆)江宁新志》卷第二十四,清乾隆十三年刻本。
④ 清·戴肇辰:《(光绪)广州府志》卷一百四十一,清光绪五年刊本。

字而作佛事,所著有《石洞遗书》《咸陟堂前后集》并行于世。师示寂后,迹删下山云游,庵宇遂圮,遗趾尚存。"①成鹫也与元觉禅师有深厚的师徒之情。《纪梦编年》记载,成鹫至罗浮山石洞后不久,"住至九秋,先师脚气翻,胃病殊剧,不令予知。一日,早起心动,曰:'非母则师,其有忧乎?'兼程遄归。先师伏枕经旬矣,自知时至,夜呼予立近榻旁,历序平生出世因缘,蒲团上入悟消息,话至三鼓,诘问住山操履,予举前悟以对。师曰:'未也。'乃举灵云桃花公案,征验见地云:'自从一见桃花后,直至于今永不疑,且道如何是灵云不疑处?'予应声:'可笑灵云不作家,眼花错认是桃花。原来咫尺天台路,满地残红总是它。'师乃首肯。徐嘱曰:子性禀孤高,不能容物,出则恐为众的,只可住山,不可为人。吾不久此,速还罗浮,勿返顾也。'黎明促行,请留侍药石,不许。陶子握山代为之请,亦坚不许。衔恤还山,时九月二十三日也。至十月朔,……端坐而逝。时十月初一日卯时也。至初三日,讣至罗浮。予闻变仓皇跣足,缘山越涧,失足不测,跛躄不能举步,缓程至广州。……予乃别众还山,从遗命也。时值冬月,天寒雪沍,独居洞中,形影相吊。回念先师未葬,老母待养,二恩未报,常戚戚不去诸怀。"②成鹫曾有诗《初入罗浮寄呈石洞本师》,"万事皆休岂复疑,美中不足但违师。眼前畔凿无关道,心在耰锄渐废诗。坐对潺湲通语默,历穷岑嵲得平夷。主人欲问罗浮事,荆棘当门花满篱。"③成鹫还作有《跋石洞遗稿后》:"予初与陶子握山相约出家。予绝尘先奔礼先师于石洞。握山逡巡畏缩,竟以老死牖下。忆先师坐脱时,予归自罗浮随俗执丧,了无戚容。握山过吊,哭不能起。及握山死,予往哭之,一如握山之哭吾师也……。已而入观握山读书处,废纸盈案,捡之得先师遗稿若干言,及小传一篇。持还镂版,以贻后人,使微见先师之粗迹,不忘故友之苦心,且为抉藩而逸者幸之也。"④石洞禅师就是元觉禅师,成鹫法师每每提及,多恭敬有加。原打算与成鹫一起出家为僧的还有成鹫的好友陶握山,成鹫有诗《归隐罗浮留别陶握山、罗戒轩》,成鹫在一些诗文中反复提及之。成鹫曾作《送本师入云门》《题石洞先和尚影》⑤《题自先师小像》⑥。师徒之间,应该是纯粹的佛法传承关系,不太涉及政治内容;更不可能为政治需要而出家。

总体而言,成鹫的出家在临济宗门下,是朝廷重视的著名高僧木陈道忞门下

---

① 清·史澄:《(光绪)广州府志》卷一百四十一,清光绪五年刊本。
② 《咸陟堂文集》附录,《纪梦编年》。
③ 《咸陟堂诗集》卷十一,第192页。
④ 《咸陟堂文集》卷三,第40页。
⑤ 《咸陟堂文集》卷二十四,第284页。
⑥ 《咸陟堂文集》卷二十四,第285页。

弟子,师祖宗符禅师,师父元觉禅师。虽然此派与朝廷保持了密切的关系,但成鹫成为此派门下弟子,显然自有机缘,并非出自投靠朝廷的意愿,这不是成鹫的本意。在师门之外,成鹫显然是与岭南另一重要佛门派别曹洞宗的天然和尚一系保持了更为密切的关联。而本派僧众包括祖庭华林寺等一系列变故却让成鹫深感失望,下文还将加以说明。

第三节　住持岭南大刹的动因

　　成鹫出家后,因生性刚直,难以融于众人中,因此其师元觉离幻命其只可入山修行,不可入世,也就是不能住持一方寺院,担任僧职。成鹫遵从师命,先入罗浮山石洞禅院。不久元觉和尚圆寂,合众共推成鹫继主华林寺法席。成鹫坚辞不就方丈之职,而举师叔铁航和尚自代,自返罗浮山,此时他才进入佛门二年左右。从1681年成鹫四十五岁起,开始二十余年的游历生活,差不多走遍了广东全境东南西北,包括海南岛以及葡萄牙占领的澳门。所到之处,见证了各地的风物人情且"往往有诗",写下了不少的诗文作品,也广泛接触了各地的文人与佛门人士。成鹫出家的原因也正是想作大明遗民,选择了归隐,自然也没有在青灯黄卷的世外之地再去寻求佛门的荣耀,若是如此,他就不会毅然决然地出家,即便是一时冲动出家也可以会如同屈大均那样选择还俗而脱离佛门。

　　但是,康熙四十一年(1702)秋,成鹫开始住持广州大通烟雨古寺,时年六十六岁。七年后的康熙四十七年(1708),主持鼎湖山庆云寺七年。康熙五十三年(1714)秋退出庆云寺,冬至鹿湖山静养二年。康熙五十六年(1717)再转回大通古寺,时八十一岁,直至1722年八十六,圆寂于大通古寺。可见最后二十年,成鹫主要是在大通烟雨古寺,在鼎湖山庆云寺时也是同时兼顾大通古寺,两大寺僧众两百余人,堪称岭南佛门一代宗匠。这显然是与前期坚决地推辞华林寺方丈之位而有所不同。成鹫也反复指出自己是违背了其师早前的要求,元觉禅师指出他个性不适宜出世住持寺院,让其隐居避世。

　　成鹫住持两所寺院的主要因素,一是个人倦怠于远游,一是一些机缘共同促成的,大约成鹫法师也有发挥能力振兴佛门的良好意愿。在住持寺院期间,成鹫法师接触了大批的清朝官员,也间接说明了成鹫的遗民思想大大淡化。

一、住持广州大通古寺

　　康熙四十一年(1702)秋九月十日,成鹫开始住持坐落在广州珠江南岸的大通烟雨宝光古寺,前后住持七年。康熙五十五年(1716)秋冬之际,八十岁的成鹫还居大通烟雨宝光古寺,在大通寺又有七年,可能不再担任住持,康熙六十一年(1722)十月初圆寂于大通寺,年八十六岁。

成鹫在大通烟雨宝光古寺之缘由,《大通烟雨宝光古寺记》中记载,"大通烟雨者,羊城八景之一也。四面环水,周匝田畴,间杂花果,中有古寺在焉……。萧公子孙恻然念之,谋为久远之计,闻予名也,介绍以请。予晚年辙轲,所主鲜克有终,所遇多逢魔境,无城市之迹,姑为苟安之权,乃受请焉,时康熙四十一年壬午之秋重阳后一日也。入院之日,主宾咸集,予揖萧氏子孙而告之曰:'山林之人,非久远市城者,第以日暮途穷,无山可隐,无田可耕,藉此一片闲田地,息影偷安,全凭千年老香火分光鉴顾耳。入院之后,但知仰体佛心,俯遵佛教,专持佛律,静参佛禅,不敢持册乞怜,不致画蛇添足。祖师有灵,奉为化主,龙天护法,自愿效劳,技止此矣,别无他长。'斯时也,在座檀门,佥曰可尔,从行徒众,贴然安之。住持至今,十有九载,虽未大兴,幸无废坠,间加小补,不藉攀援。二时钟鸣鼓响,与众共闻之,异日金辉碧煌,匪予所知也。前路无多,后来难继,略述源委,以贻后人,时年八十有四也。"①从此段话记载,成鹫在大通古寺是连续的,未曾终止。

大通古寺,寺古景奇。"大通古寺在州东南大通滘园林幽胜内,有双井,晨熹初散,常袅轻烟,所谓大通烟雨也。南汉时,达岸禅师住此,赐名宝光寺,化后肉身尚存,水旱疾疫祷之辄应。政和六年,赐名大通慈应禅院。万历六年,大旱奠瘗无灵,乃昇肉身交衢,大雨如注,水深三尺,是年大稔。请还身宝光,九牛昇之,轭惨绝断,兀然不移,珓以卜之,或居诃林,果得卜,异至光孝,疾如飚风。未几,宝光寺毁矣。师居诃林(光孝寺),士女不淑,往祷座前,得明水以归即愈。郡人萧子奇异疾,子奇发愿修复宝光,遂迎肉身复还故处,则康熙十年事也。"②

对于大通寺,地方文献记载颇多。"大通寺在河南大通津上,寺前后老桧几百株,婆娑掩映,相传唐天宝间所植也。南汉名宝光寺,为南七寺之一。宋政和六年,经略使觉民题曰'大通慈应禅院'。相传达岸禅师住此,化去,有肉身,祈祷辄应。明万历六年大旱,迎至诃林,祷雨随降,岁大稔。众将迎回本寺,舆重昇之不动,无何,寺竟毁于火,其地为豪右所据。国朝康熙六年,里人萧子奇得异疾,发愿赎地修复,疾愈,遂为重建,买田塘地基五十五亩,以益之。环寺植树,尤擅幽邃。寺有双井,每逢江雨,则摇曳生烟,因名烟雨亭坊,额曰大通烟雨。僧成鹫晚年栖隐于此。康熙末,邑人胡方、南海锺元辅僦寺讲学焉。国朝邑人凌扬藻募修大通

---

① 《咸陟堂二集》卷四,第90页。
② 清·任果:《(乾隆)番禺县志》卷五,清内府本。

寺。祖师堂疏云,大通寺东厢曰祖师堂,供养沙门达岸禅师肉身处也。师在五季时为,南汉后士所皈仰,赐玉环银钵、金襕袈裟,勅就珠江南岸廓中宗所刱精蓝居之,名宝光寺。宋太平兴国三年示寂,数著灵异。政和初,追谥大通慈应禅师。是今之称寺者以师得名,而港又以寺得名也。嘉庆乙丑,有长者布金殿宇房廊渐次完缮,惟祖师堂为师大休歇地,未经始而告乏焉。岁癸酉,寺僧培元乞余言募成之。"①"大通古寺在州东南大通滘园林幽胜内,有双井,晨熹初散,常袅轻烟,所谓大通烟雨也。"②成鹫好友胡方、锺元辅都曾讲学于大通古寺。锺元辅,字家千,成鹫有《病中答钟家千孝廉见怀》《赠钟孝廉竹园》③。有可能锺元辅在大通古寺讲学之时,正是成鹫住持该寺。

住持大通寺七年,重修几近废堕之寺宇。"辞亦庵,借地于庞氏之梅园。不数月,受请于省会珠海之南大通烟雨宝光古寺。寺,南汉刘晟为达岸禅师建立,规模宏敞,至明万历间毁焉。寺毁僧散,鞠为茂草矣。清康熙朝,有善士萧公泰恒者,祷于祖师,得异梦,慨然兴复。殿宇重新,田园清赎,少有可观。萧公寻卒,弗竟厥志。住僧无人,复将废堕。子孙请予住持,予性不耐城郭,自念借地梅园非安土也,勉应其请。时年六十有六,岁在壬午九月十日也。入院后,古刹久荒,草深三尺,阶除场圃,秽芜不治。日督徒众耕锄树艺,补葺破漏,粗略安之。"④可见此时的大通寺并非巨刹大寺,而是古刹久荒,草深二尺。"次年癸未,予年六十有七矣。出其余力,日增治之。修筑垣壁,苫覆寮舍,可蔽风雨,知止足矣。平生懒性,拙于攀援,漫书一绝揭于殿楹云:'古寺荒凉不记年,隔江招手问前缘。常人记得灵山否? 一笑相逢岂偶然。'番禺令姚公齐州,过寺见而悦之,捐俸授僧,就前故址寺后隙地,撤去茅茨,易以椽瓦,成屋三间。……住大通者七年,寻以交际之烦,舍而去之,入据云顶之室。住云顶者六年,寻以顺逆之缘,舍而去之,归隐鹿湖之山。驻鹿湖者仅二年耳,遂以欣厌之人情,舍而去之,复作首丘之计,归老于云顶之得我堂中,岁在丙申,年八十矣。"⑤成鹫有诗《别意外堂》。《答饶平广文容西渡》:"有大通之请,姑勉就之。住此一年,绝迹不到城市,望羊石如蓬莱,阻鹅潭如弱水。"⑥远离城市的原因也是很好理解的,"寓迹人间,势不免于沾泥带水,时刻为

---

① 清·梁鼎芬:《(宣统)番禺县续志》卷四十一,民国二十年重印本。
② 清·任果:《(乾隆)番禺县志》卷五,清乾隆三十九年刻本。
③ 《咸陟堂二集》卷十四,第353页。
④ 《咸陟堂文集》附录,《纪梦编年》。
⑤ 《咸陟堂文集》附录,《纪梦编年》。
⑥ 《咸陟堂文集》卷十五,第209页。

寻山终老之计"①。

　　成鹫住持大通烟雨宝光古寺，"道俗闻风参谒，履常满户"，受到信众的欢迎，而且由于大通烟雨宝光古寺在广州城附近，官员士子，文人墨客，亲友故交多前来拜访他，因此此一时期成鹫的诗文应和也颇多。成鹫在《答双桂大师》中说，"数日士女云集大通，几至陆沉"②，大通古寺烟火兴盛。成鹫在《上报资和尚》中说，"日者节届端阳，大通烟雨，浪得虚名。此时士女云集，岁以为常，从晨至夕，往来如织，尘坌阶除，纵横几席，真觉热客恼人，刻欲避而去之。"③成鹫法师在大通烟雨宝光古寺第三年，即康熙四十三年（1704），作《告惠商大王文》，颇有韵味，佛门高僧不改文人本色。《迹删和尚传》："厥后退处大通，道俗闻风参谒，履常满户，然皆方便说法，不肯开堂竖拂也。寺旁有祠，崇祀惠商大王，灵著一时，每届诞期，土人宰牲演剧以祝，腥膻杂沓，触秽伽蓝。师为文祷谕，神像立自倾倒。"④

　　成鹫在大通寺以及庆云寺前后二十年，后期渐趋老迈，意志消沉。成鹫在八十三岁时的康熙五十八年（1719）秋，作《示近侍何达上》，其中说，"予生平度人，贤愚不一，受恩者多，知恩者少。年来贫病侵寻，侍儿数辈相继逃去，惟达上尝念故主，己亥秋归自吴门，不远数百里特来问安，感其至性，诗以示之。住山多难别山迟，回首儿孙各路岐。最下无情惟衲子，此心不负是男儿。吴中行役三千里，岭外归心十二时。愿尔频来长识主，雀罗门巷不须悲。"⑤门徒都走了，他这老僧越发孤寂。同年，成鹫作萧古愚祭文，"万山关寂，孤灯荧荧，蒲团竹榻，恍惚平生。"⑥此时的成鹫也已经是风烛残年，老僧一人。

　　大通古寺，虽然在广州城郊，但成鹫则少出入城市，他对身在佛门而迎来送往的势利逢迎之徒持批评态度，虽贫苦，但志节品性未改。成鹫在大通古寺，作《住大通与城中诸友》，"弟散人也，懒惰成癖，暂住古刹，无异空谷，望羊石如蓬瀛，阻鹅潭如弱水。二三知己，往往买舟相过，一茶之外，别无可以留宾者。兴尽而返，送至江干，一揖而别，无复过城答拜。"⑦成鹫在《与而卓西堂》中说，"几欲到城相访，奈久懒之性，一入郭门，便觉两足蹒跚，徐疾不能自主。所谓久别城中礼数疏也。知我如公，当不见责。晤二三知己，望为一道此癖，庶得去住自由，不为世谛

---

① 《咸陟堂文集》卷十五，第210页。
② 《咸陟堂文集》卷十五，第201页。
③ 《咸陟堂文集》卷十五，第204页。
④ 《咸陟堂诗集》卷首，第3页。
⑤ 《咸陟堂二集》卷十三，第322页。
⑥ 《咸陟堂二集》卷七，第144页。
⑦ 《咸陟堂文集》卷十五，第200页。

拘束。闲云野鹤,将终老于林下。"①可见,成鹫虽然改变初衷,不再一味隐居不出,开始以高僧面目住持广州郊外的寺院大通古寺,但他实际上并没有过度逢迎世俗。也许多年的远游奔走,家乡广州更切合他的心理需求,这里有他的亲朋故知。

二、住持鼎湖山庆云寺

康熙四十七年(1708),岭南著名寺院、广东肇庆鼎湖山庆云寺虚席,成鹫应邀入山,成为庆云寺第七代方丈,住持庆云寺六年。

(一)岭南名刹庆云寺

庆云寺位于广东省肇庆市鼎湖山,始建于明崇祯九年(1636)。"肇庆庆云寺与广州光孝寺、曹溪南华寺、潮州开元寺并称岭南四大丛林"。清时,庆云寺与曲江南华寺、潮州开元寺、清远飞来寺和广州六榕寺并祢为岭南五大名寺。"鼎湖戒"颇为闻名。成鹫《重修庆莲庵佛殿碑记》:"我佛之教,与圣人治天下之道,相为表里,其移风易俗之微权,殆谓过之。当今之时,学佛者几遍天下,通都巨邑,名山大泽,皆有丛林,犹京师之有辟雍、州县之有学校也。荒原闹市,穷陬僻壤,茅庵竹院,棋布星罗,咸有高僧主之,亦犹党有塾师,家有外傅。十室之邑,必有忠信教化之行,恶可以地之远近、道之异同而忽之乎! 吾粤丛席,首推鼎湖,湖山之僧,分化于四方,指不胜屈。"②成鹫在《重修化城院记》中说,"吾粤之有鼎湖,实佛国之宝山也。开辟以来,云水骈臻,龙象蹴踏。"③庆云寺是在莲花庵的基础上扩建而成的,明崇祯六年(1633),在犙和尚来到莲花峰,建莲花庵。两年后,栖壑大师应徒弟在犙和尚之邀到莲花庵当住持,规模越来越大。成鹫编《鼎湖山志》卷一对庆云寺记载颇为详细。"庆云寺在顶湖山,明崇祯六年蕉园人梁少川舍地建莲花庵,迎僧道邱(在犙和尚)住持,改为庆云寺。"④《庆云寺记略》中称"顶湖山庆云寺者,岭南名刹也"。《(道光)广东通志》《(宣统)高要县志》卷六等都有不少庆云寺的记载。高凉郡守吴柯《鼎湖山庆云寺补山亭记》:"闻钟鼓声隐隐云际,遥见东樵(成鹫)植杖古松之下,相笑而视,携手并坐松阴石磴间,盘桓久之。寻为风日所迫,坐未定,而三移其席。语东樵曰,此而不亭,无以蔽风雨,御寒暑,亦名山之缺也,请补之。东樵从臾言曰,斯山之界,后屏鼎湖,前临象石,瀑布水帘映带左右,

---

① 《咸陟堂文集》卷十五,第200页。
② 《咸陟堂文集》卷四,第61页。
③ 《咸陟堂文集》卷四,第58页。
④ 清·屠英:《(道光)肇庆府志》卷八,清光绪二年重刊本。

皆胜览也。方议建亭，而有待此亭之建，为入山初地、胜览中枢。"①吴柯还撰写《补山亭记》，正书在顶湖山。吴柯与成鹫有密切交往，到鼎湖山的广东各级官员也是众多。"雍正四年春三月戊午，潮州陈王猷砚村、番禺黎天麟瑞子、连州杨道经尊五、吴刚中纯卿、罗定杨采鹥翔文、德庆李元英拔千、高要何光文灿君、梁而珊紫佩、容而瑗剑雄，凡九人同游，各赋诗一首而研村为之记。"②关于德庆李元英拔千，成鹫有诗《和李拔千、陈维宽秋杪舟行杂咏九首》。"李元英，字拔千，岁贡生。植品纯正，学尤渊博，与广文谢国光、文学戴廷璵廷璪同学于青云书院，时称康州四杰。后书院更置东城，子珊与谢国光、陈文焰相继为院长，悉本元英之学云。有《丛窗诗文集》行世。"③成鹫在鼎湖山的文人学士也有很多。"庆云寺自一代祖道丘开始，便以禅宗为主而兼修净土、律宗。二代祖弘赞一依道丘所定云栖法规，三教并行，尤其肆力于律，著述宏阔，成为岭南最具名望的律学大师。三代祖湛慈传源、四代祖契如元渠、五代祖空石传意、六代祖一机圆捷、七代祖迹删成鹫，皆曾弘化一方，颇具时名。"④庆云寺乃鼎湖山名刹，可谓名山名寺，名僧。

（二）成鹫住持庆云寺

成鹫从大通古寺到庆云寺，担任庆云寺第七代方丈，自然是他在僧界有地位影响。成鹫庆云寺之行，是勉强而行，其本人并不贪恋这座大寺的住持之位。"住大通者七年，寻以交际之烦，舍而去之，入据云顶之室（在庆云寺）。"⑤"住大通之七年，岁在戊子，予年七十有二，时方鼎湖虚席，主法无人，合山大众强以主持，却之不获，任非所胜，俯就舆情，仰违师训，名利于我何有焉。"⑥也就是说，住持庆云寺在成鹫乃平淡之举，大通古寺在广州城边，大致善男信女较多，难以清静。而同门前辈们自然希望有名望的成鹫住持庆云寺，扩大本门影响。《送罗戒轩典教石城序》："戊子冬，鼎湖虚席，造物者与受命于造物者求一闲人为众僧主，夺而出之，向也弗如予何者，予竟无如之何也已。"

庆云寺是大寺，僧人众多，成鹫又面临着筹措僧众生活所需之资的难题。成鹫《鼎湖山志》总论云："庆云阐化六十余年，香厨仰食二千余指，山外无卓锥之土，钵中无残宿之粮。"康熙四十八年（1709），成鹫七十三岁，成鹫在鼎湖山庆云寺，作《住持鼎湖述怀呈诸方同学》，"先师密嘱会书绅，只许住山不为人。默存牢记三十

---

① 清·马呈图：《（宣统）高要县志》卷二十四，民国二十七年重刊本。
② 清·马呈图：《（宣统）高要县志》卷二十四，民国二十七年重刊本。
③ 清·杨文骏：《（光绪）德庆州志》人物志第一德庆州志七，清光绪二十五年刊本。
④ 杨权：《清初岭南禅史研究与佛教文献整理》，《深圳大学学报》，2014年第一期，第149页。
⑤ 《咸陟堂文集》附录，《纪梦编年》。
⑥ 《咸陟堂文集》附录，《纪梦编年》。

腊,裹足不思求转身。祖庭旦过频来客,自甘长作珈蓝民。乌卢去后音响寂,宝华王座生尘埃。天龙八部增惆怅,众中不辨主与宾。我住鹅潭睡方足,快哉四体由屈伸。三竿红日出东海,门前剥啄声何频。披衣倒屣出见客,客来申请殊殷勤。乃云山中二千指,众指行筹与论均。无绳自缚缚将去,舍却蜜果甘酸辛。脚打行缠腰匾担,二时钟板随僧伦。毘尼细行谨绳检,恢谐不复依天真。从前文字皆绮语,本来面目新日新。无口匏瓜无法语,有缘针芥有来因。朝住山,晚为人,师训半违还半遵。倒行逆施已如此,日暮涂穷勿复云。莫赞叹,莫嘲瞋,大家扶起破沙盆,代与如来转法轮。"①从中能看出成鹫出任庆云寺住持之位是有负自己初衷的,三十多年前他就可以住持华林寺,因师命而归隐罗浮山,三十年后出山担任庆云寺住持心中也是颇有思虑,最后以"大家扶起破沙盆,代与如来转法轮"作罢,也就是要以振兴佛门为宗旨,不计较个人之进退,"师训半违还半遵"。但寺院中两百多僧人的基本生活是不小的开支,难让成鹫轻松。广东学政樊泽达在《鼎湖山志》序中称:"戊子冬月,祖庭虚席,一时缁素强大通迹公出为居亭。"此时樊泽达为广东学政。见证成鹫住持庆云寺的还有广东一批官员。广东按察使司佥事丁易《鼎湖山志》序中称:"戊子冬,迹公上人受众敦请,入主法席,禅律兼举,赏罚严明。"

　　鼎湖山风景优美,儒释道文化丰厚,成鹫在鼎湖山"修山志,定祖训"之外,七年间交游频繁,其间大批官员文人纷纷前往鼎湖山拜访他,诗文应和不少。成鹫作《初入鼎湖赋事》。成鹫在此对鼎湖山以及庆云寺的风物和心绪描摹于笔墨。成鹫与庆云寺历代住持关系密切。鼎湖山庆云寺第一代住持是栖壑禅师,与成鹫师门颇有渊源,他注重戒律。栖壑禅师之后,住持鼎湖山庆云寺的是在惨弘赞法师(1612-1686年),延续了鼎湖系禅、净兼修,又以戒律森严而著称的特点。石门和尚湛慈(1621-1691年)是庆云寺第三代住持,康熙十九年(1680)八月成鹫至西宁县,主翠林僧舍,遇湛慈和尚。成鹫法师编《鼎湖山志》卷三收录有《第三代继席弘化石门和尚年谱》。东湖契如和尚(1626-1700年)为庆云寺第四代住持,也是成鹫同乡广州番禺人。《鼎湖山志》卷三有《第四代东湖契如老和尚塔铭》,东湖寺也是成鹫师门的主要道场。康熙三十七年(1698),成鹫年六十二岁,在丹霞山三年后转回佛山,后应肇庆鼎湖山庆云寺第四代方丈契如元渠之邀到肇庆修纂《鼎湖山志》。成鹫有诗《呈鼎湖契和尚》,这应该是成鹫进入鼎湖山修山志时所作。空石传意和尚(1652-1707年)为庆云寺第五代住持。一机圆捷和尚(1630-1708年)为庆云寺第六代住持。陈伯陶《胜朝粤东遗民录》之《自序》:

---

①《咸陟堂二集》卷十,第188页。

"(一机)年十八遭时鼎革,叹曰:'世事如此,不出家奚待?'年二十,结束辞亲,礼以霖长老于东莞广慧庵,薙发为僧,名一机,字圆捷。后入鼎湖,谒栖壑和尚受具足戒。栖壑名道邱,字离际,顺德柯氏子,憨山法嗣,鼎湖开山祖也。""晚于鼎湖庆云寺西北营一室,颜曰'刍庐',遂终老焉。戊子(1708)年七十九卒。"成鹫曾作《题圆捷阿阇黎真像》,称其"出入三教之门,纵横八达之衢。"①《咸陟堂诗集》卷十五有《谒刍庐阿阇黎影堂》。康熙二十八年(1689)秋,为圆捷和尚《出家二十颂》作跋。圆捷和尚也是有著述的诗僧。康熙四十年夏,汇编圆捷和尚著述,名为《涂鸦》,成鹫作《逢场集后跋》。熙四十年(1701)初夏,访圆捷和尚,为作寿文,即《四供册序》。成鹫还为圆捷六十寿代为作文,即《寿圆长老(代)》,还有《圆阇黎住锡华林,览揆日诗以祝之》。此外成鹫曾作《贺圆老师主席庆云》《圆阇黎住仙掌岩却寄》《九日登仙掌岩谒圆阇黎》《仙掌岩有怀圆老师》。康熙四十七年(1708),一机圆捷和尚示寂。《鼎湖山志》卷三收录有《第六代住持圆捷机和尚塔志铭》。《(宣统)高要县志》卷二十:"至宏赞逝后,一机、成鹫住山。"②成鹫接替一机圆捷住持庆云寺,可能是渊源有自,成鹫与庆云寺历代高僧早有密切的关系。

成鹫在庆云寺,大力加大庆云寺寺风建设,弘扬先前的"鼎湖戒",端州知府宋志益在《鼎湖山志》序中称,"庆云寺之建未百年,自栖壑开山,更六代皆耆宿大德,而上人(成鹫)更能张而大之"。但成鹫在住持庆云寺显然并非成功,由于其过于刚严,寺众苦之,僧风板荡,纷争迭起,失望之下,成鹫在住持庆云寺七年后,辞去住持之位。辞去之时是康熙五十三年(1714),这时的成鹫已经七十八岁。《告鼎湖山伽蓝神疏》:"鹫中道出家,授受华林会下;晚年主法,掌持云顶门庭。非求名,非为利,心伤祖道陵夷,惩素餐之覆餗;不量力,不度德,目击僧风板荡,兀砥柱于中流。最初柱杖入门,便与神明有约:我出身,尔出力,大家合本营生;赫厥声,濯厥灵,务要打邪归正。斯言在也,何日忘之!自从戊子之秋,迨至甲午之夏,战兢惕励,整身率众,惟恐有负于前盟;支拄掌持,御侮降魔,庶几无愧于神听。五六年之举直错枉,幸无包荒比匪之讥;东西序之奔奏后先,可免藏污纳垢之耻。无奈桑榆短景,自伤日暮途穷,际此只樹垂秋,遂致求贤念切。"③《退院请雪立大师启》,内容与上文一致。《退院请雪立大师启》:"老牛不量力,耕破祖翁田地,毕竟抛荒;驽马勉加鞭,踏翻凡圣门庭,深惭灭裂。六载筋疲力乏,一朝缰卸绳抛。天许作闲人,得决活时须作活;众推堪替者,好因缘处且随缘。公住南山之南,未容目视云

---

① 《咸陟堂文集》卷二十四,第284页。
② 清·马呈图:《(宣统)高要县志》卷二十,民国二十七年重刊本。
③ 《咸陟堂二集》卷四,第76页。

汉;家在顶湖之顶,也须回首渊源。洞水逆流,佇见西江吸尽;雪山卓立,喜看银盌盛来。旧尹告新,无言可说,造车合辙,携手同归。"①成鹫《腊月小除夕告司命疏》:"法弱魔强,譬杯水救车薪之火;力微愿大,犹侏儒负九鼎而趋。末路以来,寸长莫展。华林师席,拙鸠居灵鹊之巢;云顶祖庭,野干据狮王之座。徙薪曲突,自贻焦头烂额之羞;砥柱中流,不免灭顶噬脐之悔。嗟僧风之不振,岂法运之将倾。自顾、藐尔微躯,瀹然朝露,细同窗阕之流尘,遄若田间之野马。备尝苦趣,过八纪而加四年;阅历迷涂,行百里者半九十。强弩之末,难为鲁缟之穿;大厦之倾,未信枯椿可拄。"②显然对于庆云寺的状况成鹫倍感无力纠正。

后来,成鹫法师"归老于云顶之得我堂中",隐居下来,不再担任庆云寺住持,成鹫多次提及庆云寺得我堂,他的《纪梦编年》也是作于得我堂内。成鹫《得我堂说》中记载,"此堂改建始于比丘佶,佶以善缘得赀,筑为别室,请名于予,颜曰'得我'。……堂成未久,佶别山去,予乃入院。越二载,耄而倦于勤,将退老一室,嘱知事僧撤其堂而新之,为休息之所。"③从这段记载看,成鹫到庆云寺两年后就有退出住持之位的想法,他前后在庆云寺六至七年时间。

对于庆云寺,成鹫是深有感情的。成鹫曾作《泊河头怀故山》。《愧斋放言三十韵》,其序云:"华林师席,不堪回首,鼎湖祖席,嬗代失人。心生愧悔,自号'愧斋',诗以述怀。"④《自题乘槎小影》:"本欲久住湖山,一旦幡然约退。泛将博望灵槎,突出浊流世界。道其不行已夫,吾将乘桴浮于海。"⑤可见成鹫对鼎湖山六年的住持生活是怀念的,对僧风不振是有深深的不满而又难以挽救,不得已才离开庆云寺。由此告别庆云寺。年近八十的老僧依然不能青灯古佛,参禅打坐,仍然是刚直勇行,容不得佛门污行。

康熙四十八年(1709),罗戒轩典教石城,成鹫作《送罗戒轩典教石城序》,其中详细论述住持鼎湖山庆云寺的心情与意绪。"予年七十有三矣,平生好友零落殆尽,仅存二三知己。老而有气、穷而有骨者,惟南海罗戒轩、冈州胡大灵,与予为方外之游,有约住山,无心出世,自始至终,矫然自好,不以世之所尚易其中之所守。戒轩、大灵,儒也,住山匪其所宜。造物者夺其志,必逼之出世而后已,戒轩、大灵如造物何哉! 予僧也,住山则固其所,造物者宜成吾志矣,亦复沮而止之,求一丘一壑以老竟不可得,又若逼之以不得已者,予弗恤也,造物者其如予何? 戊子

---

① 《咸陟堂二集》卷四,第76页。
② 《咸陟堂二集》卷七,第143页。
③ 《咸陟堂二集》卷三,第68页。
④ 《咸陟堂二集》卷十三,第307页。
⑤ 《咸陟堂二集》卷十五,第371页。

冬，鼎湖虚席，造物者与受命于造物者求一闲人为众僧主，夺而出之，向也弗如予何者，予竟无如之何也已。越明年春，石城师席缺官，造物者与受命于造物者求一真儒为群儒主，复夺戒轩而出之，向也无如之何者，竟无如之何也已。予与戒轩昔同今异，其住山之志今虽或异，焉知他日之弗同乎！胡子大灵身弗与于异同之列，旁观生解，为文以祖戒轩之道，其大指谓予以住山为出世，戒轩以出世为住山。劝予早谢院事，归老旧林，戒轩宦成，当积薪俸买良田于石城之深谷，卜筑居焉，已将尽室以从之也。予闻其略矣，未既其详，雨窗无聊，兴发不能自禁，广其说以质之。夫所贵乎为僧者，必草衣木食，岩居谷汲，日与猿鹤为友，木石为邻，而后谓之住山乎？抑紧闭六门，屏除六贼，水边林下，安禅养道，而后谓之住山也？必据高座称法王，拈椎竖拂，领众匡徒，而后谓之出世乎？抑超三界，离六欲，为天地立心，为众生立命，而后谓之出世也？住山之念，凤昔有之，谓之出世，则吾岂敢。夫假住山为出世之地，犹且不可，况藉出世为住山之资乎！戒轩既谓之儒矣，当以儒者之道觉斯人之未觉者。未到石城，日夕思惟圣学之不振也，何以起之；士习之日漓也，何以挽之；师道之弗古若也，何以反之。中涂所遇，虽有名山大川，非戒轩驻足游衍之所，又何有于其他？既至其地，过环桥，讲礼乐，鼓箧祭菜，率诸生以揖让，惟圣功之是务，然后登明伦之堂，谈六经之奥，明先王之道，以左右斯文。一邑虽小，当有鼓舞振作，潜销而默化焉者，如是谓之出世也宜。若夫朝下车，暮提壶，同行亲友酬醉斋筲，既醉而寝，寝而吡，连床风雨，谋所以住山者，曰一官之常禄无多也，诸生之修脯可诛而求也。石城之田可耕而藝也，修脯之人可罗而致也。石城之土可安而居也，平生知己可聚闾而处也。苟如是，是亦迂矣。戒轩无志于住山则已尔，果其有之，当从予游，又何必束带折腰，屈身降志，仆仆于仕宦风尘之后，督责斋夫，苛求礼节于荜门圭窦之子，其所失者重而巨矣，所得者不亦轻且微乎，而况不可必得乎！君子之处处也，惟道是视，不骛名闻，不求利养，悯今人之陷溺，伤古道之式微，聋者声之，聩者明之，狂者惺之，诤者平之，乐者行之，忧者违之，确乎其不可拔，若是，可以住山，可以出世矣。其驭众也，执法不阿，不以势屈理，不以私废公，犹王臣之蹇蹇也；其守己也，自奉菲薄，衣食之耻，不以点其清虚，暮夜之金，不以污其净白，犹铁石之铮铮也，是可以出世，可以住山矣。予之以住山而出世也如此，戒轩之以出世而住山者，能如是焉则可，否则虑为良友所买，变其所欲，求其所大欲也。径寸之珠，弹黄雀于九仞之上，吾未见其智也。书以送戒轩之行，为大灵更进一解。"①详论住山与出世的想法。"指谓予以住山为出世，戒轩以

---

① 《咸陟堂二集》卷十一，第11页。

出世为住山。劝予早谢院事,归老旧林"①。成鹫在此文中说明了住持庆云寺的心曲,也许他对没有听从师父早年的告诫而心有所感。

(三)成鹫法师与庆云寺历代住持

庆云寺多高僧,成鹫法师为庆云寺第七代住持,与之前的六代住持多有渊源,有的甚至早就相识。

第一,在犙和尚(1612－1686年)

鼎湖山庆云寺第一代住持是栖壑禅师,与成鹫法师师门颇有渊源,注重戒律。栖壑禅师之后,住持鼎湖山庆云寺的是在犙弘赞法师(1611－1685年),延续了鼎湖系禅、净兼修,也以戒律森严而著称的特点。霍宗煌所作《第二代在犙和尚传》称:"岭海之间,以得鼎湖戒为重。"就包括弘赞的戒律学为理论基础。弘赞,字德旋,号在犙。广东新会人。在广州蒲涧寺参栖壑道丘而得印可,又先后入雪关、平窑、径山、天童、云门诸尊宿之室。还粤,初住广州南海宝象林,又主鼎湖山庆云寺法席,弘扬律戒。"弘赞一生勤于著述,留传于世的,冼玉清《广东佛道著述考》著录有数十种,多为律学著述。崇祯十六年(1643)弘赞从杭州还粤,住英德西来山。他痛念'盲禅魔民,弥天障日,律学不绝如线,函思所以救之,乃研究教义,以扶正法。首疏《四分戒本如释》十二卷、《四分律名义标释》四十卷,海内宗之。撰《须弥山图》,括三千大千世界于尺幅间,睹者心目豁然'。《四分戒本如释》等几部撰述,涉及到比丘、比丘尼戒律学最基本的内容,为他带来了声誉。栖壑示寂后,为鼎湖山僧众力邀住持鼎湖,其律学研究进入高产期,出了多部重要的著述,著名者有《七俱胝佛母所说准提陀罗尼经会释》三卷,《持诵法要》一卷,《归戒要集》三卷,《持诵准提真言法要》一卷,《沙门日用》二卷,《八关斋法》一卷,《沙弥学戒仪轨颂注》一卷,《礼舍利塔仪式》一卷,《礼佛仪式》一卷,《供诸天科仪》一卷等。"②鼎湖山注重律戒在成鹫法师住持之前,寺风已经形成。"作为曹洞禅宗中人,弘赞专意践行律学,是有其深刻原因的。首先,与当时佛教的大形势相关。明末清初,社会急剧动荡,大批适合禅寺生活的百姓纷纷皈禅,大批士大夫竞相逃禅。佛教经历了明中叶以来极度衰微的时期后,禅宗一门迅速复兴。然僧徒队伍的素质良莠不齐,忽视戒律与传统禅法,且禅门政治气氛较以往浓烈,这导致禅宗内部僧诤激烈,正可谓'佛法下衰,狂禅满地'。弘赞的师翁无异元来即痛斥道:'今天下称知识者,莫不云秉达磨大师单传之旨,交驰棒喝,弥满世间,岂但丛林,即街头佣竖,悉妄言悟人,皆邪师过谬。'其次,也与他景仰师翁云栖袾宏(栖壑道丘之师)有

---

① 《咸陟堂二集》卷十五,第11页。
② 李福标、朱婧:《论鼎湖山弘赞禅师的律学故事化》,《学术研究》2015年第4期,第143页。

关。莲池袾宏为明末四大高僧之一,虽出身禅门,而立足于大乘思想,倡导以戒为基、禅律一致、净律一体,旨在恢复僧团如法的律仪生活。他特别重视'以戒摄心'的功用,提出'一心持戒'说:'即心是戒,即戒是心,不见能持所持,双融有犯无犯,名一心也。'弘赞绝不侈言禅道,殆以此也。"①"弘赞早先也是深受儒学濡染的诸生,传统文化的功底是不错的,有《木人剩稿》和其弟子开汭所编的《鼎湖外集》中,弘赞的诗文有不少。而逃禅之士,如陈恭尹、梁佩兰、薛始亨、谢长文、张穆等岭南文学大家都在弘赞门下来往,尊称弘赞为'本师'。这些文人的影响无疑会渗透在他的律学研究中。"②在犙继主法席,构木人居于净业堂之右,可能由此他的著述称《木人剩稿》。

在犙和尚为庆云寺开山第二代住持。《(道光)肇庆府志》卷二十:"在犙禅师,新会朱氏子。居阳江,阅藏经有所触发,遂矢出世志。崇祯间,访道端州。时高要迪村人梁少川为父母卜兆于鼎湖山莲花洞,梦神诃云,此朱家地,非尔所有。会师至,姓与梦符,遂舍地与师,诛茅建庵居焉。旋礼栖壑和尚于蒲涧,薙祝受具,以大事未明,矢志参方,迎栖壑和尚主鼎湖。遂度岭徧参雪关、平窑、云门、径山、天童诸尊宿,乃还粤,谒曹溪,居英德之西来山。顺治戊戌,栖公示寂,众奉师继席。后于南海麻奢乡建宝象林,居焉。先是乡人每见其地,涌紫气成大莲花,至是果成名刹。师往来两山,所成就者甚众,岭南咸以得鼎湖戒为重。示寂时,寿七十五,塔于庆云寺禅院之右。前后著述百余卷。"《第二代在犙和尚传》,"曹洞一宗,至博山无异和尚崛起有明启、祯间,门庭高峻,单掌孤诣,如金刚王宝剑,过者不敢仰视。一传至师,一肩担荷若揭日月,天下皆得而见焉。"

第二,石门和尚湛慈(1621－1691年)

康熙十九年(1680)八月成鹫法师至西宁县,主翠林僧舍,遇湛慈和尚。《纪梦编年》:"冬还翠林过岁。去翠林里许,有梅坪山,山之阳石壁峭立,中通一洞,窈窱幽邃。初入疑无路,行数十步豁然别有天地,遍界皆梅花,落英如糁雪,冷香逼人,中有高僧湛慈谅公居焉。湛公,宗门先辈也,参遍诸方,晚归隐于此,禅教兼通,四方学者多从之游。予闻其名久矣,一见倾盖如平生,日久往来,周旋既久,尽吐疑情,决别不遗余力。自幸得遇良导,请求依止。坚辞不纳,曰:'子见地高远,惟习气未净耳。水边林下,保养圣胎,不久当成大器,予不足师也。'三请三却,予心已折之矣。厥后湛公出世,住持鼎湖,为第三世主人。西宁诸山,多善知识,日与湛公游者,人各分化一方。云窝山有中介聚公,龙华寺有无尽印公。鼎峙角立,应求

---

① 李福标、朱婧:《论鼎湖山弘赞禅师的律学故事化》,《学术研究》2015年第4期,第144页。
② 李福标、朱婧:《论鼎湖山弘赞禅师的律学故事化》,《学术研究》2015年第4期,第145页。

相望,西宁称为僧海。予尝与往来,盘桓数月,从前夙习,销磨减半矣。久客翠林,主宾落落,如水投石,决志还里。"①

石门和尚为庆云寺开山第三代住持。《鼎湖山志》卷三收录有《第三代继席弘化石门和尚年谱》:"师讳传谖,字湛慈,初隐于石门山,因以为号焉。广州龙津冯氏子。明天启元年辛酉岁九月二十七日示生。……清康熙辛未岁八月初二日示寂。"还有《湛慈和尚传》。《(宣统)高要县志》附志下收录有肇庆知府李彦瑁撰《鼎湖山庆云寺记》,对庆云寺以及历代高僧如在犙、石门和尚等记载很丰富详实:"鼎湖山庆云寺者,岭南名刹也,在端州下游羚羊峡之阴,去府治三十余里。层峦叠嶂、万山环峙中有龙潭,其水深碧,世传黄帝铸鼎乘龙于此得名……。明万历间,有憨山大师者,应化岭南。弟子金山迎住白云,过此见诸峰罗列,状若莲花,遂更名为莲花峰。日后当有大福慧人阐化于此,纪之以诗,有莲花瓣瓣涌苍溟,及夜深说法有龙听'之句。地为上迪村居士梁少川故业,少川崇信佛法颇笃。崇祯癸酉结茅山中,号莲花庵,与友人陈清波诸子为莲社之游。未几,阳江朱子仁来客广利,久有出家之志,少川拉与共住。后闻栖壑和尚得法于博山,归住蒲涧。子仁往谒,得度,更名宏赞,字在犙。是岁甲戌,在犙留蒲涧,过夏少川,募资除土叠石,改建堂宇一栋三楹,旁作茅厨,悉从草创。在犙还山。明年乙亥秋,栖壑赴新州,道经广利,在犙偕少川诸人迎入,共庆名山有主,欲留久住。栖壑辞以蒲涧缘未了,仍返广州,临行出钱数十缗,属陈清波令先备埏埴,以待将来。丙子夏,在犙诸人再造蒲涧,恳请栖壑于五月到山。是岁腊八,开坛授具,宏阐毗尼,缁徒始集,更庵为庆云寺。乃分执事,立规条,兼行云栖。博山之道。凡诸创建,皆随愿顺缘,行所无事。首建佛殿、山门,次建宗堂,其上建毗庐华藏阁,左翼以准提阁,阁下为禅堂、悬钟板,右翼以七佛楼,楼下设库司,以蓄十方信施……。至顺治戊戌,殿堂制度次第落成。主持者栖壑,赞勷者则在犙也。是岁之夏,栖壑示寂,计仕山二十有三载,前后皈依受戒弟子数千人。大众共推在犙继主法席,犙乃构木人居于净业堂之右,秉教奉行,一轨师法,宗风由是益昌。在犙殁,序及法属,湛慈即今住持也。其奉法复与在犙无异,凡二师未毕之愿、未竣之功,莫不历历修举,底于完美焉。然则鼎湖庆云得并成为名胜者,栖壑师弟三人创承济美之力也。余自佐郡以迄为守,凡八年于兹,数游胜地,皆流连不忍去。兴念三人苦心结构,既有功于佛法,更有功于此山也。因拾旧闻,疏其颠末,命勒贞珉庶三人与鼎湖庆云并垂不朽云。按右文录自《端溪文述》。"此文见成鹫法师编《鼎湖山志》卷七。不难看出,湛慈和尚也是一代高僧。

---

① 《咸陟堂文集》附录,《纪梦编年》。

第三，东湖契如和尚(1626－1700年)

东湖讳元渠，号契如，为庆云寺第四代住持，成鹫法师为第七代住持。《鼎湖山志》卷三有《第四代东湖契如老和尚塔铭》，其曰："师讳元渠，号契如，番禺苏氏子，生有异瑞。"《(宣统)番禺县续志》卷二十七："元渠，字契如，番禺苏氏子。明天启六年生，性清迥，六岁随母斋居，即断荤曲。十五入寺礼佛，慨然有出世志，请诸父母，不许。乃与里中同志结社念佛，众推为净友长，莫不皈敬。年二十五坚志，辞亲诣诃林，礼宗符和尚出家。越二年冬，诣鼎湖山庆云寺，礼栖壑和尚受具。在山结夏，穷究律部。满夏，戒律精严，禅观绵密，中共钦之。住持华林，创造焕新，规模宏远，皆其力也。年三十五，发足参方，度岭徧游丛席，咸许入室。宗和尚示疾，南还，亲侍汤药，从容问曰：和尚万一不讳，某将奚归。宗曰：汝为人诚重，可以传戒，往住东湖，化导一方，继吾鼎湖栖翁之风规，足矣。宗圆寂，大事既毕，赴东湖。心丧三载，复行脚云游，历谒南涧、天竺诸大老。复取道天童，参山晓和尚。一见知为法器，再三征诘，乃呈偈曰：三十余年枉用心，无端时逐外边寻。蒙师一击冰团碎，始识眉毛眼上横。山为印可。次日，山上堂垂问云：一人发真，归元十方，虚空悉皆销陨，缘何玲珑岩寂然不动。曰：饶他出一头地山，云郤被阇黎道著。依止一年，辞归。山授以衣拂手卷，有'默默传持只此心，他时后起茂如林'之句受嘱。归来，适鼎湖虚席，四众道俗、阖山耆宿具启请住持祖庭。初谦让未遑，因念宗和尚末后授记之语，乃俛从众请入山。坐禅钟板堂规一遵栖翁前轨，惟以慈心悲智随机接物。在山九载，偶示微疾，绝粒不食，七日怡然顺化。众请留偈，竖指书空作一'无'字而逝。据《鼎湖山志》卷三，东官尹嵩撰塔铭。"

成鹫法师乃石洞禅师法嗣，石洞乃云门宗符禅师嫡嗣，成鹫法师乃云门宗符禅师徒孙。东湖契如"年二十五(1650年)坚志，辞亲诣诃林，礼宗符和尚出家。"可算是与成鹫法师有渊源。成鹫法师编《鼎湖山志》卷五有自称"法孙光鹫(成鹫法师最先的法名)"撰写的《愚关和尚传》，其中说："师讳智华，字宗符，号愚关。闽之漳州林氏子。年十五，依本郡昭然禅师出家……。住持庆云四代契如和尚讳成渠，道俗受化，不可胜纪。"

东湖寺也是成鹫法师师门的主要道场。宗符禅师"前后复开法双桂、勇猛、东湖、云门诸刹，嗣法门人离幻、铁航、识此、天藏，皈依弟子不可以数计"。成鹫法师到过东湖寺，《初入东湖谒契如和尚》："久向东湖十载前，遐心长寄水云边。偶来隔竹闻清磬，为爱新凉上小船。生计百年三事衲，名山到处一家禅。从师乞得闲房住，愿执巾瓶侍法筵。""祖翁旧业未荒芜，赖有西乾古丈夫。白社一灯悬太白，湖光千顷接天湖。林间趺坐花香满，水际闲行鹤影癯。珍重清光似明月，长留孤棹在菰蒲。""万象森罗一鉴中，化城今在莞城东。波光倒插千峰影，暑气潜消五月风。翠竹晚凉丹荔熟,白莲朝映槿花红。罗浮咫尺家山近,细把程途问主翁。"①

康熙三十七年(1698),成鹫法师年六十二岁,在丹霞山三年后转回佛山,后应肇庆鼎湖山庆云寺第四代方丈契如元渠之邀到肇庆修纂《鼎湖山志》。成鹫有诗《呈鼎湖契和尚》:"我生不出空劫先,高谈阔论燃灯前。我生不逢竺土仙,拈花微笑闯法筵。我生不居兜率天,扬眉吐气弥勒边。无端打落五浊世,低头折节诚可怜。年过六十不称意,住山未了还入廛。鼎湖主人知我懒,招我直上孤峰巅。孤峰白云自舒卷,此身归宿终茫然。自从入室领顾鉴,方知落处无中偏。顽金钝铁出炉鞴,昔为骨髓今如绵。大哉大人大机用,智珠擎出圆又圆。莲池净土云顶律,博山钟板天童禅。一家共唱无生曲,铁笛无孔琴无弦。小乘从旁发大笑,笑翁未了住世缘。愿翁寿,亿千年,众生度尽成正觉,容我湖山高处眠。"②这应该是成鹫法师进入鼎湖山修山志时所作。

第四,空石传意和尚(1652 – 1707 年)

传意和尚,字空石,号瑞峰,为庆云寺第五代住持。《鼎湖山志》卷三有《第五代空石意和尚塔志铭》,其曰:"惟鼎湖庆云一席,提倡宗乘,弘宣教义,净律并修,人天共仰。……瑞峰禅师主席庆云,接梅硴、东湖之后,实为五代。承先启后,四众皈诚。领院五年。"

第五,一机圆捷和尚(1630 – 1708 年)

一机圆捷为庆云寺第六代住持,与成鹫法师有很深的渊源,关系密切。成鹫法师编《鼎湖山志》卷三收录有《第六代住持圆捷机和尚塔志铭》,其中记载,"师生于大明崇祯庚午年四月念八日午时,终于清康熙戊子年闰三月十七日午时,世寿七十有九,僧腊五十六夏。住持本山庆云寺仅历寒暑。"一机圆捷也是番禺人,成鹫法师同乡,其出家于岭南鼎革之际,更早于成鹫法师。陈伯陶《胜朝粤东遗民录》之《自序》:"(一机)年十八遭时鼎革,叹曰:'世事如此,不出家奚待?'年二十,结束辞亲,礼以霖长老于东莞广慧庵,薙发为僧,名一机,字圆捷。后入鼎湖,谒栖壑和尚受具足戒。栖壑名道丘,字离际,顺德柯氏子,憨山法嗣,鼎湖开山祖也。李初与同里樊应元游鼎湖,作诗云:'万缘难放下,放下即僧身。绿水为良伴,青山是故人。但教知自重,何处不称真。此即桃源洞,由来堪避秦。'后作《山居》诗云:'瑰难群众壑,孤德叹无邻,阒寂潜幽鸟,疏慵称懒人。睡高三丈日,坐老一闲身。莫问沧桑变,桃花亦笑秦。'晚于鼎湖庆云寺西北营一室,颜曰'刍庐',遂终老焉。戊子(1708)年七十九卒。"成鹫法师曾作《题圆捷阿阇黎真》:"其少也,生老氏之

---

① 《咸陟堂诗集》卷十二,第68页。
② 《咸陟堂诗集》卷十四,第216页。

家。其长也,读孔氏之书。其壮也,奉佛氏之教,为释氏之徒。可老可儒可佛,无适无莫无拘。出入三教之门,纵横八达之衢。埽除文字之障,游戏笔墨之余。兀中流之砥柱,握长夜之明符。"①《咸陟堂诗集》卷十五有《谒兮庐阿阇黎影堂》。

康熙二十八年(1689)秋,为圆捷和尚《出家二十颂》作跋。《出家二十颂后跋》:"鼎湖山圆长者,博学多闻高谈雄辩。昔游鲁叟之门,今入瞿昙之室,以东方之滑稽,诠西来之妙谛,著为文章,凡数万余言,为诸方脍炙。笔墨之余,游戏为《出家二十颂》,抑扬激发,殆无剩义。己巳秋,予谒公于鼎湖,手授一帙,命予跋之。予捧读至三,觉其意浅而味深,言近而指远。譬如静夜之疎钟,有耳共闻;昏衢之炳烛,有目共见;如当阳之毒鼓,生可令死;如返魂之神药,死可教生;如火宅之清凉,热可使冷;如寒谷之重纩,冷可使热;将尽天下之人而薙之、染之、禅之、律之而后可。噫! 公之志亦大矣,公之心良苦矣。盖自正法陵夷,宗风不古,名虽出家,实为名利,徒登戒品,殊昧清规。所谓出家者,不过工文词,习梵呗,营屋宇,美衣食,置田宅,畜徒众,能事毕矣。"②

康熙四十年(1701)初夏,访圆捷和尚,为作寿文。《四供册序》:"庚辰(1700年)之夏,圆捷阇黎寿七十有一,及门诸子尽世间所有,各修供养,靡不倾竭。师皆却而弗纳,鲜有惬其意也。予时养疴东林,未获随众致礼。越次年初夏,能强起矣,犹偃偻匍匐,不辞跋涉,策杖入山,谒师于天湖之兮庐,思所以为献者而不得也。且念世间所有,师已却之于前,又不可以前所已却者更复渎之于后;思所以惬其意者,又不可得也。友人李子仰乔善为丹青,往就之谋,令作小品,物色凡四种……。师以儒门澹泊,弃俗出家,承事云顶,严净毘尼,德不朽矣。经营大刹,支撑祖庭,功不朽矣。著书辨惑,警聩提聋,言不朽矣。迹师生平,其介如石,其文如春华,其质如秋实,其教育人人如瓜蔬之味适于口而悦于腹,无复世味之腥荤,徒事大烹之养而已。师之于道高矣,美矣!"③咸鹫法师还为圆捷六十寿代为作文,即《寿圆长老(代)》,其曰:"郡治之东有鼎湖山,其山幽而谷深,其水急而流清。中有丛席,名曰'庆云',其地夷坦而光明,其门高峻而跻登。其僧千指,皆以禅为宗,奉律而行。僧中表表,惟刚者生。刚者生常语予曰:'吾徒出世,不求利养,不骛声名,体不被文绣,口不尝鼎烹,目不睹靡曼之色,耳不听放逸之音,孜孜焉,兀兀焉,唯恐大事之未明也。'予闻斯语,知为有道之士,可与语无生者。一日府事少暇,隐几青山,遥望鼎湖,倏然神往。有客踵门,延之上榻,既坐复起,揖予言曰:'鼎湖圆

---

① 《咸陟堂文集》卷二十四,第 284 页。
② 《咸陟堂文集》卷三,第 42 页。
③ 《咸陟堂文集》卷二,第 36 页。

111

公,公所识也,今夏世寿周甲,众制锦以祝之,愿得一言以光屏帐.'"①《圆阇黎住锡华林,览撰日诗以祝之》:"久住湖山老律师,钝根曾感授毘尼。重来旧社逢生日,一到新城只暂时。多寅墙中分半座,杂华林里策双眉。自惭门外羊车客,未敢当人正眼窥。"②成鹫法师与圆捷和尚交往很多。

康熙四十年夏,汇编圆捷和尚著述,名为《涂鸦》。《逢场集后跋》:"鼎湖山圆老师,鹫得戒阿阇黎也。晚年汇其生平著述,名曰《涂鸦》。中间所载,大抵蕴澹泊宁静之怀,禀清净莹洁之质,具聪明特达之姿,负坚刚肮脏之骨,出纲常名教之门,入枯槁寂莫之室,以高标独立之身,处颓波浊流之日,奋恶辣孤硬之手,操锋芒圭角之笔,为嬉笑怒骂之文,挽脂韦滑稽之失。世之受其笑骂者,尠不以为轻薄而妒嫉之。由是而独行踽踽,穷年兀兀,大不理于众口,不见容于造物,鹫之与师所谓同病而相怜者也。辛巳之夏,入山安居自恣,前十日,师授书命为编次,展卷三复,因之而自有感焉。向使吾师生与佛祖同时,灵山会上当不逊于多闻之庆喜,曹溪门下又何有于江西之马驹? 斯时也,正法方兴,宗风丕振,师且注经弘论,代佛宣扬之不暇,何暇为不平之鸣,取嫌于末世哉! 奈何生不逢时,所见所闻,可伤可痛,遮之不能,舍之弗忍,不得已而寓诸微言,聊写其悲天悯人之志,俾有血气者庶几激发而猛省焉。此世之所谓轻薄者,正吾师之所以为厚耳。彼哓哓者,乌足以知之。鹫才不逮师,遇与师等,年来出辞吐气,辄见憎于流俗。乃往遣溟渤,三入深山,求把茆盖头而不可得,返躬自咎,未始非夙昔口业之报。今老矣,无能为矣,从兹焚弃笔砚,缄口结舌,寄食湖山清泉白石之间,日执巾瓶,侍帅左右,帅有言句,记而录之,师语即吾语也,夫复何云。"③《(道光)肇庆府志》卷二十一:"《涂鸦集》,国朝鼎湖山庆云寺释一机撰。……《粤东诗海》:一机,字圆捷,番禺人,李氏子。先世多以儒显,会国变,出家住鼎湖。晚营一室,颜曰'乌庐'。"《涂鸦集》约康熙间刻,首都图书馆所藏不分卷,六册;中国国家图书馆藏三卷本;广东中山图书馆藏《书问》二卷、《杂录》一卷、《文部》(赞启)二卷,有顺治十八年序。

成鹫法师曾作《贺圆老师主席庆云》:"三年不飞飞冲天,搅混世界旋乾坤。三年不鸣鸣惊人,狮子丧胆狐窜奔。老师本具菩萨心,无边刹土随现身。撑住门庭春又春,乌庐掩室修正因。宝华王座生埃尘,幺么领出诸波旬。野干据室天地昏,藏身北斗甘隐沦。龙蛇掩蛰云雷屯,久默斯要屈复伸。黑风吹散魔家民,慧日天

---

① 《咸陟堂文集》卷十一,第153页。
② 《咸陟堂诗集》卷十二,第212页。
③ 《咸陟堂文集》卷三,第41页。

光重发新。百川赴海星拱辰,高踞大雄持庆云。"①《咸陟堂诗集》卷十二有《圆阇黎住仙掌岩却寄》《九日登仙掌岩谒圆阇黎》。《圆阇黎住仙掌岩却寄》:"孤峰顶上数间屋,仙掌岩边一个僧。高处看人明了了,老来无事冷冰冰。漫劳法社虚前席,亲见威音绍祖灯。十载步趋惭我后,门庭高峻拟先登。"《九日登仙掌岩谒圆阇黎》:"郡城咫尺旧皇州,仙掌嵯峨控上游。金马铜驼空落日,珠林琪树不凋秋。登高望远凭青眼,坐石看山到白头。师若肯留予肯住,世间无地可藏舟。"《咸陟堂诗集》卷十六有《仙掌岩有怀圆老师》。仙掌岩在鼎湖山,《(宣统)高要县志》卷三有记载。

康熙四十七年(1708),一机圆捷和尚示寂。成鹫法师编《鼎湖山志》卷三收录有《第六代住持圆捷机和尚塔志铭》,其曰:"师生于大明崇祯庚午年四月念八日午时,终于清康熙戊子年闰三月十七日午时,世寿七十有九,僧腊五十六夏。住持本山庆云寺仅历寒暑。"《(宣统)高要县志》卷二十:"至宏赞逝后,一机、成鹫住山。"成鹫法师接替一机圆捷住持庆云寺。

成鹫与庆云寺以及大通古寺的关系只是其中的一部分,成鹫作为佛门中人,他一生自小五岁时随母礼佛,八十六岁圆寂,八十年间接触了大量的高僧大德。在成鹫法师诗文集中,有大量与许多位佛门中人交往的内容,这是他在佛门生活的一部分,不可不论,也说明他在佛门内的地位不低,很受结交往来者的推崇敬重。鼎湖山系僧众、师门华林寺等临济宗僧众、广州海云寺以及丹霞山天然和尚曹洞宗僧众是成鹫关系最为密切的三方。

第四节　华林寺住持之争及对佛门污行的批评

成鹫一生戒律森严,道范高峻,胡方在《迹删和尚传》中称,成鹫"为儒则挺然大节,为僧则梵行精严"。成鹫乃临济宗中兴祖师、第三十代祖师密云圆悟的四传弟子。师祖木陈道忞国师,木陈道忞禅师弟子宗符禅师,宗符禅师大弟子即为元觉禅师,乃成鹫的师父。元觉禅师"禅律兼通,才品并茂"。鼎湖山庆云寺第一代祖师栖壑禅师"禅净律三学并行",修律宗,着重研习及传持戒律,至弟子在犙禅师时,"所成就者甚众,岭南咸以得鼎湖戒(律)为重"。栖壑禅师又师法禅宗,所参访的憨山德清、无异元来、云栖袾宏等皆是禅门龙象。成鹫后来住持鼎湖山庆云寺,是第七代住持,名满岭南的"鼎湖戒"肯定会影响到成鹫。成鹫自小生性刚严,

---

① 《咸陟堂诗集》卷五,第96页。

进入佛门后,坚守戒律,以拯救佛门弊风为己任,对佛门禅风之颓废多有批判。"清初岭南禅史研究其次是一个政治课题。佛门虽号称'红尘不染',但其实很难摆脱与现实政治的干系。一方面现实政治会对它产生干扰,另一方面它也会对现实政治产生影响。甲申鼎革后,在岭南佛门内部的不同宗派之间,或者在同一宗派的不同僧人之间,对世局的认识看法往往存在着差异,甚至政治态度完全不同。有的人出家后以袈裟为掩护,与抗清力量潜通声气;有的人对复明运动持同情态度,使寺院成为志节之士的安身立命之所;有的人隔岸观火,冷眼静看时局的变化;有的人靠拢朝廷、交结官府,成为禅门新贵;有的人全然不理世事,如如不动地修炼'枯木禅'。"①这段话指出了明清之际的佛门的复杂性,若加之佛门固有的弊端,佛门内的复杂性则更为多样。成鹫本人刚直不阿,戒律森严,越发不能容忍佛门内的种种。他对佛门的批评实出于对佛门的维护。实质上,成鹫是外释内儒的本质特征也决定了他可能以儒家士子的伦理规范反观佛门之种种,反差之下佛门弊病越发彰显。

  佛门论争,在成鹫时代也颇有声势。《明季滇黔佛教考》卷二记载,"《南雷诗历》三峰与熊鱼山夜话:'脱得朝中朋党累,法门依旧有戈矛。'慨法门之纷争也。纷争在法门为不幸,而在考史者视之,则可见法门之盛。嘉隆以前,法门闃寂,求纷争而不得。纷争之兴,自崇祯间汉月法藏著《五宗原》,密云悟辟之始,是为宗旨学说之争,上焉者也。顺治间费隐通容著《五灯严统》,三宜盂讼之,是为门户派系之争,次焉者也。有意气势力之争,则下焉者矣。有墓地田租之争,斯又下之下矣。"②成鹫师祖密云圆悟开创明末禅宗之兴盛,而他与弟子汉月法藏(1573 – 1635年)之争,也对明清之际佛门之争影响深远,持续时间很长。汉月法藏与密云圆悟之争,是清初佛门重要事件。"密云辟《五宗原》后,潭吉忍著《五宗救》,学者喜之,密云复著《辟妄救》,越九十年,雍正更著《拣魔辨异录》,不惜以人天子与匹夫搏。"③这才结束此一长久纷争。另外密云圆悟禅师弟子木陈道忞也身陷纷争之中,典籍记载已经很多。陈垣《明季滇黔佛教考》卷二记载,"费隐与破山二派,当时颇受木陈派排挤","木陈为张势力,不惜趋附新朝,卒受'宗门罪人'之诮。"④

---

① 杨权:《清初岭南禅史研究与佛教文献整理》,《深圳大学学报》,2014年第1期,第144页。
② 陈垣:《明季滇黔佛教考》卷二,《陈垣全书》18册,安徽大学出版社,2009年12月版,第47页。
③ 陈垣:《明季滇黔佛教考》卷二,《陈垣全书》18册,安徽大学出版社,2009年12月版,第48页。
④ 陈垣:《明季滇黔佛教考》卷二,《陈垣全书》18册,安徽大学出版社,2009年12月版,第49页。

僧门之争,原因复杂,有思想之争,也有宗门正统之争,更有意气势力之争。"清初佛教的短暂复兴,又引起内部之间净斗,此则清初佛教之一大变化。佛教净斗刺激了佛教史籍的编撰,其中心大多集中于正统之争。他们在继承前贤的基础上,守承革新,提出了一些新的编撰佛教史籍的观点,丰富和完善了中国佛教史籍的内涵。明代佛教亦是如此,佛教界道统或法统合法性的争论越来越激烈。"上为学说宗旨之争,中为门户派系之争,下为意气势力之争,最下为墓地田租之争。""这种争论深刻影响了明代佛教界,造成明末清初佛教正统之诤愈演愈烈。清代佛教之诤,主要集中在明末清初时期的禅宗内部之诤。明末至清初顺治时期为开端,清康熙朝则是发展与高潮。清雍正时期,随着官方的介入,力挺一派,打压一派,净斗局面已趋消亡。陈垣曾将清初佛教诤斗分为三种方式,即济洞之诤、天童派之诤、新旧势力之诤。"①但成鹫对佛门的批评似乎有别于论争,他出家时已经四十一岁,思想观念应该基本已经形成,他也没有参与到诸如此类的论争中去。成鹫出家前已经是较为有名的文人,进入佛门怀抱理想,但佛门并非全是净土,理想与现实有不可调和的矛盾,这才引起成鹫对佛门弊风的长久批判。成鹫个人素质高、个性孤高不能容物,对佛门也有殷切的期望,但此类批评也能真实反映佛门状况。

一、华林寺住持之争

清康熙二十年(1681),成鹫四十五岁,六月,回到广州,到华林寺礼离幻和尚,禀受十戒,次日奉师命入罗浮山,掩关于石洞禅院。不久元觉圆寂,合众共推成鹫继主华林寺法席。成鹫坚辞不就方丈之职,而举师叔铁航和尚自代,自返罗浮山。"归广州,礼先师于华林之丈室,禀受十戒,时辛酉年(1681年)六月十三日也。次早,奉命先入罗浮垦除,以待师至。"②成鹫于是在罗浮山修道,到这年九月,离幻和尚病,成鹫因心有所感,下山到广州华林寺探望。元觉离幻和尚在病逝前叮嘱成鹫说:"子性禀孤高,不能容物,出则恐为众的,只可住山,不可为人。吾不久此,速还罗浮,勿返顾也。"天明即促行,不到十天,离幻和尚圆寂,成鹫赶回广州。十月,"大众公推,承主法席。追忆前嘱,坚辞而退。众知不可强,敦请报资旷老人为处分。合山眷属公议,通省当路绅衿参稽典故,皆主兄终弟及之例,先师后序及云门铁公。先是铁航法叔已受先祖翁分嘱住持云门,先师长子承居旧席。数年来,

---

① 曹刚华:《清初佛教变化及其对佛教史学编撰的影响》,载《河北学刊》2016年第1期,第68页。
② 《咸陟堂文集》附录,《纪梦编年》。

殿宇焕然改观,大悲阁、按指堂、豁然堂悉由创建,云门弗与焉。众议既定,遂请云门继席。三年退院,序及识此印公,次天藏旻公,相继出世,大众翕然,写立公议,签书明白。予乃别众还山,从遗命也。"①从成鹫自序可以看出,众人推成鹫就任华林寺住持之位,但因成鹫生性刚烈,"子性禀孤高,不能容物,出则恐为众的,只可住山,不可为人"。离幻和尚早有言在先,让成鹫速速离开,大有当年禅宗五祖弘忍让六祖慧能速速南归之情形。

成鹫坚辞华林寺住持之位由其师叔铁航和尚代替,"三年退院,序及识此印公,次天藏旻公,相继出世"。但显然铁航和尚在担任华林寺住持三年后,违背了三年前"写立公议、签书明白"的约定,继续担任住持,这在清净佛门自然是有违公正之事,加之成鹫性格刚烈,势必不能罢休,成鹫为此据理力争,连写三封长信,严词批评铁航和尚不遵守前议。此不但在佛门不多见,即使在世俗社会也是惊世骇俗,特别是第三封信中连着向对方提出十条"宜慎者",非常有气势,文笔雄健,不因出家为僧而稍减。这就是《与华林方丈书》《复与华林寺方丈书》《再复华林方丈书》,内容涉及到岭南佛门重大事件,具有史料价值。

(一)《与华林方丈书》

成鹫在《与华林方丈书》之开始,用不少言语对师叔进行劝导,然后再说,"辛亥,师翁主席云门,老叔台方承法乳,后返华林,识翁、天翁相继受嘱。兄弟伦序,是愚关老人亲手交付,亲口叮咛,诸佛列祖,实同证明。鹫于是时,虽未厕僧伦,而人言在耳,不可掩也。倘谓人言多妄,不足深信,先师塔铭出自雪樵和尚之笔,谓不足信乎?华林会下,如东湖契翁、仁寿纯翁现为法王,必不肯为欺人便己之语,谓不足信乎?同门受法,如识翁、天翁者,何难曲狗情面,为后来陵越张本,而乃坚持正论,去彼取此?明知天不可欺,人不可妄也,谓不足信乎?诸方衲子,尽知先后,山门外护,咸识弟兄,百口同辞,腾讥窃笑,谓不足信乎?此举也,大似掩耳盗铃,不揣本而齐末,倘不自悔,不但启衅于门外之波旬,即济下儿孙不敢为老叔台讳过矣。蜗角触蛮,萧墙矛盾,非家之福,不可不慎也。嗟夫!末法众生,多好名而昧实,惟知贡高我慢,不肯安分谦光,良由大事未明,偷心未息。炽然情识,丧却天君,往往兄弟阋墙,同舟敌国,若斯举措,乡党自好者不为,安有过量大人、为法王子而操同室之戈,效螒臂夺食者之所为,有是理哉?以是知其必不然也。鹫赋性冥顽,发辞蠢直,不早退步,诚恐获罪于门墙,只得结束还山,磨厉以须。不知者谓鹫搬弄是非,妄生烦恼;其知者谓鹫为祖父出气,为法门正名,为家殃预防,为外

---

① 《咸陟堂文集》附录,《纪梦编年》。

悔止谤。"①从信的内容看,成鹫的语气还算平和,反复申明对师叔的敬意,希望师叔能改弦更张,从新考虑先前做出的主张,让出华林寺住持之位。

(二)《复与华林寺方丈书》

在第一封信之后,成鹫又写给铁航书信两封,争论更巨。第一封信的内容和口气已经相当有气势,不减方氏文化世家的大家子弟的笔力风采。但显然,成鹫对铁航师叔留有不小的余地,希望师叔能自己纠正错误。但铁航和尚显然有所辩解,指斥成鹫"识见卑陋,发言狂悖,如好勇斗狠之俗汉"。这肯定会让才学过人、刚烈有风骨的成鹫无法接受,于是再次致书铁航和尚,对其进行批驳。成鹫除申述事实,对铁航和尚作出回应之外,为先师离幻和尚力争,语气越发激烈不善,如最后所言"此种奇论闻所未闻,大类市井小人,恶口相骂,好勇斗狠之所为,而谓大人为之乎?尊体违和,似宜静摄,不妨推倒人我山,填塞是非穴,外息诸缘,内灭烦恼,清夜扪心,试思无净三昧,孰有孰无,孰真孰伪,主人翁当自知之,病魔未如之何矣。"如同指斥铁航师叔之是非不分。

《复与华林寺方丈书》:"十月四日,得手教见示,切责谆恳,爱我玉我,不啻父母,望风悔过,殆无所容。前以伦序紊乱,关系不小,诚恐天下后世,谓老叔台为过举,故不避铁铖之诛,披肝沥胆,致一得之愚于左右,中间所指,皆为末法众生痴迷执著者发,非敢为堂堂法王、巍巍古佛,出此不逊之语也。纵如台谕所云,令某自领自受,亦所不辞。惟以某为识见卑陋,发言狂悖,如好勇斗狠之俗汉,实不敢当。何以故?出家有师,犹在家之有父母,假族人修其宗谱,将叔氏之名加于所生之上,兄弟之分乖矣。他日称谓,谓之叔乎?谓之伯乎?不得不亟起争之。虽出辞过激,君子观过知仁,亦谅其心之无他,怜其蠢直则有之,未有罪以不孝者,盖父子之恩,亲于叔侄故也。……先师乃平阳之孙、云门之子,头正尾正,升堂入室,于佛于法毫无过犯,乃比之滇黔之叛魁,于理当乎?先师顺世,老叔台以兄终弟及之序,入主华林,至今现成受用,升平安堵,未始非先师遗荫,乃指其子孙为余孽,于理当乎?前札磨厉之语,乃楚郑丹借喻于献替,不读书稽古者疑为犯上,将谓王孙自厉也,于理当乎?此种奇论闻所未闻,大类市井小人,恶口相骂,好勇斗狠之所为,而谓大人为之乎?"②

(三)《再复华林方丈书》

可以想见,铁航和尚显然不屈于师侄成鹫之严厉指斥,而有所反应,甚至詈骂于成鹫。成鹫自认理由充分,不肯稍作让步,再次写信进行批驳,等同于对骂,不

---

① 《咸陟堂文集》卷十四,第191页。
② 《咸陟堂文集》卷十四,第192页。

分辨出个高低曲直，大有誓不罢休之意，从而有《再复华林方丈书》。

《再复华林方丈书》："鄙人出家最后，小牧之谤，未之前闻，不敢致辨。若先师之受辱也，则目击其事，念之每为发指。忆在西来时，一日有僧云相入门，声色俱厉，向先师索金相赠，先师辞以常住僧物，不敢假人。彼遂拍案慢骂，持梃逼击。先师负痛疾走，避之乃免。从旁党恶，有僧可中，掣去僧堂规矩，先师无如之何。当时座中有居士陶握山，路见不平，横枝着紧，徧招外护，一时咸集，系云相于庭，将正其罪。云相叩首乞免曰：'此非某所敢，某主使之，从臾之也。'众悯其愚，遂释其缚，逼令供状主使。已得其情，据款结案，日久冰销，一番提起，如见肺肝。"①成鹫为维护师门清誉，激愤之下，连连向师叔发难，十大理由掷地有声，这里只在十论中节选一小部分。这已经能见成鹫这清代第一诗僧的精气神和超迈风采，文笔惊风雷。成鹫没有再作第四、第五封答华林方丈书，大概是铁航和尚不再回信对骂之故。

对于上述华林寺住持更替事件，成鹫在《上东湖和尚书》中再论之。《上东湖和尚书》："祖庭公器，轮住持，诸方皆然，虑子孙之分房也。华林虽属先师分中道场，示寂时惊承遗嘱，不许为人，早已推出十方常住，甘作蕉芽败种矣。当初公议旷老人为主，东湖契公、仁寿纯公，监院竺长老及竺仙大师，合山耆德齐集，咸主兄终弟及之例，先属云门，自后轮序住持，合众忍可，乃请入院。诸方远近，莫不闻知，天上天下，共闻此言。某甲亦在下风，言犹在耳。今主人背约，抹却前日轮序之说，牵引过去护法为证明。噫！吾谁欺？欺天乎？幸老叔台序属当来，补处可凭可据，公论在人，不容诬耳。假使当日果无轮序住持之议，则云门、华林，各为子孙道场，今之华林，应还云门，鹫便不应推出。各守其土，各承其业，何以异于分房单传之福田长老哉？鹫不屑为也。大人出世，虽有因缘时节，似不宜坐视祖翁法席变作子孙道场也。"②

铁航和尚圆寂后，成鹫《华林铁和尚诔文》，对铁航和尚的功绩和贡献加以称赞，《华林铁和尚诔文》："言忆昔者先祖翁宗太老和尚，诞体闽漳，阐化岭表，圆具云顶，得法平阳。建法幢于华林，十余载竟成大刹；兴云门之旧社，未期月遽尔归真。会中入室，不乏通宗弘戒之贤；座下传灯，惟许破格超方之嗣。亲承面授者四人，同条共贯如一脉。石洞先师，序属长子，守成旧业之居；铁公法叔，行居仲弟，分主云门之席。次第丕承，后先缵绪。化城、双桂，平分一叶之芳；穗石乳源，各踞千叶之座。无何先师圆寂于丈室，独留小子受嘱于单前。只许在山，不许为人，言

---

① 《咸陟堂文集》卷十四，第 194 页。
② 《咸陟堂二集》卷二，第 44 页。

118

犹在耳;逊让诸叔,递及后昆,事岂违心?顾兹法堂虚席,不可一日无人;纷然物议诪张,也须应时定论。爰请平阳法祖报资老人,奉为主宰,遍集东湖契伯、仁寿纯公而作证明,合山眷属,折衷权衡,外护宰官,参稽典礼。旁引兄终弟及之例,强云门而就华林;定为三年一代之期,退前宾以迎后主。小子稽颡听命,幸祖席之得人;叔台得座披衣,快平生之夙愿。讵意大悟不拘于小节,频愆瓜代之期;遂令后起不践于前言,少存鸡肋之见。"①还是说铁航和尚一生有所过错。成鹫之耿直没有因铁航圆寂而作罢。但诔文还是对铁航和尚进行一番称颂。

铁航逝第二年,成鹫作《募修水月台文》:"广州西郊外有阿练若曰水月台者,华林铁老人发迹之所。老人继席祖庭三十余年,佛法绍隆,不遑栈豆。华林兴而水月废,隙地鞠为茂草。去年九秋,老人示寂于丈室,堂堂大刹,变为狐鼠之窟,居宫逼子,盗宝迁器,同门昆弟,会下法属,无枝可栖。有绍昙大师者,老人长子也,馆于予,卧薪尝胆,念念不离祖庭,无奈公道屈而不伸,岂造物者使之然乎?"②可见成鹫虽出家为僧,还是性情中人,有其光明磊落、豪侠任气的一面,他没有完全否定铁航师叔的佛门贡献。

铁航和尚住持华林寺有三十余年,《募修水月台文》有"老人继席祖庭三十余年,佛法绍隆",能称祖庭者应该只能是华林寺。成鹫好友胡方所作《迹删和尚传》:"岁在戊子(1708年),鼎湖虚席,主法无人,合山大众,敦请住持。法叔铁公力为劝驾,谓同门法社,分当撑拄,不宜惜己。师(成鹫)固却不获,勉强从请。"③就是成鹫不愿担任鼎湖山庆云寺住持之位,铁航和尚(法叔铁公)大力劝解才勉强听从。这年成鹫已经七十二岁,距离最初华林寺住持易位之争差不多近三十年,最初的争论是在1684年。铁航和尚住持华林寺是在1681年,三十余年后圆寂,时间当在1711年后,成鹫作《华林铁和尚诔文》时最少应该是七十五岁。近八十岁的高僧成鹫仍然恩怨分明,对一位同样年长的父辈高僧丝毫不掩过饰非,反映了成鹫一生都有所坚守。好友胡方称成鹫"天性刚毅,故践履笃实,为儒则挺然大节,为僧则梵行精严";成鹫师父元觉离幻和尚评价他"性禀孤高,不能容物"。这一师一友的论断可谓精准。

此次华林寺之争,应该是在广东佛门中的一件大事,按当时佛教界的情形与华林寺在广州佛门的地位,影响应该很大。

另外,成鹫还有师叔天藏,也是华林寺之争的相关人,按成鹫法师当初辞方丈

---

① 《咸陟堂二集》卷四,第93页。
② 《咸陟堂二集》卷六,第134页。
③ 《咸陟堂诗集》卷首,第3页。

之位,与众人之约定,本应该是天藏和尚在铁航和尚之后担任华林寺方丈,却因铁航不退出此职位而作罢。对于此天藏和尚的真实态度没有文献记载。成鹫与天藏师叔的关系比较密切。为邀请天藏住持东湖寺,成鹫作有两启,此为邀请高僧住持某寺院的常用文体,即《为尹山主请天藏和尚住持东湖启》和《为东湖匜山请天藏和尚启》。东湖寺在东莞,初称东湖庵。此一派的高僧包括木陈道忞国师,是成鹫的师祖。成鹫曾为天藏师叔《九带堂诗》作跋,可见天藏和尚也是颇有才气的,是否也是遗民或因明清易代而出家为僧则难以定论。《九带堂诗跋》:"天藏法叔,受嘱愚关,洞彻玄要,晦迹三十余年……年来吟咏盈箧。"①《咸陟堂诗集》卷十一有《答天藏大师送行之作》。上文称天藏旻公,即元旻,字天藏。"元旻,字天藏,宗符和尚法嗣。初阐化双桂禅院,后继契如和尚主席东湖。有语录行世。诗无蔬笋气。番禺凌扬藻录其《达摩井》一首入《岭海诗钞》,诗云,'灵脉来何远,传闻卓锡开。洞然涵日月,时或动风雷。香冽同甘露,圆澄即镜台。无劳更拂拭,一鉴绝尘埃'。"②从成鹫的师门憨山德清、密云圆悟、木陈道忞、宗符禅师,以及师父元觉禅师、师叔铁航和尚基本上都有著述或诗文集,特别是成鹫本人的著述更是文人气息多胜于僧人气息。

　　成鹫的师门中还有不少的高僧。如,天公和尚。成鹫有诗《寿双桂天公》③,中有"一见愚关便息心"可知,双桂天公也是愚关和尚的弟子,乃成鹫的师叔。成鹫法师有《寿东湖天公周甲》《双桂天公见过,用韵赋答》《雨中答双桂洞天公见寄,兼柬同门兄弟》《春日双桂天公偕何孟门过访,归后唱和见寄,用韵赋答》,说明他们之间关系密切。成鹫在大通时,曾致信双桂大师。《元日与双桂大师》,还有四封给双桂大师的信,中有"愚关老人抛在无事甲里,意华林必有大故",也是师门中人。此天公不知是否就是元旻天藏。

二、亦庵被逐

　　可能正是因为成鹫刚刚进入佛门,就遇到此等与世俗社会一样的纷争,使成鹫几十年内对佛门之种种持批评态度。

　　康熙三十一年(1692)五月,陈元翰逝,成鹫吊之,作《陈德山墓表》,其中说,"忆予少时,锐志于圣贤之道,遍历都邑埕塾间,求一真儒,无或当者。中道弃家从

---

① 《咸陟堂文集》卷三,第42页。
② 民国·叶觉迈:《(民国)东莞县志》卷七十四,民国十年铅印本。
③ 《咸陟堂诗集》卷四,第75页。

佛,初为云水之游,识人多矣,求一真僧,既无所遇,不得已返而求之正信之丈夫。"①此年,成鹫五十六岁,出家为僧已经十五年。他称几十年间没有见到真儒真僧,可能是为了突出与陈元翰有"针芥之投,因缘契合,非泛泛之可比",也可说明在儒佛两界成鹫皆有当仁不让之境界,但同时肯定也反映了成鹫对佛门的某种态度。成鹫《老僧提唱》中说,"不愿百二如赵州,八十行脚心未休。不愿千岁如宝掌,沧桑阅尽增惆怅。但须一念到万年,何用三登还九上。忆昔当初脱白时,眼空三界无龙象。光阴强半易蹉跎,烟水百城空莽宕。自从身入老人场,壮志潜销气凋丧。"②成鹫由最先出家的"眼空三界无龙象",到"沧桑阅尽增惆怅","壮志潜销气凋丧",表明了佛门四十年的岁月消磨的失望之情,佛门也许不单单只有清静,世外也许并无桃园。

成鹫六十余岁前后,与而卓和尚有交往,后作《祭而卓西堂文》。"嗟夫,佛法坏矣,吾道穷矣!昔之门庭高峻者,今则授受滥觞矣;昔之义利分明者,今则拨无因果矣;昔之廉洁自好者,今则私通车马矣;昔之梵行精严者,今则秽乱彰闻矣。我辈不幸,适丁其时,从井往救,虑有陷溺之祸;涕泣以导,易来按剑之疑。人声疾呼而罔闻,袖手旁观则不忍。耳之所闻者,唯鸱鹗之鸣;目之所见者,皆狐魅之类;身之所触者,尽腥膻之气;足之所履者,但荆棘之林。同乎己者,各自为计;异乎己者,必欲死之而后已。局高天而蹐厚地,途穷日暮,吾谁与归?"③成鹫在大通古寺,作有《挽硕堂老人十章,历序平生相遇之缘》第九首,"'江城禁火复登堂,相顾怆然为滥觞。慧命如丝谁断续,老成凋谢倍增伤。'今年寒食谒翁,握手太息,叹诸方法席之滥,怳有诀别意。"④佛门前辈硕堂老和尚在即将圆寂之时也在感叹忧心佛门鱼龙混杂,正与成鹫持相同看法。

康熙四十年(1701)春,成鹫募款修葺亦庵,但却被徒儿排挤走。辞亦庵,借住庞氏之梅园。《纪梦编年》:"年六十有五,岁在辛巳。春雨滞淫,庵宇上漏下湿,恐不可以久居。出遇故人,语其事,赠以金,为重修计。知有佛耳,实非有私于己。庵主忘存,昔予戒徒,净行不谨,常绳之以法,不听,恐予久居,不便于己。鸠工庀材,事将集矣,乃赂其乡无赖子弟,托为形家之言,中挠土木,遂一笑而止。辞亦庵,借地于庞氏之梅园。"⑤显然成鹫离开亦庵是被迫离开的,成鹫本人虽然大度,但这在讲究佛门法脉传承,其师徒关系至于如此,不能不让成鹫内心有所触动。

---

① 《咸陟堂文集》卷三,第48页。
② 《咸陟堂诗集》卷四,第55页。
③ 《咸陟堂文集》卷十二,第172页。
④ 《咸陟堂诗集》卷十七,第333页。
⑤ 《咸陟堂文集》附录,《纪梦编年》。

成鹫在《移居梅园》《移居示诸子》《移居梅园答庞静庵来韵》,表现了到梅园,见新老友人的喜悦之情,也有抛开佛门纷争的安适心态,有佛门禅意在,但这种对佛门不良现象持容忍态度并没有维持许久。对于亦庵,成鹫还作有《募化重修亦庵疏》,指出"弼唐乃南海名区,亦庵为东林净社。昔年庞居士,曾为布地主人;当日惟老师,长作中流砥柱。沧桑屡变,五兵不扰鹿门乡;薤露兴歌,只屐还寻葱岭路。虚堂寂莫,重来白首之僧;古殿荒芜,空负篮舆之约。仰观俯察,将栋折而榱崩;行道栖禅,复上漏而下湿。爰绸缪于未雨,方经始于今秋。独念地僻僧贫,妄起无风之浪;自愧福微力弱,难为孤掌之鸣。"①表达了不满之意。

三、庆云寺风波

庆云寺以戒律闻名,号称"鼎湖戒"。但成鹫住持庆云寺期间因为严申戒律,反而遭到僧众的反抗,一生刚直的成鹫却不懂得如何处置,"未免垂首低眉,求信当路,事幸得平",也就是求助于官方才平息下来,这显然对成鹫是重大打击,使其一直难以释怀。石娥啸在《咸陟堂二集》序中说,"予恒过从,钦其道范高峻、戒律精严,诸方衲子望而却走",成鹫的道范高峻戒律精严固然让人钦佩,但诸方衲子(出家人)望而却走的局面有正面的意义也有负面的影响,人至察则无徒,成鹫就面对了这种局面,内心之尴尬痛苦自然是少不了的。

康熙四十五年,成鹫七十二岁时,在住持广州大通寺时,笔下记载的佛门内种种弊病已经是触目惊心,为他这位牛性秉直的得道高僧所深感无奈了。其后,成鹫到了鼎湖山庆云寺,本是厌烦大通古寺的人迹过多不清静。《迹删和尚传》:"岁在戊子,鼎湖虚席,主法无人,合山大众,敦请住持。法叔铁公力为劝驾,谓同门法社,分当撑拄,不宜惜己。师固却不获,勉强从请。及据室,修山志,定祖训,恶辣钳锤,凛不可犯。"②但是素来刚直的成鹫在庆云寺律众过严,他在庆云寺住持期间并不顺利。"未几,众苦绳检,果符离公不可为人之谶。旋即告退,还居大通。先是,离公灭度,师自石洞赴丧华林,大众公推承主法席。师守先师不可为人之训,坚辞不就,乃请铁公继席。后为魔外所侵,莫可摇拔。唯师令闻广著,各护法垂四天之手,力为挽援,使主故物。既不忘师训,亦为祖庭起见,踌躇再四,始扶病入院,除莠安良,立规垂训,辑理三月,即逊谢辞去。微师,则堂堂宝刹化为狐兔之窟矣。"③成鹫在刚出家时就可住持华林寺,因师父对其性格的深知,让其只能住

---

① 《咸陟堂文集》卷十八,第 234 页。
② 《咸陟堂诗集》卷首,第 3 页。
③ 《咸陟堂诗集》卷首,第 3 页。

山不可住持寺院,果然在庆云寺之状况验证了其师的判断。以上的批评与揭露论及鼎湖山庆云寺的佛门风云。石娥啸称成鹫,"道范高峻,戒律精严,诸方衲子望而却走",对于普通僧众要求过高,肯定会让他们难以适应,毕竟他们难有成鹫这般的文化世家子、著名诗僧的思想文化素质。

成鹫力大无穷、才学过人、一身正气,这样的人自然高傲超拔,难以容世。康熙五十一年(1712),成鹫七十六岁,在庆云寺,《与乐块然书》,中间对自己性格上的负面性也有阐释,"比来日暮途穷,窃用自服,渐觉身心安适,得三种乐,老年受用不少。生此世间七十六年,意中无一快意之人,胸中无一快意之事,多由禀性褊浅,立身孤硬,眼眶如芝麻大,视此世界亦复如是,日惟局高蹐厚,不愿有生。晚年道力不坚,脚跟不稳,被造物主人牵入鼎湖作水牯牛,拖犁拽耙,耕耘祖翁田地,目擎同住侪辈人我斗诤,多不如法,思劝导之,导之不得,加以绳检,遂令萧墙反戈,雀鼠穿屋,生平褊浅孤硬,弗能自遂,未免垂首低眉,求信当路,事幸得平。回顾襟影,清夜噬脐,徒自苦耳。今服前药,渐觉洒然,别众归来,养疴林下,杜门却埽,阅藏注经之暇,披览内外典籍,日以古人为良友,偶然相遇则抚掌大笑,招手大呼,不恨我不见古人,惟恨古人不见我耳。从此交游日广,投分日深,视向时侪辈欲强之似我者,犹穿马鼻、络牛首,违其性而失其真,不若听之自为耕服。宇宙之大,何所不有,此朋友之乐也。向在人间,寄身逆旅,初志住山,寻觅丘壑,深则多虎,浅则多盗,不可住也。旋投足于乡落,东家反目,西里反唇,斗诤喧嚣,接于耳目。舍而去之,造一叶舟,倩两操舟人,放浪于芦花浅水之傍,自谓得计,不数日而长年三老自起争端,同舟之人遂为敌国,不可与俱也。已而潮信忽来,石尤大权,维舟断缆,出没波涛之上,如纸鸢线断,飘飘不知所之,主人最眩,舟人束手,自悔好奇生事,不如平地安居之乐。舍之遗入湖山,身居师席,不免率众先劳,听鸡早起,随鼓上堂,候楗槌声持钵以出,闻普椰响草鞋先众,咽粗粝如吞铁丸,任仔肩如荷大械,加之众口铄金,群轻折輹,大厦将倾,非一木所能支也,徒自苦耳!今服前药,始觉今是昨非,随缘任运,归棹白鹅潭上,重寻旧隐,三径就荒,丛菊犹存,放下腰包,依前故我。开窗则水色浮天,卷帘则月光浸地,散帙则蠹鱼徙宅,埽径则蜗篆移口。斋钟报午,炊烟起处,赤米白盐,随意取足,便然一饱,鼓腹而歌,朗咏陶渊明《归去来词》一两遍,然后就座,注《首楞严》数页,注义不泥常涂,歌咏不拘声律,聊取自快而已,此林园之乐也。生平独住,不役僮仆,以其痴顽,未能免于求备,彼亦人子,不可以役人者役于人也。昔强壮时,井臼自操,烹饪自办,不觉其劳,渐老渐衰,仍依故事,未免牵强于中,姑随所好,忘其苦也。及出而行百里之外,三衣一钵,寒暑铺陈,笔砚经书,汇成重担,不能自任,势必藉力于客作,偶值虚橐,无已负戴而行,祈寒暑雨,固所不免,此中苦趣,只自知之,不可以告人者。"①写此信时,成鹫还在庆云寺作住持,大概已经遇到困难,心中凄苦悲凉,故也情真意切,吐露心声。此中对自己的评论当然有自谦之意,但其刚直之性却也难以适合管理众僧,僧人们的素质不可能都很高,在境界上难以比肩成鹫法师,成鹫律众过严,必遭反噬。庆云寺有僧人两百人,这是不小群体,鱼龙混杂不可避免。

康熙五十三年(1714),成鹫已经七十八岁,在住持鼎湖山庆云寺六年后,因僧风板荡,自己过于苛严而无功,退出庆云寺。《告鼎湖山伽蓝神疏》:"自从戊子之秋,迄至甲午之夏,战兢惕励,整身率众,惟恐有负于前盟;支拄掌持,御侮降魔,庶几无愧于神听。五六年之举直错枉,幸无包荒比匪之讥;东西序之奔奏后先,可免藏污纳垢之耻。无奈桑榆短景,自伤日暮途穷,际此只榭垂秋,遂致求贤念切。茫茫大地,前途无卸担之缘;耿耿孤心,到处问同参之侣。遥闻粤西高士,身隐南山之南;实为洞水逆流,源出顶湖之顶。望清风而如见,折白简以相招,私心恐其不来,斫额望之奚后。溯洄彼岸,分明室通人邈;咫尺阳春,回首别峰相见。我之怀矣,竟然来思。游子不归,草鞋踏着还山路;故交久别,班荆识得旧时人。鹢首同行,未易一番放过;鸡鸣唤起,也曾三反叮咛。某也贞,某也淫,业已和盘托出;如是兴,如是废,奈何全局掀翻。自是用人,大似开门揖盗;由他引类,公然逐臭屯蝇。君子道消,小人道长,置祖席于累卵之危;余篇犯重,初篇犯轻,视戒律等小儿之戏。知宾慧哲,苍头银鹿,由来秽行彰闻;□□□□,黄口妖狐,久为诸方唾骂。神人共愤,佛法难容,是宜闭之黑狱,岂容厕以缁伦?而乃委之腹心,自分听其蛊惑。脚跟不稳,奴郎随波逐流;眼界全昏,上下改头换面。城狐社鼠,同窝谁辨主宾?"②《退院请雪立大师启》:"老牛不量力,耕破祖翁田地,毕竟抛荒;驽马勉加鞭,踏翻凡圣门庭,深惭灭裂。六载筋疲力乏,一朝缰卸绳抛。"③虽心中满怀怒意,不再住持对于成鹫也是另一种选择。他也有不耐烦寺院中事务管理的一面。

不久,成鹫法师离开鼎湖山,又在鹿湖山居住游览两年,再回到大通古寺,但庆云寺风波似乎还未完全平息,这本身应该是当时佛门重大事件。成鹫在《答郑虚舟书》中说,"匿影鹅潭(指大通古寺),风波继至,实由湖山祖席,嬗授失人,致有噬脐之悔。枯木湿灰,无复生意。昔也栖心泉石,今也混迹泥涂;昔也舒啸行吟,今也吞声结舌;昔也过桥送客,今也杜门绝交。"④

---

① 《咸陟堂二集》卷三,第70页。
② 《咸陟堂二集》卷四,第76页。
③ 《咸陟堂二集》卷四,第76页。
④ 《咸陟堂二集》卷六,第138页。

四、华林寺变故

华林寺是岭南禅宗曹洞宗成鹫一派祖庭,四十年前,成鹫力辞住持之位,让师叔铁航和尚担任,还曾发生争论,铁航住持华林寺当在三十年左右。在铁航之后,华林寺并不平静,又出现新问题。康熙五十六年(1717),成鹫已经八十一岁高龄,还在关注华林寺的变故。此年元旦,作《丁酉元旦遣怀时闻先师华林道场有难》:"百千亿劫心先死,八十一年人尚生。病称懒惰行礼简,暖宜穷骨着衣轻。忍金有待锋藏尽,顽铁真难汞点成。准拟休心泉石去,春风林下听松声。"①表达了深深的失望之情。此年初夏,成鹫返大通寺,作《纪梦续编》,作为《纪梦编年》的补充,表明对华林寺和佛门的愤慨而又无奈的心情。《纪梦续编》:"前编成于丙申(1716)之冬,说梦已竟。至次年丁酉(1717),复有觭梦从咸陟而来者,续为之纪。尉城之西,浮邱之阳,柳波之浒,云水之乡,杂华之林(应指华林寺),龙象之场,予先人狮子座在焉。向为老狐据而久之,今为小狐居然有之。老狐死不数月,同门受记斥辱而去者四人,同参兄弟凌迫而出者十人,同住耆旧摈逐而散者七十余人。同伙党与麇聚乌合仅十数人耳。自鸣得计,违礼犯义,明目张胆,奄有其藏,罄迁其器,常住为之一空,正人为之丧气。由是秽行彰闻,恶声四被,乡城四众之人,丛席十方之士,无远无迩,无彼无此,白叟黄童,贩夫竖子,见者眦裂,闻者洗耳,鬼埽其迹,人诅其死。闻有殉其情而袒之者,有利其财而辅之者,有昵于乡水之谊而阿比之者。人心不同,如其面然,好恶公私,毫厘千里也如此。予老矣,孤掌独鸣,孤影自吊,孤身独居,孤心自悼,无能为矣,亦远之而已。丁酉前夏三月,安居复还大通,掩关谢客。客有买舟而至者,款关索见,辞弗获已,穴西窗而一揖之,各陈所以。有怜予痴而笑之者曰:'子不闻乎?欲识佛性义,当观时节因缘。时节若至,其理自彰。得时则驾,盗跖纵其横行;失时则趋,微服方将过宋。造物者使之然也。区区者子,欲与造物争覆复之权乎?予笑而不答。有幸予愚而怂恿之者曰:'大厦虽倾,赖有一木之支。大木虽仆,赖有一绳之引。狂澜既倒,而后砥柱兀乎中流。疾风孔飚,而后劲草出为翘楚。有心人何无意乎?'笑而不答。有怜予老劝之使休者曰:'骏骀之羸也,驽马先之。贲育之衰也,侏儒胜之。夸父之竭蹶也,曾跛鳖之不及,有其心者无其力,长于理者短于数,是不可以已乎?'笑而不答。有病予露而针之使忍者曰:'吾闻之也,德不积不足以化人,恶不积不足以灭身。高明之家,鬼阚其室。千人所指,无病而死。请修厥德,以格龙天,稔其恶,观其自灭。造物主人,有记性,无急性,忍金成于百炼也。'笑而不答。有忌予不利于己而约之

---

① 《咸陟堂二集》卷十三,第298页。

使退者曰：'拔山盖世之雄，终为楚殇。横槊赋诗之奸，竟移汉祚。窃钩者诛，窃国者侯，成败论事耳。公心良苦，乌能使天心如己心，反末法为正法乎？'笑而不答。关外之客，各摅所见，以伸其情。关中之人，三缄其口，弗致其辨。"①此时的成鹫真正是看破佛门了，已经是失望至极，闭口无言了。从"老狐"和"小狐"相继作乱华林寺来看，可能指铁航和尚和他的门人弟子强行住持华林寺。四十年前，成鹫激烈反对，四十年后已经八十余岁高龄的成鹫选择了隐忍退让。成鹫还作《典语乌言三章寄华林法属》："式微式微，维鹊有巢鸠居之。鸠从东来鹊西飞，绕树三匝无可栖，吞声忍气还忍饥。念我祖父，怜巢与儿，手口拮据心力疲。巢成雏㲉声嘤咿，绸缪牖户能几时，覆巢破卵相追随。自求辛螫甘愚痴，自诒伊戚徒噬脐。式微式微，维鹊有巢鸠居之。""乐土乐土，不如归去。子有母，兄有弟，奴有主。雏儿失哺乳，弟兄各离处。奴郎倒置相龃龉，巢居多风穴多雨，掀翻窠臼投羁旅。春欲残，天也暮，将营新巢思旧树。乐土乐土，不如归去。""蛇虺当大路，妖镜召群魔，开门揖盗，入室操戈，城狐社鼠相依阿。成也闽，败也闽，理也数也如之何，如之何。华林双桂低枝柯，中流砥柱随逝波。耳不忍闻，目不忍见，进退维谷行蹉跎。"②对于同一师门之下的师徒弟子相争表达了痛苦的谴责。

在《腊月小除夕告司命疏》中，成鹫法师继续指斥佛门弊病，"华林师席，拙鸠居灵鹊之巢；云顶祖庭，野乾据狮王之座。徙薪曲突，自贻焦头烂额之羞；砥柱中流，不免灭顶噬脐之悔。嗟僧风之不振，岂法运之将倾。自顾藐尔微躯，溘然朝露，细同窗隙之流尘，遄若间田之野马。备尝苦趣，过八纪而加四年；阅历迷涂，行百里者半九十。强弩之末，难为鲁缟之穿；大厦之倾，未信枯椿可拄。判身舍命，不无从井救人；袖手旁观，何忍开门揖盗。四大假合，百忧难免丛生；一息尚存，此志不容少懈。欲得盖棺始定，直须属纩方休。泥首吁天，但愿报缘早尽；识情隔阴，定当乘愿再来。伏乞代陈上界，庶几俯鉴下情。倘或法运可兴，惟望斡旋及早。"③强弩之末，难为鲁缟之穿；大厦之倾，未信枯椿可拄。这样的种种语言与情感的抒发，已经很充分表明了成鹫法师的真切态度。

上述成鹫批判的是岭南文化中心广州的华林寺和鼎湖山的庆云寺，这些都是如今还有影响的大寺院，这些大寺院僧风尚且如此不堪，整个时代的佛门风气可想而知。成鹫也还记载了几个生动的例子。一是成鹫在四十一岁匆忙出家时，没有来得及拜师剃度自行剪发，寄迹于南海弼唐的亦庵。有两位客僧"一拍"和"得

---

① 《咸陟堂文集》附录，《纪梦编年》。
② 《咸陟堂二集》卷十二，第299页。
③ 《咸陟堂二集》卷六，第142页。

大"大言不惭地对此感到很惊讶,认为成鹫"无师无名,且无戒体,奚以异于俗人",但"未几罢道,为贾贩,穷丐而死"①。四十八岁时,成鹫自海南岛还回,"南行数日,将至陵水。向在海云会上,识陵水僧双照,少有才名,后归其乡,久不相闻。予之来也,党中诸子过予别曰:'公至此土,不可不一访双公。'许之,各附以书,几盈箧筥。斯行也,寻旧游,践前诺也。入陵水境,夜宿尖岭山庵。庵主守愚,张灯款客,问客来意,告以故。守愚鼓掌大笑,曰:'予以客为高僧,远来以双照乎?知其人,视其友,亦双照耳。'予讶其言,讯之。告曰:'双照出身梨园,今返其乡,复为梨园长,玉箫檀板,狎年少子弟为涂污粉面之戏,同辈羞与之齿,公奚访焉?'予闻而大惭,起就灯下,启箧出书,望空爇之,游兴索然矣。"僧众来自世俗社会,各色人等良莠不齐。佛门乱象触目惊心,成鹫耳不忍闻,目不忍见,无可奈其何了。佛门向来号称世外,清静无所为、只是参禅打坐,是众人的一般大致印象,很少有如成鹫法师这般刚正不阿、敢于奋争,并把佛门种种弊病以及个人强烈的情绪付诸于笔下文字者。

成鹫作有《妙攫论》,论僧众中的欺世盗名的可耻行为,他对此等行为颇为反感厌恶。《妙攫论》:"《宋史》载夏英公竦知安陆日,奉敕举幕职,令录为京朝官。时有节度推官王某,粝食弊衣,过为廉慎,一马疲瘠,仅能移步,席鞯弊不胜骑,自贰车下列状乞以其人应诏。夏已预知其廉,遂改官宰邑,去安陆数百里。洎至任,素履忽变,侈衣美食,恣行贪墨。夏使人让之,答曰:'此妙攫也,必无败露,顾舍人无虑。'夏闻而叹曰:'世之矫伪有如是夫!予生平自负知人,晚年误堕妙攫术中,噬脐莫及。'偶阅《宋史》息慈,精进勒慎,常住因果,纤毫不苟,戒律威仪,无少遇犯,邻僧信之,委司衣钵,一朝席卷而去,反初服为穿窬,是妙攫者之探囊胠箧也。后有高僧隐处深谷,影不出山,名可得闻,其人不可得而见之也,尝属意焉,遣人先之,遁去不可踪迹,旁求遇之,恳以主法,强而后可。既出世,大变平生,举枉错直,修容炫服,渐与善类为仇敌,此又妙攫者脍人窃国之盗也,如是而不败露,天下其谁信之?噫!人固难知,知人未易如此,因念古人明哲误堕小人术中,自诒伊慼者,岂独英公乎哉?窃用自解。"②显然成鹫这是有感而发,不吐不快了。他还作有《喻盲》一文,题记中说,"僧中有体性两盲者,悖理顺欲,是非倒置,不可救药,申前喻以晓之。"③僧众来自世俗社会,各色人等良莠不齐。佛门向来号称世外,清净无为是众人的大致印象,很少有如成鹫这般刚正不阿、敢于奋争,并书诸于笔

---

① 《咸陟堂文集》附录,《纪梦编年》。
② 《咸陟堂二集》卷五,第116页。
③ 《咸陟堂二集》卷五,第117页。

端者。

五、定佛门清规戒律

佛门乱象丛生是不争的事实。正是佛门弊端渐渐不可救治,才使得戒律的重要性越发引起瞩目。成鹫具有较高的文化素养,故此对于佛门的看法自然有别于普通僧众。成鹫对佛门风气耿耿于怀,一定是佛门弊风比较严重之故。

成鹫曾制定《同住规约》十条。他规定说,"山僧自从出世,目击法社垂秋,真风不古,发大誓愿,愿与二三同志结伴住山,不入人家保社,不寄世法樊笼,日夕警策,彼此切磋,务令通达大道,超出群流","今则无山可住,寄迹此间,实非为名为利","同住规矩,略陈于左,愿者留单,否者随便。"①共分勤参究、修梵行、崇朴素、尚慈和、均利养、慎出入、均劳逸、警作息、谨学术、惩恶习等。成鹫的《病中垂训》②有十几则大致也是训诫众人修行佛法的忠告,有相同的内涵。《同住规约》似乎制定于成鹫出家修行的早期,所谓同住自然不是他后来住持大通古寺和庆云寺时期,成鹫在出家早期就比较注重约束自我。

庆云寺正是以戒律严密著称于岭南佛门。康熙四十七年(1708),成鹫刚主持庆云寺就在此年十一月,立"重申祖训约"九条。《鼎湖山志》卷四:"本山庆云寺开创七十余年,先后住持相传六代皆为戒律为本,禅净为宗,矩矱精严,清规炳著……。祖庭虚席,大众见推,不量绵力,谬膺重荷。"因而立规约九条,即第一不得私据房舍;第二不得私受徒众;第三不得私造饮食;第四不得私应法事;第五不得私作僧事;第六不得私化小缘;第七结夏后不得下山;第八止静后不得过寮;第九过午不得觅食。可以想见,也许正是庆云寺此时寺风业亦不良,才有"重申祖训"的必要性。

康熙六十一年,成鹫已经八十六岁高龄,四月作《僧宝十训》③,而半年后成鹫就圆寂了。成鹫念念不忘者,还是拯救佛门风气,维护佛门的声誉。

成鹫还先后就佛门的一系列行为规范,根据佛门的清规戒律进行了阐述,包括《答人论非时食》《劝人戒酒》《与人论贩卖》《论修饰》《诫贡高》《诫畜财》《论外学》《诫弈棋》《诫赌博》《与人论学琴》《与人论画》《论字》《论诗》《论文》《与人论律师嗜酒》《答人论应赴》《与东林诸子》《辞斋》《诫积聚》《代示尼众》等。频繁劝诫,应该是成鹫佛门四十多年的切身体会,有针对性。康熙二十八年(1689)秋为

---

① 《咸陟堂文集》卷二十三,第 277 页。
② 《咸陟堂文集》卷二十三,第 274 页。
③ 《咸陟堂二集》卷八,第 167 页。

《出家二十颂》作后跋。"盖自正法陵夷,宗风不古,名虽出家,实为名利,徒登戒品,殊昧清规。所谓出家者,不过工文词,习梵呗,营屋宇,美衣食,置田宅,畜徒众,能事毕矣。"①佛门没有清规戒律的约束,其乱局可想而知,成鹫和历代高僧显然对此都十分明白。

  总之,本章综合论述,成鹫在三藩之乱即将失败的时候,愤然出家为僧,由遗民而成为遗民僧,彻底断绝了出世参加科考担任官职的传统文人的道路,完全采取了不与新朝合作的道路,为明朝遗民直至终老。成鹫十三岁随父亲方国骅归隐林泉,既不作南明政权的臣子,也不参加南明政权的科举考试,但显然他与父亲等老一代遗民一样,对于恢复汉族政权,不再剃发易服抱有热切的希望。虽然他没有参加前期的抗清斗争,三藩之乱形成后他也保持一份清醒没有参加相关的行动,但显然他保持了密切的关注态度,三藩之乱即将失败,彻底泯灭了他的最后希望,于是决然抛妻别子,出走进云水最深处,成为一代遗民僧,直至八十六岁时圆寂为止。成鹫在佛门四十六年,其师承渊源以及最后二十年住持岭南著名寺院广州大通古寺和鼎湖山庆云寺都说明了他在佛门有不低的地位。但作为一位颇有影响而又才华横溢的出儒入释的文人,他对佛门显然抱有殷切的希望,可现实的情形似乎不尽如人意,这必然会激起孔武有力慷慨豪迈一身正气的成鹫法师的不满与反弹,明末清初佛门有竞争,但如成鹫这般对佛门长期的严厉之批判,并不多见。从儒家逃入佛门,对佛门与儒家世俗社会皆有不满,改朝换代之际的历史时期,心怀不满怅然若失,这是成鹫法师的总体人生体验与真实情感状态。

---

① 《咸陟堂文集》卷三,第 42 页。

第四章

成鹫法师与遗民、遗民僧

成鹫法师是遗民,也是遗民僧,他也结识了一批遗民、遗民僧,有些是岭南以及国内都有影响的人物,成鹫与之也多有交集,他们是志同道合者。

第一节 成鹫法师与"逃禅"的遗民僧

明末清初有士大夫"逃禅"之说,所谓逃禅就是逃入禅门,由世俗社会进入世外,由儒入佛。明清之际,不少士子文人采用了这样的方式逃避清朝的统治,维持明遗民的身份,成鹫法师就是其中之一。关于"逃禅",历史文献多有记载,杜甫《八仙歌》诗中有"苏晋长斋绣佛前,醉中往往爱逃禅。"后世多指进入禅门之意。"自明万历朝始,禅风渐盛,士人'以无端之空虚禅悦,自悦于心也。'逃禅之风亦渐炽于士大夫之间。降至明末,'逃禅'之风愈演愈烈,士大夫无不谈禅,以岭南地区士人逃禅之盛为例,可窥见明末之逃禅风气之一斑。岭南地区遗民'逃禅'呈现的是与政治形势息息相关的特征,一是有明确目的性,二是'逃禅'是随着政治形势变化而异动,三是'逃禅'者返儒的原因与政治密切相关。"[①]

成鹫法师正是岭南遗民诗僧的代表性人物。由于岭南地区在明末清初的风云变化中与整个国家历史命运紧密结合在一起,如南明、三藩等事件并非限于岭南范围之内,参与其中的众多人物也非仅岭南境内人士,因而成鹫一生虽没有离开岭南,其生平思想却具有全国意义。姜伯勤先生曾指出:"在岭南,突出反映禅寺名僧士人化趋向的有天然系禅僧与'莲社'系禅侣,以及鼎湖山系禅僧及'东林社'系禅侣。"[②]而成鹫在香山建立东林庵并结社,参社者三十多人,皆一时贤达。1708年,成鹫在七十二岁时住持鼎湖山庆云寺,为庆云寺第七代方丈,时间达六

---

① 刘雪梅:《明清之际遗民逃禅研究》,吉林大学博士论文,2015年,第19页。
② 姜伯勤:《石濂大汕与澳门禅史》,上海学林出版社,1999年版,第576页。

年,对寺宇进行了重修和扩建,早前成鹫还曾编《鼎湖山志》八卷。如此,成鹫是鼎湖山系也是东林社系禅僧的代表人物。如果说,东林社和鼎湖山庆云寺可称与遗民僧有所关联的话,天然函昰一系则是岭南乃至全国遗民僧群体的主要代表。

　　成鹫还与天然系禅师一系有密切关系。顺治十二年(1655)春,遗民僧领袖之一空隐和尚到广州名刹海幢寺。空隐道独,广东南海人,他的两大弟子天然和尚(函昰)和剩人和尚(函可),乃岭南乃至全国遗民僧的主要代表人物。"空隐老人。空隐老人华首者,名道独,字宗宝,南海陆氏子。年二十九入博山,博山无异禅师异之,遂落发为博山法嗣。居庐山之金轮,旋徙黄岩。粤人请居罗浮之华首台,闽人请往西禅,旋还粤之海幢,示寂于华首。其徒函昰、函可等最著名。"①崇祯九年(1636),曾起莘偕张二果同登庐山双剑峰黄岩寺,拜谒空隐道独禅师(1599—1661年),成为空隐门下弟子。天然和尚门下弟子众多,号称"十今",多为著名僧人。成鹫法师在《不退传》中说,"昔洞下空隐独公嗣法博山,归罗浮,兴华首,诸方云水,风闻而至。"②成鹫法师出家不久即隐居罗浮山石洞禅院,在罗浮山,访问过华首台。华首台又名华首寺,乃南朝梁武帝时所建五个佛寺之一。罗浮山佛教兴盛,有十八寺,华首寺被称为"第一禅林"。《过华首台》:"人生那得四百岁,一岁罗浮住一峰。去日转多来日少,南山游遍北山同。倚檐双瀑晴天雨,夹路千松暑月风。地主不收僧借去,古台移向洞门东。"③海幢寺是广州重要寺院,乃遗民僧领袖空隐和尚、天然和尚一系主要道场。《番禺县志》卷五记载:"海幢寺在河南,始为郭家园。僧池月、光半募建佛殿,延道独禅师驻锡于此。后僧买四面余地,改创大殿、藏经阁、方丈僧寮。康熙十一年,尚可喜建天王殿,巡抚刘秉权建山门,宏敞庄严,为岭南雄刹。后有鹰爪兰一株,郭园旧植,经数十年兵火不灭,寺愈盛而兰愈茂。今以亭盖之,环以栏楯,在崇兰堂前,识者比之为优昙花云。康熙二十五年,从堪舆家言,改藏经阁为后殿。"成鹫与海幢寺关系密切,诗文中多处提及海幢寺,也曾到过海幢寺附近。成鹫《南田神庙记》记载:"暇尝览胜,舟渡珠江,遵海而南,游览花田之上,遥见桑麻聚落,烟火相望,鸡犬之声相闻,界乎海幢、是岸两刹之间者,南田也。南田之西,古庙在焉,榱题轮奂,香灯灿煌。"④成鹫曾致信海幢寺首座。他还曾作《海幢寺后殿落成》,"联珠合璧梵宫森,堂构重新布地金。茎草插来绳祖武,烟楼撞破见师心。琅函分部成华藏,水月同天尽竹林。我在隔

---

① 孙静庵:《明遗民录》卷四十七,浙江古籍出版社,1985年7月第1版,第358页。
② 《咸陟堂文集》卷七,第90页。
③ 《咸陟堂诗集》卷十一,第193页。
④ 《咸陟堂文集》卷五,第69页。

江遥斫额,海幢高处有潮音。"①成鹫法师好友梁无技到过海幢寺,作有《海幢秋钟》。《海幢秋钟》:"海色白到寺,打钟僧上楼。花宫千树晓,水国一天秋。尘梦云边觉,霜声月外流。冷冷感寒露,落叶满沧洲。"(《粤东诗海》卷六十三)

　　成鹫法师与觉浪道盛禅师和空隐道独禅师门下的一些著名遗民僧多有交往和关联,尤其是与天然函昰以及门下弟子有密切关系。成鹫与天然和尚有诗《天然和尚七十颂》,"拙哉大挠作印子,不识太初与无始。却教三万六千日,忙杀山僧希作佛。岂知贤圣中所存,一朝坐老天地根。七十年前无此人,众人道假我道真。七十年后称寿者,众人道真我道假。真假两不知,请问天人师。今夕雷峰好轮月!不异匡庐夜静时。"②。天然和尚七十岁时,成鹫法师刚好四十一岁,在此年出家为僧,由此诗可见他刚入佛门就与天然和尚相识,或者也可能在此以前就熟悉,他们都是广州番禺人。诗中提到的雷峰寺以及匡庐(庐山)都是天然函昰门下遗民僧弟子的主要聚集地。天然函昰弟子为"今"字排行,有遗民诗人今吼(王邦畿)、今种(屈大均)、今释(金堡)、今竟(陆圻)等,其中有"十今"(阿字今无、石鉴今见、诃衍今摩、澹归今释、乐说今辩、仞千今壁、角子今釐、泽萌今遇、尘异今但、广慈今摄十人)之称,最为有名。1695年,时年五十九岁的成鹫参访丹霞山有别传寺,此寺建于顺治十八年(1661),内有著名高僧澹归今释禅师(明兵科给事中金堡)等明末遗民。此寺与南华、云门并称为粤北三大名寺,是遗民僧的非常重要的聚集地。有人认为此一时期,江南、云南、岭南三地是遗民僧主要聚集之地,而在岭南地区,天然函昰、成鹫被视为主要代表。投于函昰禅师门下今字辈僧人数量就非常众多,达上百人,能青史留名者,自然都是才学优异的文人学士。如今无禅师、澹归今释、谢楸(法名今楸)、圆音和尚等丹霞山诸高僧成鹫都与之有密切的往来。别传寺为澹归今释禅师所创建,建立后,他邀请天然函昰为住持,其后才是澹归今释作住持,前后几代都是天然函昰弟子或再传弟子,后因有官员告发,别传寺遭到清朝朝廷的破坏。泽萌今遇禅师于康熙二十五年至三十五年主别传寺法席,泽萌和尚邀请成鹫前往。成鹫前后三年内两次进入丹霞山。成鹫与遗民和遗民僧群体的接触内容比较多,一定程度上说明成鹫与他们在思想情感上是很接近的。

一、成鹫法师与屈大均

　　屈大均,字翁山、介子,号莱圃。广东番禺人。明末清初著名学者、诗人,与陈

---

① 《咸陟堂二集》卷十三,第328页。
② 《咸陟堂诗集》卷二,第15页。

恭尹、梁佩兰并称"岭南三大家",有"广东徐霞客"的美称。早年受业于陈邦彦门下。明亡后,参加其师陈邦彦以及陈子壮、张家玉等的反清斗争。后为僧,法名今种,字一灵,名其所居为"死庵"。以化缘为名开始云游四海,与顾炎武、李因笃、朱彝尊等交往,是岭南著名遗民。释函昰(1608－1685年),俗姓曾,名起莘,字丽中,又字天然。广东番禺人。明末清初诗僧、遗民僧领袖。弟子全为"今"字排行,有遗民诗人今吼(王邦畿)、今种(屈大均)、今释(金堡)、今竟(陆圻)等,其中有"十今"之称,最为有名,是岭南遗民和遗民僧的主要代表。屈大均中年仍改儒服。有《翁山诗外》《翁山文外》《翁山易外》《广东新语》及《四朝成仁录》,合称"屈沱五书"。屈大均对岭南以及清初的社会生活多有记载与批判,因而著作不少被焚毁。屈大均多次出入儒释之间。石涛"以明朝遗逸,感国家之痛,贞忠不二,削发为僧……屈大均字翁山,正与石涛同岁,且同为明遗逸,同削发为僧,后又同蓄发还俗"①。祁班孙"祝发于吴之尧峰,寻主毗陵马鞍寺,所称咒林明大师也。好议论古今,不谈佛法,每及先朝,则掩面哭泣,然终莫有知之者"②。"归庄,字符恭(又号玄恭),昆山诸生……与同里顾炎武学行相推许,而不谐于俗,有归奇顾怪之目。乙酉,清兵破昆山,与炎武同应前令杨永言义师之役。事败,亡命去,剃发僧装,称普明头陀。"③"有过僧服儒行经历的人还有方以智、杜浚、阎尔梅、万寿棋等人,他们忽僧忽儒、亦僧亦俗,时时不忘儒者使命。"④《清史稿》列传二百七十一:"大均,字介子,番愚人。初名绍隆,遇变为僧。中年返初服。工诗,高浑兀奡。有《翁山诗文集》。"《小腆纪传》卷五十六:"屈大均,字介子,一字翁山,番禺诸生。初名绍隆,遇乱为僧,后加冠巾。游秦陇,与秦中名士李因笃辈为友。作《华岳百韵》,固原守将见而慕其才,以甥女妻之。自固原携妻至代州,与顾炎武、朱彝尊遇于太原。再游京师,下吴会,自金陵归粤。岭南诗人三大家,则大均与陈恭尹、梁佩兰也。"

  对于遗民的思想与情感大致有不同的取舍。"首先,'逃禅'遗民具有明确的目的性。清初'逃禅'的遗民大抵有两类:一是看破红尘、彻底被现实所击倒,自愿'出世'之人;二是为了躲避清政府的制裁之祸,不得已而避走山林,以'出世'之实,隐'入世'于心。在他们心中,'逃禅'只是一时之势,只是为了避灾而为。在岭南'逃禅'遗民中为避祸而逃的情况占绝大多数,他们大多都入仕于南明政权,

---

① 祝秀枝:《粤海旧闻录》,台北圣文书局股份有限公司,1987年版,第320页。
② 孙静庵:《明遗民录》,卷一,杭州:浙江古籍出版社,1984年版,第6页。
③ 孙静庵:《明遗民录》卷三十六,杭州:浙江古籍出版社,1984年版,第271页。
④ 刘雪梅:《明清之际遗民逃禅研究》,吉林大学博士论文,2015年,第41页。

都曾对南明政权及恢复'汉家天下'寄予厚望,为谋臣者出谋划策,为武将者立马横刀、起兵抗清。他们全力以赴,心中承载着战死沙场、马革裹尸以报救国之志的宏愿,绝不愿为保自身而变节投降,或为救命而求取新朝功名利禄。他们虽然在行动上以'逃禅''出世',而思想上他们一刻都没有停止过反清复明、再报复国之志的'入世'思想,所以他们表面的'僧装儒行皆相似,绝俗离群我不如。'(归庄《赠许昭法》)是"出世"之举,而实际上他们行的是'虽作头陀不解禅'(归庄《冬日感怀和渊公韵》之三)之实,一直暗中在组织抗清行动,实则是更为积极的'入世',正所谓'易姓之交,诸遗民多隐于浮图,其人不肯以浮图自待,宜也。'屈大均虽着僧服,实则却一直在为抗清奔走,他还曾参加吴三桂反清队伍,以图复明之志,清末民初之《广州诗汇·屈大均小传》载:'逾年,出游大江南北,联络郑成功入镇江,攻南京,郑兵败走。……吴三桂反清,以蓄发复衣冠号召天下,大均建议始安,以广西按察司副司监督安远大将军孙延龄于桂林。'通过以上小传可以看出了屈大均之'逃禅'的根由,是非'出世'而'入世'也,而在岭南地区如屈大均一般的'僧服儒行'之遗民是大有人在的。"①"第二,遗民'逃禅'随着政治形势变化而异动。明清之际遗民'逃禅'的原因都是受国变影响,以岭南遗民逃禅为例,究其原因正是受政治形势变动的曲折性所影响,正是随着南明政权抗清斗争的曲折变化而变化的。如屈大均之逃禅经历,他于永历四年(1650)首次皈依佛门,此时已是国变七年之后。这七年间,岭南的抗清形势波澜起伏,首先是永历元年(1646)清军李成栋部攻下广州镇压了岭南抗清力量,形势转入低谷;永历二年(1647),清提督江西兵务总兵官金声桓与王得仁在江西反正、李成栋在广州改弦易张,永历政权再次控制了江西、湖广、两广等地,抗清形势顿时高涨,逃禅者甚少。至永历四年(1650)十一月,尚可喜、耿继茂部再次攻下广州,孔有德攻下桂林,两个省会陷落、永历皇帝败走、抗清力量被打击摧毁,抗清形势再次陷入低谷,守节士人们或死或逃或归隐。永历四年(1650)冬,屈大均皈依佛门,其自述:'吾屈为岭南望族,予弱冠国变托迹为僧',其'托迹'二字,即可看出其内心的不甘、不忍,亦透露着只要有机会,他还会脱去僧袍,换回儒服。在其《死庵铭》中,亦自述国变披绪之事实'予自庚寅丧乱,即逃于禅,而以所居为死庵。'由此,屈大均'逃禅'的根本原因是国变,同样今释澹归也是在永历四年的国变之时选择逃禅的。"②"第三,政治形势的变动是逃禅者返儒的原因。以屈大均返儒为例,康熙元年(1662),也就是永历十六年,吴三桂杀了缅甸擒回的永历皇帝,南明灰飞烟灭,抗清斗争陷入绝境,恢

---

① 刘雪梅:《明清之际遗民逃禅研究》,吉林大学博士论文,2015年,第20页。
② 刘雪梅:《明清之际遗民逃禅研究》,吉林大学博士论文,2015年,第20页。

复故国的理想破灭,以逃禅为名行抗清之实的复国行动已无意义,北流多年的屈大均返儒,'既已来归子舍,又不可以以僧而事亲',于是他蓄发戴冠,以罗浮道士自称。直至康熙三十二年(1693)屈大均之母离世,他了无牵挂,再次以僧服入山,隐于浮图,直至终老。此次的皈依与前次不同,前次是为避清廷迫害不得已而为之,是'有所待'而为;而此次则是心中已'无所待'的真心礼佛。明清之际岭南地区如屈大均一般反复于儒佛之间的逃禅者并不在少数,他们的反复正是随着南明政权的政治形势剧烈变动而异动的,也诠释了地崩天解之时政治生态频繁剧烈的变动,反映了在抗清复明斗争的波峰波谷之间遗民的心理与行为的异动。"①

成鹫法师与屈大均关系密切。清康熙十九年(1680)成鹫法师曾至泷水县,有诗《屈翁山归自金陵,予将入泷水赋赠》,"君不见至人有身无四大,乘风稳踞溟鹏背,下览九州如历块,朝发越裳莫燕代。君不见至人善行不任足,驰驱直入蜗牛角,纵横游说蛮与触,三军解甲舆脱辐。斯人入耳无大奇,致虚守静如伏雌。中间真宰微乎微,神出鬼没不可知,去年尽室吴江去,江边欲与鸥夷住。高堂有母生喜惧,自刺扁舟出烟雾。归来重理漉酒巾,黄花彩服参差新。炙鸡秉烛招比邻,黑貂贳过墙头春。兴来起舞醉无力,举觞遍告座中客。此身有母难许国,自作散儒深可惜。深可惜,未忍闻,长歌短曲聊和君。明朝我向泷西隐,世事悠悠勿复云。"②成鹫法师曾作《羽指挥死节诗序》,其中说:"昔明之初,大兴封建,凡从龙之彦、汗马之劳,皆得论功袭爵,俾其子孙隶籍屯卫,食禄千百户,非有大谴,不黜其荫。国恩重矣,而后世之报恩者,盖寥寥焉。甲申之役,两京失陷,死事之臣,大半不由世袭,其全躯保妻子者,皆与国同休戚者也,尝窃怪之。或谓世胄之家,狃于富贵,溺于声色,忠孝至性渐杀而衰也;或谓先世以军功起家,多不由于诗书,往往任气嗜杀,子孙效之,圣贤之学无闻也。及读屈翁山《成仁录》所载明世袭指挥羽公死节本末,不觉掩卷太息,谓世爵之家,仗义尽节,不谓尽无其人。庚寅之春,王师将抵广州⋯⋯。翁山复为之志铭,一时搢绅先生,文人韵士,争为诗歌以哀之。际威汇成一帙,寿以梨枣,属序于予。"③成鹫法师经历与屈大均较为相似,生平多有交集,他们为遗民,且出家为僧。成鹫法师对羽指挥等这样的为抗清义士之事迹褒扬,说明了他对这一批人的态度,其文集中还有不少这样的内容。广州守城之战,羽指挥声称"降与死等耳,吾宁死不愿降也",经数十战,身中百创,城破,主帅杜永和等登船逃亡,羽指挥自刎而死。屈大均《成仁录》,即《皇明四朝成仁录》,"我粤

---

① 刘雪梅:《明清之际遗民逃禅研究》,吉林大学博士论文,2015年,第21页。
② 《咸陟堂诗集》卷二,第24页。
③ 《咸陟堂文集》卷一,第15页。

忠义之士一盛于宋,再盛于明,事虽不成,亦足以折强敌之气而伸华夏之威。……事不必成,功不必就,而已可传不朽矣!"①所载主要为抗清殉国的志士仁人。成鹫法师经历与屈大均较为相似,生平多有交集,他们为遗民,且出家为僧。

成鹫与屈大均关系密切这是可以肯定的,但陈永正所说"成鹫诗中亦可稍见他与遗民志士的活动有关,比如屈大均的行踪和心迹,他竟能知之甚悉,足见大均亦未视他为外人",再进一步推断成鹫参加抗清。事实上,清康熙十九年(1680)成鹫曾至泷水县,有诗《屈翁山归自金陵,予将入泷水赋赠》,这正是陈永正以之为据,但诗中有"深可惜,未忍闻,长歌短曲聊和君。明朝我向泷西隐,世事悠悠勿复云"之句,已经说明了各走各的道路,不论是人生道路还是政治道路。其中还有"高堂有母生喜惧","此身有母难许国,自作散儒深可惜",表明了成鹫的态度,反清的思想是有的,参加实际的斗争则没有。作此诗的时间是成鹫刚刚出家为僧不久的康熙十九年(1680),其后的四十二年成鹫基本上都保持了这种归隐的状态。在三藩之乱前后,以及之前的几十年,反清复明是许多人秉持的理念和精神支柱,成鹫作为广州文坛有影响的文人和遗民,"屈大均的行踪和心迹,他竟能知之甚悉",不会让人特别意外。而此时成鹫选择的是归隐泷水、躬耕自食。

二、成鹫法师与澹归今释

澹归今释,明末清初著名遗民僧,广东丹霞别传寺开山高僧,别传寺成,邀其师天然和尚做住持,别传寺也成为遗民僧的主要聚集地之一。函昰弟子"十今"之称,最为有名,其中澹归今释、泽萌今遇禅师与成鹫法师交往较多。

今释禅师,法名性因,俗姓金名堡,字道隐,号卫公,浙江仁和(今杭州)人,南明永历朝"五虎"之一。成鹫法师作有《舵石翁传》。"丹霞山别传寺,开自舵石翁,拮据经营,历十有七年乃竣厥工,奉雷峰天然老人为开山主法之祖。自号舵石翁者,盖丹霞山形如巨舰,最后一石兀立于诸峰之下,若船舫之有舵然。舵虽居后,而舟之行止,悉寄命操舵之人,师于丹霞一肩负荷,功成身退,泊岸舍舟,故以自况,其旨远矣。师讳今释,字澹归,原籍浙之仁和县,金氏子,名堡,字道隐。生数岁,颖悟绝伦,从塾师授书,过目成诵,时以神童目之。尝与群儿戏逐入僧舍,案有梵帙,取观之,乃《维摩诘经》,一览至不二门,恍如故物,洞悉其义。未卒读,逐群儿去,自是心目尝有所忆不能忘。十岁学为文,纵横闾辟,不由绳捡。先辈方子春一见奇之,曰:'此子非常人,不当于俗学求之。'语其父别择良导。业成,应童子科,选博士弟子员。文日奇放,远近传诵,争拭目焉。年二十三,举崇祯丙子科乡

---

① 清·屈大均:《明四朝成仁录》卷八,民国景广东丛书本,第161页。

136

荐。千山剩公为居士时,见其制义,击节叹曰:'此宗门种草也。'庚辰成进士,廷试二甲第九人。初选州牧,出知临清。值岁大祲,旱疫洊至,民多流亡,州牧方以抚字为急,缓于催科,遂以岁计去官。甲申之变,贼陷京师。至乙酉,江浙郡县相继瓦解,师脱身出走,墨衰入闽,见隆武帝,默策直言,除礼科给事。以服未阕,辞不就官,僦居楚之辰州山中。无以消永日,索书于邻不得,乃入僧舍借梵典,忆童时所览,经义俨然心目,遂从僧取《净名经》。僧曰:'此大乘法宝也,现居士身为说法,固宜究竟。'遂故帙授之,更授以《楞严》《圆觉》二经,俾潜心焉。师阅竟,乃发深信,恨知佛法之晚,渐有出世之想。戊子岁,江楚两粤复明冠带,师以全发赴行在,见永历帝于端州,以旧官授兵科给事。正言敢谏,不避权贵,宰相向有失节者,弹斥不为少假,举朝屏息,遂有'五虎'之谣。适永历幸滇,师扈跸至苍梧。群小乘间泄忿,欲死之,诬以赃,付锦衣卫狱,拷掠备至,身无完肤。自分必死,返观一灵,炯然不昧,绝后再苏,如梦初觉。狱成,遣戍清浪卫,适清兵至,押解走窜,师脱身入桂林茅坪庵,求僧剃度,至是始有浩然长往之志。时粤西留守阁部瞿公稼轩、督师大司马张公别山同时死节,师毅然上书启定藩,乞收骸骨。定藩义之,可其请。后阻兵荒,忍饥山中,作参方文以自励。壬辰岁,行脚入广州,礼雷峰天和尚受具,即入厨下,亲涤碗器,隆寒龟手,不废服勤,器有焉缺,典衣偿之。天老人知为法器,时欲归隐匡山,先命师度岭乞缘于江左。及返栖贤,老人已据丈室,师充书记。适闻博山嗣法,啧有烦言,师以书记上书于天界阎公,陈说我华首心印,亲承面授,非皮履直裰之比。阎公得书,颇不快意,咸咎师以越俎,师不为动。未几入粤,供职雷峰,复居东官载庵,阅五夏腊。每入丈室,天老人接以本分钳锤,虽有启发,未能洒然。壬寅岁,开山于韶之丹霞,建别传寺,前后创造,胼手胝足,运水搬柴,露面抛头,躐州过郡,送往迎来,人事轇轕,五官并用,一如寂然。师尝语人曰:'吾于丹霞得个人处。'阅五年,丛席岩成,迎天老人入山主法。未几病作垂危,老人亲至榻前,握手与诀曰:'汝从前所得,到此用不着,只恁么去,许尔再来。'师闻语,于病中返照,大生惭愤,起坐正观,万念俱息,忽然冷汗交流,碍膺之物与病俱失。从此入室,师资契合,顿忘前所得者,老人乃印可。戊申元朔,举西堂,立僧秉拂,当机提唱,别出手眼,同学折服。辛亥冬,老人赴归宗请,师留丹霞毕创造之局。癸未冬,出匡庐省觐。甲寅春还山,俯顺众请,据室匡徒,四方闻风,瓶笠云集,堂室几不能容。师以本分事接人,一味真实,野狐禅辄斥去之,一时会下,多真参实究之士,至今耆硕白首丹霞,足不下山,犹有古德之遗风焉。居无何,复以请藏出岭,以院事付同门乐说辩公。师遨游于姑苏嘉禾间,所过道俗钦仰,辄以名刹敦请,师皆却之。请藏缘毕,将入匡庐,因病作,养疴于前南雄太守陆公孝山之别业。示寂前一日,遍发岭南道俗书及诸遗念,嘱侍僧茶毗收遗骸,投于江流。僧求偈示别,举

137

笔书曰：'入俗入僧，几番下火，如今两脚捎空，依旧一场儸罗，莫把是非来辨我，刀刀只砍无花果。'掷笔端坐而逝。侍僧如教茶毗，不忍投弃，奉骨归栖贤，后遣丹霞，建塔于海螺岩。师世寿六十有七，僧腊二十有九。所著有徧行堂前、后二集行世，生平大要，多以文字而作佛事，著述数十万言，皆从般若光中流出。当其在世言世，见于《谏草焚余》，已属前尘，不可复问。及其出世，仍说世间法，见于《上定平二藩书》，其忠孝之概，根本佛性，并行不悖。至其上阌公一札，名正言顺，祖父无净，三昧赖以发明，令博山一脉照耀古今，斯又出世法之不可无者。谁谓不立文字，遂足尽吾教西来之妙谛乎？舵石翁秉舵于法海狂澜之日，譬诸香象截流，不存朕迹，虽遇黑风白浪，了无过涉之虞，同舟之人方将倚以为重，乃有视为敌国者，诚可慨也。"①成鹫法师撰写的澹归今释的传记，保留下了珍贵的史料，其中也注入了成鹫法师的个人感情，他显然对澹归今释抱有同情与赞美之意。

清顺治十八年，李充茂将其亡兄李永茂的产业丹霞山施舍予澹归。康熙元年，澹归在丹霞山开辟"别传寺"。关于丹霞山此一段历史，成鹫作《丹霞山记》，所述甚详，原文有几千字，成鹫法师详细记载丹霞山优美风景，和丹霞山开山建寺的始末。清陈世英《丹霞山志》卷一："丹霞于顺治十八年辛丑十月澹归禅师开山创建，至康熙丙午始落成。请天然和尚开法为第一代祖。至甲寅年，澹归和尚继法席。至戊午四月，澹和尚退院，往嘉禾请藏。"《丹霞山志》卷六："今地，字一超，丹霞山祇树主也。本姓李，名充茂，号鉴湖，官仪部，即为文定公介弟。遭乱，从兄奉母隐于丹霞山。乱后还里，于顺治十八年，舍宅建别传寺。先是，师与澹归和尚同事称声气之雅，遂以此山属之师。归穰州安厝丘陇，慨然有出家之志。未几复入丹霞，礼天和尚剃染，诣栖贤受菩萨戒。归隐本山之箐竹岩，建正气阁，奉汉寿亭侯像其上，拟配享古今忠孝名贤及明末？事诸臣，未果。春秋伏腊，必列位以祀之。师天性忠孝，具文武材，膂力过人。文章诗赋下笔立就。既得戒，尝以本分内事为念，提奖善类，不遗余力。居丹霞数载，沐浴示寂。"《丹霞山志》卷二等丹霞山和别传寺有详细记载，中称"若道场遂立，敢谓与曹溪、云门鼎分三足，为岭表梵刹冠冕。"

澹归今释为僧达三十年，名著佛门，深受四方僧众敬重。《丹霞山志》卷八收录有徐乾学作《丹霞澹归释禅师塔铭》，其曰："澹归禅师者，前进士金道隐堡也。国亡出家为僧，师岭南天然和尚受衣钵，刱建丹霞别传寺。"《咸陟堂诗集》卷三《登海螺岩谒澹归禅师塔》，追述回忆了澹归今释的往昔岁月。

刘雪梅在《明清之际遗民逃禅研究》中指出，"首先'僧之为遗民者'，他们出

---

① 《咸陟堂文集》卷六，第79页。

家本非因国变,只是国破之实激发了其爱国热情,如弘储、苍雪;而'遗老而为僧者'则是直接投身抗清斗争,却因残酷现实的打击而悲愤剃度的,他们最能体会国破家亡的深刻悲痛与流离失所的悲惨境遇,对整个'逃禅'遗民群体有着更大的影响,如大错、今释等人。"①"剃发后他继续实施反清活动,均以失败而终,桂王入滇其以僧终老。从其经历来看,皈依佛门同出于不得已的原因,心存忠诚的他一直都是明朝之臣,其诗亦呈现出节烈之质与耿介之气。""国变之后,(澹归)赴粤事南明永历帝,授礼科给事中,因其不畏强权、直言进忠,于顺治七年被逸言诬罪、备受拷掠、狱成谴戍。途遇清兵,趁乱而逃,入桂林茅坪庵剃度,法名性因。是年,南明破,瞿式耜、张同敞殉难,今释上书孔有德,求葬瞿、张骸骨,'衰世之忠臣与开国之功臣,皆受命于天,同分砥柱乾坤之任。天下无功臣则世道不平,无忠臣则世道不正,事虽殊轨,道实同源。'今释澹归披绪的主因是其面对现实的无力感,但他同样心担着一颗赤诚忠君的爱国热情,因此他的诗文中也蕴藏着忠诚耿直与义愤难平,如《贻吴梅村》:'十郡名贤请自思,座中若个是男儿。鼎湖难挽龙髯日,鸳水争执牛耳时。哭尽冬青徒有泪,歌残凝碧竟无诗,故陵麦饭谁浇取,赢得空堂洒满卮。'澹归诗作中呈现出一腔爱国爱忧,其诗中之沉郁澹远、悲慨难抑之情充溢诗作,使得吴伟业及十郡名贤读之无不失色,甚为感慨。陈垣在《清初僧诤记》中引朱铖之语记载了此事:'吴梅村于三月十九日,集十郡名贤,置酒于鸳湖,席半有僧缄诗投入,启视,一坐失色,访之为澹归所作。"②乾隆四十年,澹归诗文集《编行堂集》被朝廷焚毁,澹归骨塔及碑志,其遗著、墨迹也全部销毁,丹霞山门人弟子被逐。

三、泽萌今遇禅师

别传寺建于顺治十八年(1661),与南华、云门并称为粤北三大名寺。先是天然和尚首先住持别传寺,其后是澹归今释,乾隆四十年(1775)以前继任别传寺住持的高僧有乐说今辩、泽萌今遇、圆音古梵、愿来古奘、鹿异今但等。泽萌今遇禅师于康熙二十五年至三十五年(1686－1696年)主别传寺法席,康熙三十四年(1695),泽萌邀请成鹫法师前往。成鹫法师前后三年内两次进入丹霞山。"适有丹霞之约,遂别东林,买舟而往,时乙亥年九月初三日也。从行者侍儿大容,同舟者皆凤昔同参之友。由广至韶,行滩濑中,徒跣随之,相与沿流选石,呈奇夸异,赋诗为乐,不觉久于行也。是月之望,乃抵丹霞。中途所见,奇峰矗天,悬崖插水,千

---

① 刘雪梅:《明清之际遗民逃禅研究》,吉林大学博士论文,2015年,第13页。
② 刘雪梅:《明清之际遗民逃禅研究》,吉林大学博士论文,2015年,第14页。

变万化，不可悉数。将至丹霞，遥望一石万仞，兀然云中，恍如观音大士端居空界，花冠缨络，宝座庄严，旁列净瓶，前拜童子，物色天色，毫发悉备，天工人代，不能肖其万一。历历所见，不一而足。舟泊丹霞山麓，时日西夕，云深路黑，月暗林中，秉炬乃抵山门，门上石楼明灯待客。予乃振衣而入，过苇桥，宿客次，盖三岩高处也。晨谒主人，洞上宗师泽萌遇公也，一见欢然。其徒九译梵公，昔年吾友罗戒轩门下士，后得法于匡庐，继席海云，改号圆音，即其人也。予甫至客次，喜先见之，幸丹霞之有人，可藉以休老矣。主人破格，以客礼礼之，不强之以受职。挂瓢钵于筼竹岩正气阁之右厢，属容儿侍，传致饮食，始终无懈容，主宾之投契者，有生未曾有也。是腊八日，泽公登坛授戒，禀受比丘菩萨者三十三人，九译暨容儿与焉。以予以羯磨阇黎客也，而师位加之，予滋愧矣。"①

康熙四十年(1701)冬，泽萌今遇和尚逝。成鹫法师作有《泽萌遇禅师传》，其中说："辛巳(1701年)夏，泽公退席栖贤，赴长庆请。是秋南还，埽塔于丹霞，道经广州。时雷峰虚席日久，大众恳留住持。冬月暂入雷峰，据室未久示寂，时腊月三十日也。法嗣梵首座，述其生平行履，著为行状，既详且悉矣。予成鹫与公相见最晚，而相知最深。公示寂之四日，闻讣怆然于怀。值予养疴亦庵，弗获亲往，遣侍子致奠，录其状以归。予望空遥礼，展卷三复，如见其人。忆昔寓迹丹霞，承公委修《山志》，及撰《如来舍利塔记》，闻公自述生缘行脚之由，至今不忘，恐或遗之，爰据耳目所闻而见者，踵为别传，少补行状之缺。公世居松江华亭县，孙氏子，初生时异香满室，灌沐竟，交睫若瞑。越三日叩地一声，双眸洞辟，神光四射。三岁乳食，不纳腥荤，纳则必吐而出。总角时与群儿戏，常跏趺如大僧状，敕群儿罗拜其下。稍长，出就外傅，授以章句，过目成诵，渐知大义，往往献问难，意训诂之学未得究竟也。孙氏一门，数世好善，至公父母为净行婆罗门，然崇信外教，从之游者数十百人，日夕讲论。公常侍听，知非正道，乃发大愿，舍俗出家，参扣诸方，发明大事，遗度二亲。年十九依云栖会下尊宿落发。阅二载，礼洞下三宜和尚受具，发足参方，往来天童之门，洞彻玄要。未几还里省亲，适聚徒论义，公至，力为举扬正法，剺讹芟谬，反复再三，众无以难。父母有省，遂舍所学，发大谛信，因师往依济下费隐和尚，同时得度，后嗣法千峰，阐化广福，是为德化范和尚暨德修心庵主，公父母也。夙愿已酬，报恩事毕，横担榔栗，直入匡庐。时天然和尚主法归宗，公一见契合，遂结茅于寺后岩壑深邃之处，旦夕入室，针芥相投。后返雷峰，乃受付嘱，先后机缘，备载行状，不具述。丙寅岁，主席丹霞。乙亥冬予始入山挂搭，相见握手如平生欢，中间投分，度越寻常，盖有旁观所不及者，略为志之。予散人也，初

---

① 《咸陟堂文集》附录，《纪梦编年》。

入丹霞，不载贽，不通刺，不具威仪，直趋丈室，见一老僧跌坐石上，破衲不补，寒涕不拭，望而知为道貌，讯之左右，居亭主人也。"①文中也说明了成鹫法师北上丹霞山的原因，也曾要编写《丹霞山志》，成鹫现存编有《鼎湖山志》，颇受好评。

成鹫法师有《舍利塔记》《呈泽萌和尚》《泽萌和尚归自栖贤主海云席赠此》。皆颂扬泽萌和尚，展示良好关系。《呈泽萌和尚》："大道日陵夷，真风自虚妄。城市足嚣尘，山林见高尚。翘首丹霞巅，仙凡隔天壤。巍巍大法王，所居得无上。云树隐楼台，祇园集龙象。众水尽朝宗，万山互回向。三尺龟毛拂，一枝兔角杖。埽荡野狐踪，打破犹疑网。孤峰啸一声，空谷传清响。侧耳闻法会，遐心驰梦想。昨从南海来，入山呈伎俩。多谢火炉边，清言发深广。大冶铸干邪，顽金先出矿。白社许从容，青山任来往。假我竹边楼，解我尘劳鞅。腊尽又新年，春光正骀宕。山中岁月长，杲日当空朗。披衣礼法筵，一拜一瞻仰。百年老赵州，千岁今宝掌。愿得镇追随，主宾更无两。迟我三十年，白首重相访。"②成鹫法师还有《挽丹霞方丈》："曾从坛坫识潘郎，回首头颅各有霜。我作前锋君后竟，大家赢得一生忙。""为佛为儒只此身，无端真外更求真。自从一见华亭后，伊洛门中少一人。""二十年前老古锥，登坛作白愧师资。眼前人物那堪忆，惟记丹霞掩耳时。""拚身舍命不辞劳，魔力偏憎道力高。同病相怜吾与子，抱疴人各返林皋。""山穷水尽客心孤，林下相逢两病夫。老我欲行行不得，输君神足疾驰驱。""病起愁闻剥啄声，渡江僧报法幢倾。老人讳说伤心事，一笑相看暗怆情。""鹤榭潜辉慧日斜，题诗款款寄丹霞。刹竿倒却谁扶起，大地难逢老作家。""三尺龟毛为白拂，一枝兔角作乌藤。丹霞不少闲家具，何事无人绍祖灯。""祖灯明灭暗情寰，法乳源流溷浊河。为法求人难草草，瓴砖随去待重磨。""磨砖作镜照何人？唤镜为砖用未亲。照用两边齐放下，一回开匣一回新。"③

四、成鹫法师与谢楸

函昰门下有谢楸，法名今楸，成鹫法师与之有密切交往。康熙十五年（1676），成鹫法师作《答谢邺门》："谢君于我称父执！贱子今年过四十。昨日别君穗城下，短鬓参差冠岌岌。今朝相兑秋风里，兀突山僧摊高笠。本来面目看未真，须臾大笑空尔为，仲尼弟子称阇黎。"

《（道光）广东通志》卷三百二十八："楸，字邺门，番禺隐士。"《（乾隆）番禺县

---

① 《咸陟堂文集》卷六，第81页。
② 《咸陟堂诗集》卷一，第3页。
③ 《咸陟堂二集》卷十，第206页。

志》卷十五:"谢楸,字邺门,诸生,有《箕山草堂稿》。"《番禺县志》卷十九有谢楸(字邺门,邑庠生)诗作两首,"《南亭道中》:'云树遥相引,横山石路斜。鲁连应蹈海,张俭已无家。绕水鸣孤鹤,归林噪乱鸦。雷峰回首处,不敢恋烟霞。'《雷峰寺》(雷峰,山名;寺曰海云):'古寺石桥边,桥边种木棉。三春花正发,一树火初然。欲问此何世,相看不记年。夕阳钟磬起,梵语出诸天。'"《(同治)番禺县志》卷二十七:"《止亭诗钞》,国朝韩鹄撰。据任志《车腾芳序》曰:吾禺风雅之彦,首称石桥;曩有谢邺门、黄对庐诸君子者。树旗建鼓,藉藉有声。今皆风流云逝,而止亭先生岿然如鲁灵光之独存。先生早岁能诗。"还有一诗《谢邺门五十一诗》,中有"我年四十二,君年五十一"之句,按成鹫生于 1637 年计,谢楸生于 1628 年。番禺韦涌有月衣庵,成鹫法师有诗《归韦涌宿月衣庵与谢邺门话别》《宿月衣庵留别家山诸子》。成鹫法师还有诗《与谢邺门还山同赋》,"便与所亲别,终年拟闭关。如何此时节,亦复到人间。急雨移新路,痴云恋旧山。归逢林下叟,笑我未能闲。"又,"何人排闼入,来客与归僧。昨日山下路,苍苔没几层。怒蛙喧废井,饥鼠啮枯藤。莫厌荒凉地,分吟古佛灯。"①此时的成鹫法师俨然已经是一代高僧的态度,大约隐身佛门也有一段时间,习惯了佛门的暮鼓晨钟。但成鹫法师四十岁左右的时间点上,是佛儒相区别的重要时刻,他的内心世界与情感空间显然经受了很大程度的煎熬与磨难。

五、愿来古奘

丹霞愿来和尚,应是愿来古奘,此处成鹫法师说其为首座,当非默默无闻者。乾隆四十年(1775)以前继任别传寺住持的高僧有乐说今辩、泽萌今遇、圆音古梵、愿来古奘、鹿异今但等。《别传寺史略》载,康熙四十九年(1710)二月十七日,圆音和尚示寂。建圆音禅师塔于张天窝。八月十五日,古奘和尚入院。古奘愿来和尚,丹霞第三世,曹洞宗第三十六世,今龟角子和尚法嗣。《(乾隆)番禺县志》卷二十:"古奘,字愿来,小字拾影,号影堂(或虚唐)。古冈人,俗姓汤。吴逆之乱兵入粤,汤氏一门三十余口遇害。古奘方在襁褓,婢负之坠楼。逃置草坡,僧惟一遇之,偶见其影,因拾得养之,名拾影。四岁能赋白莲诗,共称再来人。长,参角子禅师。初粤僧惟空隐一派为盛……。角子童年受道,法继阿字,住海幢。一夕梦唐僧陈元奘入室,明日古奘来参,语甚合,因附衣钵,立为首座,改名古奘,应梦也。角子入丹霞,古奘遂住海幢。后徙别传及长庆、栖贤。性至孝,念家破,值已生日,哀感经旬。门弟子毋敢以师诞语人。所著有《虚堂诗集》《蠹余集》。"古奘有《虚

---

① 《咸陟堂诗集》卷八,第 129 页。

唐诗集》十卷,刻于康熙五十八年,上海图书馆有藏。

成鹫法师有《报丹霞愿来和尚》,中有"回首丹霞忆旧游"①之句。后,愿来和尚去海南,成鹫法师有诗《送愿来禅友之海南》:"世间不遣有名利,陌上应知无别离。斯言脍炙今人口,聪明汩没同愚痴。梯山航海争走险,涂穷日暮相追随。谁能掀翻棄与曰,曰有丹霞狮子儿。"②愿来和尚也是能诗之僧,南游有众人送行之诗集,成鹫法师因而作《送丹霞愿来首座南游诗序》,"前丹霞予知之最后,后丹霞予知之独先。早年尝与之游,慨然有名山大川之志,偃蹇余生,草鬎未办,丹霞绝尘先奔,予则瞠乎后矣。年来丹霞首众立僧,予尝以名山大川期之。今春治装还高凉省觐,将乘兴渡海,赴幕府请,一时同人送之以诗。噫,此岂丹霞志哉!丹霞方将置身孤峰绝顶,俯视一切,珠崖溟渤,犹坳堂杯水耳。今且以芥为舟,截流飞渡,一朝大笑归来,乘大愿船,御风而行,从衡海岳之间,其志固未可量。老樵老矣,请与丹霞别峰相见,弁言于首帧,以壮其行。"③

成鹫法师有《复愿来师》:"山城咫尺,不相闻问,未审比来操履何如?擎木至,云已受海幢记莂,且惊且喜。大厦将倾,赖有梗柟豫章为之撑拄,樗栎散木,自分不材,甘老山泽,用舍各自为计耳。承手翰见讯,深感远念。年来贱体多病,城市无缘,林泉有兴,子复禁足不出,诚恐相见无期。虽然,水在盘中,月在天上,未始无觌面相逢处,区区形迹离合,不足道也。厚惠拜领,雀舌马牙,受亨清福不少。"④此时大致是在成鹫法师生活的更晚期,大约愿来和尚在广州海幢寺,晚年的成鹫法师在广州的大通古寺。

另外,《复愿来师》中提及"擎木",成鹫法师在《与哉明师》中也提到"擎木",《与哉明师》:"无心道人,近有健忘之病,虽极关切事,放下等诸流水。擎木至,云公昨临别时留下一簋,嘱作古风诗,回忆惘然,乞便示及,庶得践言。数日经营破屋,为今夏安居计,无事望见顾,作竟夕谈。"⑤成鹫诗文集中提及的交往人员包括僧人,数量众多,时光流逝,事迹多不可考。

六、古义自破和尚

丹霞山有古义自破和尚。《(道光)广东通志》卷三百二十八列传六十一收录有自破和尚传,"古义字自破,新会人,姓卢氏。出世丹霞,历诸上刹,皆典重职雅,

---

① 《咸陟堂二集》卷十一,第261页。
② 《咸陟堂诗集》卷五,第78页。
③ 《咸陟堂文集》卷二,第31页。
④ 《咸陟堂文集》卷十五,第199页。
⑤ 《咸陟堂文集》卷十五,第199页。

好游泳。居海幢客寮,方外开士无不知有破公者。性嗜茶,所居列佳茗第其上下,著有《茶论》一篇。挂锡名山虽多,然住亦不久。晚隐新州竹院,瓶笠萧然,意泊如也。后闻角子和尚继席丹霞,策杖来归,竟终于丹霞。所著有诗百余首。"《丹霞山志》卷十收录释古义自破诗十一首,其中《奉和籓书周大士十首》,还有《锦岩夜月》一首。《锦岩夜月》:"千年古洞谁开辟,造化原无斧凿痕。石上藤萝县涧阔,林间花影拂栏干。纸窗梦觉浑生白,午夜风清不计寒。更喜高怀彭泽宰,携琴分赋碧云端。"《丹霞山志》卷一还记载:"渔隐岩在狮子岩下,一石蹲踞若渴猊,张口可藏十数人。往时遭乱,有九江货鱼苗者若干,无从避匿,仰天痛哭。自破上人哀而怜之,藏置此岩中,卒脱其难,因名渔隐。"

成鹫法师有《与自破师书》,"一别五年,韶光如驶,弟老矣,齿摇发白,衰相百出。……老兄是世出世间第一流人物,定有一种生涯,别行一路,不效若辈之茧茧者,何以教我？弟今寄食丹霞,正寻活计而不可得,万一名山谢客,来春结束,当入匡庐,与老兄落草盘桓于月影岩边。"①表明成鹫法师与自破和尚也有交情,此时成鹫法师在丹霞山,而自破和尚在庐山,两处都是函昰一系僧人的重要道场。

七、今甴角子和尚、九译禅师

丹霞山别传寺还有成鹫法师不少故人新知,如今甴角子和尚,也住持别传寺。《(乾隆)番禺县志》卷二十:"角子入丹霞,古奘遂住海幢。"《(道光)广东通志》卷三百二十八:"古乂字自破,新会人,姓卢氏。……后闻角子和尚继席丹霞,策杖来归,竟终于丹霞。"成鹫法师曾代作《代丹霞合山请栖贤和尚启》:"洪惟角公和尚,雷峰嫡乳,舵石连枝。生锺紫水之灵,蚤受丹霞之记。柳溪曾隐豹,多年养晦发光；金井暂藏龙,几度兴云致雨。顾栖贤仅栖隐之地,未应久恋栖迟；念别传匪别出之宗,正待遣开别业。"成鹫法师还作《拟孙邑侯请栖贤和尚启》《拟邑绅士请栖贤和尚启》。

丹霞山有九译禅师。成鹫法师上文提及"九译梵公,昔年吾友罗戒轩门下士,后得法于匡庐,继席海云,改号圆音,即其人也。予甫至客次,喜先见之,幸丹霞之有人,可藉以休老矣"。成鹫法师还作《丹霞语录序》:"丹霞梵公,果位中人也。结发为诸生时,受业于予友罗戒轩之门。戒轩之学,私淑于王文成,首唱良知之旨,会中数十人,丹霞先入其室。已而舍去,从洞下泽萌遇公弃集,圆具戒于丹霞,受记莂于匡庐,为雷峰之长孙、泽公之嫡嗣。"②《送九译禅友还里葬母,兼订重

---

① 《咸陟堂文集》卷十四,第186页。
② 《咸陟堂二集》卷一),第6页。

来之约》有"昨日潘生今九译",说明九译禅师本姓潘,先为儒生。《咸陟堂诗集》卷三有《初入丹霞与九译禅友夜话》。《咸陟堂诗集》卷十七有《送圆音禅友主席丹霞》,共有诗十二首。

成鹫法师在丹霞遇智严法师。成鹫法师有《题智严师蜇蟹图》:"严公写蜇蟹,能事颇自得。着意不着意,用墨不用墨。游心人细微,落笔无痕迹。去岁下匡庐,今年返韶石。市朝知姓名,远近纷求索。挥手入丹霞,相逢同作客。"①成鹫法师作《彭解名说》:"开士智严,本韶州严氏子,中年入庐山,礼栖贤角公出家,因其姓而字之,冀其四智二严,名实相应也。"②成鹫法师本人也是工书善画,有不少佛门内外的画家朋友。

以上丹霞山诸高僧在清初,多遗民、隐士,正是与成鹫法师志同道合者,丹霞山短短三年,对于成鹫法师是重要的,他也建立了与函昰法师一系的僧人集团的密切关系。

以丹霞山遗民僧群体为代表的高僧们是明清之际典型的现象。"博涉佛理的傅山在《二十三僧纪略》中,记载了多位逃禅遗民的事例,如:'大美和尚,生于世家,隐于法门。其专心而精攻者,却为一切儒书,至于释氏梵音,从未当一问焉。与余交最久,知其存心,断不在禅。亦若遂无可容,不过借清净门中,聊以潜踪焉。''尺木禅师,明宗室也。历访名山大川,雅不与庸俗人言。其所抱负,有大而无外之慨。''石影和尚,明时进士,博学多才,嗣隐梵宫,往来于鸿儒大雅之门。''元度,明之名儒。至清,隐于释,能诗善书。''雪峰和尚,儒教中人也。生于明末,抱不世之才,竟未得一试。'大美、尺木、石影、元度、雪峰等人,原本他们都是披着袭装的儒士或遗民,他们的共同特点都是身负大才、心系国家的有识之士,也是明清之际不逢时运的志节之人。傅山评人难得一赞,而对这些人却评价甚高,视他们为同道。并称之为交往最久,彼此心意想通,方知他们是'借清净门中,聊以潜踪焉',只是借佛门以藏身。而此类借佛门藏身中,以髡残石谿最为人熟知。"③髡残(1612－1692年),清画家,与石涛合称"二石",又与八大山人、弘仁、石涛合称为"清初四画僧"。明亡后参加南明反清活动。周思南,生性嗜酒,披绪后悲愤难抑,常缅于酒,有"醉和尚"之称:"丙戌六月,家人自江上告失守,先生坳哭,自沉于水,以救得苏,乃削发入灌顶山中。先生故善饮,至是益日饮。无何,又不喜独酌,呼山僧,不问其能饮与否,强斟之,夜以达旦,山僧为酒所苦,遂避匿;则呼樵者强

---

① 《咸陟堂诗集》卷一,第4页。
② 《咸陟堂文集》卷二十一,第256页。
③ 刘雪梅:《明清之际遗民逃禅研究》,吉林大学博士论文,2015年,第10页。

斟之,樵者以日暮长跪乞去。先生无与共,则斟其侍者,已而侍者醉卧;乃呼月酹之,月落,呼云酹之。……于是浮石十里中,望见先生者,皆相率逃匿,不得已乃独酌。先生既积饮且病,凡劝止酒者无算,大都以先生未有嗣子之说进,先生辄叱而去之,否则张目不答。先太常公尝规之曰:郎君不思养身以待时耶? 先生为之瞿然,辄蹶然起,乃不饮者三日,既出三日,纵饮如初。"①遗民之痛,可谓深切。"还有著名的遗民叶绍袁在《甲午日注》的日记体传记中,记载了他与四子为了避祸难削发为僧,却仍然结社唱和,或饮酒食肉,既不礼佛亦不参与佛事,他在书中详细记载了他每天的生活,看似是身在佛门却违佛规,实则体现的还是他们心怀儒道,不愿放下心中志向的意识。但是也有相当一部分逃禅遗民,因在沉潜佛理,成为真正服膺禅宗佛理的僧众。全祖望在《鲒琦亭集·周思南传》中叹曰:'物换星移之际,逃于西竺者多矣。然当其始也,容身无所,有所激而逃之;及其久而忘之,登堂说法,渐失其故吾。'"②成鹫法师为代表的岭南高僧逃禅出家为僧,正是在展示成鹫法师本身行为与思想的同时,也说明此一时期的历史状态。

第二节 成鹫法师与明遗民的往来

人以类聚,作为遗民的成鹫法师与众多遗民有密切的交往。明清之际的遗民是突出的历史现象。孙静庵在《明遗民录》中指出,"明末清初的历史真是一个天崩地解的大时代,其实的人物事迹、思想转变都值得关注。作遗民是中国的一个传统,历代王朝灭亡之后都有她的遗民,宋灭亡元有遗民,元灭亡于明有遗民,明灭亡于清有遗民,清灭亡后仍然有遗民。为什么要做遗民,清朝的遗老遗少曾经做过一个很有意思的表述。遗民中有些原先是主张新政改革的,改革不成而导致革命,革命后却仍然对清忠心,有些是文化界名人,如王国维,他为何要做遗民,这自从他自沉后就一直解释不清楚,有些遗民后来作了汉奸,成立伪满的官吏。他们何以做遗民,其中很有些原先是主张政治改革的立宪派,最后却难舍忠心,甚而至于做汉奸也在所不惜,为啥? 大概没有人能够解释清楚。清的遗民如此,明的遗民也如此,有文化遗民如傅山、王夫之,有政治遗民如朱舜水与黄宗羲等。总结历代关于遗民的说法,我以为作遗民的原因,大概有三种:第一是文化上的依恋,其中包含着一定的夷夏观念,第二是传统的所谓气节,天地有正气,遗民是天地正

---

① 清·全祖望:《鲒琦亭集》卷二十七,商务印书馆,1936年版,第6页。
② 刘雪梅:《明清之际遗民逃禅研究》,吉林大学博士论文,2015年,第46页。

气的表现,第三是政治上别有所求,不甘屈服。虽然历代常有遗民,且可以上溯到周初的殷遗民伯夷、叔齐,但大规模的遗民现象,还是主要集中在元初的宋遗民和清初的明遗民身上,这显然和异族的入主和汉民族特有的文化关系紧密。""忠义之士的出现大致有如下一些情形。临难不苟,勇斗凶残,杀身成仁,为国捐躯者。……黄道周自请率众奔赴抗敌战场兵败被俘后于南京凛然就义,何腾蛟于长沙蔑视凶敌不屈死难,瞿式耜、张同敞坦然自若尽忠职守、尽忠道义于桂林等等。"①"挺身赴难,舍己为国,虽困犹斗,九死未悔者。这些人当形势极其严峻,国家、民族、人民面临危难之际,挺身而出,以天下为己任,主动承担责任。挽狂澜于既倒,扶大厦之将倾。……十五岁即投入抗清斗争,毁家纾难,败而不馁,慷慨就义时,年仅十七岁的夏完淳;坚持抗清斗争二十余年,百折不挠,壮烈就义的张煌言,以及金声、吴应箕、郑成功、陈子龙、陈子壮、张家玉、陈邦彦、王翊、李定国等守志不屈,坚持节操,始终不低头者。当时迁事移,抗清壮志难酬,或行蹈海之事以死明志,如刘宗周、祁彪佳、夏允彝、张肯堂等;或绝不为纷杂所扰,凛然大节,历久弥坚,永抱遗民之志,如孙奇峰、傅山、黄宗羲、顾炎武、王夫之、苗君稷等。"②

对于遗民们的种种壮举以及思想,成鹫法师是熟悉的,这些遗民有些就是他的父辈或友人,他本人就是一位彻底的遗民。成鹫法师在《祭郑太母穆孺人文》中说,"鹫投老空门,窃有志于名教,常考甲申之变,南北死事诸贤多半失传"。成鹫法师"深为恨事",而"兰闺贞节,坊表遍寰区矣,潜德幽光,犹或遗之"。成鹫法师对英烈之英勇壮举及闺门义举心怀幽思,是打算挖掘他们的事迹并为之作传,以流传天下。这些人的英勇事迹因为战乱中的杀戮和人心惶惶,以及战乱后改朝换代的政治局面的客观现实,许多人物与事迹逐步湮灭隐没于历史云烟的最深处。成鹫法师与明遗民和遗民僧多有交往,因而也保留下此类部分事迹,从而也反映出成鹫法师的政治取向和思想内涵。

一、成鹫法师与北田五子

成鹫有重要好友陶璜、陈恭尹、何绛、梁莲、何衡合称"北田五子"(《广东诗粹》)。《(宣统)番禺县续志》卷二十五:"时顺德何绛不偕、绛兄衡左王、陈恭尹元孝、梁莲器圃、番禺陶璜苦子偕隐北田,有北田五子之目。"③陈恭尹《独漉堂诗文

---

① 张玉兴:《明清易代之际忠贰现象探赜》,《明清之际的探索》,社会科学文献出版社,2012年版,第2页。
② 张玉兴:《明清易代之际忠贰现象探赜》,《明清之际的探索》,社会科学文献出版社,2012年版,第3页。
③ 清·梁鼎芬:《(宣统)番禺县续志》卷二十五,民国二十年重印本。

集》在《梁寒塘墓志铭》中说:"寒塘先生梁氏讳莲,字器圃,广州顺德人也。……乃与同邑何左王衡、何不偕绛、番禺陶苦子璜,暨尹闭关北田,世之言隐者,目为北田五子。"陈恭尹说得很清楚,北田五子是陶璜、陈恭尹、何绛、梁莲、何衡。但说法又颇多,《清史稿》列传二百七十一记载,陈恭尹"归主何衡家,与陶窳、梁无技及衡弟绛相砥砺,世称北田五子",即陈恭尹、何衡、陶窳、梁无技、何绛为北田五子。又有说北田五子乃陈恭尹、陶窳、梁莲、何衡、何绛,即去梁无技,加梁莲。《(光绪)广州府志》卷一百三十二列传二十一:"何绛,字不偕,号孟门,羊额人。……复与陶窳、陈恭尹、梁莲暨其兄衡隐称北田(诗粹作西樵,北田、独漉集云村北)五子,声著甚。"梁莲又多称"梁桂",但因在莲池而得名,故名梁莲最合适。

"北田五子"中,陈恭尹、何衡、何绛三人没有异议,何衡、何绛是顺德羊额人,羊额有"北田"。陶窳就是陶璜,《(民国)顺德县志》卷二十二记载,"原按《粤东诗海》有两陶苦子,一名璜,番禺人;一名窳,顺德人。张维屏《诗人征略》及《番禺县志》则谓为一人。考之他书,璜与窳俱三广公后,世荫指挥,盖璜居顺德北田,因易名窳也。诗海偶未之考耳。今按《郭志》陈恭尹及何绛传,皆作陶窳,亦未知窳之即璜也。"①《国朝诗人征略》卷三:"陶窳,字苦子,广东番禺人,诸生。陶氏世袭锦衣。苦子刻苦如寒素,(《国朝诗别裁》)""窳初名璜,字握山,《诗海》作两人,编校偶误也。(《松轩随笔》)"②陶璜是广州番禺人,有诗名,距离顺德不远,可能有一段时间居住于顺德。另外梁无技乃梁佩兰侄儿,生活在广州,没有到顺德的记载;而梁莲是顺德人,梁氏乃顺德名门望族,梁莲父梁在廷,万历二十二年举人,官叙州同知,"(梁)在廷、(梁)崇廷子若孙两世为诸生者十人,皆有声"。故此,北田五子应该是陈恭尹、何绛、梁莲、何衡、陶璜。另外,"北田五子"之首应该是陈恭尹,应该以陈恭尹的说法为准。冯奉初《又明世袭锦衣佥事怀远将军陈元孝先生传》:"郑成功屯兵闽海,观望不敢进。鲁王败窜舟山,势益不振。恭尹策其无成,往来观变,留闽浙者七年。一日,有父友遇于途,资之曰,君先人未葬,四世宗祊无托,奈何徒欲以一死塞责,绝先忠臣后耶。恭尹泣而谢之。既而归,葬先人于增城之九龙山。因泛舟出虎门,渡铜鼓洋,访故人于海外。久之,就婚新塘,即珩如女也。旋与陶苦子、梁器圃等避人于羊额,寓何衡、何绛兄弟家,抑志读书相砥砺,为有用之学,世称为'北田五子'。"③北田在顺德,《(咸丰)顺德县志》卷十六中也记载,"不去庐,在羊额北田,何衡、何绛兄弟隐此,同县梁寒塘(梁莲)、陈独漉(陈恭

---

① 民国·周之贞:《(民国)顺德县志》卷二十二,民国十八年刻本。
② 清·张维屏:《国朝诗人征略》卷三,清道光十年刻本,第32页。
③ 民国·闵尔昌:《碑传集补》碑传集补卷三十五,民国十二年刊本,第664页。

尹)。番禺陶苦子(陶璜)时来唱和,号'北田五子'。"①

"北田五子"乃遗民隐士,与"易堂九子"齐名。《郎潜纪闻》卷十四:"宁都魏祥与仲弟禧、季弟礼,同邑李腾蛟、邱维屏、彭任、曾灿,南昌彭士望、林时益,号易堂九子。易堂者,魏祥讲学所也。时粤中有'北田五子',亦称五先生。五人者,何左玉、弟不偕、梁器圃、陈元孝、陶苦子也。皆以声应气求,相从讲学,有名字于世。"②"易堂九子"是指明末清初的魏禧、魏祥、魏礼、彭士望、林时益、李腾蛟、邱维屏、彭任、曾灿。魏禧父魏兆凤,于明亡后削发隐居于今距宁都县城西的翠微峰,名其居室曰"易堂"。魏禧等人隐居讲学于此。"易堂九子"参加抗清斗争,失败后隐居,其中的主要代表魏禧"性慷慨,尚气节",结交同道,有程山七子、髻山七隐和以陈恭尹为首的广东北田五子,他回去后还向其他人推荐"北田五子"诸人。《文献征存录》卷六"(魏礼)再之粤,友北田五子,五子者何左玉、弟不偕、梁器圃、陈元孝、陶苦子也。北田在大良,有寒塘草亭,五子讲论于此,人亦称五先生矣。"③"易堂九子"中的彭士望在《赠北田四子序》中说,"壬寅(1662年),魏季子(魏礼)自粤归,述北田五子之为人。此中人莫不彼此移就相观摩,以尽识其人之状貌,知其性之所近与其才之所得为。乙卯(1675年)予入粤,见陈元孝、陶苦子,与语无间晨夕,而梁器圃则先二年没矣。何左王不偕时执母丧不敢入省郡,子以书吊而邀之,不偕始一出相见于苦子佛山寓,谈信宿。"④

(一)陈恭尹

岭南最著名的遗民应该就是陈恭尹,"岭南三忠"陈邦彦之子,陈邦彦、陈子壮、张家玉三位抗清民族英雄壮烈殉难、慷慨赴死,是具有全国影响的抗清英雄。陈恭尹成为遗民,一生坚守。陈恭尹生平行迹,屈大均撰《四朝成仁录》等记载详细,"从文忠而死者,三十余人;从文烈而死者,六十余人;从公而死者,十有一人皆大节皎然,有当于从容慷慨之道者也。"陈子壮乃南明弘光帝礼部尚书、桂王东阁大学士兼兵部尚书,起兵攻广州,兵败而死。"子壮驻兵五羊驿。连日攻广州不克,为大兵击败,走还九江村。长子上庸战殁。会故御史麦而炫破高明,迎子壮,以故主事朱实莲摄县事。实莲,子壮邑子也。九月,大兵克高明,实莲战死,子壮、而炫俱执至广州,不降被戮。""子三人,长,上庸兵部职方司主事,殉节二十七岁,赠太仆寺少乡。"《明遗民录》卷二十五:"明陈恭尹,字元孝,顺德人。

---

① 清·郭汝诚:《(咸丰)顺德县志》卷十六,清咸丰刊本。
② 清·陈康祺:《郎潜纪闻》卷十四,清光绪刻本,第127页。
③ 清·钱林:《文献征存录》卷六,清咸丰八年有嘉树轩刻本,第271页。
④ 清·彭士望:《耻躬堂诗文钞》文钞卷六,清咸丰二年刻本,第87页。

父邦彦,明季以阁部殉难,事具《明史》。时恭尹才十余岁,比长,遂隐居不仕,自号罗浮布衣。与李元仲、魏叔子、季子、彭躬庵诸人善,皆遗民也。工诗古文,兼精书法,未冠,赋《姑苏怀古》诸诗,倾动一时,名大起。其诗清迥拔俗,得唐贤三昧。古体间入选理,一时习尚无所染。著有《独漉堂集》。王渔洋、赵秋谷二人至岭南,于广州诗人,尤推重恭尹。其后杭堇甫来主讲席,题恭尹遗像,倾服尤甚。洪稚存论岭南三家有句云:'尚得古贤雄直气,岭南犹似胜江南。'其推挹至矣。"①成鹫为陈子壮之孙作《赠陈东崖序》,其中说:"念昔者明柞遽倾,南北死事之臣,不可更仆而数计,先文忠秋涛公誓一旅之师,斩木揭竿,无或应者,孤军血战死焉。文忠二子长登甫、季叔演,痛父之死,号召多方,继志未逮,抱憾而殁。忠臣孝子,同出一门,宇宙中其不寂寞乎!"②作为抗清英雄的后代,陈恭尹遗民思想可想而知,他是岭南遗民的主要代表之一。

陈恭尹诗文多悲壮,为"岭南三大家"之首,也是诗派"岭南七子"和"北田五子"的核心成员,是明清之际具有全国影响的大诗人。成鹫法师与陈恭尹交往颇多。陈恭尹逝,成鹫作《会祭陈独漉文》③,对陈恭尹生平、志节、游历、成就、影响进行了饱含深情的记载与感叹。成鹫的思想与陈恭尹是十分相近的,都是彻底的遗民。邓之诚所称,"恭尹之没,成鹫为文祭之,称造物使之全节,以见先人于地下,若微示不满者",成鹫对陈恭尹的遭遇很不满是真实的,但因此而判断成鹫具有反清复明的行为,则具有推测的成分在内。

(二)陶璜

清初有岭南三大家梁佩兰、陈恭尹、屈大均,具有全国性影响,还有"岭南七子"梁佩兰、程可则、陈恭尹、王邦畿、方殿元、方还、方朝等七人,也是岭南著名诗派。其中都有方殿元,方颛恺《灵洲诗序》中说,"九谷公(方殿元)早年及第,通籍清时,两宰吴、齐剧邑,大有政声。鸣琴之暇,不废吟咏,所著有古文、诗词、乐府、《环书》诸集,传诵海内。"黄培芳《香石诗话》卷四:"国初吾粤诗人三大家外,则推程周量(可则)、方九谷(殿元)可以方驾,周量与王阮亭辈称诗日下,名重一时。""方九谷则沈宗伯称其高华伉爽、依傍一空,品不在三家下。"④这说明方殿元在岭南和全国范围内都有影响。与之同时,清代常州状元钱维城在《勺湖集序》中说:"岭南诗自三家外有九谷子(方殿元),与陶苦子并称五家。"⑤钱维城还在《方太恭

---

① 孙静庵:《明遗民录》,浙江古籍出版社,1985年7月第1版,第194、195页。
② 《咸陟堂二集》卷一,第15页。
③ 《咸陟堂文集》卷十二,第168页。
④ 清·黄培芳:《香石诗话》卷四,清嘉庆十五年岭海楼刻嘉庆十六年重校本,第53页。
⑤ 清·钱维城:《钱文敏公全集》茶山文钞卷四序,清乾隆四十一年眉寿堂刻本,第279页。

人传》中说,"九谷(方殿元)以诗名岭南,与屈翁山(屈大均)、陈元孝(陈恭尹)、梁药亭(梁佩兰)、陶苦子(陶璜)称岭南五家。"①钱维城乃方殿元外甥、贵州按察使金祖静的女婿,自然是熟悉先人陈迹往事的,他的这种评价应该不是无的放矢,而是有所依据的。在肯定了方殿元在岭南文坛的地位的同时,还提到方殿元与陶璜与岭南三大家屈大均、陈恭尹、梁佩兰可以构成岭南五家。由此可见方殿元、陶璜的地位。

陶璜(1637－1689年),字握山,后改字为苦子。陶璜也是广州番禺人,与成鹫法师同乡,是成鹫法师出家前最为重要的朋友之一,"社中良友陶子握山、罗子戒轩、霍子西牛、胡子大灵辈十有二人",成鹫法师第一友人就是陶璜。关于陶璜,陈恭尹作有《陶握山行状》。《陶握山行状》:"君讳璜,姓陶氏,广州番禺人。初,字黼子。其七世祖鲁,明成化弘治中,以讨贼功仕至湖广、广东西布政使,自郁林移家广州,史所称陶三广者也。卒,葬郡北。握山故君以为号焉。祖曰幼岳。父曰翼宸,茂才。君生而端凝。十岁能文章。广州破,从茂才走乡落间,遇大风覆舟,茂才溺焉。君自舵,后得出,乃更其字曰苦子。少录为诸生,非其好也。久之,谢去。性孤僻,嗜吟咏。奉母陈太君避地僦舍以居,凡十数徙。所至必洁数尺一室,设书史、香茗,旦夕寝处其中,虽有广厦不乐也。世孤门,户重大,每欲弃而远游,不果。又不能不至城市。然当尘俗嚣杂中,往往持笔坐吟,瞠目注思若罔闻见。太君没后,更挈妻子入穷山中,数年而后返。家踰中人,然自奉俭,薄有所积,辄以周人缓急。四方宾游至者,稀见其面。而意气所合,则假馆授餐,助其不给。家庙在广州城中,经乱为兵居,乃卜西郊高原,创建数世祠宇,率宗族岁时祭享。……然而洁身独行,遁世无闷,可谓高士也矣。存《独斋诗集》二卷。"(《独漉堂诗文集》文集卷十二)"易堂九子"中的彭士望在《赠北田四子序》中说,"吾故甚爱苦子之纯,而欲鼓其缓也。元孝近尚不免为人所訾謷,元孝任之。苦子独超然毁誉之外,呐呐若无所能人。其家世宦,市邸之利几甲一郡。庚寅(1650年)圈地,不获有尺寸。苦子孤？仃伶,竟不识其处以为此,皆国赐国亡,则家无不毁,义当如是。初无几,微怨尤之色,久之家益落身攻苦茹淡妻孥藿食。见友人急难及友有开关志别贷多赀应之,终未尝向人一言。应事不大快利而才足以周之持之,有力先世忠烈三广公气节。经术震天下,自有家法。要当以宏略激发意智济以刚克,则苦子之为也。"②

---

① 清·钱维城:《钱文敏公全集》茶山文钞卷十一传,清乾隆四十一年眉寿堂刻本,第361页。
② 清·彭士望:《耻躬堂诗文钞》文钞卷六,清咸丰二年刻本,第87页。

陶璜乃三广公陶鲁（1434－1498年）后裔。陶鲁子陶荆民、陶梁民，孙陶凤仪、陶壮，皆明朝武将。《（乾隆）番禺县志》卷十五、《（道光）广东通志》卷二百七十九有陶鲁传。陶璜，有诗名，与梁佩兰、陈恭尹也曾经与有唱和。《晚晴簃诗汇》卷四十九：“梁佩兰，字芝五，号药亭，南海人。康熙戊辰进士，改庶吉士。有《六莹堂集》……《春园夜集迟，陶握山不至》：'林间相约不曾违，试尽东风白裌衣。沧海树低潮暗上，夕阳烟乱鸟斜归。酒当良会谋千盏，月满闲园迫四围。知己岂能忘此夜，年来心事对花稀。'"广州文人集团，彼此文会应和。陈恭尹《独漉堂诗文集》诗集卷二《喜陶苦子还自鹿步》《同何不偕梁器圃魏和公梁药亭陶苦子宿灵洲》。卷三有《月夜姚菊里载酒招同郭清霞陶苦子邹中和简文震重集邹仪生寒玉堂同赋用空字》《李方水疾新愈同唐明犀梁药亭陶苦子吴山带何邬人问之天乐堂分得醒字》。卷四有《别后寄方蒙章陶苦子兼柬何不偕梁药亭吴山带黄葵村定邮诗之约》《后一夕同庞祖如方止止陶苦子庞毅子亮子罗颢甫颐甫宿亦庵》。卷十三有《同宁都魏和公昆山徐原一同里王震生高望公湛用喈程周量何不偕梁器圃陶苦子集药亭六莹堂得真字》。梁药亭即岭南三大家之一梁佩兰，方蒙章即岭南七子之一的方殿元，成鹫法师的从兄。其中的陶苦子即陶璜。陈恭尹是"北田五子"之首，上节已经涉及陈恭尹，故此本节不再论述。陶璜与屈大均也有往来，屈大均有诗《读史答陶苦子》，"频年踪迹空吴楚，不恨无成又故乡。飞兔谁知天下士，伏龙终遇汉中王。栖迟岂有烟霞疾，梦寐长依日月光。黄菊只今非苦节，年年花发及春阳。"①陶璜也有诗《喜屈翁山远归》，"传书闻汝滞边城，此日归来感慨增。数冒严霜行万里，独寻荒草拜诸陵。相逢客舍难为泪，自叹河山不共凭。欲把离忧付流水，高楼同醉酒三升。"②陶璜的诗文，沈德潜《清诗别裁集》选录《古镜》《冬草》《送张超然》《望零丁洋寄怀友人》《秋望》《喜屈翁山远归》。《清诗别裁集》卷十五："陶窳（即陶璜），字苦子，广东顺德人。陶氏世袭锦衣。至苦子，刻苦如寒素，肆力于诗，誓不袭牙慧语，亦南粤铮铮士也。诗无镌本，被其戚窃为己作，恐久而混真，故特表而明之。"《古镜》："先秦遗篆在，想象出深宫。明月不生处，清光时与同。有形随自应，无相本来空。白尽人间发，全归一照中。（赋镜者未曾道及第六句，可以证禅，亦以明虚灵之体，仍儒家语也。）"《冬草》："三径经冬掩，飘零对汝时。未充君子珮，徒结美人思。世态看蓬转，孤心感鬓丝。平生抱微尚，不与众芳期。（借以自况，非寻常著题体。）"③

---

① 清·屈大均：《翁山诗外》卷九七言律，清康熙刻凌凤翔补修本，第337页。
② 清·沈德潜：《清诗别裁集》卷十五，清乾隆二十五年教忠堂刻本，第303页。
③ 清·沈德潜：《清诗别裁集》卷十五，清乾隆二十五年教忠堂刻本，第303页。

第四章　成鹫法师与遗民、遗民僧

陶璜的影响不仅限于岭南。王士禛曾至岭南，与岭南文人多有交往，就包括陶璜，王士禛在《蒲涧寺》一文中就提及陶璜，"元孝言，郡人陶璜苦子，前身寺僧道安也"①。徐乾学到岭南，与陈恭尹、梁佩兰、陶璜等也有往来，徐乾学有诗《秋夜集梁芝五宅，同魏和公、王震生、高望公、湛用喈、何不偕、陈元孝、程周量、陶苦子、梁器圃分韵》，"缟带名流客路逢，清尊情与故园同。共知努力千秋后，相对惊心两鬓中。白橘染霜看夜色，碧鲈翻雪忆秋风。明朝便渡泷头水，频盼双鱼到渚宫。"②徐乾学还有诗《陶苦子》，"金谷真良会，梁园续胜游。弟兄君最少，羁旅我长愁。海燕参差舞，珠江日夜流。三车翻已彻，天地总浮鸥。"③张云章，嘉定（今属上海）六君子之一，他有诗《杨可师濯足图歌兼寄陶苦子（名窳，楚中高士先予题其卷）》④。杨可师即杨宾（1650－1720年），当世名士，不仕新朝。杨宾字可师，号大瓢、耕夫，浙江山阴人。乃书法大家，工诗古文。康熙十七年（1678）侨寓吴门，巡抚举应"博学鸿儒"科，力辞去。杨宾与陶璜有关系，也与成鹫法师所在的方氏关系密切，方殿元移居苏州，女儿方洁之子金祖静官至贵州按察使，金祖静岳父即是杨宾。

成鹫法师与陶璜交往最多，同年所生，又是同乡，同为文人，又与佛门颇有渊源。成鹫法师初出家，也是与陶握山相约出家为僧。成鹫法师在《纪梦编年》中说，"同时相约披发入山者，故人陶握山也。握山前身为白云山濂泉行僧，乘愿再来，予与生同庚，居同城，长同学，同负不羁之志，思与造物者争复覆之权，争之竟不能胜，将还之造物，寻濂泉之旧隐矣。"《与陶握山订住山之约》。《天台岩》："予初与何节生、陶握山有约偕隐于此，今二公已作古人，念之怆然。同游成异物，旧约忆当年。寂寞天台路，临风一怆然。石梁通破屋，野火烧荒田。便欲从兹住，空山磨瓴砖。"⑤成鹫法师还在《跋石洞遗稿后》："予初与陶子握山相约出家。予绝尘先奔礼先师于石洞。握山逡巡畏缩，竟以老死牖下。"但陶璜显然与佛门关系密切，久有出家之念，上文陈恭尹的《陶握山行状》所载甚为详细。陶璜虽然没有出家，但居家为居士，也是以成鹫法师的师父石洞禅师元觉离幻为师，也算是同门。康熙十七年（1678），成鹫法师初出家，寄居于陶握山别业小漫山，"小漫主人全发入山"，当是作为居士。"次年戊午，予年四十有二矣。时粤东变乱，盗贼蜂起，虽

---

① 清·王士禛：《带经堂集》卷五十二渔洋文十四，清康熙五十年程哲七略书堂刻本，第404页。
② 清·徐乾学：《憺园文集》卷三，清康熙刻冠山堂印本，第35页。
③ 清·徐乾学：《憺园文集》卷三，清康熙刻冠山堂印本，第36页。
④ 清·张云章：《朴村诗集》卷四古诗，清康熙华希闵等刻本，第35页。
⑤ 《咸陟堂诗集》卷八，第143页。

153

欲远适，蹙蹙靡所骋也。暂假馆于故人陶握山之别业，依山而居。山名小漫者，因漫溪而得名。同时避乱择里买邻，惟弼唐为安土，盖先儒之后，俗厚人淳，有理学之遗风焉。明经祖如高士法启，弼唐公后昆也，避地者咸奉之为居亭。梁药亭太史为首倡，予亦与焉。买地十余亩，环溪卜筑，匝以箐篁，森然有山水之趣。药亭顾而乐之，谓同事者曰：'此漫隐之所，我辈岂蓬蒿人耶！'遂名其地为漫溪，自号漫溪翁焉。握山家有余赀，别买地于山之阳，去漫溪烟火相望耳。结屋数椽，以待避乱之客，名小漫山。溪山均漫隐者之所居，声应气求，出处一辙也。是时小漫主人全发入山，委其居于草莽。予日暮途穷，计无复之，乃寄迹焉，亦漫然安之而已。"①陶璜也曾隐居。

稍后，成鹫法师入罗浮山修行，作别陶璜和罗颛甫。成鹫法师有诗《归隐罗浮留别陶握山罗戒轩》。《罗浮山志会编》卷二十一："《归隐罗浮留别陶握山罗戒轩》，释成鹫（迹删）。'入山踪迹恐人知，一笑相逢是别时。苦海看谁先到岸，长途怜我始分岐。贫惭轵里能将母，老怪柴桑亦恋儿。底事累君良不浅，未应还索赠行诗。'"《留别陶握山》："只合住山老，胡为复有今。此行难自问，何况是知音。物外得无累，稠中见素心。悠悠歧路意，沧海未为深。"②《陶握山还山喜赠》："梦想所不到，见时仍梦中。可怜双鬓改，只有寸心同。无足为君道，前尘过眼空。故山茅屋在，归兴复何穷。"③《关中绝粒寄陶握山》："一月不相见，三年当远行。路难凭忍力，别久识交情。绝粒惭僮仆，空函报友生。谁怜桑扈病，风雨正霖瓴。"④

康熙二十六年（1687），陶璜幼子逝，成鹫法师作《慰陶握山书》。"不意老弟遽有西河之戚，昨暮关中闻此奇变，草草作字，付梁十四兄奉候，且嘱之曰：'幸毋即达，恐传者妄也。'承答果然，惋叹久之。虑老弟天性孝慈，未免哀伤过当，特遣人奉书致慰，乞鉴其愚，少宽譬焉。忆前两载，老弟以异梦相示，至今筒中尚存故纸。今日事弗获已，请方便妄语，说一梦事，弟遣信否？前数夕，梦中行脚杖笠出门，忽遇山穷水尽，四顾彷徨。正问渡时，适遇长年三老拏舟至岸，大榜其鹢首曰：'借路遣家'，遂附焉。既登舟，有客荷重担、挟诗书，招手而来。视之面善，忆向日曾同旦过，今忘之矣，亦附焉。舟遂发，潮汐上下，风涛出没，夷险备尝。中途遇一童子，亦来附舟。既共载，执礼殊恭，服劳犹谨。日夕发舟中书读之，一过成诵不遗，遂与载书之客约为父子。客甚喜，予嗤之曰：'客胡为尔？予与若及童子均附

---

① 《咸陟堂文集》附录，《纪梦编年》。
② 《咸陟堂诗集》卷八，第135页。
③ 《咸陟堂诗集》卷八，第129页。
④ 《咸陟堂诗集》卷八，第138页。

舟也,一朝抵家,视日月延促,道里远近,笑而别矣。'未几中流遇风,舣舟近岸,隐隐闻钟磬声。仰见珠林绀宇,巍然古刹也。予遂舍舟登陆,拉客与俱。客方吟诵,弗予顾也。舟中童子随而喜之,将就陆矣,客止之曰:'予舟甚乐,书可读,粲可炊,财可备,有无将与汝共之,胡遽别我?'童子笑而谢曰:'客无乃痴耶?客所乘者,舟也。浮于江,放于海,辄有倾危之患,遇崖则压,遇风则覆,遇石则破,遇吞舟之鱼则齑粉矣。客亦安能长读其书,保有辎重哉!'遂去不顾。客尚延伫掩泣,去留莫决。舟人利其雇值,善言慰之。予口占一绝以赠舟中之客曰:'相逢借路共遗家,水尽山穷日又斜。童子也知归去早,可怜飘泊作生涯。'此是山僧梦中说梦,作梦会不得,作非梦会不得,梦与非梦,请问'五十成名客,江边独老身'是同是别?老弟再来人,既悟前因,知不我罪。不惜一番络索,聊以相慰,幸毋曰渠似引人落水,故作摇曳态,令人忍脚不住也。呵呵!"①《慰陶握山书》中,成鹫法师慰问老友,劝其学佛。

康熙二十八年(1689),陶璜逝,成鹫法师作《致亡友陶握山书》,"年月日,世外友人谱主致书于故友握山陶子之灵曰:古德有言,出家乃大丈夫事,非将相所能为。予谓不出家亦大丈夫事,非声闻缘觉之可比。黄面瞿昙不能挽维摩出毗耶,东林长老不能致渊明入莲社,江西马驹不强道玄弃妻子,出家与否,各从其是,不必牵之使同也。予薙染有年,未尝一语要人使弃所学而从我,惟于老弟分中,则区区之心辄不能已。常以不近情、不入耳之言苦相劝勉,则何以故?盖出家之缘,人缓而子急,人难而子易,人迂而子捷。其说有三:适来适去,不昧前因,面目本来,曾无损益,一也;二亲早背,一子殇殂,眷属无缘,恩爱易割,二也;名场永辞,嗜欲早澹,脱屣纷华,性成习近,三也。回忆昔者岁在丁巳夏之五月,日月薄蚀,大地陆沈,鸿鹄惊栖,狐鼯跳掷。时予与子各乘鹿车出于火宅,方期携手同归,既而中道分辙,予则西面,子乃东辕,此时出家一大机会也,而子则否。壬戌秋,子过予曰:'予向夕梦人招提,一室阒然无主,散步行吟于阶下,意若有所待者。既寤,犹忆五十成名客,江边独老身之句,此何祥也?'予笑而解之曰:'招提何地,居亭何人,五十何时,江边何所,是宜早决,时节至矣。'子犹犹豫,以稚子为辞。至丁卯夏,遂有西河之变,梦中独老之句,适符其占。予时掩关未出,致书相慰,且讽之使行。子答书曰:'亡子殇殂,万念灰冷,秋以为期,当践前诺。'未几入关相见,复以继嗣未定为辞,其犹豫如故,盘桓信宿而后别去。此时又出家大机会也,而子则否。去年春,挥族子之贤者,入继宗祧,方冬命之受室,将属以家事,飘然为五岳之游。今夏书来,拉予俱往。予心许之,窃嘉其行,愿坚其志,当无食言矣。后患蒸暑,宽以高

---

① 《咸陟堂文集》卷十四,第189页。

秋。启行有日，竟以肺病弥留，遂不复起。此时亦出家一大机会也，而子则否。前后诸缘，往往垂成中阻。始由信之不及也，其失在子；既由劝之不力也，其咎在予。今则去之惟恐不速也，过将谁任乎？嗟夫，造物者何夺我良友之速乎！虽然，八识田中未酬夙愿，三生石上知有前期，际此正法陵夷、慧命如丝之日，当复有人起而续之。予老矣，无能为也，自今而往，勉存视息于人间，待子再来，重寻旧侣，把手还家，当未晚耳。"①情谊深厚，佛门是归宿，可了却生死，但陶璜已经逝去。可事实上，佛门也未必能免却人生之苦，成鹫法师本人似乎也未能。

（三）何绛、何衡

何绛是北田五子成员，也是成鹫法师的重要朋友，乃隐士。何绛，字不偕，号孟门。《（光绪）广州府志》卷一百三十二列传二十一："何绛，字不偕，号孟门，羊额人。性英爽。族叔献将生徒数百人，令高足转相传授，绛为都讲。每有论说，简要明通，听者慊意。值明末多故，乃自放废，徜徉罗浮、西樵间。既乃纵游吴越，足迹几半天下。复与陶璜、陈恭尹、梁莲暨其兄衡隐称北田（诗粹作西樵，北田、独漉集云村北）五子，声著甚。居乡，善规劝，微刺婉讽，闻者皆服。有闽客寄以三百金，二十年不至。绛老居破室。一日，客子至，询所寄金。绛偕至古井旁，令自取之，封识宛然。素工诗，著有《不去庐集》。"陈荆鸿《岭南诗坛逸事》记载何不偕乃遗民，与岭南三忠之一的陈子壮之子陈恭尹从事抗清活动。《岭南诗坛逸事》之《陈元孝诗与其身世的考证》记载："元孝（陈恭尹）南归后，和他的同志何不偕兄弟，表面上是在邑中羊额乡，结庐读书，但暗中仍在密谋起义。那时候，各地豪杰在沿海岛屿和清廷对抗的，有王兴据着新宁文村岛，邓耀据着钦州龙门岛，李常荣据着海陵岛，周金汤据着新安石城，都是遥奉明桂王永历正朔的。于是，元孝和何不偕，又到阳春去，和王兴密谋后，便在粤南访各地将领。据《独漉堂集·增江前集》自序说：'丁酉（1657年）秋，与何子为澳门之游，明年春，偕出远门，渡铜鼓洋，访故人于海外。秋半，复同为楚南之行'。"②

陈恭尹与何绛、陶璜都是北田五子成员，曾写《端州华严庵送何孟门陶掘山王紫㠘游鼎湖》，陈恭尹还有诗《寄何孟门，时客琼南二载矣》。《忆雪楼诗集》卷下有《正月晦日同袁密山通政梁药亭史蕉饮二起士史万夫明经于右承州牧家令诒明府招同布衣岑金纪廖南炜屈翁山陈元孝王蒲衣蓝采饮孝廉吴山带林赤见秀才梁王顾陈献孟曾秩长童子黄汉人宴集寓斋分赋即以志别》，时间是1696年正月二十九日。

---

① 《咸陟堂文集》卷十四，第190页。
② 陈荆鸿：《岭南诗坛逸事》，广东人民出版社，2009年版，第106页。

成鹫法师与何绛相识。成鹫法师有诗《送何不偕再入吴门》:"老大登临兴未阑,吴门风物去重看。青春作伴三千里,白发行吟十八滩。乡月到江成独照,家山背岭失孤峦。前途夷险君应熟,莫更临岐说路难。"①

康熙二十五年(1686),成鹫法师曾在故里,与陶璜、何绛再游濂泉。成鹫法师有诗《与陶握山、岑金纪、何不偕诸子重游濂泉怀旧》:"乱余何幸得闲身,来往林泉自主宾。冷局已无争道客,高山还有听琴人。风生静树秋初入,月近枯禅夜独亲。十载旧游零落尽,暮年相见莫辞频。"②濂泉在广州番禺,《(同治)番禺县志》卷五:"濂泉一条,谓在蒲涧东,汇为流杯池,沿涧曲折而出。"此处还有濂泉寺和濂泉书院。成鹫法师有《重游濂泉赠友松师》,《咸陟堂诗集》卷十五有《濂泉限韵》,大致都是作于此一时期。成鹫法师与陶璜、何绛再游濂泉者有岑金纪。成鹫法师有诗《赠岑金纪》:"热肠冷局老相知,同调非君更有谁? 好似红炉与冰雪,相逢刚是岁寒时。"③岑金纪即岑征,字霍山,号金纪,南海人。诸生。工诗,好任侠,谈韬钤占候之法。泛三湘,走金陵,游燕赵,生平游览凭吊,多寄于诗。性方介,终世坎壈弗悔,没后三年其子索于耆旧门生得诗百四十九首刻为《选选楼集》。成鹫法师还有诗《送岑金纪游珠崖五首》。

何绛去世,成鹫法师曾作《挽何孟门》:"漫将世眼视高贤,同睡方知被底穿。自是文章憎命达,何妨学究会谈禅。盖棺定论惟今日,跃冶休心又几年。欲买扁舟到羊额,拾君遗草蠹鱼边。"④

何绛与陈恭尹、陶璜、梁莲、何衡合称"北田五子",何衡乃何绛之兄。陈恭尹有《何左王墓志铭》⑤

(四)梁莲及梁楫

梁莲(1628-1672年),字器圃(一作器甫),别署寒塘居士、铁船道人。梁莲年及弱冠而补诸生,有声于里。盛年自废,结茅池曰:"寒塘",人称"寒塘先生"。梁莲好读书,昼夜不释卷;又好交游,与"岭南三家"陈恭尹、梁佩兰、屈大均均有诗文往还。梁佩兰有《寄寒塘》诗,陈恭尹有《读梁高士寒塘辞世诗次韵哭之》二首,屈大均则有《招梁器圃》二诗。梁莲工诗、书、画,尝与罗孙耀结诗社。《(光绪)广州府志》卷一百三十二列传二十一:"罗孙耀,号淡峰,大良人。登顺治辛丑乡荐,任曲江教谕。……遂隐石湖别业,自立生圹,门植松三,号三松处士。与陈恭尹、

---

① 《咸陟堂诗集》卷十一,第191页。
② 《咸陟堂诗集》卷十二,第207页。
③ 《咸陟堂诗集》卷十六,第303页。
④ 《咸陟堂二集》卷十一),第238页。
⑤ 清·陈恭尹:《独漉堂诗文集》文集卷十墓志铭,清道光五年陈量平刻本,第280页。

梁莲、彭睿壎、吴文炜、刘云汉结社,流连山水。"关于梁莲,陈恭尹有《梁寒塘墓志铭》①

梁氏乃顺德名门望族,梁楫父梁在廷,万历二十二年举人,官叙州同知,"在廷、崇廷子若孙两世为诸生者十人,皆有声"。《(咸丰)顺德县志》卷二十四有梁崇廷传,称"名士多出其门。"

梁莲绘画在当时颇有声名,其子弟传其学者数人,形成"寒塘一派",有梁楫、梁谓二人。梁楫为梁莲弟,自号东岊山人,有乃兄之风,善画兰、竹;梁谓系梁莲次子,字言公,诸生,卒于康熙二十二年(1682)。梁楫岳父为大学士黄仕俊(1570 - 1655年),黄仕俊字亮垣,号玉伦,顺德县人,明万历丁未(1607年)科状元,先后历任过国史馆修撰、太子洗马、春坊官詹事、侍读学士、五牒馆总裁、礼部尚书,在明崇祯年间一度入阁被拜为宰辅。"大学士黄仕俊才之,妻以女,(梁楫)性孤高,不治家人生产,善画,与兄同得时名"。成鹫法师与梁楫有交往,曾有诗《蜡石歌为梁东岊作》。

邓之诚把成鹫视为反清复明的政治人物,认为他有"通海"的嫌疑。他在《清诗纪事》中曾论及,"与陶环、何绛结生死之交,环字握山,绛字不偕。致握山地下书屡言握山失却出家机会,盖以出家为隐语,即谋恢复再造。环、绛皆熟于海上,奉永历正朔者……恭尹之没,成鹫为文祭之,称造物使之全节,以见先人于地下,若微示不满者。"这里提到的陶环、何绛以及陈恭尹都是著名文人遗民群体"北田五子"成员,皆为成鹫好友。成鹫确实与"北田五子"有密切的往来,而且成鹫还与大量遗民有广泛的接触,从这个角度来看,邓之诚的论断不无道理。陈永正还进一步指出,"如果细心寻绎,成鹫诗中亦可稍见他与遗民志士的活动有关,比如屈大均的行踪和心迹,他竟能知之甚悉,足见大均亦未视他为外人。他常到澳门普济禅院,亦不无可疑,当时海上联络,似即靠此寺掩护中转。"②这就涉及到成鹫与抗清义士交往,是否就是成鹫本人也参加抗清的问题。遗民与遗民僧实际上是怀抱政治情怀不与清朝合作的文人士子,成鹫自身的生平与交游的事实,批驳了有关成鹫与"北田五子"、屈大均等关系密切而推论出的成鹫抗清论是不能成立的,所谓"谋恢复再造"并不存在。

二、与黄遴卿

康熙三十一年(1692)前后,成鹫法师在香山,结识黄遴卿,相为知交。黄遴

---

① 清·陈恭尹:《独漉堂诗文集》文集卷十墓志铭,清道光五年陈量平刻本,第281页。
② 陈永正:《岭南文学史》,广东高等教育出版社,1993年版,第247页。

卿,香山人,香山名儒黄佐(1490－1566年)之后,明清鼎革之后,隐居不出,终其大节。成鹫法师作《黄香樵传》,"香樵黄君,吾粤高士也,其六世祖双槐公、五世祖粤洲公、高祖文裕公,皆以著述名世,为岭南文献之宗。君承厥绪,善读书,识大义,年十六补博士弟子员。未几沧桑变更,遂弃场屋,与高士陈元孝、兄举思辈隐于西樵之寒瀑洞,躬耕自乐。后元孝诸子皆以文章成名,君则能之而能不为,韬晦光景,终其大节。若兄举思以任侠破家,君则厚重恬默,于世无迕,能谨守先世之业,为乡里善人。世之好大喜功者目之为拙,其立异鸣高者则曰:'此懦夫也,不足与为。'孰知君竟以拙而保其令名,所谓懦夫者,卓然自立于名教而无所玷焉。君始以城陷覆巢,迁海破产,无片瓦寸土之遗,有甑尘鱼釜之戚。向之偕隐者籍然列于钟鼎之上,君惟安贫守道,不少贬辞色,染指于大庖之俎。及迁界既复,祠宇之在城者亦遣故主,君则有田可耕,有家可归,修复旧业,颇有赢余之积。他人处此,鲜不乘坚策肥,交游权贵以为光宠,朝歌暮弦,广致宾客以要名誉,君则淡然如徒步布衣,自奉菲薄,岁入有余则修祠堂,崇祀典,刻其先世所著书凡若干卷数十万言,剞劂之费浮于岁计,则贷而益之,皆世之所难者。回忆昔日之所谓拙我懦我者,反自陷于当局之迷,良可叹也。"①成鹫法师是赞成黄逵卿作为隐士,而避世不出的气节。

关于黄逵卿,《(民国)香山县志续编》卷十一有黄逵卿传。黄逵卿乃黄佐之后,黄佐字才伯,号希斋,晚号泰泉,广东香山(今中山)人,明代著名学者、教育家。正德十六年(1521)进士。嘉靖初,由庶吉士授编修。历江西佥事、广西学政、南京国子祭酒,累擢少詹事。后被谗罢官,遂绝意仕途,返粤讲学、著述。卒谥文裕。其学宗程朱,博综今古,学者尊称泰泉先生。香山黄家乃望族。后黄佐八世孙黄培芳为《咸陟堂诗文全集》重刻作序,其中也提到成鹫法师在香山所作《香山宝书楼记》。黄逵卿长子黄铭,成鹫法师曾作书《与黄镜心》。成鹫法师《西斋说》:"香山黄明经铭,字镜心,文裕公之云孙,香樵公冢子也。平生言行践履笃实,善继善述,凡祖翁之所欲为与己之所当为者,罔不悉心竭力。比年续刻遗书,修建宗祠,筑室于香城之西,颜其燕居曰'西斋',盖因名取义,以砭愚自防云。"②成鹫法师作《与黄镜心》:"闻善人吉宅大作佛事,转一藏金经,般若放光,卿云呈瑞,真希有也,为之助喜。弟近卜居大通,驾来省幸一见顾,留住数日,听松涛,观烟雨,亦快事也。"③黄镜心即黄铭,《(光绪)香山县志》卷十四:"黄铭,字镜心,以名诸生贡太

---

① 《咸陟堂二集》卷二,第36页。
② 《咸陟堂二集》卷四,第79页。
③ 《咸陟堂二集》卷十五,第201页。

佛儒之间：清初成鹫法师的遗民世界 >>>

学,泰泉五世孙也。泰泉父祖相承,著述甚富,甲于岭海,历久颇多残缺。铭父逵卿广为购求,次第付梓。铭善成父志,不惜重赀复加搜罗补缉校刊。祝志云:按铭跋《唐音类选》,逵卿始得双槐岁钞、粤洲皇极经世书传、泰泉诗文全集、乐典庸言、六艺流别,后得唐音类选,复得小学古训,罗浮山志未见杀青。先世有祠在会城承宣里,毁于兵燹。逵卿极力经营,仅能恢复旧址。铭复捐资创造堂宇、先人双槐。尝建友琴堂。泰泉有涵一亭,遗迹就湮,铭买地莲峰之阳,重建亭馆,与友人读书其中,家学相传勿替。（暴志）。性俭朴,不嗜纷华。然于宗族兄弟内外戚属常推食解衣,子弟之秀者资以膏火,岁饥出粟助赈,受惠者众。宇内知名之士游岭南者,必造庐请谒云。（张府志）。"①其后,成鹫法师有诗《挽黄广思》②

　　黄逵卿从弟黄廉卿也是遗民。《（民国）香山县志续编》卷十一记载,"逵卿从弟廉卿,字洁思,号雪桐。国变后,亦隐居不仕。云间张恒游粤,访文裕子孙于宝书楼时,廉卿已卒,因题其墓曰'宫詹贤裔'。按成鹫易宏二诗,其语意皆言鹏卿殉节死,今不可考。《胜朝粤东遗民录》。"③

　　成鹫法师在香山,作有《香山黄氏宝书楼记》。香山黄家乃望族。后黄家后人黄培芳(1778－1859年)为《咸陟堂诗文全集》重刻作序,其中也提到成鹫法师在香山所作《香山宝书楼记》。《重刻咸陟堂集叙》:"《咸陟堂诗文全集》,吾粤高僧迹删公所撰。余少时尝粗览一过,大抵俯拾即是,着手成春,文更在诗之上,尤为难能而可贵。《钦定国朝别裁集》小传有云,著述皆古歌诗杂文,无语录偈颂,本朝僧人鲜出其右者。拟之于古,其惟俨、秘演之俦欤! 盖公乃方九谷先生之弟,为海内所重,如云间张北山、新会胡金竹,皆一时名儒硕学,与之订方外交,其才品可想见。裴休所谓出家之雄者,非耶? 又与余族祖镜心公善,集内有《与黄镜心书》《香山宝书楼记》二篇是已。惜乎全集版片久已无存,艺林未由遍览。道光乙巳春,华林僧明超,祇园公之法裔也,购得原本,重付剞劂。余嘉其能振坠绪而永其传,既杀青,爰弁数语,以诏来者。道光二十五年乙巳春仲黄培芳识于羊城艮阁。"④黄培芳,清代爱国诗人,"粤东七子"之一,世称"岭南名儒"。

三、与张恒

　　张恒,华亭人(今上海松江区),隐士。《重修华亭县志》卷十七记载,"张恒,

---

① 清·田明曜:《(光绪)香山县志》卷十四,清光绪刻本。
② 《咸陟堂诗集》卷三,第45页。
③ 民国·厉式金:《香山县志续编》卷十一,民国九年刊本。
④ 《咸陟堂诗集》卷首。

160

字北山。壮好游,后移家林屋。储书万卷,不汲汲于荣利,著有《传道录》若干卷。"①《(嘉庆)松江府志》卷五十七,"张恒,字北山,华亭人。秀水朱彝尊中表弟,壮岁好游。历苏门,求孙征君锺元遗书;谒耿詹事逸庵于嵩阳;访李中孚王无异二征君于关内。久之,著《道传录》若干卷。后移家林屋。储书万卷,不汲汲于荣利焉。《曝书亭集》。"②张恒还著有《儒林录》十九卷,《松江府志》卷七十二记载,"《明儒林录》十九卷,国朝张恒北山著,《四库全书》存目。"③张北山乃朱竹垞中表弟,朱竹垞即朱彝尊(1629-1709年),浙江嘉兴人,张北山乃云间人,云间即上海松江,紧邻浙江嘉兴。作为张恒的表哥,朱彝尊为张恒作《道传录序》,其中包含张恒生平事迹,应该最为可信。《道传录序》:"宋元以来言道学者必宗朱子,朱子之学源于二程子,先二程子言学者为周子,于是论者尊之谓直接孟子,是为道统之正,毋论汉唐诸儒不得在其列也。即七十子亲受学于孔子者,亦不与焉。故凡著书言道统者,辄断自周子,始饮流或忘其源,知末而不揣其本,吾尝未慊于中也。且夫圣人之道,著在六经,是岂一师之所能囊括者。……华亭张恒北山,予中表弟也。壮岁好游。历苏门,求孙征君锺元遗书;谒耿詹事逸庵于嵩阳;访李中孚、王无异二征君于关内。质疑辨惑久之,著《道传录》若干卷。始伏羲画卦以及尧舜禹汤文武周公孔孟微言将绝,特书七十子之名暨孟氏弟子,下逮汉唐,然后继以濂洛关闽诸儒,迄于元明。人各录其遗训,采其醇而去其疵,审夫同而斥其异,所重者品,不狥乎名。所存者神不泥其迹,足以见吾道之大公,而迥异夫要誉于热官者之所为矣。北山近移家林屋,储书万卷,不汲汲于荣利,盖学焉而有守者。至于录周子而舍《太极图说》,录邵氏而不过信《皇极经世书》,尤见卓识。予故序之,有罪我者不复辨也。"④江南地区包括松江,正是明遗民最为活跃的地域,陈子龙、夏完淳等一批人死难之外,选择归隐的人应该更多,张恒应该就是其中的一人。

张恒还到过岭南,至香山,与成鹫法师以及黄逵卿、黄廉卿兄弟都有交往。黄培芳曾说,"如云间张北山、新会胡金竹,皆一时名儒硕学,与之(成鹫法师)订方外交,其才品可想见"。张北山乃成鹫法师好友,成鹫法师曾作《张北山游岭南草序》:"道学之门,不尚风雅,理胜情也;风雅之家,不谈道学,情胜理也。二者相胜,不折衷于性命之学,均属偏枯,非正论也。《诗》三百篇删自孔氏,蔽以一言曰'思无邪',孔氏非道学之宗乎?首以学《诗》立教于天下万世,必一其心归于正而后已

---

① 清·杨开第:《(光绪)重修华亭县志》卷十七,清光绪四年刊本。
② 清·宋如林:《(嘉庆)松江府志》卷五十七,清嘉庆松江府学刻本。
③ 清·宋如林:《(嘉庆)松江府志》卷七十二,清嘉庆松江府学刻本。
④ 清·朱彝尊:《曝书亭集》卷三十五序,四部丛刊景清康熙本,第349页。

焉。风雅其可少乎哉！云间北山先生，生横渠之后，神明于《订顽》之言：乾称父，坤称母，民胞物与，视同一家。道学不明于今日，一家之人皆长夜也。驾言出游，搜罗百家之藏，一言一行，足以启蒙而破暗者，汇为一编。因念五岭以南非道学之乡乎，忍置之不人也？乃载其书，由闽抵粤，征求文献，不遗草泽。谒先儒陈白沙于江门，访黄文裕公之子孙于宝书楼上，瞻其像，读其书，如见其人，观止矣！旋车言迈，过予大通之庐，出所汇书及所为题咏赠答之言，次第相示。道学之书，如禹鼎周敦，穆然古色，望而知为先民手泽，后世弗若也。已而三复其诗文，如大冶镂金，法古像物，别出新型，不违古制，今之作者，又弗若也。其以道学为风雅乎？以风雅为道学乎？抑于性命之外别有所谓道学风雅乎？吾不得而知也，序以质诸同好。"①

　　成鹫法师与张北山交往是在大通古寺时期。《咸陟堂诗集》卷五有《华亭张北山过大通见赠，赋答》。成鹫法师在大通寺时，张北山曾过访。《咸陟堂诗集》卷十五有《苏广文瀛洲偕张北山过大通见赠赋答》。同卷还有诗《苏瀛洲广文过寺话旧》。大致作于同一时期的诗还有《送易州牧赵山公之官公原宰博白，来广州谒兄制府乃行》《熊国博远庵入粤谒范中丞，宿大通见赠，赋答》。《咸陟堂二集》卷十一有《元日寿张北山》。成鹫法师还作有《题张北山太极行乐之图》："游遍东西南朔，究竟关闽濂洛。淹贯典坟丘索，镕铸精华糟粕。驱役风云电雹，成就文章著作。"清蔡衍鎤《操斋集》卷七收录《重阳后二日云间张北山同安林苍湄见访限韵》，卷九收录有《送云间张北山》。《咸陟堂诗集》卷十五有《苏广文瀛洲偕张北山过大通见赠赋答》。同卷还有诗《苏瀛洲广文过寺话旧》。大致作于同一时期的诗还有《送易州牧赵山公之官公原宰博白，来广州谒兄制府乃行》《熊国博远庵入粤谒范中丞，宿大通见赠，赋答》。《咸陟堂二集》卷十一有《元日寿张北山》。

　　此外，岭南人士与张恒也有交往。清蔡衍鎤《操斋集》卷七收录《重阳后二日云间张北山同安林苍湄见访限韵》，卷九收录有《送云间张北山》。《(道光)广东通志》卷一百九十四："《正学续》四卷，国朝陈遇夫撰存。遇夫《自序》曰：'岁丁亥（1707年），云间隐君（隐士）张北山采录儒书至五羊。余间过访，而壮其志。庚寅（1710年）张君缄书屡质，因得观所集《道传》《儒林》二刻。自周迄明，凡数百卷。年来僻居，乘暇因搜讨史乘，自汉至唐编传二十有七，赘以所见为书四卷，名曰《正学》，续此前人未辑之书，管窥蠡测，聊引其端，非谓举其全也。"②《(光绪)香山县志》卷二十一："《儒林录约刻》四卷，国朝黄培芳撰，俱同上。自序曰：'《儒林录》

---

① 《咸陟堂二集》卷一，第4页。
② 清·阮元：《(道光)广东通志》卷一百九十四，清道光二年刻本。

162

者,云间张北山先生所辑。先生康熙时人,朱竹垞中表弟也。先生纂辑伏羲以来至宋五夫子,吾道一脉相传者,编为《传道录》。复上起春秋,下迄明季,选理学诸大儒纯粹要语,足以羽翼吾道,继往开来者,汇为《儒林录》。所辑吾粤明儒先祖双槐、粤洲、泰泉三先生与焉。培芳从守拙兄处得《道传录》二十卷、《儒林录》若干卷。其《儒林录》只有粤洲明儒,盖先生至粤时,开雕未全之本也。因念全书浩大,窃取数典,不忘其祖之义,列三先生自为一编,是为《约刻》,并附文裕公所撰郡志。自叙先世行状于后,以见三先生以上家学之渊源,俾吾族子弟得以自励,并广其传于世,于吾人学术似不无少助。是刻虽约,不可以已也夫!'"可见张北山著有《道传录》《儒林录》二书。《(民国)吴县志》卷五十八下记载,"张恒《道传录》,朱彝尊序,字北山,华亭人,徙林屋。"①由之可知,张北山即张恒,字北山。《(道光)广东通志》卷一百九十四载:"《儒林录》十三卷,国朝张恒撰存。"②由此可知,张北山就是张恒无疑。

四、与黄元祥

成鹫法师与番禺人黄元祥有交往。《(宣统)番禺县续志》卷十八:"黄元祥,番禺人,崇祯间贡生。广州拥立唐王,以荐授推官。桂王时,复官中秘。乱后,闭户城隅不出,以经学教子若孙。年七十余,视听不衰,燕居辄为诸孙写细书劝盈箧衍。日夕与妻讽咏古诗,围棋弹琴相乐也。著有《碧山草堂文集》。僧成鹫尝赋诗赠之。"

成鹫法师作有《赠黄元祥中秘》,其中有诗句"颠毛豁尽齿牙脱,胸中饶有真诗书。诗书不是空文字,风雨晦冥皆正气。万古端州一片云,逼塞孤臣方寸地。五羊城边垂钓翁,曾识西方隆隼公。"③

五、与刘英云

康熙三十八年秋,成鹫法师作《寿刘征君序》。"铁城之山溪有隐君子焉,曰英云刘先生者。累世积善,以迄于身,业先世之业,食德服畴,勤而弗倦,俭而弗侈,强仁暴义,惟日不足。一门之内,生齿繁庶,丈夫子六,孙十有五,曾孙八,负耒者,横经者,斓斒以舞者,俎豆而嬉者,骎骎乎有跨灶陵云之势。隐君受福于天,颐养葆真,寡嗜欲,知止足,绝无侥幸欲速责显扬于旦夕,造物者将以其渐而致之矣。

---

① 民国·曹允源:《(民国)吴县志》卷五十八下,民国二十二年铅印本。
② 清·阮元:《(道光)广东通志》卷一百九十四,清道光二年刻本。
③ 《咸陟堂诗集》卷二,第31页。

东溪明府,隐君族子,东林善友也。常为予言隐君之贤,欣而慕之,惜未之见焉。己卯秋,闲居林下,丛菊将放,含英蕴芳,似有待于主人。主人知其意也,晨起搴衣,自为凿隧之灌,不分劳于僮仆,重其事也。适东溪至,与之遇于篱下,讶其来之早也。问之故,则为隐君请言上寿。"①《(光绪)广州府志》卷一百三十八称,"刘英云,年一百一岁。"②刘东溪为成鹫法师好友,成鹫法师作有《送刘东溪北上谒诠》《观刘东溪所藏吴虎泉晚槐栖鸦图》等。

征君,即隐士、高士。《后汉书·黄宪传》:"友人劝其仕,宪亦不拒之,暂到京师而还,竟无所就。年四十八终,天下号曰徵君。"③晋皇甫谧《高士传·韩康》:"韩康,字伯休,京兆霸陵人也。常游名山采药卖于长安市中,口不二价者三十余年。……博士公交车连征不至。桓帝时乃备玄纁安车以聘之。使者奉诏造康,康不得已乃佯许诺,辞安车,自乘柴车,冒晨先发,至亭。亭长以韩征君当过,方发人、牛修道桥。及见康柴车幅巾,以为田叟也,使夺其牛。康即释驾与之。有顷,使者至,夺牛翁乃征君也。"④五代张观《过衡山赠廖处士》诗,"廖融,字符素,隐于衡山,与逸人任鹄、王正己、凌蟾、王元皆一时名士,为诗相善。……梁州左司谏张观过衡山留诗曰:'未向漆园为傲吏,定应明代作征君。家传奕世无金玉,乐道经年有典坟。带雨小舟横别涧,隔花幽犬吠深云。到头终为苍生起,休恋耕烟楚水滨。'"⑤陈继儒(1558-1639 年),明代文学家、书画家。上海松江人,年二十九,隐居小昆山,后居东佘山,杜门著述,屡奉诏征用,皆以疾辞,人称"陈征君"。清戴名世《李烈妇传》:"李烈妇,姓孙氏,直隶容城人。其曾大父曰钟元,在明天启、崇祯间,以气节名于时,屡被征召不出,天下所称孙征君者也。"⑥马鸿勋有《寄孙钟元征君》诗:"危行今时见古人,每询杖履忆相亲。山中耕凿还三代,劫后年华过九旬。嗜学深心真忘老,迎人善气自如春。啸台旧迹孙宗事,未许先生附隐沦。"⑦成鹫法师所称刘征君,即隐士也。

六、与万锦

康熙三十五年(1696),成鹫法师在丹霞山,曾游宿绿萝庵,见绿萝居士万锦。

---

① 《咸陟堂文集》卷八,第 115 页。
② 清·戴肇辰:《(光绪)广州府志》卷一百三十八,清光绪五年刊本。
③ 南北朝·范晔:《后汉书》卷五十三,百衲本景宋绍熙刻本,第 699 页。
④ 晋·皇甫谧:《高士传》卷下,明古今逸史本,第 22 页。
⑤ 宋·阮阅:《诗话总龟》增修诗话总龟卷十,四部丛刊景明嘉靖本,第 64 页。
⑥ 清·戴名世:《南山集》卷九,清光绪二十六年刻本,第 153 页。
⑦ 民国·徐世昌:《晚晴簃诗汇》卷三十四,民国退耕堂刻本,第 628 页。

成鹫法师作有诗《宿绿萝庵,赠半僧万欲曙》《赠万欲曙》。

万欲曙即绿萝居士万锦。《(同治)韶州府志》卷十二有廖燕《游丹霞山记》:"绿萝峰则为寿春万子欲曙约予偕隐处也,予梦寐不忘焉。再左转为舍利塔,为丹霞绝顶。"《丹霞山志》卷六:"绿萝居士,万讳锦,号欲曙。"

七、与周大樽

周大樽,隐士。《(道光)广东通志》卷一百九十七:"《乳峰堂集》,国朝周大樽撰存。《广东诗粹》:大樽名瓠以,字行,一字冷泉,南海人。康熙壬午举人,居石门山中,以文行著于庠序,孤云野鹤,随心去留,人莫测也。访吴中山水殆遍,之越游富春,之楚游衡岳。尝数岁不归。"成鹫法师作有《乳峰遗草序》:"周子乳峰与东樵老人置身其间,同而断之,各为口口口口二十余年……一置身青云之上,一韬光水石之边,隐显异也。……其乳峰之为诗乎!观者毋存断见,见乳峰于若同若断之中,见东樵于非同非断之外。"①

成鹫法师在香山县东林时,作《初住东林,周人尊、缪西泠过宿》。成鹫法师还有诗《东林折梅送周大尊归里》:"与子同枯槁,花时共入林。一枝聊折赠,相视意何深。去住本无著,繁华岂有心。故园春信近,行矣莫沉吟。"见《咸陟堂诗集》卷八、《晚晴簃诗汇》卷一百九十五。

八、与乐沨

成鹫法师在四处游方、游历之时,也结交接触到大量友人,包括在丹霞山、海南和香山东林等地,内容在别的章节内有介绍。成鹫法师最后二十年在广州大通古寺和鼎湖山庆云寺,更是大量接触各方文人士子。成鹫法师在大通古寺时曾作《住大通与城中诸友》,说明自己还是不愿过于入世。"弟散人也,懒惰成癖,暂住古刹,无异空谷,望羊石如蓬瀛,阻鹅潭如弱水。二三知己,往往买舟相过,一茶之外,别无可以留宾者。兴尽而返,送至江干,一揖而别,无复过城答拜。鲍子知我懒也,或能以格外恕之,则此间可以久住,长为农夫以没世。万一造物见妒,令一败兴俗汉责我以逢迎之礼,则腰包出门,别求活计,何天不可高飞耶? 拙计已定,质之老兄,以为可否?"②这一时期友人应酬较多,主要是别人要拜访此一位得道高僧,加上地利上有便利,大通古寺就在广州城边。

乐沨,《武夷山志》卷十七记载:"乐沨,字块然,临川人,太学生。丙戌年至武

---

① 《咸陟堂二集》卷八,第161页。
② 《咸陟堂文集》卷十五,第200页。

夷。"《武夷山志》卷二十四载乐泅《武夷山访隐士不值》，诗曰："扑面秋风入翠微，黄花深锁白云扉。道人采药知何处，消息今朝归不归。"《江西诗征》卷六十八记载乐泅，"字块然，东乡人，官内阁典籍"，中收录乐泅诗两首。《西樵晚泊》："闻说西樵隐，千秋去不还。偶停今夜棹，同看旧时山。鸟宿仙霞老，花开佛界闲。金丹休问世，一醉即朱颜。"《碧云寺》："树老能成佛，山空但养云。长歌人不见，麋鹿自为群。"此外，《清代禁毁书目四种》载乐泅撰有《星河集》《漆天集》《星海集》，乾隆年间均遭禁毁。

乐泅是诗人和画家，才气横溢，洁身自好，睥睨一世。官内阁典籍。好交游，尤与诗文家姜宸英交往甚密。大学士李绂跋《星河集》，对其诗其人评价颇高。《(同治)东乡县志》卷十三："乐泅，字块然，樟塘人。以才气睥睨一世，豪于诗，画笔尤怪伟，酒酣辄十指濡墨作山水树石，各极其态。顾意兴好奇，里人每称为颠。尝独游衡岳，遇大风雨，犹张盖四至，累日不返。以当事荐入京师，得官内阁典籍。旋罢归，将至郡，闻人谈岭南荔枝特美，时届熟，遂买棹独行，至则日坐树下，学东坡饱啖三百颗。竟客死粤东。所交多海内名士，尤善慈溪姜宸英。临川李阁学绂书其《星河集》后云，'调高晋魏，群空唐宋。'予知其诗矣，然知其人者何人也。触泰山之石不肤寸而雨天下安见，今之不如古也。亦可想其胸次云。"

乐泅也是才气纵横，以才气睥睨一世，豪于诗，性情上乃洒脱飘逸之辈，此正与成鹫法师相同，但年龄上应该比成鹫法师晚一点。成鹫法师称其乃奇人，才奇，品奇，无一不奇，指画称奇。成鹫法师与乐泅相见于大通古寺，乐泅号块然，成鹫法师作有《块然先生传》。"块然先生不知其为何如人，正不必知其为何如人也。世有知其为何如人者，实不知其为何如人也。块然来自天家之门，客于羽林领军之幕，意其人当在食鱼乘车、鞁珠履弹长铗之列。及一见之，则飘飘然有猿鹤烟霞之致，是岂寄人篱下哉！初过我于大通之破院，高视阔步，左顾右盼，旁若无人。曰：'此狂十也。'与之语，言行如一，胡不愃愃乎君子哉！又疑其为迂儒，则气贯虹霓，目送蜚雁，有函盖乾坤、吐纳风云之势，非循行数墨比也。转计以为粗人，乃即座伸纸，指作画，箸作书，书数十行下，顷刻成千言，上下古今，得未曾有，岂空腹高心者所可同日语哉！曰：'是必游戏三昧，夙成慧业之文人也，岂复更有他长？'已而解衣磅礴，四体坚韧如铁革，握拳击石，火光迸出，运剑槊如郢人之运斤，骑跃驰马如列御寇之御风也。弯五石弓，破的于三百步外，犹反手耳，古所谓成荆贲育乎。试皮相之，则白面郎君、乌衣子弟，翩翩乎浊世佳公子也，究不知其为何如人者。别去旬日，三复往返，唱和同其声，坐起耦其形，婶笑怒骂，各得其情。块然曰：'惟子知我。我尚不知我为何如人，而况块然？'块然来以春阳，去当夏暑，烈日流金，过予作别，笑语之曰：'龙蛇之蛰，以存身也，亢则有悔。斯行也，潜乎，跃乎，块然?'块然不答,出笥中《漆天草》,索予序言。'晴窗卒业,仙才哉,非人间有者,吾知之矣。其天上之谪仙流落人间,不免牢骚愤奋之致,发之为声如此,此李白所云大圣无心火自飞者乎,块然?'块然不答。既序之,复为之传,并述其所著《啸仙传》于后。宇宙之大,不少知者,谓块然为何如人?其传曰:岿然一人,独师怀抱,举世无可语者,故以啸传。珊珊之骨,烟霞作食,故以仙传。当杨柳萦愁,红啼杜宇,尘埃刺眼,名利焚心,仙则冷然以啸。花泛流水,雨歇空山,行歌犊外,坐钓鸥边,隐士泥青,渔郎舟绿,啸则宛转如鸾凤。若候肃江山,置身百尺,片月离霎,孤桐吹叶,长啸晴空,山山雪老,宵尔无人,荒郊策蹇,醉乡孤往,独啸欣然。有顽砚一,砚有铭曰:'墨之母,石之祖。'不知何代何人墓中,炉一、剑一、朽琴一,晦冥风雨,仿佛悲鸣。潇湘竹墩一,烟波渺渺中。有石一,崎礌如其人。以指作画,得天地自然之态,书则如海天沦漪,奇鬼搏人,然世无知者。几净香间,怡然以远,桃花源穴,想见其人。"①成鹫法师曾致信乐汎。《答块然》:"先生奇人也。才奇,品奇,无一不奇。指画称奇,奇之一斑耳。前诗急就,未尽所奇,别后乃畅言之。题奇诗不奇,殊觉可惜,书呈索笑。"②

成鹫法师也为乐汎诗文集作序,即《漆天集序》,序文曰:"昭然者其天乎!垂象著明,人皆见之。块然者地也,含精毓华,鲜有窥其中之所藏者。昭然少之,谓块然曰:'知其白,守其黑,为天下式。吾将韬晦光景,泯人我于麟黯,寓古今于长夜矣,子盍为我髹之。'块然怏然许可,遂以十方虚空作一片纸,昆明劫灰作一锭墨,兔角龟毛作一管笔,四大海水作个砚池。尽风雷、云、物、山川、草木、蠢动含灵,一一切,摄入漆桶,和合空色,歌之咏之而成声,绘之绚之而成形,指之画之箾之勒之而成文字图画之奇,曰块然漆天。已竟,从此一劫直至阿僧只劫,穷此世界直至恒河沙界,无有一法可得、一人可遇。是之谓块然之诗,是之谓块然之文。"③

成鹫法师再为乐汎《留砂集》作序。《留砂集序》:"古今作者家多言火候,盖有取于内丹之旨云尔。……临川乐块然生有神仙之骨,壮具神仙之气,其发为古文词也,能以神仙之才运神仙之笔,片言只字,皆飘飘乎欲仙也,意其从烹炼而成,火候已到者矣。今此二集,嗣漆天草而再出,文愈奇,诗愈怪,其神其骨愈超脱于凡俗。噫,此块然丹成留砂之候乎?昔葛稚川丹成羽化,留砂于灶,其徒黄野人拾而食之,遂成地仙;许旌阳丹成拔宅,留砂宅中,鸡犬食之,随宅上升。今块然文章

---

① 《咸陟堂文集》卷六,第86页。
② 《咸陟堂文集》卷十五,第217页。
③ 《咸陟堂文集》卷一,第23页。

火候成矣,如列子御风而行,泠然善也,其所留者,丹汞之渣滓尔。世有好事家拾其咳唾而咀嚼之,必有就地行仙、升天委蜕者,名斯集曰《留砂》,信然。"①

康熙五十年(1711),成鹫法师为乐汎送行。《与乐块然一别五载,辛卯春再来岭南,入山见访,惠以临川佳颖,快谈累日而别,诗以送行》,中有诗句"起来问讯临川公,今昨凭君别同异。临川大笑为予言,性命文章无两是。即文字,离文字,流水行云岂濡滞。新硎持赠非等闲,从此转多难了事。"②

康熙五十一年(1712),成鹫法师作书与乐汎。《与乐块然书》:"比来日暮途穷,窃用自服,渐觉身心安适,得三种乐,老年受用不少。生此世间七十六年,意中无一快意之人,胸中无一快意之事,多由禀性褊浅,立身孤硬,眼眶如芝麻大,视此世界亦复如是,日惟局高蹐厚,不愿有生。晚年道力不坚,脚跟不稳,被造物主人牵入鼎湖作水牯牛,拖犁拽耙,耕耘祖翁田地,目擎同住侪辈人我斗诤,多不如法,思劝导之,导之不得,加以绳检,遂令萧墙反戈,雀鼠穿屋,生平褊浅孤硬,弗能自遂,未免垂首低眉,求信当路,事幸得平。回顾襟影,清夜噬脐,徒自苦耳。今服前药,渐觉洒然,别众归来,养疴林下,杜门却埽,阅藏注经之暇,披览内外典籍,日以古人为良友,偶然相遇则抚掌大笑,招手大呼,不恨我不见古人,惟恨古人不见我耳。从此交游日广,投分日深,视向时侪辈欲强之似我者,犹穿马鼻、络牛首,违其性而失其真,不若听之自为耕服。宇宙之大,何所不有,此朋友之乐也。向在人间,寄身逆旅,初志住山,寻觅丘壑,深则多虎,浅则多盗,不可住也。旋投足于乡落,东家反目,西里反唇,斗诤喧嚣,接于耳目。舍而去之,造一叶舟,倩两操舟人,放浪于芦花浅水之傍,自谓得计,不数日而长年三老自起争端,同舟之人遂为敌国,不可与俱。已而潮信忽来,石尤大权,维舟断缆,出没波涛之上,如纸鸢线断,飘飘不知所之,主人最眈,舟人束手,自悔好奇生事,不如平地安居之乐。舍之遗入湖山,身居师席,不免率众先劳,听鸡早起,随鼓上堂,候楗槌声持钵以出,闻普椰响草鞋先众,咽粗粝如吞铁丸,任仔肩如荷大械,加之众口铄金,群轻折軸,大厦将倾,非一木所能支也,徒自苦耳!今服前药,始觉今是昨非,随缘任运,归棹白鹅潭上,重寻旧隐,三径就荒,丛菊犹存,放下腰包,依前故我。开窗则水色浮天,卷帘则月光浸地,散帙则蠹鱼徙宅,埽径则蜗篆移口。斋钟报午,炊烟起处,赤米白盐,随意取足,便然一饱,鼓腹而歌,朗咏陶渊明《归去来词》一两遍,然后就座,注《首楞严》数页,注义不泥常涂,歌咏不拘声律,聊取自快而已,此林园之乐也。生平独住,不役僮仆,以其痴顽,未能免于求备,彼亦人子,不可以役人者役于人

---

① 《咸陟堂二集》卷三,第61页。
② 《咸陟堂二集》卷十,第222页。

也。昔强壮时,井臼自操,烹饪自办,不觉其劳,渐老渐衰,仍依故事,未免牵强于中,姑随所好,忘其苦也。及出而行百里之外,三衣一钵,寒暑铺陈,笔砚经书,汇成重担,不能自任,势必藉力于客作,偶值虚囊,无已负戴而行,祈寒暑雨,固所不免,此中苦趣,只自知之,不可以告人者。今服前药,归来林下,始雇一痴奴。奴从田间来,不习世事,一饱熟睡,呼之不起。起令洒埽,运帚如运锹锄;令烹茶,簸扇如簸糠屑;令研墨,转手如转磨盘;令折花供佛,用剪如用斤斧;令汲水,一日而破数器。老人冷眼旁观,不觉失笑,则瞠目仰视,不知予笑之所取也。有奴而痴,犹愈于黔突自炊,颁白负戴,静观痴态,无异丑净传奇,差称快事。久而安之,痴与痴人各成其痴,不自知其为痴,在我者,无瞋恚伤心之过,在彼者,无棰楚切肤之苦,是亦僮仆之一乐也。古云'肱三折而成良医',老僧药石有效,实得力于三折,不敢自私,再书献纳,幸勿以为迂而置之。"①写此信时,成鹫法师刚被迫退出庆云寺,心中凄苦悲凉,故也情真意切,吐露心声。

九、与陈东崖

成鹫法师还与誓死抗争清朝入侵的英烈后裔有交往。陈子壮(1596—1647年),字集生,号秋涛,谥文忠。广东南海沙贝村人。万历四十七年进士。历官编修、崇祯间累迁礼部右侍郎、南明弘光帝礼部尚书、桂王东阁大学士兼兵部尚书,起兵攻广州,兵败,惨被锯死。《(道光)广东通志》卷二百八十四:"陈子壮,字集生,号秋涛,南海沙贝人。母梦神人以丹桂枝拂其腹曰:'俾尔生儿,流芳百世',及生,异香满室。年十六试冠邑弟子员,由番禺学中式。万历乙卯乡试,万历四十七年己未以进士第三人,授翰林编修同充修史馆……。顺治三年,子壮自雄归广,以奉旨协办军务,乃捐赀召募得众二千余人,日夜训练。九月初,闻大兵入闽,总兵周之藩卫主战死,唐王被执,汀州遘变。报至,恸哭曰:'今福州既亡,永明王现驻端州'。乃遣人至端州,奉表劝进。十月,丁魁楚兵败还粤,见子壮,云至中途闻大兵陷赣城,万元吉赴水死,兵部员外郎黎遂球与弟遂琪俱阵亡。子壮闻之太息因以劝进端州事。丁魁楚等拥立桂王子永明王由榔于肇庆……。明年丁亥春,张家玉陈邦彦及新会王兴潮阳赖其肖先后起兵,子壮亦以八月起兵九江村,兵多蛋户番鬼善战。乃与陈邦彦约共攻广州,结故指挥使杨可观等为内应,事泄可观等死,子壮驻兵五羊驿。连日攻广州不克,为大兵击败,走还九江村。长子上庸战殁。会故御史麦而炫破高明,迎子壮,以故主事朱实莲摄县事。实莲,子壮邑子也。九月,大兵克高明,实莲战死,子壮、而炫俱执至广州,不降被戮。子壮母自缢。永明

---

① 《咸陟堂二集》卷三,第70页。

王赠子壮太师、上柱国、中极殿大学士、吏兵二部尚书、番禺侯,谥文忠,荫子。子三人,长,上庸兵部职方司主事,殉节二十七岁,赠太仆寺少卿。次,上延,荫尚宝司丞。三,上图,锦衣卫指挥使。所著有《经济言》《南宫集》《礼部堂稿》《练要堂诸稿》。"

陈子壮孙乃陈东崖,成鹫法师与之有交往。成鹫法师六十岁前后,在香山县,曾与何赤木等游西园,成鹫法师还有诗《客西园赠陈东崖》,可见此时已经与陈东崖相识。成鹫法师曾作《赠陈东崖序》,中有"予年七十,君年六十有奇"之句,大致1646年陈子壮死时,成鹫法师正十岁,陈东崖没有出生或刚出生。《赠陈东崖序》:"念昔者明柞遽倾,南北死事之臣,不可更仆而数计,先文忠秋涛公誓一旅之师,斩木揭竿,无或应者,孤军血战死焉。文忠二子长登甫、季叔演,痛父之死,号召多方,继志未逮,抱憾而殁。忠臣孝子,同出一门,宇宙中其不寂寞乎!东崖,叔演公季子也,流离播迁,弗宁厥居,以文忠婚于吾族之姑,因奉母避地韦上。吾及见其为子矣。能以艰难养志,及见其为弟矣,不以患难易心。别去数年,予乃去家学道,为云水游,分卫榄溪,止于西园,邂逅东崖,则圆冠方袖,居然贞人逸士也,讯其出处,曰:'上有老母,未敢以身许人,得布衣负米,无忝所生足矣。'立谈顷,佳儿出见客……吾因知其不凡,快东崖之有子,又及见其为父矣。去岁早秋,遣子应童子试,入为郡诸生。东崖老矣,一日扁舟南下,过予大通古寺,微有风尘之色,相顾爽然。"①成鹫法师七十岁是康熙四十五年(1706)。

康熙四十七年(1708),广东学政樊泽达到鼎湖山访成鹫法师,成鹫法师作《月华颂》:"樊太史昆来督学政于岭南,戊子(1708年)夏五月望后二日按郡东旋,舟次博罗江上。时夜二鼓,闻空中人语,促起看月华者,推篷视之,果见月重五晕,五色眩目,赋诗五章。是日适有会疏请广科额之议,意文明之兆云。陈子东崖绘为是图。"②可见陈东崖在场或参与其事。康熙四十八年(1709),成鹫法师作《题爱松堂燕图》,此图也是陈东崖所绘,成鹫法师称"陈子东崖,吾党佳士,善为丹青。""岁在己丑(1709年),时方上已,院公两试报竣,寻有事于采风,大会粤中儒雅高贤于粤秀山上,筑爱松堂、四宜亭,以延宾客,折柬招邀,不遗朝野,从之游者皆风雅之杰也。予先受请,拘于僧律,弗获与会,在座同人,往往笑为迂阔,予反而自问,亦自笑也。陈子东崖,吾党佳士,善为丹青,授简而归,追述议时所见,绘为是图。图中人物,骑者、车者、策者、徒者、韦者、布者、簪者、裾者、缁者、羽者、丰者、臞者、拜者、趋者、起者、居者、驰者、驱者、疾者、徐者、肩摩者、耳语者、持觞而眄

---

① 《咸陟堂二集》卷一,第15页。
② 《咸陟堂集二集》卷十,第187页。

者、执简而书者,极态尽神,跃出毫楮之表,真化工也。谛而观之,不觉失笑。陈子身在局中,乃复作图中之画,山僧身处局外,犹幸不作画中之人,当局者不知,旁观者得之,彼画中之人即作画之人,又恶知题画之人非画中之人乎?援笔书此,观者请各具眼。"①

成鹫法师还与陈东崖有亲戚关系。《赠陈东崖序》,其中说:"念昔者明祚遽倾,南北死事之臣,不可更仆而数计,先文忠秋涛公誓一旅之师,斩木揭竿,无或应者,孤军血战死焉。文忠二子长登甫、季叔演,痛父之死,号召多方,继志未逮,抱憾而殁。忠臣孝子,同出一门,宇宙中其不寂寞乎!东崖,叔演公季子也,流离播迁,弗宁厥居,以文忠婚于吾族之姑,因奉母避地韦上。"②韦上大概就是番禺韦涌,成鹫法师《大洲龙船记》中说,"番禺韦涌,吾父母之乡也",他们是韦涌人。陈东崖一家移居于此,才有与方家互通姻亲之便。

十、与郑一鹗后人

我们还能看到成鹫法师与郑一鹗后人的交往。成鹫法师曾作《祭郑太母穆孺人文》,穆孺人即郑一鹗遗孀。他在文章中说,"死节之难也,在慷慨于一时;守节之难也,能从容于岁月。古来忠孝节烈之流,视死如归,舍生如遗,嗜义如饴,赴难如驰,或决而绝焉,或徐而图焉,其缓急先后之异致,犹造车而合辙也。昔明之季,丹徒明府郑公一鹗以循良内召,初受铨曹,拜官未几,神器中倾,殉节于南康,时方仓卒,慷慨成仁,世鲜知之,正不必求知于世也。孺人身出勋臣之裔,名居命妇之班,先是奉姑归里,既而闻变,阖户引决,得正而殁。穆氏有子矣,丹徒有妇矣,乃以神人提奖,家众挽留,为堂上老姑,膝下弱子,勉存视息于人间,非其志也。毁妆独处,艰难百折,六十余年如一日,克存大节,见先人于地下,其从容就义如此,世鲜知之,母岂求知于世哉!鹫投老空门,窃有志于名教,常考甲申之变,南北死事诸贤多半失传,丹徒公其一也,深为恨事。兰闺贞节,坊表遍寰区矣,潜德幽光,犹或遗之,孺人其一也。前乎此失传于国,后乎此或遗于其家,犹为恨事。孺人之逝也,在丙戌之腊,凶讣之闻也,在丁亥之春,山川修阻,老病不获临丧,勉为文以遥诔之,非恨事耶!言念昔者,忝与家君停我约为方外之游,寻与诸孙伯仲同结东林之社。钦母之贤,饱母之德,诚恐抱恨于无穷也,表而出之,天下后世当有知者。盖棺定论矣,哀哉!"③成鹫对郑一鹗一门的忠烈进行了颂扬,这是他有意为之,以

---

① 《咸陟堂集二集》卷二,第28页。
② 《咸陟堂集二集》卷一,第15页。
③ 《咸陟堂集文集》卷十二,第176页。

让其事迹青史留名。

十一、与屈无倦、屈无极

成鹫法师在《屈母卢太君庆生文》中说，"予少不羁，于天下有用之书无不读，于天下有志之士无不与之游，惟冈州屈子无倦、无极兄弟为最密。曾按风鉴书相二子，有奇骨，许之曰：'异日当显，盖王景略一流人物也。'二子自负，因以自许。予揽镜自照，岂长贫贱哉！自许亦如二子。未几别去，予去家为僧，二子潦倒风尘，养母于大悦村庄，无复钟鼎之望。予偶持钵一过其门，熟视之，故人也。携手遣家，促膝道故，询及近况，则各各无一善状。回虑前日言，爽然自失，曰：'古人欺我，书岂足尽信乎哉！'日亭午，主人具食，食少而精洁，与香积同味，疑其非出于中馈执爨之手。询之，曰：'老母尸之也。母持斋久矣，饭僧治食，未尝委之他人。'予闻之，悲喜交集，谓屈子有母。予为鲜民，名教中内外不相及也。虽然，而母即吾母，请以世礼见。母许之，出坐厅事。时年八十有五矣，赪颜黄发，如中寿而未衰者。两耳垂肩，聃如也，握念珠，称佛号，声朗朗如洪钟，二者皆寿之征也。瞻仰良久，复以前日所学相母，有吉祥佳气，阴隲善纹，蔼然见于面颊。谓其子曰：'母生平积善广矣，曾活人命乎？'曰：'诚有之。曩戊子（1648年）岁正朔纷更，邻乡有梗于声教者，有司以叛闻，剿兵临境矣。先孝廉挺身见帅，请白其冤，不可；别良楛，不可；请标一帜为界，相帜以外，吾乡也，天假之活，则越帜以出可乎？帅乃可之。时出者百有余家，先君之请也。从中怂恿，母与有力焉。至脱簪珥，倾箱橐，解衣推食，割席分居，务令颠沛得所，则母为之。不施劳，不受报，意者其以此乎？'予拜手祝曰：'母其仙乎！母其仙乎！道书有言，活人一命，增寿一纪。母活数百命矣，当增数百纪。王母麻姑，不足多矣！古人之言当验。母既寿考，诸君子岂长贫贱乎哉'语竟一笑而别。别去数年，予寓迹于大通之破院，无极过我，相见惊喜，问讯高堂，曰：'少病少恼，今年九十有六矣。'"①在战乱中的凶险之下，救人于水火性命，乃大智大勇。清李稻塍《梅会诗选》二集卷十有《徐胜力南园席上送屈无极东粤》，"罗浮迢遰数千里，才子扁舟下五湖。新月纤纤拂松桂，明霞片片映菰芦。君方作赋齐班马，我已谋生托钓屠。相对樽前忽言别，中宵啼杀满城乌。"屈无极也是文人集团中的一员。成鹫还作有《屈无极过宿话旧》《归舟过大悦滘，访屈无倦、无极二子》。《归舟过大悦滘，访屈无倦、无极二子》："春风门巷薜萝阴，大悦溪边水石深。久别乍惊儿女长，老来犹见弟兄心。残枰懒向花间覆，旧梦多从醒后寻。

---

① 《咸陟堂集文集》卷十一，第155页。

草草相过殊未快,归舟一路托枯吟。"①

  清初,士大夫逃禅的行为,"自国难之后,凡遗臣世胄逃之乾竺者,盖多有之。"②"'逃禅'遗民们引领着时人的思想潮流。明清易代也是一个思想上的'天崩地解'时代。从顺治元年(1644)清兵入关算起,到康熙三十四年(1695)以黄宗羲的陨落为标志,遗民的活动时间大约持续了五十年间左右。在这五十年间,明遗民支配着整个学界,引领着清初社会的思想潮流,为近代启蒙思想的发展做出了巨大的贡献。"③在出家为僧之外,还有许多人是选择归隐,隐藏于山林城市,从事各种职业。成鹫法师与以上遗民、隐士或抗清志士的后人的交往,当然只是其中的一部分,他们在思想和行为等诸多方面,都是同一类人。面对这些人的行为与事迹时,我们能看到成鹫法师自身的影子。

---

① 《咸陟堂诗集》卷十三,第 226 页。
② 清·周齐曾:《囊云文集》,《丛书集成续编》第 120 册集部,《四部丛书》第四集,约园刊本,上海书店出版社,1994 年版,第 890 页。
③ 刘雪梅:《明清之际遗民逃禅研究》,吉林大学博士论文,2015 年,第 15 页。

第五章

反清问题

成鹫作为坚定的遗民与遗民僧,孔武有力、志向高远,具有反清复明的意愿。有一批学者根据一些资料片段与细节推断成鹫具有反清复明的行动,有"通海"说,也有"谋恢复再造"之论,几十年来几成定论。但仔细梳理相关史实,可以肯定成鹫作为遗民虽然有反清的意图,但却没有参与实际的抗清活动。他与一批遗民的关系、他的南海之行和澳门之行等等被一些学者视为证据的行为,并不是身负秘密使命、联络抗清义士或从事抗清斗争。

第一节 抗清与"通海"

清初,从事抗清斗争是普遍的现象。在国家、民族、人民面临危难之际,挺身而出,以天下为己任,忠义之士临难不苟,杀身成仁,为国捐躯者众多,选择隐居不出也有很多,文人士大夫集团的抗清活动比比皆是,成鹫的父辈以及当时同辈文人也都是遗民,有的诸如邝露、黎遂球还英勇抗清而亡。成鹫作为坚决彻底的遗民长达几十年,若找到一些"蛛丝马迹"论证说明成鹫也参加抗清斗争活动,应该不会让人感到特别的意外,因而有人提出成鹫从事抗清斗争的观点。《中国名人志》记载,"明末诸生。明亡,图谋反清复明,未成。"[①]这是长期形成的论断,从邓之诚到蔡鸿生等几位颇有影响的学者都持有相类似的观点,但大都是臆测因袭。

一、成鹫抗清"通海"问题的源流

顺治十二年(1655)春,顾炎武回到家乡昆山,人以"通海"的罪名控告之。清代早期遗民通海者大有人在。《明遗民录》云:"尝闻之,弘光、永历间,明之宗室遗臣,渡鹿耳依延平者,凡八百余人;南洋群岛中,明之遗民,涉海栖苏门答腊者,凡

---

① 澹泊:《中国名人志》第十二卷,中国档案出版社,2001年版,第1900页。

二千余人。""遗民漂泊海外者就有数千人之多,其整体队伍之庞大可以想见。遗民不仅队伍庞大,分布的区域也极为广泛,几乎遍布了大江南北及东南亚各国。逃于海外者因资料匮乏而无从详考,主要应集中在朝鲜半岛、日本群岛和南洋诸岛。"①遗民们联合起来,结合海外力量进行抗清斗争,就是所谓的"通海"。"海逆奸细多为僧道,潜游各方打探消息"②,遗民们常常以僧装道服来隐藏身游走于城乡山海之间,联络反清势力图谋举事。"明遗民以'云游'祭奠故国,舒缓'失国之痛',宣泄心中悲慨,他们的'云游'实则是蕴藏着反清复明的大义,他们以'云游'为名,勘察地形、联络声气,而图谋复国才是'云游'的另一份真实担当。以'游'为名的怀古凭吊,实则是考察山川地貌、风俗人情,广结豪杰,图谋再起,这才是遗民'云游四方'的真正动机和动力。尽管在那样的情境下,图谋复国的成功率极小,但是'云游'的遗民们仍不放弃理想,图谋发动起义、推翻清廷统治,只是恢复故国需要经济、社会、民众、组织等各方面的基础。顺治、康熙两朝,'复国'的理想追求虽然还有一定的影响力,只是相对于满清政府逐步稳定的政权统治而言,已渐渐薄弱下去,'云游'的遗民们也渐渐意识到大明王朝气数已尽,清政府定鼎中原已成事实,放弃云游的遗民越来越多,他们或选择安稳的隐居生活,或出仕新朝。"③

广东地接南海,通西洋,海外活动频繁,有通海的活动条件。岭南商业发达,有泛渡海外贸易者。成鹫《寿陈翁文》记载,"海上之翁,常以八月泛星槎、溯云汉以犯牛女,不自知其置身之高、所适之远也,此大之至也。泉山陈翁之生也,适当泛槎之月,是故长而好游。东泛瀛渤,西渡昆仑,南浮交趾,靡不航也。十洲之遥,三岛之峻,普陀水月之高深,靡弗梯也。……今老矣,持海外之奇货以归。"④在岭南地区,如陈翁这样的通达海外者应该比较普遍。与之同时,西方世界的航海大发现已经展开,殖民活动也在全球进行中,中国的澳门等地受到影响,利玛窦等西洋人士渐次进入中国,西学东渐已经成为不争的事实。成鹫法师本人的著述中提及利玛窦和西洋器具,也于康熙三十六年(1697)夏游历澳门,对西洋风情和文化有所记载。时人与海外的沟通与交流已经很常见。遗民有通海的行动,应该是历史事实。

但成鹫并没有从事实际上的反清斗争。对于成鹫"通海"之说,杨权著有《成

---

① 刘雪梅:《明清之际遗民逃禅研究》,吉林大学博士论文,2015年,第25页。
② 何龄修:《五库斋清史丛稿》,学苑出版社,2004年版,第285页。
③ 刘雪梅:《明清之际遗民逃禅研究》,吉林大学博士论文,2015年,第33页。
④ 《咸陟堂文集》卷九,第119页。

鹫"通海"辨》一文加以辩驳,他指出"基于对某些史实的误解,近代著名学者邓之诚把成鹫视为反清复明的政治人物,认为他有'通海'的嫌疑。邓氏在《清诗纪事》初编卷2中写道:集中有《鬻剑诗》云:'尝蓄古剑承景藏之十年,以待不平,今既平矣,无所用之。'不类出世人语。与陶环、何绛结生死之交,环字握山,绛字不偕。致握山地下书屡言握山失却出家机会,盖以出家为隐语,即谋恢复再造。环、绛皆熟于海上,奉永历正朔者,故成鹫往澳门主普济禅院,又尝渡海至琼州,踪迹突兀,实有所图。北田五子陈恭尹为首,恭尹居西樵,成鹫自号东樵,若与之抗。恭尹之没,成鹫为文祭之,称造物使之全节,以见先人于地下,若微示不满者。邓说影响颇大,屡为来学所承袭,已成定谳。例如覃召文先生判定:'成鹫入清后坚守气节,曾参与南明抗清活动。'蔡鸿生先生认为:'联系到康熙二十一年(1682)成鹫的琼州之行,他作为身在佛门的遗民,确实踪迹突兀,情系海南,似乎参与过某种通海的密谋。'姜伯勤先生分析:'普济禅院与莲峰庙的两件《莲座》中俱不见成鹫的名字,这更增其踪迹突兀的秘密工作色彩。'黄国声先生认为邓先生的推断'是颇可信的','因为当时抗清义士,每每利用寺院作掩护,以进行秘密活动'。刊载于某网站的一篇介绍广东僧尼与居士历史与现状的文章,也提到成鹫曾往澳门普济禅院,秘密进行反清复明活动。"①邓之诚之后,一些学者延续了他的观点,纷纷推断成鹫参加了抗清斗争。

但杨权并不认可上述言论。邓之诚之论断联结深广,貌似言之确确;其后学者跟进,也是同样模式的补充论证。但这些种种的论断都是不准确的。杨权指出,"成鹫'通海'之说实不能成立。为显示真相,兹先对邓先生所提出的诸条证据进行一番辨析。"②"近人邓之诚曾把清初岭南高僧成鹫视为有'通海'嫌疑的政治人物。此说已成定谳,却为臆测。邓先生所引为证据的《鬻剑诗》系成鹫之戏作,不能说明问题;《致亡友陶握山书》所谓'出家'即是落发为僧,而非'谋恢复再造'之隐语;成鹫曾渡海琼州及客居澳门亦与'通海'无涉,因为其时已无'通海'之可能。成鹫因对现实局面极端失望而'逃禅',出家后一意割断与世俗的干系。不可能再介入现实政治。在宗派上成鹫属于以木陈道忞为宗师的临济宗天童系,而道忞是清初'新朝派'的代表人物。天童系的这一政治背景,也决定了成鹫不可能参与秘密反清运动。成鹫的《咸陟堂集》没有'怨尤之思,悲愤之气',便是证明。当然,在内心深处,成鹫对清朝统治者是持排斥态度的,对明朝是怀有留恋之情的,

---

① 杨权:《成鹫"通海"辨》,《学术研究》2009年第2期,第148页。
② 杨权:《成鹫"通海"辨》,《学术研究》2009年第2期,第148页。

在本质上是一位袈裟遗民。"①杨权所论言之成理。对于成鹫是否"通海",具体要看成鹫之生平行迹以及社会现实,需要综合起来进行判断。

二、成鹫没有"通海"的行动

成鹫是少年遗民,四十岁后更进一步,作了遗民僧,采取毅然决然之态度,不参加清朝的科举考试不做清朝的官。明朝灭亡时成鹫才八岁,圆寂时已经是八十六岁的老僧,差不多作遗民八十年,说其有抗清思想或行为也是顺理成章。但成鹫是否参加实际的抗清斗争,还是要看一系列资料以及种种迹象。

成鹫是颇具影响的文士,但他还是一位武士,天生神力,有举鼎之能,乃拔山盖世之雄;文武双全、智谋超群。他显然有豪侠的一面,有凌云之壮志,时时跃跃欲试,想建功立业。成鹫年仅七岁就膂力过人,"举重负汲,能倍壮夫之任,群儿弗若之也"②。成鹫说自己在十四岁时,"童时嬉戏,夙习尚存,往往见猎心动,日与乡里恶少交游,举重扛鼎,运槊试剑,横行市井,莫敢谁何。幸而廉耻尚存,杀盗淫妄未尝破犯耳。出遇不平,奋臂而起,锄强扶弱,不避权贵,敬贤疾恶,不择亲疏,慨然以任侠自许"③,倒行逆施不可尽述,大致游走街巷胡作非为,但以郭解、荆卿等自居不让,多是向往豪杰之士的作为。十九岁时,成鹫作塾师任教于乡,乡间有大会,角力赌胜。祠内巨钟重数百斤,绳索断裂仆倒在地,众人共举不起,喧哗声达于私塾内,引起了教书先生成鹫的注意。成鹫出而观之,见猎心动,攘臂而起,"擎巨钟若挈瓶然,众皆惊以为神。自是日与市人狎习,平生所恃以见长者不觉毕露。"④成鹫天生神力,又遇乱世,也更能激发英勇之气,似乎可有一番作为。

成鹫也曾"学万人敌",志向不凡,乃"豪杰倜傥之流",慨然以任侠自许。他的内心一直是火热的,对时局是非常关注的,成鹫法师本人也说,自己"平生夙习,闻鼙鼓声时复跃跃"。成鹫在《屈母卢太君庆生文》中说,"予少不羁,于天下有用之书无不读,于天下有志之士无不与之游,惟冈州屈子无倦、无极兄弟为最密。曾按风鉴书相二子,有奇骨,许之曰:'异日当显,盖王景略一流人物也。'二子自负,因以自许。予揽镜自照,岂长贫贱哉!自许亦如二子。"⑤成鹫在一些诗作中对自己的豪情满怀有过表露。《寿张直咨文》:"人生宇内,无问世出世间,当作第一流人物,读第一种书,行第一等事,参第一义禅,据第一乘位,儒者谓之圣贤,吾宗谓

---

① 杨权:《成鹫"通海"辨》,《学术研究》2009年第2期,第147页。
② 《咸陟堂文集》附录,《纪梦编年》。
③ 《咸陟堂文集》附录,《纪梦编年》。
④ 《咸陟堂文集》附录,《纪梦编年》。
⑤ 《咸陟堂文集》卷十一,第155页。

之佛祖。"①英勇豪迈是成鹫真实的一面。

少年时曾舞枪弄棒的成鹫,曾也收藏古剑,他有几首写剑的诗。

成鹫有诗《少年行(旧作)》②:

千金散作五陵游,一笑能轻万户侯。日暮斗鸡过广陌,天明骑马出长楸。知音未遇留青眼,壮志无成讳白头。独醉邯郸沽酒肆,几回开匣看吴钩。

《看剑(社诗)》③:

拂拭方知跃冶年,原来便是古龙泉。用如无用光照地,平尽不平飞上天。三尺冻云愁鬼泣,一泓秋水渴蛟眠。床头得此生颜色,俗物何须到眼边。

《鬻剑(社题)》④:

一条秋水伴闲眠,钝置锋铓不记年。看去有光常在匣,倚来无地可凭天。自衒求售非吾事,待价而沽聊尔然。且与铅刀同问市,知音人在斗牛边。

诗中可见成鹫胸怀大志。成鹫侄儿方还也有诗《少年行》⑤,诗云:"不解《阴符》与《六韬》,似知名姓五陵豪。此身未识为谁用,慷慨长歌看宝刀。"显然方还是书写一种豪迈的情怀,与成鹫在乱世峥嵘中拟于此而抗争有所不同,成鹫是真的能舞刀弄剑、别有胸怀者。成鹫文采过人,故交游者多文士,也多侠士。有壮士漆振伯,成鹫曾作有《题漆振伯赠言卷后》,漆振伯"卑视郭解齐荆卿",这正与少年成鹫的自我评价一致,漆振伯"十三便笑舞阳怯,十五能请终军缨。身骑竹马谒幕府,抵掌谈笑销戎兵。结发辞家佩长剑,吴越山川游已遍。"可见漆振伯也是一位行走天下、武功高强的大侠,这样之人,成鹫一生中有不少的接触。成鹫前后与好几位战将的密切交往就有可能是成鹫法师本人孔武有力,喜舞槊弄剑有点关系。

成鹫的这种举重扛鼎、运槊试剑、学万人敌的行为没有使他走上战场成为武将,虽然他时常有所心动,反而是他的心性得到收束,要使自己成为像父亲那样的儒者。先前争胜好强的少年成鹫,不久采取了"逃名遁世,不求闻达于诸侯"的人生态度,成鹫选择了作一名遁世的文人。正是在十七岁时,他像前代义士周处一样,不再崇尚武力横行街巷。成鹫自述:

年十有七,岁在癸巳。岁复大祲。数年来凶悍之性,为饥渴所迫,渐次消磨。平日交游恶少,半为沟壑殍,至是始萌悔心。一日侍立讲席,先君演说《论语》,至

---

① 《咸陟堂文集》卷八,第110页。
② 《咸陟堂二集》卷十,第193页。
③ 《咸陟堂二集》卷十一,第236页。
④ 《咸陟堂二集》卷十五,第373页。
⑤ 陈永正:《岭南文学史》,广东高等教育出版社,1993年版,第310页。

"德之不修"章,援引晋人周处晚节劝励改过。处字子隐,膂力绝伦,不修细行,州里患之。自知为人所恶,出谓父老曰:"方今岁稔年丰,盍行乐乎?"父老曰:"三害未除,何乐之有?"处问"三害"所指。曰:"南山虎、长桥蛟、并子为三耳。"处慨然请曰:"三害吾能除之!"乃登山射虎,入水杀蛟,归而励志好学,心存义烈,言必忠信,卒为善士,成令名。援古至此,呼予乳名曰:"因官,汝类周处,能为处乎?"予泣而悔曰:"处何人也?予何人也?敢不受命,贻忧父母乎!"遽返己室,大索平日所弄兵杖,投诸水火。狎昵恶少,誓与绝交。立取家藏书籍,移置座侧,日与古人为友。笔墨之外,不复知有戈矛矣。攻苦逾年,经学淹贯,子史百家言未卒业也。①

国破家亡之际,成鹫收束心性,痛改前非,重拾儒家学业。这自然不是个别现象,如明末四公子方以智等明末大批文人士子纷纷从温柔富贵乡转瞬间要面对铁血悲凉,必定会促使一些人改弦更张甚至誓死抗争。晚明正是有一段经济文化繁荣,市民生活兴盛的时期。可是明清易代之后,这些洒脱风流也只能风流云散不复往昔。成鹫既不愿参加清朝的科举考试,又不能举枪弄棒,"壮士死于沙场,义士死于法场,文士死于名场"②,这些成鹫都不能去做,那他也只有像父亲方国骅一样归隐了,他作了塾师,再往后作了僧人。

成鹫法师本人身有奇气,一生多洒脱不羁之行为。顺治十七年(1660),成鹫在顺德碧江作塾师得遇奇人。碧江有两位奇人隐居,人罕知者,一为岸庵居士,一为碧溪卧叟。我们看成鹫法师在《纪梦编年》中记载如下。

越三年,庚子(1660年)越陌度阡,旁求声气。闻邻境苏氏,有高尚老人,晦迹稠中,人罕知者:一为岸庵居士,一为碧溪卧叟。岸庵中年因病废耳,奇聋不与声接。初往见之,值门坚闭,不容剥啄,大声传呼,弗之应也。怅然而返。翌日复往,门闭如昨。三至三返,犹作门外汉。讯诸其邻,知此公诚聋,不可以声致者,必逾垣始得见耳。依其言以入,主人默坐,视客而笑,指席上砚旁,笔墨具焉。起语客曰:"余聋汉也,子何人?至何自?来何求?濡毫写砚,吾知所以报子矣。"予乃大书云:"久客兹土,鲜见寡闻。衷有疑情,思就正尔。"笑点其首曰:"可。子且去,吾方止静,不暇此也。当俟明日,日过亭午,可快谈至夕矣。"予辞而退,复逾垣出。自是如约,午至申返。中有所疑,水墨书砚,或指画案上,随叩而应,不少为隐。笑谓予曰:"古有五官并用者,予以目代耳,子以手代口,天下岂有聋人哑汉乎哉!"日与之处,悟圆通门不由声入,平生所学尽成糠粃矣。碧溪卧叟者,年七十余,老而无子,仅一孤孙,蠢然失学,止供樵爨。茕茕独居,日夕闭门著书。其书甚秘,出入

---

① 《咸陟堂文集》附录,《纪梦编年》。
② 《咸陟堂文集》附录,《纪梦编年》。

缄縢什袭,或求一览者,千金弗与也。予闻其事,知为异人,思一窥其藏,晨往就之。遇其朝炊,孤孙索米于市。予拜床下,执礼惟谨。叟傲然不顾,叱曰:"汝从何来?速为老夫具膳。"予起就爨。跽为爇薪,燠汤请颒,颒已点茶,揖而进之。将炊,孤孙负米归矣。予齿其孙,父子也;敬其祖,以弟礼之。为之代劳,饔飧所缺,竭力图之,俾无匮乏,不言所以。叟知微意,徐问之曰:"子之来,得无有所欲于老夫乎,老夫家徒四壁,室如悬磬,负子矣。"予拜而请曰:"实无它求,欲见老人箧中秘耳。"沉吟良久,挥之使退,曰:"异日当来,期子于夕。"如约至,则松灯荧荧,拥书独坐,孤孙不复侍侧矣。呼予使拜,拜已,使起近席,出其书数十余卷,皆平生著述,编次井然。灯下接受,居然以黄石公自待,予亦自甘为孺子。略为启视,文奥义深,仓卒不可卒业。拜手受之,夜归馆席,篝灯披览达旦。盖天文、地理、阴符、兵法、三式、六壬、奇门、演禽之学,言少时曾得是书于异人,潜心久矣,未窥其奥。今所授者,方诸前书,互相径庭,茫然不知所择。踟蹰数日,斋宿载币以往,丐其面命。叟笑而言曰:"予念子之诚,愍子之痴,姑相报耳。子果位中人,非术数之学可划地而趋也。凡有文字可观,理数可测者,均非上乘妙悟。子归矣,当向上求之。今人粗心大胆,任智使气,自谓英雄,一将功成万骨枯,皆若辈也,草木同朽腐耳。须求为真英雄、真男子,方堪作真圣贤、真仙、真佛也。"予闻命怃然而退,归馆数日,终不能忘情。于所好前书,尝系肘后,寝食不离,竟无所得。向来知解,犹如梦中获宝,究不得其真实受用处,疑情未破也。……年三十有七,岁在癸丑(1673年)。先君已归窀穸,风木兴悲,思有所以报罔极者,夙夜永怀,学业几废。一日散帙,得向所受于碧溪卧叟者,三复研究,始悟不传之秘。数年来所讲道学、谈性理者,复为夙习所胜。是时海内多故,思出其技一试之。偶从东家席上遇一异人,来自燕京,众皆称为张仙者。多默少语,是夜同宿室中,对榻灭烛就寝。异人兀坐面壁,不交一言。坐至半,榻中耿耿有光,未几光洞屋极,急起视之,异人遍体毫发放光四射,予固知其非常,坐以待旦。鸡初鸣,光复摄入如平时。晨起,就榻拜请其术。异人笑而不答,少顷乃云:"幸汝弗予惊也,惊则予与汝皆死矣。"予闻而悚然,还就箧中出前所受书,拜首请益,冀有诲所不逮也。三请而三却焉,一如前叟之言。退而自负持此书以应世,可王可霸矣。次年甲寅。当宁有徙置三藩之议,予移席佛山李氏之馆,仰观天象,出语人曰:"天下从此多事,将有变乱,不久底定,无足忧也。"

碧溪卧叟对成鹫说:"子,果位(佛教)中人,非术数之学可划地而趋也。凡有文字可观,理数可测者,均非上乘妙悟。子归矣,当向上求之。今人粗心大胆,任智使气,自谓英雄,一将功成万骨枯,皆若辈也,草木同朽腐耳。须求为真英雄、真男子,方堪作真圣贤、真仙、真佛也"①。成鹫"闻命怃然而退,归馆数日,终不能忘情。于所好前书,尝系肘后,寝食不离,竟无所得。向来知解,犹如梦中获宝,究不得其真实受用处,疑情未破也"②。此乃成鹫之奇遇,也是其真实心理状态之真实反映。天下不太平,各路英豪各有打算,成鹫也时常见猎心动,"不能忘情"。但终归还是听从了真隐士的忠告。成鹫处于犹疑的情感状态中并非偶然,还是与天下形势有关。

  清康熙元年(1662)四月,南明永历帝朱由榔在昆明被吴三桂绞杀,年四十岁,永历政权亡。五月,郑成功病死于台湾,终年三十九岁。六月,李定国病死于缅甸勐腊,终年四十四岁。九月,明前监国朱以海死于金门。抗清力量在这几年内基本上烟消云散,时事已经不可违,大局已定难以改易,这时再"任智使气,自谓英雄,一将功成万骨枯",已经不是他上文中自称的"真英雄、真男子"。他的父亲方国骅在归隐二十七年后也死于康熙十年(1671),此年著名遗民从事秘密抗清的方以智也逝去。似可以肯定,清朝的统治已经基本稳固,英雄志士遗民们越发凋零殆尽,存者也大都意志消沉,年老体迈。天下战乱如若再起,受苦受难的是天下的百姓。碧溪卧叟对成鹫的劝诫,并指出他是佛门中人,毫无疑问对成鹫产生了影响。

  康熙十二年(1673)前后,三藩势力正在集结中。成鹫因父亲去世"夙夜永怀,学业几废",但成鹫研读已经收藏十几年的碧溪卧叟所授异书,始悟不传之秘。"是时海内多故,思出其技一试之"。成鹫偶遇从燕京而来的异人张仙,此人身怀异技,成鹫记载甚详。成鹫"就箧中出前所受书,拜首请益,冀有诲所不逮也。三请而三却焉,一如前叟之言。退而自负持此书以应世,可王可霸矣。次年甲寅。当宁有徙置三藩之议,予移席佛山李氏之馆,仰观天象,出语人曰:'天下从此多事,将有变乱,不久底定,无足忧也。'"③成鹫所论之事正是震动天下的"三藩之乱",刚刚平静没有几年的华夏大地再次战火纷纷,作为有一身之能而又心怀政治理想的成鹫,心中蠢蠢欲动是可以想象的。三藩之乱的爆发,这对于有大汉民族情结的士人来说,可以讲是明朝灭亡三十年以来最为振奋的时刻。但成鹫经过分析观察而对时局做出了明确的判断,他虽抱有希翼,却早就洞察了三藩之乱的结局。成鹫还说,"未几滇黔拒命,闽粤继之。大江以南,阻于声教,四方不轨之徒,相继蜂起。岭南山海,半为啸聚之场。先是党中之任侠者,诎于时势,弗获一逞,

---

① 《咸陟堂文集》附录,《纪梦编年》。
② 《咸陟堂文集》附录,《纪梦编年》。
③ 《咸陟堂文集》附录,《纪梦编年》。

181

至是奋臂而起,人尽贲育,咸以豪杰自命。予固知其不济也,力劝止之,曰:'历数有归,神器未易窥也。'众皆哂为懦怯。拱手谢之,闭户不出。后闻外人沸议,有觊觎前书者,急投水火。然平生夙习,闻鼙鼓声时复跃跃也。"①我们能感受到时局大变之时的人心汹汹,显然成鹫身边的许多人对三藩之乱抱有殷切的愿望,还有不少人加入到反抗行列中,出现了"岭南山海,半为啸聚之场"的局面。成鹫"闻鼙鼓声时复跃跃",说明了成鹫也时常想参加反抗清廷的战争。从成鹫所言"神器未易窥"等语,由"窥"字可知他的立场是站在参与"三藩之乱"势力的一方。可战争形势已无可为,成鹫唯有拱手谢之,闭户不出。成鹫虽然"悟不传之秘"获得了奇书中的异术,具备了参与武装斗争的条件,但事先洞悉先机,即"天下从此多事,将有变乱,不久底定",才没有在"海内多故"之时贸然"出其技一试之"。

　　三藩之乱正是开启于统治广东的平南王尚可喜,作为广州人的成鹫自然对此一时期的政治形势有所观感。康熙十二年(1673)坐镇广州的尚可喜请撤藩,归老辽东,康熙帝撤藩,引发三藩之乱。几年之间,清朝朝廷失去半个中国,岭南也"半为啸聚之场",成鹫也正处于三十八岁到四十一岁的壮年,在这种历史情形之下,成鹫都没有参与到抗清斗争中去。若说其后成鹫在四十一岁时眼见三藩之乱即将失败,大失所望之下而出家为僧之后,再去进行秘密的抗清斗争,于情于理这种可能性都不大。他出家时的悲愤痛苦显示出他是真出家真避世。反清复明乃成鹫极其深刻的愿望,建功立业也是成鹫重要的想法,但他选择出家避世而去。成鹫把"自负持此书以应世,可王可霸"的神秘图籍投入水火中的那一刻起,也就在事实上放弃了武装斗争的思想。他要力避社会的战乱、人员的死伤,而不是自己建功立业称王称霸,此乃壮举,非大智大勇者不能为。

　　成鹫有《读武林郭宗臣惠祥录有赋甲寅之变,海氛陆梁,浙东州郡被俘妇女万余,郭公倡义,募钱五万贯赎还五千余口,旌表不受。既没,浙人至今尸祝之》,该诗最后称"金石永不磨,志之慎勿忘"②。从中不难看出,对于三藩之乱所造成的死伤与苦难,成鹫心生悲痛,对于一将功成万骨枯的局面抱有排斥态度,并不希望有生灵涂炭的战争发生。康熙三十六年(1697)冬,好友庞西牟逝,成鹫在《祭庞西牟文》,回忆了少年岁月以及与庞西牟的友情。"始予与公结发为生死交,时予两人血气方刚,超然有拔山盖世之志,常读《阴符》,学万人敌,自谓陵烟一座,唯我与公。斯时也,譬诸出燧之火,始燃之薪,炎炎焉,勃勃焉,有燎原焚林之势。奈何天

---

① 《咸陟堂文集》附录,《纪梦编年》。
② 《咸陟堂二集》卷十,第 209 页。

步多艰,英雄气短,予逃于空而为僧。"①先前的大有舍我其谁、建功立业的英雄气概,因时事多艰而英雄气短,也只能面对抗清复国希望的破灭,唯有逃入空门之一途。放弃了武装斗争的思想与行为轨迹很清晰。

以上事实充分说明了成鹫一生没有从事抗清斗争,没有"通海"。成鹫有《鬻剑诗》:"尝蓄古剑,厥曰承景,藏之十年,以待不平。今既平矣,无所用之,鬻之雷生,得粟一斛,戏蹭以诗。老去逢场渐息心,床头辜负不祥金。开将古匣霜盈手,博得山厨饭一鹭。从此星辰虚着眼,谩劳风雨废长吟。还君故物犹堪把,曾记延平遂至今。"②在这首诗中说明成鹫曾藏古剑"以待不平",显然有想参加抗清之意,因"今既平矣",而"无所用之",就此放下武器立地成佛,无论是否甘心,现实就在眼前。上文邓之诚认为此诗"不类出世人语",杨权认为此诗是戏作,都是对而非对的。成鹫本身就是外释内儒,战乱打乱了他的人生,他不是一个简单的普通僧人,他本身具有非常丰富的思想内涵,人生经历比较复杂,说出不类出世人语,作出不类出世人事,写出不类出世人的诗文,都实属正常,合乎其生平的逻辑。从以上几章内容来看,此诗饱含着成鹫的丰富复杂的内心感受,这是他最为真实的心声流露,他的一生都处于矛盾对立之中,作为遗民,他是反清的,但也没有事实上加入到反清行动中去,身带古剑"以待不平",对于成鹫而言是严肃认真的,非为儿戏。他只是本着敢于放弃的智勇,为避免生灵涂炭而选择了放弃斗争。"曾记延平遂至今"是他最终的愿望。

成鹫对战争的态度也是我们看成鹫有无反清行为的有效途径。成鹫身健力猛,在当时的时代背景下他有资历去参加抗清斗争。但成鹫本质上还是一名文人,武力赴死慷慨节义只是他个性中的一方面,他最崇尚的还是儒家伦理规范中的天下太平民生安乐。成鹫在少年时期见证了岭南的战乱和广州遭屠城的血腥,其后的生涯中也遭受了持续几十年的动荡和匪患,因此他本人是反感战乱对人的巨大伤害的,这也合乎佛门的不杀生思想,他遁入佛门不能不说既有避世的观念也有崇尚和平的意愿。成鹫在《兵后还山答邻僧见讯》一诗中写道,"此身如飞蓬,出门掉两臂",匆匆逃亡而走。百日后逃难归来,已经是"窘步涉丘园,荆棘集如猬。饥虎伺人餐,猰犬当路吠。忧来不能语,猛忍风前泪。且复入我室,还坐心如醉。残书纷满床,大半尘埃积。夜灯鉴孤影,形影和灯睡。隔桥磬一声,唤醒归人寐。"③诗中描摹了战后余生的惨状和自己的痛惜心情,"忧来不能语,猛忍风前

---

① 《咸陟堂文集》卷十二,第166页。
② 《咸陟堂诗集》卷十一,第171页。
③ 《咸陟堂诗集》卷一,第1页。

泪",豪放倜傥风流不羁的一代文士高僧,面对家园残破百姓死伤累累的局面也是无奈其何,即便是深入佛门藏于深山也避不开战乱的痛伤。我们再看成鹫的另一首诗《送李生之楚从军因寄梁腾虎》,"道遇梁腾虎,谓我遥相思。寄言兵者是凶器,圣人不得已而后用之。"①成鹫已经认为,几十年的战乱后,人心思定,兵凶战危不可轻动。成鹫从少年时舞枪弄棒的豪侠而逐步改走文人儒者的人生路径,这是总趋势。自始至终,他都没有进行武装斗争的事实与行动。

第二节　海南之行

在邓之诚之后,还有不少学者认为成鹫抗清。蔡鸿生提出两条证据,其一,"康熙年间任广东高明知县的钮琇,曾记述过一则与成鹫有关的逸闻:'康熙丙子(1696 年),粤僧方趾麟亲访祖述,具得其详。'所'详'何事? 就是这位名为'祖述'的海中介公之孙在崇祯壬午(十五年,1642)造舶泛海的奇遇。虽有浓厚神话色彩,但仍透露出在海外神霄殿里'玉音宣问南方民事、北方兵象'的真相。所谓'神霄殿'是子虚乌有的,但'玉音宣问'的内容涉及明清之际的政局,则显而易见。祖述这位神秘人物,海商而兼海客,可能肩负特殊使命。联系到康熙二十一年(1682)成鹫的琼州之行,他作为身在佛门的遗民,确实踪迹突兀,情系海南,似乎参与过某种通海的密谋。"②最近的是 2009 年周军《〈鼎湖山志〉与明清之际岭南禅宗》,其中也论说道,"成鹫出家后反清复明的遗民梦。康熙二十一年(1682年)成鹫随友人前往琼州,据《纪梦编年》描述,无非浏览物胜山川。但康熙年间广东高明知县钮琇在《觚剩》中写道:'康熙丙子(1696 年),粤僧方趾麟(成鹫)亲访祖述,具得其详',并谈起'玉音宣问南方民事、北方兵象'。据蔡鸿生考证,'祖述这位神秘人物,海商兼海客,可能肩负特殊使命',所谓"玉音宣问"也涉及明清之际政局,因此成鹫的琼州之行'似乎参与过某种通海的密谋'。同样,在他的许多诗作中,如《寓普济禅院寄东林诸子诗》《英鸡黎画诗》,均不免透露出他的遗民心声。"③也是转引蔡鸿生之论,指出成鹫曾从事了反清复明的秘密活动,论据一是成鹫的南海行,一是成鹫的澳门行。此外,覃召文《光鹫的诗文理论》一文指出,

---

① 《咸陟堂诗集》卷二,第 32 页。
② 蔡鸿生:《清初岭南佛门事略》,广东高等教育出版社,1997 年版,第 103 页。
③ 周军:《〈鼎湖山志〉与明清之际岭南禅宗》,《肇庆学院学报》2009 年第 4 期,第 39 页。

"光鹫一生坚守气节,曾参与南明抗清活动。"①上述诸位学者都是想说明成鹫有反清复明的"通海"活动。作出此论断虽然发挥了邓之诚的观点,却也是犯了同样的错误。

清代钮琇,字玉樵,江苏省吴江人,曾任广东省高明县令,卒于康熙四十三年(1704),比成鹫早逝九年。成鹫去海南岛随友人吴谓远前往,有诗《珠崖除夕与吴谓远广文守岁,有怀山中诸子》《客夜中秋怀吴谓远广文在郡未返》。而钮琇《临野堂诗文集》文集卷八有《题吴谓远小像》,《临野堂诗文集》尺牍卷三有《与吴谓远》,卷四有《复吴谓远》。说明成鹫可能与钮琇相识。钮琇有《海天行记》,记载时人名"述祖"者的海外奇遇,有奇幻色彩,上天入海,近似神话传奇故事,有龙宫有天官。中有"康熙丙子(1696年),粤僧方趾麟(成鹫俗名方颛恺,字趾麟)亲访述祖,具得其详。时述祖年已九十六,貌如五十岁人。"②《海天行记》内容来自于成鹫所作《海老人传》③,该文内容长,文字多,记载生动。成鹫有"通海"抗清之说,此是来源之一。但是神霄殿里"玉音宣问南方民事、北方兵象"若有象征实意,应该是海外国家或势力关注中国的战乱局势,这在任何时代都是正常的,也没有提到要派兵而来,还是没有抗清;而且"玉音宣问"的是"祖述"其人,又没有宣问成鹫本人。即便是联络海外势力,那也是祖述所为,并非成鹫所为,成鹫只是关注此事加以记载而已。成鹫记载此事的时间是"康熙丙子(1696年)",国内的战乱早就结束了,清朝已经入主中原五十三年之久,早就没有反清复明的可能性,难以推导出成鹫记载此事是因为抗清。在成鹫生活的早期时代,参加抗清者比比皆是,别人抗清不能认为成鹫就抗清。还有,最为重要的是,所谓龙宫之类可能是传说或演绎,此类文章之作自秦汉老庄以来代不乏人,不可视为果有其事。成鹫本人文风本就汪洋恣肆,大类庄、列。他的《咸陟堂集》第二部卷七收录纪传文十篇,在《海老人传》之外,还有《二城隍合传》《李元吉传》《张辅仁传》《春米佣传》《欧阳田叟传》《拾遗合传》《义马传(义牛附)》《义鬼传》等皆荒诞奇异,有神鬼之事,难以确信又言之凿凿,不应当认为只有《海老人传》有隐喻。还有祖述海外异事发生在"崇祯壬午(1642年)造舶泛海的奇遇",1642年成鹫才六岁,此时明朝还没有灭亡,虽然时间与时代可以腾挪虚拟,但"玉音宣问南方民事、北方兵象",即问南方的是一般民事,北方才有兵象,正与1642年北方有战争,岭南没有战争相契合;1644年明亡之后,北方战事少了,反而是南方的广东等省战乱持续了几十年。因

---

① 覃召文:《光鹫的诗文理论》,《岭南文史》1997年1期,第35页。
② 清·张潮:《虞初新志》卷十九,清康熙三十九年刻本,第186页。
③ 《咸陟堂文集》卷七,第91页。

而,结合上述几点因素,若要据钮琇《海天行记》中的只言片语难以推断出成鹫抗清。

成鹫的海南岛之行和澳门之行,一些学者为了论证成鹫抗清而反复提及并加以引申。康熙二十一年(1682)九月,成鹫四十六岁,往琼州府(今海南省),住会同县(今琼海)。成鹫此次琼州府前后三年,一路上访友探幽赋诗,是僧人,更是诗人,从成鹫这一路诗文一路歌的详细记载中看不到抗清的丝毫意图。

一、海南岛之行的因由与过程

成鹫去海南的原因是避盗避兵。成鹫追忆:康熙二十一年,官兵入罗浮山搜捕啸聚,群盗星散,不可踪迹。上命严督,官兵大索不止,督责居民献俘。居民惧罪,不得已而抓捕无罪者以应之。成鹫本人脱身出走,仅免于难,而他的小僮被掳就戮,遇救才幸免一死。成鹫回首反观石洞禅院附近的形势,竟成畏途,怅然而返,已经不敢再居住清修。成鹫看到"天下名山僧占多",其实大不然,兵与贼各占其半。"人有名不可以住山,山有名不可以久住,思得无贼无兵无名之地而往焉。客有从海南来者,盛称琼崖乡国之胜,夏不絺绤,终不裘袄,户不夜闭,路不拾遗,民不知有饥寒,俗不知有治乱,诚乐土也。遂倏然有浮海之志。时壬戌九月,友人吴谓远官于琼,过予与别。闻其行也,欣然请从,吴子许之。"①友人吴谓远到海南做官,可以随之前往,不必担心远游所需的路费以及安全问题。乱世多贼盗,独自前往海南岛也许成鹫就不会去。关于清初贼患,戴名世说:"明之士民死于饥馑、死于盗贼、死于水火,后又死于恢复,几无子遗焉。又多以不薙发死,此亦自古之所未有也。"②遗民陈确有诗《遇盗》③,当时"中原鼎沸,盗如猬毛"④,战乱打乱了社会秩序和安定,贼盗纷起,民众遭殃。成鹫《纪梦编年》也曾记载,康熙十七年(1678),"时粤东变乱,盗贼蜂起,虽欲远适,蹙蹙靡所骋也"⑤。到康熙二十一年,罗浮山盗贼仍然猖獗,成鹫不能容身,这是他远避游走海南岛的最初原因。

成鹫在到海南岛的行走路线过程中,对于各地风情、海外风土,秋刈冬耕,新苗遍野,雕题黑齿,异俗殊音等详细描摹。成鹫开始时对之很惊异,久而安之,忘此乃身在异域。此年冬季,假馆于会同县城外,槟榔匝屋,椰子垂檐,人则寡欢,出

---

① 《咸陟堂文集》附录,《纪梦编年》。
② 清·戴名世:《南山集》卷八传,清光绪二十六年刻本,第140页。
③ 清·陈确:《乾初先生遗集》诗集卷,清餐霞轩钞本,第319页。
④ 清·陈伯陶:《胜朝粤东遗民录》,莞水丛书第四种,2003年版,第177页。
⑤ 《咸陟堂文集》附录,《纪梦编年》。

186

无可语。岁尽云暮之时,则风景凄凉,触目兴怀,有所感兴。① 行程中,成鹫曾过英利和徐闻,到海南岛会同县,住会同县多异山灵泉寺。结识了冯合溪,骑黄犊一头,四处纵游,也曾到过灵泉寺,见玄达禅师。② 在海南岛三年,成鹫有《多异山记》等诗文几十篇,"各述异事",记载海南之行的风土人情。

康熙二十二年(1683)秋,成鹫写道,"孤灯黯黯篆烟销,久客归心付寂寥。半枕家山天易曙,一窗风雨夜无聊。北鸿阻海书难寄,南树逢秋叶未凋。谁念朱明最深处,有人重负菊花朝。"③由于成鹫在海外已有三年,诗中有凄凉之意绪。成鹫还在一首诗中抒怀,该年冬天大寒,槟榔落尽,年尽岁尾,人情冷暖也是值得注意的④。可见从开始的兴致勃勃,渐渐地也会有长路漫漫的孤独与疲累。

康熙二十三年(1684),成鹫周游海南各地,经乐会、万州、陵水等地回转广州。"欲周游历览四州十县风土人物之异,因著为南征之赋,归告党人,此行庶不寂寞尔"⑤。对其间一系列行程,结交的人物以及各地风俗民情都有很多详细描述。初至乐会,晤王晋予。抵万州,寻游华封洞。至龙池精舍,见慧朗和尚。至陵水,夜宿尖岭山庵。还到过陶公山。后渡海而回。"既归里,先至佛山。"⑥"尘外轻身身外尘,随风飘忽若为邻。三年乐事惟今日,一路吟诗送好春。"⑦可见,三年远游之后回归故乡,成鹫还是非常的兴奋。成鹫长诗《归自珠崖过铁城作行路难贻诸子》,对自己三年来的海南岛之行作了叙述,描摹了"大浪如雪山"等南海风光以及归来的喜悦心情。最后提出"五岳明年事远游,重来愿行长如此"。显然此次海南之行就是远游,看不出丝毫的身负秘密任务的痕迹。

二、海南行的结论

成鹫海南三年归来最后的收场也看不到丝毫的抗清迹象。成鹫曾自记:"时久客初归,身如飘叶,心若悬旌,世路茫茫,未知归定之处。闻华林会上,闲云睿公得法于天目,归隐陶家庄,亟往就之,求依止焉。卸肩解装,便同家舍,抖擞风尘,涤除泥土,依前故我。还里省亲,悲喜交集。出逢故旧,相视而笑曰:'游子得毋劳乎?'则应之曰:'吾生岂求逸哉!'住定两月,请闲云老人登坛授具,奉老

---

① 《咸陟堂文集》附录,《纪梦编年》。
② 《咸陟堂文集》附录,《纪梦编年》。
③ 《咸陟堂诗集》卷十二,第202页。
④ 《咸陟堂诗集》卷十二,第202页。
⑤ 《咸陟堂文集》附录,《纪梦编年》。
⑥ 《咸陟堂文集》附录,《纪梦编年》。
⑦ 《咸陟堂诗集》卷十二,第205页。

人为乌波陀耶,以觉兴隆、圆捷机二长老为阿遮利耶,四白羯磨,如法成就,时甲子年六月二十日也。从此得为大僧,不负渡海南归之愿矣。受戒后,专心律部,不遑经论。至腊乃理旧业,或著述以辅正教,求不虚过此生耳。"①

　　成鹫海南之行的结束,是见到久别亲朋而兴奋,游子归来最为高兴的是受戒成为大僧,不负渡海南游之愿,成鹫把这视为三年南海行的最大收获,他还表示了继续行修佛法的决心。全程之中,我们看不到丝毫有沟通海外联络抗清势力的铁血,也没有情感上的点滴表露。作此文之记载时成鹫已经八十多岁,成鹫对许多年内的思想与行为之记载详实历历在目,叙述海南岛的种种行为与思想感情很丰厚。抗清是杀头之罪,也许成鹫有抗清事实,但是小心谨慎避讳隐藏,但是整个海南岛之行所展示的事实与纵情游览的状态没有抗清的任何痕迹。

　　成鹫海南岛之行正是三藩之乱刚刚结束不久。三藩与清朝相持八年,成鹫都没有参与其事,三藩之乱刚刚被扑灭,坚决彻底地避世出家为僧的成鹫就匆忙去海南勾连抗清势力,这于理不合。因此,有人认为成鹫"踪迹突兀,情系海南,似乎参与过某种通海的密谋"的论断是不准确的。虽然没有绝对肯定成鹫确实参加了抗清斗争,但是由于一些专家前后差不多一致的成鹫抗清论述,很明显这就形成了差不多的共识。这种共识有所偏差。

第三节　澳门行:再论成鹫没有参加抗清斗争

　　明朝遗民从事抗清时,游走各地,以便联络沟通,其中就有以僧人身份作掩护者。成鹫自四十一出家到六十六之间多次游历各地。康熙三十六年(1697)夏,成鹫在六十一岁时曾驻足澳门普济禅院,游三巴寺,留下一些诗作。普济禅院始祖为著名遗民僧石濂大汕(1613-1705年),此寺是遗民以及遗民僧的重要聚集地,有人据此认为成鹫到澳门是从事反清复明的活动,还征引了成鹫在澳门写的几首诗。有学者指出,"康熙三十六年,岁在丁丑,成鹫住澳门普济禅院。这一事件在《纪梦编年》中完全淡化:'栖迟客次,痛苦无聊,怀抱心丧,虚度岁月,俯首屏息,寄人篱下,郁郁无足道也。'。他对澳门之行轻描淡写,未必就是无足轻重。其实,从他在普济禅院所写的诗,不难觉察当年他的复杂心境。如《寓普济禅院寄东林诸子诗》……'东林'是广州的诗社。他用诗歌给社友传达信息,反映了自己在彼时彼地的精神状态。名为'死心',实想'纵步',成鹫尽管在禅院安居,绝对不是心

---

① 《咸陟堂文集》附录,《纪梦编年》。

如古井的。至于那首《英鸡黎(英吉利)画诗》……成鹫的'居夷愿'有什么具体意图,不得而知,仅仅这个念头的萌发和'披图数问人'的举动,就说明他去国之志决非一时即兴的狂想了。从上举两事,可知成鹫法师的遗民梦,有真有幻,耐人寻味。其中隐秘之处不止一端,尚待进一步去'破读'。"①种种看法表面上确实也能成立,但分析成鹫澳门行,此种结论可以否定。

一、成鹫与澳门普济禅院

康熙三十四年(1695)冬,成鹫离开东林庵,来到广东省北部的丹霞山别传寺,这是著名遗民僧领袖函昰禅师一系的重要聚集地。康熙三十五年,成鹫作为孝子而逢母死,已经是悲痛过度,元气大伤。四月,母逝奔丧。六月,复还丹霞。"执心丧礼,再入僧次。二时粥饭,食不下咽,渐成关隔,不纳水谷,病将不起,予亦不愿有生也。"②成鹫身心非常痛苦。挣扎之下从广州回到丹霞山,也是路途遥远,又是一番疲累可想而知。但此次再回丹霞山别传寺,成鹫再遭一难,丹霞山别传寺已经无容身之地了,被迫到丹霞山麓的寒梅占寺。成鹫曾自述:

"年六十有一,岁在丁丑。栖迟客次,病苦无聊,怀抱心丧,虚度岁月,俯首屏息,寄人篱下,郁郁无足道也。先是泽公持身率众,执法不阿,众皆惮之。复握于权僧汝得辈,弗获大行其志,遂退席去,复还匡庐,主席栖贤。闻予再至,书入丹霞,招予度岭,予以忧病不克往。权僧辈既去其所不快意之人,欲并去其所不快意者快意之人,予以病不能随众作务,群讥为顽牛,谓不耕耘虚消水草也。戏为顽牛之言以解嘲,大笑下山,寄居于山麓之锦岩寒梅古寺,岁云暮矣。"③

此时成鹫的痛苦心境我们是可以猜想的,联系到他的生性刚烈,才学过人,躲入佛门求避世的人生经历,我们也许更能感受到他的万般无奈,虽然他采取了大笑下山脱身而走的方式。无处可去的成鹫暂时寄住在丹霞山的寒梅古寺。正是在这种情形下,成鹫从广东省北端的丹霞山远走,去广东省南端的澳门岛。若说成鹫在这样的境遇和心境下的澳门之行,是联结抗清义士,只能是抗清地下势力精心推出的一场针对成鹫的苦肉计。可是抗清是秘密行动,定然是万分保密极力隐秘,弄巧成拙反而会引人瞩目,因此不会有故意设计苦肉计的可能性。若有抗清的事实,成鹫也没有必要在几十年后,不记载抗清事实本身还一本正经地详细记载当年的不幸遭遇。所以成鹫到澳门不可能是联系抗清势力。

---

① 蔡鸿生:《清初岭南佛门事略》,广东高等教育出版社,1997年版,第103页。
② 《咸陟堂文集》附录,《纪梦编年》。
③ 《咸陟堂文集》附录,《纪梦编年》。

成鹫在康熙三十六年夏季,成鹫到达广东省南部的澳门,客住澳门普济禅院,也许是寻求落脚之地。我们今天能在成鹫《咸陟堂集》中看到他到澳门的资料。《寓普济禅院寄东林诸子诗》:"但得安居便死心,写将人物报东林。蕃童久住谙华语,婴母初来学鴂音。两岸山光涵海镜,六时钟韵杂风琴。只愁关禁年年密,未得闲身纵步吟。"①表达了对澳门的喜爱。澳门普济禅院是澳门的重要寺院,与妈阁庙、莲峰庙并称为澳门三大古庙,始建于明天启七年(1627)。普济禅院,一名观音堂,在澳门望厦村。② 从此诗看,寓住普济禅院对于成鹫来说是希望多在此久居,"只愁关禁年年密,未得闲身纵步吟",大概想常住也有困难。康熙三十一年(1692)二月,清廷颁布了"康熙容教令",其后不久清廷开始了长达百年的禁教。康熙三十六年成鹫进入澳门一游,可能此时到澳门已经有所不便。而蔡鸿生先生却分析到,成鹫对澳门之行轻描淡写,未必就是无足轻重,"东林"是广州的诗社,他用诗歌给社友传达信息,反映了自己在彼时彼地的精神状态。名为"死心",实想"纵步"。认为成鹫的澳门之行怀有不可言明的抗清目的。但,这种推断的结论比较勉强,难以定论。

　　成鹫在澳门还游览过一些风景名胜。在《呑(澳)门阻风》诗中,成鹫书写了到澳门的心境。成鹫还有《青洲岛》③,青洲岛是澳门一处地名。成鹫还以澳门的望海楼和海镜石为题,作诗两首,即《望海楼》④《海镜石》⑤。成鹫一生诗文俱佳,在书画方面也颇有造诣。他作有《题英鸡黎(英吉利)国所画园林图》诗,诗曰:"尺幅云林幻也真,无端闻见一翻新。丹青不是支那笔,花木还同震旦春。弱水东流终到海,越裳南去即通津。年来颇有居夷愿,莫怪披图数问人。"⑥诗中透露出对澳门的喜爱,"颇有居夷愿""披图数问人"。蔡鸿生却指出,"成鹫的'居夷愿'有什么具体意图,不得而知,仅仅这个念头的萌发和'披图数问人'的举动,就说明他去国之志决非一时即兴的狂想了。"⑦但是就事实而言,即便成鹫愿意移居澳门是有"去国之志",还是不代表他是从事抗清斗争,反而有可能说明他不想抗清了,他是想归隐避世而"居夷"。在成鹫生活的时代虽然血腥峥嵘,但"披图数问人"未必一定有隐喻,成鹫有许多的文字活动与大量著述,目前流传下来的也有八十

---

① 《咸陟堂诗集》卷十四,第251页。
② 清·田明曜:《(光绪)香山县志》卷九,清光绪刻本。
③ 《咸陟堂诗集》卷十四,第252页。
④ 《咸陟堂诗集》卷十四,第252页。
⑤ 《咸陟堂诗集》卷十四,第251页。
⑥ 《咸陟堂诗集》卷十四,第264页。
⑦ 蔡鸿生:《清初岭南佛门事略》,广东高等教育出版社,1997年版,第103页。

多万字,他参与了不少琴棋书画交游结社活动,携册"披图"舞文弄墨都很平常。"披图数问人"若有隐秘之意,成鹫可能就不会写进诗中以对抗清廷的文字狱。

二、成鹫澳门行历史真相之分析

成鹫一生广泛游历岭南各地,八十岁高龄时所作的《纪梦编年》中成鹫详细记述自己的生平足迹,可以说记忆非常的清晰详实,却没有提及澳门及普济禅院。澳门之行应该是一个重要的记忆点,没有提及不能说澳门不值一提,一些想论证成鹫抗清的学者也注意到这一点,认为成鹫这是故意掩饰。《纪梦编年》作于康熙五十五年(1716),清朝统治早已经稳定下来,而且文网日益严密,二十年前的澳门之行可能在其作《纪梦编年》时已经不合时宜。联系到上述大批遗民僧的存在和与普济禅院的关系,就能理解到此一点。普济禅院始祖为著名遗民僧石濂大汕,为遗民僧领袖觉浪禅师法嗣,觉浪周围聚集了一批遗民,包括方以智、屈大均,而遗民们来澳门,又多居于普济禅院,因此普济禅院较为敏感。成鹫只展示了自己在澳门的游览,只字未提与澳门普济禅院僧众和人物的联系和交往,不是因为没有关联没有事件,而是不便谈论而已。同时,成鹫在文集中还保留下了几首关于澳门的诗作,说明他也没有避讳自己到过澳门到过普济禅院。

在康熙三十六年时,清朝统治已经五十余年,距离三藩之乱结束也有十六年,此时在康熙皇帝的治理下,康乾盛世已经有所开端,社会生活基本上已经完全安定下来。成鹫作遗民四五十年没有从事实质抗清的事实,不太可能在六十一岁时远走澳门去联络义士参加抗清斗争,在时事变迁之下、漫长岁月之后恢复大明江山已经成为渺茫的旧梦。成鹫远走澳门可能是又一次的游玩,他在丹霞山别传寺受到排挤,需要找个有关联的落脚点,澳门正好还有些朋友故人,仅此而已。

当然,也许有人推论,这年夏秋季,成鹫从遗民僧大本营丹霞山来到遗民们的另一个聚居地澳门普济禅院,然后又在冬季返回丹霞山,这等行踪很诡秘,定是肩负某种使命。但是,成鹫在丹霞山别传寺受挤而无奈寄居于山麓的锦岩寒梅古寺,此时成鹫刚刚母死悲痛欲绝奄奄待毙,这并没有抗清之迹象与庄重严肃,只有人情冷暖的残酷无情。成鹫从澳门回来后,年底回到丹霞山,再次寄居寒梅古寺,而不是回到别传寺,说明与别传寺再无瓜葛。这位六十二岁的高僧假如另有落脚地,也许就不会再回丹霞山了。成鹫有诗《岛门秋雨与诸子同赋》。该诗说明成鹫在康熙三十六年(1697)秋还在澳门,"九夏安居为避喧,闲身到处是桃园"。看到澳门的壮丽海景很是赞叹,"秋声带雨摇旙影","海气连天日色昏,殊方羁客倍销魂"。但他还是挂念着故山法社,担心着宗门不振,"故山一望堪惆怅,法社垂秋未忍论",很快就离开了澳门,澳门也不是久留之地。

191

成鹫从澳门回到丹霞山寒梅古寺的情况也是历历在目,十分清晰明确。他"归里之志索然,寻山之兴方勃勃"。开春三日,就打算前往仁化,遍游境内山川,由扶溪抵长江,寻访西乾山等,然后乃返锦岩寺。"岩僧香火向有'纳堂'之例,客僧到欲休老者,捐其净财,悉归常住,可坐而辨道。予无所之矣,遂援例以请,主僧许之,授以石室,俾安处焉"①,成鹫是打算在该寺养老。但不久,侍儿肺病垂危,一定要坚持还回故乡就医,因而成鹫复还佛山。该年夏天,成鹫入鼎湖山安居度夏。此时正是契如和尚住持该寺,委托成鹫修山志。志成,成鹫辞返香山县东林庵。② 成鹫回到丹霞山后,只是回到寒梅古寺,然后又是四处游览。前后行程都很明确无误,没有参加抗清活动。

康熙三十一年(1692)二月,清廷颁布了允许天主教在华传播的诏令,史称"康熙容教令"。五年后,成鹫进入澳门一游。而康熙五十九年(1721)十二月,康熙帝宣布:"以后不必西洋人在中国行教,禁止可也,免得多事。"雍正元年(1223),《东华录》卷二十五记载:"浙闽总督满保奏西洋人在各省起天主堂行教,人心渐被煽惑。请将各省西洋人除送京效力外,余俱安插澳门。天主堂改为公所,误入其教者严行禁饬。从之。"③从此,清廷开始了长达百年的禁教。在此大背景下看成鹫的澳门之行可能利于我们获得更多的认识。

总体来看,成鹫1697年的澳门之行,时间不长,大概就是1697年夏天和秋季,年末他已经到广东北部的丹霞山,鉴于路途与交通这一路行程也是需要不少时间的。明清之际几十年间,各种势力以及人物纷纷登上历史舞台,岭南是一个重要的展示区域,澳门虽小,因其具有特殊性从而是一个交汇点。考虑到成鹫作为遗民僧的身份,以及澳门遗民们事实上存在对清朝统治有抗争,有专家据此认为成鹫澳门之行负有政治使命,即串联海外反清势力。而且当时的普济禅院也确实是澳门遗民的主要聚集场所,也有著名遗民僧大汕的踪迹,一些遗民们如屈大均等也出入于普济禅院。但是,从以上行文中我们看不到成鹫法师从事抗清活动的点滴信息,诗文中多是游玩与交游。上文也有充分的资料证明成鹫法师没有实质的反清活动,在1697年,清朝统治已经五十余年,距离三藩之乱结束也有十六年,多年前的诸多抗清斗争成鹫法师没有参加,甚至仰天大笑剪发为僧,这些情况都说明成鹫法师不太可能在六十二岁时远走澳门去联络义士参加抗清斗争。"在满清政府的酷政峻制之下,大张旗鼓的反清复明不可能实现,顺治年间'通海案'和'明

---

① 《咸陟堂文集》附录,《纪梦编年》。
② 《咸陟堂文集》附录,《纪梦编年》。
③ 清·蒋良骐:《东华录》卷二十五,清乾隆刻本,第238页。

史案'使遗民们复明之志受到严重打压,尽管康熙亲政,文禁有所放宽,但是遗民们还是没有言论自由的,暗中沟通的遗民们必须更加以谨慎文字的表达,以免引生祸端。与清廷抗争的遗民们原本抱持着坚不可摧的反清意志在困顿交煎的生活磨砺下,渐渐模糊了原有的戾气。而清政府为了安抚人心实施的一系列政策也使遗民们心中的块垒产生了松动。康熙初年游幕之风兴起,其所反映的是遗民们对于复国无望、日渐适应满清统治的心路历程。游幕这种是介于仕与隐之间的选择渐盛,虽然所奉之主是清朝官员,但这种方式可以为遗民们所接受,既非入仕'异族'朝廷,又可维持生计,也是解决遗民困苦生活的很现实的一种选择。随着游幕遗民的不断增加,清代第一次游幕高峰产生,其间也包括著名学者,如毛奇龄、朱彝尊、顾祖禹、查慎行、李因笃、陆世仪、刘献廷、梅文鼎,还有'易堂九子'之曾灿、彭士望、魏际瑞、魏礼等。这种选择的最初原因是满足了遗民们的生存需要,其次是儒家思想要求士人对建功立业的积极追求,同时也是清王朝统治的不断巩固和对于遗民政策的缓和与松动促使种族意识的相对弱化。"①不难理解,在1697年的当时历史状况下,再结合成鹫法师个人作遗民四五十年没有从事实质抗清的事实,成鹫法师远走澳门可能是又一次的游玩,加上找个落脚点,澳门那里还有些朋友故人,仅此而已。至于联络义士参加抗清斗争的事,可能在形势变迁之下的已经成为渺茫的旧梦。

第四节　从"飘然为云水之游"反观其"踪迹突兀"

众人建立在推论上的成鹫抗清说,经过分析,基本上没有实据。成鹫一生也不是只去让人有所猜疑的海南岛和澳门。他出家之后,四处游历,与他的澳门行、海南岛之行构成了充分的一致性。成鹫爱远游,从中看不到进行反清复明政治活动的蛛丝马迹。邓之诚所指"成鹫往澳门主普济禅院,又尝渡海至琼州,踪迹突兀,实有所图"②,也就不能成立了。

历代名士文人高僧四处交游游历,颇为普遍。著名遗民顾炎武在顺治十三年(1656)以后在北方广泛游历,行万里路,读万卷书,为人所熟知。广东的"岭南三大家"中的屈大均、陈恭尹、梁佩兰也是长期游历在外,遍及各地,他们都是成鹫的同乡,而且年岁相仿都有交往。清人陈伯陶著《宋东莞遗民录胜朝粤东遗民录》之

---

① 刘雪梅:《明清之际遗民逃禅研究》,吉林大学博士论文,2015年,第33页。
② 杨权:《成鹫"通海"辨》,《学术研究》2009年第2期,第148页。

"胜朝粤东遗民录"卷二"陈恭尹"条载:"恭尹尝绘《九边图》,疏明厄吭,藏之筐衍。又能指陈象纬,于分野躔次、度数占验,晰若毫芒。"①屈大均有"广东徐霞客"的美称,云游四海,与顾炎武、李因笃、朱彝尊等交往。遗民们的远游可能还有联络各地进行抗清的可能性,加上几十年的战乱,各方人物游走各地不可避免。成鹫的从兄方殿元也是广泛游历全国各地,往来齐鲁郑卫吴越间,到达西北、西南、东南等地。在各地还留下不少的诗作,有《蜀山高》《洞庭波》《吴航头在福州,夫差乘船略地至此,故名》。稍后方殿元二子方还、方朝,女婿金铤都是有影响的诗人,也多远游各地,同时他们在游历中结交了同样也是在游历四方的文人。可见文人士子远游在成鹫生活的时代颇为常见。

成鹫少年时代在广州城内外生活,十九岁后二十多年坐馆为塾师,基本上也是在广州番禺以及广州附近的佛山顺德。可是成鹫出家以后,却接连出游,足迹几乎遍及广东省全境,这其中自然有被动的原因,如灾荒,如遇盗贼抢掠,另外主观上他有游历名山大川、求道访友的愿意与内心诉求。梁无技与王隼一起号称"岭南二妙",乃成鹫好友,撰有《南樵集》,成鹫作序,其中曰:"予去家为僧,东入罗浮,西游泷水,南渡珠崖,北抵庾岭,务置此身于最深极远之处。"成鹫作为僧人多次出游就是要避开尘世的烦扰,渴望身心的宁静。他在《呈泽萌和尚》诗中说,"大道日陵夷,真风自虚妄。城市足嚣尘,山林见高尚"②。

当然,在隐身于云水间的避世之外,必定还有自身的喜好或事由。成鹫在《陈氏家抄后跋》中说,"予年六十有奇,少而为儒,长而好游"。成鹫七十五岁时,作《粤游草序》,中称"予老矣,游兴未减于平生"③。成鹫《赠吴在野》中说,"山僧亦是湖海客,年过半百头半白。出家未办草鞋钱,烟水百城参未得。最羡先生两脚轻,朝返江南暮江北。从来富贵不足多,多君受福戡且那。世途险巇山嵯峨,轻车熟道无轘轲。长江天堑汜与沱,扁舟破浪如轻梭。大人行乐乐奈何,辎车百万牛马驮。还家寄傲深烟萝,笑我行脚空蹉跎。"④成鹫行脚蹉跎的时间很长。成鹫在《旅迹诗序》一文中还说,"今年八十有四矣。少之时如醯鸡之覆瓮,欲游而不能出;及其壮也,如蜗蜒之粘壁,能出而不能行;中道去家,行脚如蚁缘磨上,能行而不能远。今老矣,归首一丘,卧游五岳,如纸鸢御风空外,三尺小儿引线下之,能远

---

① 清·陈柏陶,谢创志标点:《宋东莞遗民录胜朝粤东遗民录》,莞水丛书第四种,2003年版,第72页。
② 《咸陟堂诗集》卷一,第3页。
③ 《咸陟堂二集》卷三,第60页。
④ 《咸陟堂诗集》卷三,第37页。

而不能去也。……虽不能远去,老子兴复不浅矣。"①成鹫作为身无长物慕道行修的僧人,在当时的交通条件下,已是善于远游者。

成鹫云游至六十六岁,此年已经是康熙四十一年(1702),他才因病回到家乡广州,住持城郊大通烟雨古寺,其后住持鼎湖山庆云寺,前后二十年,中间在八十高龄还游览了鹿湖山。

康熙十八年(1679),四十三岁的成鹫在小漫山遇见罗浮山石洞禅院元觉离幻禅师,遂以之为师,因而往罗浮山石洞禅院修行,在罗浮山前后三年。罗浮山是广东名山,不但是道教名山,佛儒文化也汇聚于此。关于罗浮山石洞禅院,《罗浮山志会编》卷二等有不少记载,明儒叶絅斋春及讲学于此,建石洞书院,"本朝济下僧离幻觉禅师筑室院后,其徒迹删成鹫从之,薙发躬耕于此。"②成鹫《舍利浮图纪异,呈邑明府姚齐州》中有诗"朱明洞天明月寺,僧有远公作佛事""老僧领众日祈祷,鸡鸣人定声不休"之句。罗浮山风景好,山古,多历史文化的遗迹与传说。成鹫在《送陈调芳游罗浮序》中说,"陈子调芳结发读书,足不窥园久之。然为名山大川之游,自近而远,先于罗浮……。以质诸东樵僧,僧昔居罗浮,不下山者三年。四百三十二峰了然心日间。游则有矣,未常知其为苦乐也。"③成鹫作《初入罗浮寄呈石洞本师》《归隐罗浮留别陶握山罗戒轩》等诗文几十篇。罗浮山属于惠州境内。成鹫曾到过惠州西湖,访朝云墓。成鹫有《寒食日过朝云墓》:"六桥桃柳近清明,狐首荒丘谩怆情。南越一家无异土,西湖两地却同名。神随云雨皆如梦,悟人莲花岂有生。任是思归行不得,子规声里鹧鸪声。"④朝云墓为苏东坡妾王朝云之墓,位于广东省惠州市惠州西湖景区孤山之上。成鹫在惠州时,曾作《合竹滩记》。成鹫有《博罗晚眺》诗,"天外高风扑面吹,花黄草白动秋思"⑤。他初期的僧人生活大致心情是愉悦的,脱离了人生的困苦与不自在,身为自由的闲僧,面对秋日寒城、黄花白草、斜阳西下、流水东逝,成鹫心中也有那一片苍凉之感。

上文邓之诚指出,成鹫"又尝渡海至琼州,踪迹突兀,实有所图。北田五子陈恭尹为首,恭尹居西樵,成鹫自号东樵,若与之抗。恭尹之没,成鹫为文祭之,称造物使之全节,以见先人于地下,若微示不满者。"⑥这里信息量很大,但基本上都是臆测,成鹫海南岛之行,上文已经分析辩证;成鹫与北田五子以及陈恭尹等遗民的

---

① 《咸陟堂二集》卷七,第158页。
② 清·宋广业:《罗浮山志会编》卷二,清康熙刻本,第12页。
③ 清·宋广业:《罗浮山志会编》卷十,清康熙刻本,第109页。
④ 《咸陟堂诗集》卷十五,第279页。
⑤ 《咸陟堂诗集》卷十一,第194页。
⑥ 杨权:《成鹫"通海"辨》,《学术研究》2009年第2期,第148页。

交往下文再加论述。这里，成鹫自号东樵，显然是由于其正式出家后最先住罗浮山石洞禅院，前后三年，有较深的感情，罗浮山号称东樵山，故成鹫以之为号。成鹫曾说过，"号曰东樵，东樵者，罗浮之别名，最初出家，成鹫先住罗浮，不忘本也。"①显然这与陈恭尹没有关系。即便是成鹫模仿陈恭尹之西樵而号东樵，也可能是因为仰慕陈恭尹志行才学，并不代表有反清复明的隐义。

康熙十九年（1680）八月，至西宁县，主翠林僧舍。康熙三十四年（1695），时年五十九岁的成鹫参访丹霞山别传寺。成鹫在《纪游诗序》中说："年四十有一，忽而薙染，别老亲，去乡里，飘然为云水之游，于是东入罗浮，西渡泷水，南泛珠崖，北抵庾岭，足之所至，兴之所寄，即事遣情，往往有诗，不复记其工拙也。出家初年，行脚甚锐，自断参遍诸方，周游八极，不出十年，天下无山水矣。不意因循鹰月，虚负初心，年过六十，犹株守一丘，粤中名胜十遗六七，譬之蚁缘屋壁，终日驰骤，自谓致身高远，不知其累于形骸，未离棐曰也。癸酉初夏禁足东林，竹杖芒鞋，渐有退休之志。"②成鹫在此文中对远游以及游览中作诗文的联系与变化作出说明，远游是他的真实爱好，远游中离不开诗。此文作于康熙三十二年（1693）前后，成鹫五十七岁，他说自己"渐有退休之志"，即不再远游，而实际上成鹫游走广东四境二十多年。成鹫在《题送行囷示东华侄还姑苏序》中称，"老僧今年六十有六矣……幻缘未毕，游兴尚存。"③成鹫还在《送宜虚上人参方序》《送丹霞愿来首座南游诗序》《送而卓师参方序》《寿惠庵大师序》《送陈伯云北游诗序》《送陈调芳游罗浮序》等文中皆一定程度表明自己喜爱云游，喜好山水的观念。特别是在《送吴谓公游西粤序》中对出游进行的大段文字的发挥，其中说"九有之大，六合之广，人生其间，未有居而不游者。"④可以说出游历的观念与住山静修的观念对于成鹫非常重要而习以为常。康熙三十四年（1695）秋，成鹫曾与而卓禅师约游五岳，冬入丹霞，同时入丹霞山的有一批人。《送而卓师参方序》："乙亥九秋，予与而卓师约为五岳之游。冬入丹霞共留度岁。越春解制，师邀予度岭，予以丹霞山水高深，不忍即别。"⑤这些高僧也与成鹫有相同的志趣，文化层次高，爱游历，多诗文。成鹫喜好游览，他的一些友人也多有此爱好者，从岭南远游全国各地和从全国各地来游岭南者众多。成鹫好友岑征为诸生，工诗，好任侠，泛三湘，走金陵，游燕赵，生平游览凭吊，多寄于诗。康熙四十六年（1707），成鹫在大通寺，作《游罗浮诗序》，中称

---

① 《咸陟堂文集》附录，《纪梦编年》。
② 《咸陟堂文集》卷一，第13页。
③ 《咸陟堂文集》卷二，第33页。
④ 《咸陟堂文集》卷二，第35页。
⑤ 《咸陟堂文集》卷二，第31页。

缪子西泠,"生平好游,游必有诗。曾入南衡,旬有五日而返,七十二峰之胜吟咏几遍,兴犹勃然。"①成鹫曾作有《缪西泠失意还山,以诗见寄,赋答》《元日柬杨式卿和缪西泠》《元日友人见过,和缪西泠韵》《立春日和缪西泠韵》《冬日缪西泠,杨式卿见过,值予他出,留诗于壁。既归,用韵答之》《缪西泠雨中见寄,用韵赋答》,交往也颇频繁。缪西泠即缪时鸣,号西泠,也是当时名士、隐士②。缪时鸣好游,正与成鹫相同。缪时鸣逝后,成鹫作祭文。《祭缪西泠文》:"我友西泠,死则竟死耶!焉有母老子幼任重道远,有才未试,有志未伸,名教中有难了之事业而可死耶?焉有轻财重义,慷慨然诺,有无推解,肝胆寄托,吾党中不可少之良友而可死耶?焉有身为儒,薄章句,心向佛,小声闻,口谈玄,鄙方术,三教门庭不可无之种子而可死耶?不可死而死之。"③文中对缪西泠的思想与游历多有夸耀,恋恋难舍故友。在缪时鸣后之第二年有郑质书逝,成鹫作《挽郑质书》:"去年哀挽西泠子,隔岁重伤郑质书。半载交游今若此,八旬光景复何如。萼楼叹逝虚芸阁,带草伤春冷玉厨。留得衣冠与麟凤,腰间看取佩金鱼。"④按"八旬光景"推断缪时鸣、郑质书逝,成鹫已经八十岁左右了,缪时鸣是成鹫又一老友。成鹫还有好友周大樽,孤云野鹤,随心去留,人莫测其去向,访吴中山水殆遍,曾到浙江富春江,到湖南游衡岳。尝数岁不归。成鹫作有《乳峰遗草序》,对其壮游与诗文有评述。成鹫在香山县东林时,作《初住东林,周大尊、缪西泠过宿》《东林折梅送周大尊归里》。华亭(上海松江)人张恒、江西乐渢、福建上官周等文人、隐士、居士、书家、画家以及天文学家、侠士等纷纷到岭南来,来岭南时拜访结交成鹫。成鹫在游历过程中所结交的同道中人很多,写下的诗文篇幅很大,表述的情感很丰富。康熙五十三年,成鹫七十八岁,被迫离开鼎湖山,归隐鹿湖山,两年后还广州大通古寺,其间再次游历山水,也创作不少诗文,接触不少人物,这应该是他最后一次游历了。成鹫之游没有离开广东省,他在《马卧仙五疏序》中说,"予出世二十余年,蹉跎岭海,不能远适,以母之故。"⑤待母亲八十多岁离世后,成鹫也六十多岁了,所以没有抵达更远的地域。游历无疑会增加见识,增长社会人生的阅历。成鹫在为梁安道远游送行所作《送梁安道之灵宝》中说,"梁子安道将有事于灵宝,其行也在己亥之三月,拜老

---

① 《咸陟堂文集》卷一,第11页。
② 《罗浮山志会编》卷二十一、《(道光)广东通志》卷一百九十七、《(光绪)香山县志》卷十四。
③ 《咸陟堂文集》卷十二,第178页。
④ 《咸陟堂二集》卷十,第190页。
⑤ 《咸陟堂文集》卷一,第4页。

母,别妻子,负书担囊,浩然独往,为万里之游客。"①但成鹫然后在该文中反复说明"名利不足道",寻求真知也是目的,鼓励远游。时已经是康熙五十八年,成鹫已经八十三岁高龄。

成鹫是以僧人的身份四处游历,所为者提升佛门修为,多参访名山寺院。但显然一路行来,更多的是访胜探幽,访亲探友,一路诗歌一路文,体现的是文人本色,并不关涉抗清。从此角度再来关照成鹫的澳门行、海南岛之行,就可以更加清晰明了地作出判断,若要说成鹫远游是为了抗清联络义士而游走各地缺乏事实的支撑。在成鹫广泛游历的事实基础上,澳门之行、海南岛之行都是成鹫几十年游历各地行程中的有机构成部分,抗清与游历不能混为一谈。成鹫到各地都有具体的事由,到澳门的原因虽然没有明确言明,但放置在长期大范围游历的视野内看,并不那么"踪迹突兀"。

第五节 "著名海内,贤士大夫多与之游":从成鹫与清朝官员密集交游再论反清问题

假如成鹫与遗民和移民僧的交往说明成鹫抗清斗争是事实俱在不容置疑,与大批文人的交往不能影响或冲淡成鹫参加抗清斗争的行为,但是,成鹫与大批清朝官员的交往可以很好地说明成鹫没有与清朝廷为敌。一般而言,与清朝官员的交往能说明成鹫对清朝朝廷的态度,因为成鹫如果抱着誓死的决心从事会导致家破人亡的抗清活动,必定会慎之又慎小心翼翼,而不会大张旗鼓地与一大批官员保持长久的联系与友谊。官员文人士大夫往往并举,他们是一个共同的群体,各地官员集团与文人有天然的渊源,这是成鹫与之交往的基础。随着战火硝烟的沉寂和历史创伤的逐步淡化,世事人心皆会有所推移转变,没有永远的遗民,即便是作为真正的遗民老死荒山,但其子孙也会没有父祖辈的真实生活经历,因而也没有先辈那种毅然决然的举动。我们看到一些著名明朝遗民在后期有所不同,遗民们的后世子孙逐步接纳新朝,参加科举,担任官职,如顾炎武、黄宗羲、傅山等子孙后辈都有科举考试的功名,傅山也曾致信相关官员谈及子孙的功名问题,黄宗羲也派出弟子参加史馆编修,顾炎武的几位外甥如徐乾学等更是朝廷重臣。

成鹫在年龄上要远远小于遗民的一代。成鹫本人没有参加清朝科举考试,但他的从兄方殿元走上了科考为官的传统文人道路。方殿元在顺治甲午(1654年)

---

① 《咸陟堂二集》卷六,第136页。

十九岁时中举人,又在康熙甲辰(1664年)考中进士。方殿元中举人时,成鹫是十八岁,正要开始选择作塾师到别人家坐馆来维持生计。此时广州已经在清朝控制之下,距离顺治七年(1650)清朝屠城也才五年时间,岭南局面刚刚趋于平静,显然方殿元很快就参加科举,与成鹫走的是不同的道路。从成鹫后来谈及方殿元的几篇诗文中看不到丝毫的不满,对方殿元还有喜悦称赏的意绪。方殿元后来担任县令三十多年,二子方还、方朝皆国学生。再看成鹫的一母胞弟方颛临,是举人(武举)。由此可知成鹫和其父方国骅虽然一生都坚持做遗民,但不是完全地绝对反清,到后期随着清朝统治的稳固,成鹫不再特别排斥清朝。

　　成鹫选择认可新朝,与新朝的地方军政大员交往,并不代表他的思想和操守有所变异,从而热衷于攀附权贵。他只是作为得道高僧受到官员、文人和佛门内外的信众所拥护而已。成鹫在《再复华林方丈书》中说,"鄙人从出娘胎,便为良家男子,幼学壮行,稍知忠孝之大义。年十有八,安分食贫,砚耕糊口,直至为僧乃已。中间二十余年,毫无过犯,从不曳裾侯门,希图名利。足迹所至,不越岭表,登高临深,惟恐亏体辱亲,有伤名教。辛亥春,先君弃世,释练后,发心脱白,誓报四恩。至丁巳之夏,入先师门,一见心折,遂薙染焉。从少至老,执玉奉盈,未常一日立身于岩墙之下,失足于峨险之途。岭南先达,海内名儒,咸悉鄙人生平无瑕无玷,尽人可问也。"①这段话我们能读出,岭南先达、海内名儒皆是成鹫交往的对象,也说明了他知交众多的原因,乃遵守名教,远离侯门权贵,不追逐名利,生平无瑕无玷。当然成鹫还是名士之后,家学渊源深厚,是才气过人的诗人,住持广州以及广东的著名寺院,这些无疑都对当世各路人物充满了吸引力。特别是到后期,就连礼部尚书、两广总督这样级别的军政官员纷纷与成鹫争相往来,就充分说明了成鹫的影响力。成鹫在《赠萧君荫举孝廉公交车北上》诗中说,"生平结交满天下,过眼一过如飞蓬",与权贵官员们的往来可能有些是应酬而已。同时,身为中央大员和各级地方官,他们自身的文化素养并不低,有些还是博学能文之士,有的号称名儒,有的勤政爱民,这些是与成鹫的儒家思想情感在本质上也是相通的。人以类聚,观其交往的人可知此人大致的品行与为人处事之道。

　　成鹫与清朝中央政府以及岭南、闽浙等地众多高官皆有交游往来,多诗词应和酬唱。"一时名卿巨公多与住还,藩使王朝恩、学使樊泽达、给事郑际泰盛誉之。"②陈元龙(1652－1736年)为朝廷一品官员,赵弘灿为两广总督、兵部尚书。这是成鹫交往的两位最高官阶的清朝官员。此外,广东学政樊泽达、广东布政使

---

① 《咸陟堂文集》卷十四,第194页。
② 清·马呈图:《(宣统)高要县志》卷二十,民国二十七年重刊本。

199

王朝恩、广东观察使宋广业、两广盐道贾棠、广东盐运使孔兴琏、广东按察使司佥事丁易、翰林院检讨及吏科给事中郑际泰、中书王元蘅、迤西道员彭演、观察胡子树、肇庆知府王经方、高州知府吴柯、端州知府宋志益都与成鹫有或多或少的交往，有的交情深厚。在县令教谕中，大致有襄阳令邝廷弼、番禺知县姚炳坤、连山知县及兵部主事李来章、三水县知县郑玫、新会县知县顾嗣协、高要县知县王炳、临高知县樊庶、高平县知县阮永裕、西宁知县李雪樵、平陆及屯留县知县梁迪、定襄县知县王时炯、来宾县知县沈嶧日、雄县知县王约轩、清远县知县张晳、沅江知县吴玮、清远县知县孙绳祖以及徐梅江、闫季良、许苍岚、刘让夫等。成鹫还交往结识了大埔县教谕黄鸣毅、毛德华、石处璞、乐会县教谕吴谓远、电白县教谕何仞楼、香山教谕石娥啸、临高县教谕新兴县教谕李方水、长乐教谕李苍水、清远县教谕朱北渚、东安县教谕吕挺公、长宁县教谕李尚卿以及霍朝望、容西渡、郭元修、何赤木、张恒。成鹫本身少年时也曾舞刀弄剑，他与香山将军马卧仙、武进士福建澎湖水师副将李惟扬、肇庆守军林鸾、香山尉王端之、武举佛山千总汪后来都有深厚交往。

　　成鹫因其是才气纵横的著名高僧，又年长高寿，一生中知交遍及天下，有大批的文人学士以及封疆大吏各级官员与之结交。成鹫前半生四十年为儒，后四十六年出家为僧，一生亲身历经明清之际的历次重大事件，先后广泛游历岭南各地，频繁接触官绅、文人以及僧界大德。"一时名卿巨公多与住还，藩使王朝恩、学使樊泽达、给事郑际泰盛誉之。"①中州名儒李来章为成鹫《咸陟堂集》作序，其中称："大通迹删上人（成鹫）以文字说法，著名海内，贤士大夫多与之游。"②成鹫是文化世家子，身处广州城文化圈中，后又四处游历，交游活动可谓频繁，成鹫海内知名，自然事非偶然。这里不厌其烦地列举了成鹫与众多官员的交往，是因为如此足以展示成鹫交往结识众多官员的规模与层次。从成鹫与大批官员的长期往来与交谊来看，再说成鹫反清复明、参加对清朝的地下斗争，明显不具有说服力。成鹫与官员之间的交往就是一般常见的文人高僧与官员之间的交往，并不涉及太多的抗清或附清问题。本部分主要摘自笔者的博士论文，当时是为了论文的论述性特设一章即为所谓的问题意识，补充了杨权教授的论文中的观点，近几日看到刘俊硕士论文《成鹫及其〈咸陟堂集〉研究》也有进一步的考订，笔者的部分论证观点与方法与其不谋而合。

　　总而言之，从成鹫与清朝官员的密切关系也能看出，没有参加实际的抗清斗

---

① 清·马呈图：《（宣统）高要县志》卷二十，民国二十七年重刊本。
② 《咸陟堂集》卷首。

争。陈永正在《岭南文学史》一书中指出,"成鹫其人,据李来章访晤所得印象是:'至山门,上人曳杖而出,修干如鹤,霜髭盈颊','坐定出茶设果,手挥麈尾,谈锋渐吐,卓荦之色,发于眉宇。意其人固豪杰倜傥之流,殆有所托而逃焉者乎?'后人根据文献和种种迹象,推测他是明清易代之际带有神秘色彩的人物,颇足印证李来章的猜测。……'海至琼州,踪迹突兀,实有所图'。这些推断是颇可信的,因为当时抗清义士,每每利用寺院作掩护,以进行秘密活动。但奇怪的是成鹫平时不仅足迹不入城市,与人谈论亦不及世事,诗作更无遗民常作的激烈哀痛之语,则可能是所图既大,言行就更为审慎吧。"①陈永正虽然秉承了成鹫抗清旧说,但也准确地注意到了成鹫的种种行迹不像是参加抗清斗争的模样,但他最后却以"可能是所图既大,言行就更为审慎"作结论,以之自圆其说。

---

① 陈永正:《岭南文学史》,广东高等教育出版社,1993年版,第246页。

第六章

悠悠遗民梦

选择作遗民并非一逃了之这样的简单,不但要彻底断绝可能的荣华富贵,还要失去曾经拥有的物质生活。遗民陈确有诗《家有病妇》①细细描摹了家境的艰难,应该说这在遗民中是普遍现象。据一些学者认为,著名遗民如傅山、黄宗羲等虽然坚持为遗民一生,但后期他们的子孙和学生重新进入科举考试的行列,他们本人也渐渐与出仕朝廷的官员士人们有交往,毕竟时过境迁,遗民们对于自己思想上、节操上的努力坚守不得不付出沉重的代价,他们放弃了曾经拥有或可能继续拥有的社会地位与经济生活。因此,致死不改或坚守一生的遗民就更加难能可贵,成鹫坚守了七十多年。理想与现实总有差距,出家成为僧人并不只是青灯古佛、深山古寺,僧人也还要面对柴米衣食。

第一节　忠诚与幻灭

一、成鹫对佛门的忠诚

成鹫遁入佛门近五十年,对佛门保持了忠诚,不是简单地寄身佛门作遗民。对于出家,脱离儒家以及世俗社会生活,辞别老母,抛妻别子,他是抱有真切的希望。"出家无中人,非大智则大愚,不为大贤必大不肖。尽大地,穷古今,如来门下焉有中立之徒哉!" "山棚,青螺缠山李氏子,生有气骨,深明大义,常与之游,知其为人大智大贤"②。此处成鹫法师显然认为出家为僧是正确的选择。曾经在出家之处,好友陶握山本来相约一同出家为僧,陶握山最后一刻没有彻底断绝世事,成鹫前前后后多次表述了遗憾,就证明他出家的愿望是发自内心的。《将入山留别

---

① 清·陈确:《陈确集》下册,中华书局,2009年版,第686页。
② 《咸陟堂文集》卷二,第38页。

同学》:"我所之,乃在南山之南北山之北。山中何所有,中有一室两扉无四壁。主人默坐万山寂,外有盘盘细路通檐隙。我自能行人不识,上有巉岩磊砢之奇石。覆以千年之松百年之柏,下有青泉昼夜流湉湉。"①静山之中正可高卧出尘。显然成鹫以轻松的笔调勾画了出家为僧的愉快生活。可是漫长的僧人生涯也许并不都是轻松惬意。成鹫对于佛教思想和佛门都是出于至诚之态度,绝非暂居佛门而避世这么简单。下文我们还介绍他自小接触佛教,深受崇信佛教的母亲苏氏的影响,而且明末儒释道三教复兴融合的士林风气直接影响到成鹫对佛门的印象。

　　成鹫出家后,与禅宗临济宗和曹洞宗都有密切关系,游走四方,访寺参禅,也结识了不少佛门中人,撰写了一些诗文,记叙了一些佛寺庵堂的创建,也有一些是僧人住持寺院的纪传。他的佛学思想,在他诗文集中有所体现。1694年,因新会县(冈州)月华寺重修佛殿,成鹫法师作《重修月华寺碑记》,"岭南古刹之赐名月华者二,皆有肉身菩萨出现其间:在韶州之曲江者为智药三藏国师,在冈州之慧龙山者为行宣大觉禅师。向予北游,道过曲江,舟泊乌石,遥见土屋数椽在曹溪之下游。舟人指予言曰:'此月华古寺,智药三藏肉身不坏,至今俨然如生,右俯溪流,乃昔年尝水留谶之处。'予闻之肃然起敬,因忆冈州之有月华,月华之有大觉也。二公相去数百余年,敕建赐名若合符节,岂非前者应化、后者再来耶?考智药来自西土,大觉生于震旦,皆圣贤也。溯自一苇渡江,单传直指,只履西去,人法两空,神明其道者,既返一灵于大寂,又何皮袋之可留?尝窃疑之,久之而得其旨。昔瞿昙氏以一大事因缘出现于世,化缘未熟,则留有相之相,示之以有,令人瞻仰取足,此肉身设利所由建立也;化缘熟矣,乃出无相之相,示之以空,此只履单提所以去而不返也。冈州,边地也,诸祖圣师之留肉身者五,月华其一耳。向使大觉当年受记荪于荷泽,归衣钵于慧龙,吹法螺,鸣法鼓,示法要,传法灯,十方虚空,悉皆销陨,又何有于幻泡之遗躯哉!盖惟月华之明尚晦,月面之佛斯彰,古镜之鉴韬光,金刚之体毕露,此我大觉禅师所以自觉觉他,无剩无欠也。粤稽月华之建,由来古矣。自唐元和间节度使孔戣奏请敕建,赐名月华。宋景佑间,按抚使张浚笺奏表扬,追崇徽号。寺建在石碑聚落之中,祖位在大雄宝殿之后。岁时伏腊,香火不绝,祈旸祷雨,如响应声,阖邑士女,莫不知有证悟行宣大觉禅师之可皈依,大寂光中,所以寓无相于有相、摄有相而归于无相者,夫岂有二致哉!年代久远,沧桑变迁,绀宇珠林,颓于兵燹,上漏下湿,积以流尘,将有栋折榱崩之虞,不免踵事增华之举。康熙甲戌岁,合众捐赀,重修佛殿,金绳宝座,焕然一新矣。美中不足,大愿未圆,惟祖师堂庑,弘誓殿阁,道谋筑室,因循至今,领袖无人也。圭峰山怀公长

---

① 《咸陟堂诗集》卷二,第15页。

老,归自名山,重游桑梓,大众恳请住持月华。怀公慨然首肯,以土木自任,遍募十方,绩随喜,一时捐助,水赴云屯。鸠工落成,弘堂杰阁,金辉碧煌,肉身依净土以庄严,净土藉肉身而永久,譬诸日月经天,光华复旦,千秋万古,直与曹溪一脉,葱岭单传,并垂不朽,又何必执无相之宗外有相之教哉!遂为之记,附以管见,序列善信有漏之恩,仰助圣主无为之化云尔。"①文中的吹法螺,鸣法鼓,示法要,传法灯,十方虚空,悉皆销陨,惟月华之明尚晦,月面之佛斯彰,古镜之鉴韬光,金刚之体毕露,此我大觉禅师所以自觉觉他,无剩无欠,类似言语正像高僧之宣佛号,传法音,威仪俨然如在眼前。文中成鹫法师对佛法保持有敬意。这样的内容在《咸陟堂集》中有一定的篇幅存在,表明了他与佛门的密切关系,毕竟四十六年的漫长佛门岁月,非同一般,他是抱有信仰,希望真参实悟的。

成鹫在《复石广文书》中说"先生见处,略与志兄相似,俱是谛信专笃,强生疑惑,不向本命元辰安身立命,全凭书册文义向外驰求,古德所谓'依经解义,三世佛冤'也。""妄想执着,便是众生,本体如如,便是妙心佛德,悟则众生成佛""佛者,觉也,大觉世尊一觉永不复梦,觉已复梦,只是溺床钝汉,非究竟觉。学道人须自信自肯,我即是佛,千佛万佛即是一我,生死海与华严藏海同一津岸,此岸为众生陷溺处,彼岸为圣贤超脱处,藏是如来藏,海是真如性海,人人本有,个个不无。若道成佛后,转到华严世界,错认性分外别有一种境界,殊胜奇特,痴人说梦也。"②这就谈到了学佛心得,一并与好友石娥啸分享。也说明成鹫在佛门是真心向佛的,有别于屈大均等只是寄身佛门而已。《送而卓师参方序》:"乙亥九秋,予与而卓师约为五岳之游。冬入丹霞共留度岁。越春解制,师邀予度岭,予以丹霞山水高深,不忍即别,师乃结伴而行。先日过寮,与予话别,索言为赠。"于是成鹫谈到五种学佛的"窠臼"。"于十字街头,建立宝坊,弘堂敞阁,板响钟鸣,云水骈填,咨询沓遝,是名热闹窠臼。于幽邃无人处,结构一所尖头屋,半把茅,七尺椽,水足草足,人闲境闲,是名寂静窠臼。于深山大泽中,贮下一区丘壑,悬崖峭壁,怪石清泉,可以逃名,可以终老,是名休歇窠臼。于通都大邑中,构造一间接官驿亭,使备洒埽,轮蹄辐辏,迎送交加,声誉播闻,交游光宠,是名攀援窠臼。于三家村里,营得一座古庙,俾作巫祝,善信皈依,香花络绎,谈婆姥禅,说应赴法,是名利养窠臼。"③成鹫说明了他对学佛的看法,颇有深度,他对佛门以及佛学思想还是奉行不匙,他在1699年作《冯鉴庵寿序》,"吾宗焉,踞师座,建法幢,王臣归敬,凡圣交

---

① 《咸陟堂文集》卷四,第59页。
② 《咸陟堂二集》卷二,第38页。
③ 《咸陟堂文集》卷二,第31页。

参,亦一时之雄也。其视山中老僧,宴坐岩室,山鸟衔花,老猿听法,其乐岂有异与?""山中老僧,宴坐岩室"①这与他期望务必隐身于云水最深处的想法是一致的。

1707年,成鹫七十一岁,元旦之际成鹫作《丁亥元旦示徒》,"半生枉学道,问着总茫然。学道不学儒,学道不学仙。学道不学律,学道不学禅。学道不学魔与外,学道不学圣与贤。止学自家真面目,娘胎透脱金刚圈。也不参究,也不攀缘。也不入保社,也不赴经筵。一口无底钵,一个破蒲团。尽人与我皆有分,饥来吃饭困来眠。此是新年新佛法,珍重逢人莫浪传。"②成鹫自己曾有《楞严直说》十卷,还有《金刚直说》。钱塘范骧手註《心经》一卷,钱塘人姚泪发③与成鹫有往来,出示于成鹫,因之而作《心经註序》④,这是对佛学思想的发扬。

成鹫很多诗文中提到对佛门的崇信之意,但对于佛门思想的阐述薄弱,相对于他1300多首诗和600多篇文章,堪称稀少。他的其他著述今天难以见到,也无法判断其中有多少佛学思想的表述。从现有的著述看,他就是处于佛门内的一位文人。"清初庞大的逃禅遗民群体中真正沉潜宗门悉心研究佛理之人并不多,大多遗民在国破乱离之际为避祸而披绪削发,还有一部分人因反清斗争失败不得不遁入空门,他们有的不礼佛、不坐禅、不住寺庙、不读佛经,有的像出家前一样饮酒食肉、四处游走;有的数年之后,因形势变化又蓄发还俗,重又浸润于四书五经之中。逃禅遗民这种忽僧忽儒、亦僧亦儒、僧服儒行的出家方式只存在于明清易代的特殊历史时期,而这一独特的社会现象正是当时遗民心态的绝妙展示。遗民在僧、俗之间的游移,表面上看是儒、释之争,实质却是遗民心中理想与现实的碰撞、'忠君守节'与'顺乎天命'的挣扎。多数逃禅遗民者寄居寺院的意图只是避祸,所以寺院修持只是暂居。"⑤以上所论似乎也符合成鹫的状况,相对于佛门高僧的身份,其文人气息也许更为浓厚,"公志行与世之逃虚空而习清净者不同日语"。当然,我们也必须指出,成鹫法师本人虽然不是一位纯粹的佛门中人,但在漫长的四十六年的佛门生涯中,成鹫法师对佛门保持了忠诚,他是亲历亲为,真切地参与到佛门之中,在思想与情感上都认可佛门的,这又与清初一部分遗民暂时栖身佛门以避世又有所不同。

---

① 《咸陟堂文集》卷八,第114页。
② 《咸陟堂诗集》卷五,第90页。
③ 成鹫作有《别钱塘姚泪发》,"公子今年二十九,身长七尺才八斗。新诗出箧珠玉光,挥毫落纸龙蛇走"。
④ 《咸陟堂文集》卷一,第3页。
⑤ 刘雪梅:《明清之际遗民逃禅研究》,吉林大学博士论文,2015年,第41页。

虽然说佛门清净，但事实上佛门是非也许都是存在的，只是佛教史上即使有一些暴露，但也不是特别的显著。而成鹫在佛门四十六年，对佛门的一些弊端却敢于直书于笔端，使得我们加深了对清初佛门的认识。

二、佛门理想的破灭

成鹫在《赠秋霜师》诗中说，"黑头白足便参方，归卧云林鬓已霜。提起铁鞋再三问，从前行脚为谁忙。""当年五岳早寻师，兀兀行藏只自知。眼底何曾见山水，腰包那得有闲时。"①佛门近五十年，也是半个世纪的丰厚岁月。这在明清之际的动荡时期，政治文化思想以及各方人物纷纷登上历史舞台的时代大潮下，成鹫五十年佛门生涯也因之内涵丰富。他对投入佛门是抱有热情和真情的。

成鹫作有《纪梦编年》，这是他的自述年谱，一生的痛伤在这位暮年老僧的身上清晰地一一呈现于我们面前。成鹫在《纪梦编年》曾说，"古之老者，八十为耋。耋者，至也。言老之将至，似无以加也。老僧之老至矣，归期将至。回首八十年间，半为俗人，半居僧次。俗固梦境，僧亦梦缘。良由多生，习气未除，是致现世虚名贻累，俗眼旁观，少见多怪。名教之士，咸目我为罪人，末法众生，辄相视为仇敌。间有二三知己，索我于形骸之外，爱其自爱，才其不才，无过许以高僧，契为诗友。究竟知我罪我，各从影子索形；亲卿爱卿，未免贵耳贱目。当局者，梦幻非真；旁观者，见闻亦假。往往仰天长叹，宇宙之大，得一知己，死亦足矣。"②八十余岁的老僧在佛儒之间辗转一生，没有获得人生的感悟与重生，他还是人生幻灭如梦的遗民僧。必须指出，成鹫的这种思想状态在他各个时期特别是后期的诗文著述中大量存在，可以说是其思想情感主要的持续的状态。

1707 年三月，七十一岁的成鹫作《丁亥生日自首》，成鹫生于三月二十一日。《丁亥生日自首》："山穷水尽日西暮，老景无多罪无数。文逋笔债积如林，多半引年兼誉墓。乖张名实点清虚，破犯初篇成妄语。自甘拔舌人泥犁，不免刀山还剑树。此身九死一可生，赖有羞惭及疑惧。同是世间无智人，四大假合成幻身。遭逢贤劫佛住世，使我得作伽蓝民。不耕不织不冻馁，无礼无义无尊亲。白毫一分人天供，饕餮虚消不自重。何况重添粪上花，制锦征诗耀徒众。一时举国走若狂，狸奴白牯胡厮閧。头会箕敛通贤愚，香花得钱铙钹送。舍曰欲之为之辞，高坐道场说春梦。世间寿者悉如斯，自称等觉原等痴。小人之痴痴到骨，大人痴在毛与皮。学道年过七十一，腼颜空腹为人师。身口意业忏不净，虚生浪死徒增悲。不

---

① 《咸陟堂诗集》卷十六，第 302 页。
② 《咸陟堂文集》附录，《纪梦编年》。

须说着母难日,人命无常知未知。"①佛门几十年在成鹫本人看来并没有真正修得上乘佛法,仍然对佛理佛法并没有参透生死、大彻大悟。

清康熙五十三年(1714),成鹫离开鼎湖山庆云寺时,作《归隐鹿湖山留别书》,回顾自己四十一岁出家为僧的矢志不移之种种情怀,再阐明自己不费余力纠佛门弊端的因由,可谓情真意切。陈述平淡如烟,往事如梦幻,此时成鹫在佛门已经四十年,他也年近八十。而真实的情形远非如此的波澜不惊。"鹫樵芽败种,胶柱刻舟,志慕上乘,退就小乘之果;年周八袠,将来大耋之嗟。出世初心,较出家为倍切;入山痴念,比入道而弥坚。无那造物主人弗肯从吾所好,遂致洞天福地,屡移逐客之文。最初石洞从师,良导相依,名山凤契,宜久住也,席未暖,突未黔,暴客驱之而出。取次朱崖,探胜山开,多异岩,辟海潮,宜久住也,母待养,具待圆,业风载之以归。中道寓迹丹霞,主宾针芥,宜久住也,栖隐三年,居亭退院,榻边无鼾睡之人。末后住持云顶,祖翁田地,宜久住也,支挈六载,物换星移,局外作旁观之客。中间萍漂梗断,东西南北,逐浪迹以浮沉;晚来日暮途穷,地水火风,随光阴为聚散。时节至矣,归去来兮!幸也咫尺鹿湖,留得荒山一角;快哉迢遥鹫岭,分来屋三间。居是山也,大似楚相之请寝丘;予何人斯,敢效汉人之望陇蜀?虽无青松之夹道,聊缓步以行吟;虽无绿树之连林,且侧身而就荫;虽无金齑玉版之芳蔌,甘菜茶以供餐;虽无鲵桓蟹眼之清泉,可挈瓶而引汲。穷儿享清福,滴水难消;天许作闲人,寸阴是竞。盖以长安非久居之地,余生唯暂住之图。舍良觌以索居,诚非得已;去热场而冷局,宜若可为。敢布隐衷,粗陈固陋,有生天分,如跃冶之顽金;不合时宜,每方凿而圜枘。所不能者有四,似难能彼所能;所不忍者亦然,未易忍吾所忍。从前梦幻,尽属空华。不能以有限之精神,事无益之行墨;不能以野人之疏拙,塞物议之吹求;不能以老病之伛偻,效时贤之磬折;不能以西来之祖意,作东土之人情。时丁末季式微,目击宗风板荡,眼不忍见,仰观天际螟鸿;耳不忍闻,静听花边鸣鸟;足不忍人,行到水穷,坐看云起;口不忍默,无情说法,顽石点头。斯皆住山之乐事,岂容筑室而道谋?用是挥手路岐,从此息肩林下。意中好友,倘一念及,请索我于苍苔碧藓之间;天上伊人,或复寄声,当走使于白犬青猿之队。不知我者,将谓矫情,等蛰虫于蚯蚓;其知我者,或疑藏拙,比蚕蛹于蟓蛸。究竟皮相非真,直到盖棺乃定。三生石上,将留三笑因缘;万仞峰头,识取万明面目。台山路,须蓦直去,吾将往矣;天下事,无不可为,公等勉之。"②一生学佛,没有能解决自身问题。故此最后他宣称"吾将往矣",有待来者。成鹫大张旗鼓,对佛门弊

---

① 《咸陟堂诗集》卷五,第90页。
② 《咸陟堂二集》卷三,第72页。

病反复挞伐，而且形成文字，付诸诗文，说明他很坚决彻底。

康熙五十八年（1719），成鹫已经八十三岁高龄，作《答王晴江中秘书》书，其中说"鹫今年八十有三矣，半生在俗，半生为僧，立志过高，持法过严。初脱白时，发大弘誓愿，欲尽大地众生，人人皆作佛祖；大地山河，处处皆成乐土。不自知其不可也。蹉跎岁月，潦倒风尘，逢人说法，遇楼打钟，必欲共闻共见，同声同气而后已。忽焉老矣，江河日下，前路无多，土旷人稀，知音者少。晚年住持鼎湖，谬居师席，毫无建明，法弱魔强，寸筹莫展。末路颠倒，嫡授失人，堂堂祖庭，渐次化为狐鼠之场，坐见陆沈，莫之能救。夙夜思惟，回光返照，八九年来，大众目我为和尚，每闻呼名，便觉针芒在背，百千戈矛刺我心孔，惭愧中间，倍加悔恨。悔恨不及，致无所容于世间，是以往往逢人力辞和尚虚名，自甘长老实号，在我实由本衷，人皆目为奋愤，而不知其自怨自艾也。"①这是八十三岁高僧的真实心声，如梦似幻，人生缥缈，百味混杂，难以言说，内心饱含着痛苦和忧伤，可谓在世间在佛门都没有做到心安理得，也没有获得人生的真谛。

成鹫也曾自辞佛门大师的称号，这是他在佛门以及整个社会中的影响力的体现；这也是一种自谦，也是成鹫羞于同假大师们同列，但正反映出成鹫乃真大师。成鹫《与友人书》中称，"鹫，鄙人也。赋性耿介，不欲受人过情之誉，不敢加人以己所不欲之施。承诸公不我鄙夷，置之清散之列，处以名山，使备洒埽，敢不晨夕刻漏以待蓝舆之至？惟是往来过客，日焉如织，不知者辄以'大师'相呼，私心不悦，甚于针芒在背也。欲觍颜受之耶，恐蹈违己之愆；欲直言面拒耶，虑获罪于君子。计方外知己，无公若者，请快言其不受之故，乞为传达。"②在征引佛教史上一系列大师后，成鹫还说，"江河日下，法社垂秋，乃有一种魔王现世，不信因果，不守律仪，攀援权贵，蔑视诸方，据室匡徒，明目张胆，荡检踰闲，肆无忌惮，是之谓'大师'，豁达空拔，无因果者也。更有一种颇知向上，不遇作家，希图名利，把瞽投箭，得个印据，视为奇货，公然衣锦还乡，教坏人家男女，是之谓'大师'，一盲引众盲，相牵入火坑者也。更有一种不习禅定，不禀师承，耳目渔猎，东卜西度，转得一两句儱侗机缘，颂得一两则疑似公案，自以为是，扬眉瞬目，旁若无人，是之谓'大师'，家先作祟，认贼为子者也。更有一种独坐人我山，沉没生死海，操同室之戈矛，设平地之陷阱，不顾公论，妄生我执，尚自言我得一行三昧，是之谓'大师'，师子身上虫，自食师子身上肉者也。此数公者，非当今所称为'大师'耶？异口同声，直至不疑之地。某虽不肖，颇知自好矣，其敢尤而效之乎！殆有甚焉者，近见魔家

---

① 《咸陟堂二集》卷七，第 146 页。
② 《咸陟堂集文集》卷十四，第 185 页。

眷属,披佛衣,违佛制,诵佛言,坏佛教,目无鱼鲁之识,心有蛇蝎之毒,过屠门则食指欲动,闻歌板则魂魄纷飞,如斯俗汉,曾市井小人之弗若,乃自号于僮行,曰我某甲大师。噫! 何无羞恶之甚者也。天下事,有昔之所尚,今之所鄙,昔人得之为荣,今人受之则反以为辱者,莫若大师若矣。鄙人羞与若辈为伍,不忍流俗之见惑,将去而避之。"①辞大师之号正是对假大师太多,真大师太少的不满。

第二节 坚守与志节

康熙十七年(1678),成鹫初自行出家,最先寄居于好友陶握山的别业小漫山,日暮途穷,居半载,大病几死②。成鹫刚出家就贫病交加,两年后在罗浮山因贫苦无食而到广东西部西宁县朋友的荒芜废弃的土地上耕种自食。其后二十多年游走四方居无定寺,再二十年住持寺院也是衣食不足。显然成鹫在佛门的生涯是清苦艰难的,其程度还要胜过少年时期的躬耕与中青年时期的坐馆塾师。

一、艰苦的佛门生涯

成鹫最后二十余年在大通古寺和庆云寺作住持时一般想来应该受到僧众的保护与供奉,获得徒子徒孙的照顾,但真实的情形大不相同,他还是时刻遭受到无衣无食的窘迫。面对寺内僧众,作为住持僧,成鹫不得不担负起职责,遍叩十方,庶几一遇,希望维持寺院僧人的生活。成鹫在《与姚明府》中说,"久住大通烟雨中,止知烟雨之乐,今始觉有烟雨之苦。半载滞霪,经旬悬磬,大通、鼎湖两处僧众二千余指,仰食于旦夕不可知之人,日惟闭门仰屋而已。时事如此,目击心酸,无力可救。"两寺内两百多僧人需要生活,这让成鹫颇感难以维系,无奈之下只好向大通古寺所在地番禺县令姚炳坤求助。庆云寺是大寺,"其僧千指"③,僧众百人以上。成鹫在《鼎湖山志》总论云:"庆云阐化六十余年,香厨仰食二千余指,山外无卓锥之土,钵中无残宿之粮。"又说庆云寺有僧众二百人以上。方外之人也要有衣食住行。成鹫在《与香山诸子》中说,"真是日暮途穷,倒行逆施也。僧从东林来,得悉诸公起居清胜,深感种种护法,不胜欢喜。住大通后,从此多事。抛却蜜

---

① 《咸陟堂文集》卷十四,第185页。
② 《咸陟堂文集》附录,《纪梦编年》。
③ 《咸陟堂文集》卷十一,第153页。

果子,拾得苦葫芦。"①显然,人事纷杂,对于傲岸刚毅的一代高僧而言,住持这样一所大寺院也颇费心力,尚不及只身一人修行来得轻松。成鹫在《与伍秋农》的书信中说:"明日不还大通,在梅园过冬,煮赤米,啖黄蔻,布被蒙头,静观一阳来复,亦快事也。惟恨瓶无贮粟,不能为无米之炊,求惠脱粟数斗,成就穷汉一段清福。"②很是清贫,难以洒脱。

成鹫在大通时,曾两次致信林梅村,在《又与林梅村》的信中说:

"大通(寺)早熟失收,外无盘米,内无生计,昨承布施,今已空瓶,不可复请。且得立定脚跟,与二三徒众食粥饮水,不化缘、不应赴、不攀援于城市,看造物主人尚有转湾处否?独有一事不妨豫为之计,迄今大火已流,授衣将及,同住僧行多半赤条条一丝不挂,今冬风雪,近海殊甚,何以御之?不已,谋之知己。宅上质店,想有破旧绵袄不值钱、不堪用者,求嘱掌柜寻觅,见惠数袭。所欲得者,实赖御寒,不求精洁,不择僧俗,皆堪补缀成衣。所谓青州布衫重七斤,三十年来成一片也,何必白毡屈昫耶?公为世外知己,应有绨袍之恋,故不自外,便字奉商。倘蒙赐诺,请俟明日遣人领回,打洗拆补,众手成衣,寺中徒属,得藉挟纩之温,实拜吹律之赐,留神幸甚!"③

成鹫还作有《大通寺化米疏》:

"大通烟雨,古佛道场,应化圣贤,全身示现。十方常住,洒埽不可无人;八百余年,先后频经易主。盖以众多食少,或复土旷人稀,委而去之,无足怪者。山僧来自云水,迹类萍蓬,出不为人,敢云接众。讵意偶来数月,屡空三冬。海滨多逐臭之夫,且过有瞻风之客。食浮百指,匏系经旬,高挂钵囊,懒效沿门分卫;磬悬尘甑,难为无米朝炊。吾宗无辟谷之禅,我佛严命邪之戒。思惟活计,延伫知音,遍叩十方,庶几一遇。"④

可以看出成鹫法师不忍于大通古寺荒芜,希望重振这所有八百年历史的古寺。但复兴寺院需要四方善男信女的护持,毕竟儒释道三教九流都需要生存,背后都有经济因素。而自古高洁之士多清贫,在佛门中依然。成鹫在大通古寺、庆云寺两所寺院内都是缺吃少穿,已经到了无所谓有无僧衣的程度,能遮体保暖即可;此种心酸狼狈,成鹫也只能向好友私下恳求,要其仔细留神筹措衣食,以免僧众彻底陷入饥寒之境地。成鹫反复提及僧人的生活状况,正是因为此种情形时常

---

① 《咸陟堂文集》卷十五,第201页。
② 《咸陟堂文集》卷十五,第201页。
③ 《咸陟堂文集》卷十五,第206页。
④ 《咸陟堂文集》卷十八,第235页。

存在。

成鹫有《姚明府齐州寄示梅花邨食品诗,属而和之,为大通食品十首》:

老饕真率有生涯,不独齐州擅作家。野苋带根熬似粥,旧茄连蒂煮开花。辣汤正喜姜爷贱,酸菜何劳豆父加。日食万钱消不得,自携锹锸问篱笆。

天生天养是吾曹,践土还容更食毛。春到辛盘添芥辣,秋来佳味在茼蒿。儿童画粥蒲为剑,宾主分瓜篾作刀。品字柴头煨得稳,蹲鸱留半待方袍。

人天清福妄承当,任运随缘也不妨。六月六时开芋屋,三春三度割蜂房。雨前玉版初生粉,露下金樱自有糖。晶饭早炊堪一饱,余甘留待解人尝。

何须肉食作珍馐,别有精鲭傲五侯。细嚼只消羊彳亍,大烹还是马兰头。井边杞蓏堪娱老,堂背萱花可解忧。但愿此生饱薇蕨,痴人饕餮复何求。

休粮不羡作神仙,园有嘉蔬突有烟。葵可烹时方卫足,薇堪采处正舒拳。美芹不下豪家箸,苦荬偏垂野老涎。大笑贫儿夸暴富,饱餐藜藿腹便便。

滥觞净域清斋福,践迹前人作食方。小米细炊鱼子饭,新瓜浓煮鳖裙汤。水晶盐蘸鹅肠美,玉糁羹调马齿良。禅悦不妨微漏泄,外边风味各炎凉。

曾从老圃得心师,生熟开遮称物宜。紫背菜孙雷后采,黄芽芋子雪前炊。粳拌山竹为青饥,雨过松根长白芝。随地随时随取足,生涯多恐外人知。

身心无计得轻安,须带三分饥与寒。槐叶冷淘留活火,菜根生啖当还丹。一盂冷水消烦热,七椀清风醒肺肝。若使神仙知此味,黄粱不用煮邯郸。

行堂布席净安排,展钵传匙事事佳。一日二时香积供,三平两满苾蒭斋。黄虀发瓮真金色,菉豆抽芽白玉钗。细嚼徐吞真味出,箇中清福属吾侪。

莫愁应供因缘薄,须信伽陀愿力深。风散榆钱归钵位,鸟衔香饭入寒林。祖翁麻麦家常饭,世味鲜醲过去心。却羡于陵陈仲子,井边一饱到于今。

《大通食品十首》诗中反应了成鹫清贫而又安乐自足的大通古寺生活,参禅修道,舞文弄墨。

他在《与林梅村》信中写道,"向暮造谒,得咏佳作,还山几日,齿颊犹津津有香气。未知再得班荆,共商风雅,获窥全豹否?承许授粲,瓶钵生色,如约走领,并拙作奉呈,当发一笑也。"①似乎诗友笔会还有筹集钱粮进行化缘的任务。成鹫《答广宁蔡明府》信中说"指代之年,不堪负耒,聊代耕于砚田,赡给僧众",耕于砚田应该就是撰写文字获取酬劳,似乎可以说明成鹫可能发挥所长,作文字为禅修,并筹集钱米以供僧众;他作的大量寿文等应酬性质的文字以及书画也可能具有筹资供奉僧众的作用。成鹫在写给双桂大师的一封信中谈道:"世间有三种病痛最是难

---

① 《咸陟堂文集》卷十五,第206页。

医:曰俗、曰贫、曰懒。比来因懒得贫,因贫得俗,为大通粥饭之计,不免借资于管城(笔),终日鹿鹿不休,惟未入城耳。"①以笔作文来获资供养僧众之意已经相当明显。

成鹫本人心性高傲,戒律森严,他的个人生活也只能更为清贫。先是在出家之初就西进西宁县躬耕荒地,再是刚到罗浮山石洞禅院修行两年不久遇盗而不能容身去海南岛,都是生活不下去而采取的行动。成鹫有《里正索租戏赠》诗,"闻说罗浮好住禅,我来恰恰是荒年。少生坑稻多生药,饥杀山僧饱杀仙。枵腹难偿行脚债,空囊还欠入官钱。思量更欲移居去,只种黄精不种田。"②看来荒年的罗浮山生存都是问题。在《谢胡东长惠绵被》中,成鹫曾写道,"枯禅身心冷如水,经年坐卧无衣被。七斤破衲五条衣,虮虱安居成法喜。今年雨雪太无端,西溪水牛冻欲死。众中冷煖自家知,叠锦重裯畴不尔。霜威不奈老僧何,飒飒寒风空过耳。一个蒲团坐到明,明发天鸡鸣便起。起来积雪拥荆扉,相过独有胡公子。轻裘缓带不知寒,怪我僧衣薄如纸。亲裁大被絮绵花,付与空生作生理。"③因雪天寒冷衣薄如纸而无棉被,以至彻夜难眠。

成鹫法师之贫,可以在他所作的很多诗文中体现出来。成鹫有诗《客有遗予白鹅者,贫无稻梁,不给朝夕,悲鸣欲去。乃从其志,寄养于南皋处士,戏为短歌以遣之》④,成鹫还喂养不了一只白鹅,自身之温饱定然也堪忧。此时成鹫应该是在香山县东林庵,庵乃朋友所施舍,就在朋友家园附近,应该是有供养的,还尚且如此清贫,其他奔走四方的佛门近五十年的岁月大部分生活状况可想而知。他的《分卫榄溪,信宿西园,谢何赤木惠米》等诗文中皆有展示僧人清贫生活的内容,也显示自我坚守的情绪。"人生岂能高飞似鸿鹄,千里赍粮半枵腹。……太仓拨出赤白军,使我冷灶生氤氲。"⑤所谓"分卫",在佛门即是乞食,等同于化缘,他的欲语不语终沉吟,还是要张口向友人乞食。成鹫在《寿何一忍文》⑥中详谈自己的贫富观,但不蓄钱财并不代表不需要生存。其他诸如《住山乞缘疏》《募化寒衣短疏》《为越秀山募化修造疏》《为瑞塔寺募修路疏》等都有募化四方的性质。成鹫《募单衣疏》,"平生志不在温饱,儒者之言精进,或累于形骸,道人未免。某久住丛林,啬于利养,恪遵师训,拙于攀缘。百结鹑衣,几度拿云补破;七条象服,不堪曝

---

① 《咸陟堂文集》卷十五,第 202 页。
② 《咸陟堂诗集》卷十一,第 194 页。
③ 《咸陟堂诗集》卷三,第 38 页。
④ 《咸陟堂诗集》卷三,第 38 页。
⑤ 《咸陟堂诗集》卷四,第 56 页。
⑥ 《咸陟堂文集》卷八,第 100 页。

日遮寒。"①成鹫写给友人的有《借笔》《借米》《借钱》,其中他在《借米》中说,"今日粟瓶作怪,扣之铮铮有声,无以实其腹"②,幽默风趣大度有之,但是寺内无粮无米面临断炊的困境也是不争的事实。从成鹫这些作于不同时期不同地点、写与不同人的文字来看,他在佛门应该一直保持了这种清贫困顿的生存状态。

即便是投身佛门,也非全是净土,仍然有富贵荣华与志节清净之分,而成鹫显然维持了一生的高洁。成鹫有诗《有鸟行》,"渴饮谷中水,饥食谷中薇。愿作谷中游,永与乔木辞。"③显然,此诗乃成鹫之自况。他还在《夏日陈牧止孝廉招游南园舟中与庞若云张直咨诸子同赋》一诗中说,"山居寡所欢,终年破茅屋"④。成鹫还有诗《客夜寒雨》⑤,显然他的出家是不与世俗为伍,甘于寂寞清贫。

重阴薄微阳,万族息群动。夜昏闭衡门,土壁周无缝。长襟覆短床,黑蛇蟠铁瓮。北风如橐籥,呼吸由窗空。渐闻檐雨声,始觉山月霁。寒生纸帐薄,雪压庭柯重。不眠知夜长,独起歌商颂。高天低片云,惨澹连楹栋。我无龟手药,久立筋骨痛。抖擞七斤衫,枵然了无用。自笑住山人,行李无赍送。譬彼初生驹,从不习羁鞚。孤蓬离本根,大地原空洞。冷煖只自知,裘葛聊随众。经年别旧林,日暮思群从。石田已荒芜,茅屋今谁共。猿鹤守穷山,宁能免饥冻。平生学道心,念此得无梦。何时归去来,鹿门事耕种。

二、深入佛门多疲病

脱离世俗社会的生活,辞别老母妻儿以及友朋,加上他是深深地怀着国破家亡的遗民情怀,此在感情上就不会很平顺,虽然他反复说明对投入佛门的喜爱,却正可反衬他对现实社会的种种失望。佛门的生活是清苦的,内心世界是苦闷的,因此成鹫进入佛门后多病。

成鹫出家之时,先隐居好友陶握山在佛山弼唐的别业。"居半载,大病几死。"⑥可能是刚出家的心情抑郁,也可能是居无定所条件不好。《与衣石师同住小漫山赋赠》:"经年一室掩重扉,白首逢君共息机。但解余生聊寄迹,何妨随地暂相依。天寒埽雪煎香茗,日暮裁云补衲衣。此外山中了无事,数声清磬鹤飞

---

① 《咸陟堂二集》卷二,第45页。
② 《咸陟堂文集》卷十五,第202页。
③ 《咸陟堂诗集》卷一,第4页。
④ 《咸陟堂诗集》卷一,第2页。
⑤ 《咸陟堂诗集》卷一,第2页。
⑥ 《咸陟堂文集》附录,《纪梦编年》。

归。"①说明生活是清苦的。《送衣石师下山》:"辜负莲花开满池,下山相问欲何之。但言世外闲无事,只有人间病要医。"成鹫此次生病持续到四十三岁,"岁在己未,病少瘥。"到这时,成鹫才正式拜师,不住广州华林寺,住罗浮山石洞三年。至四十五时再病。到五十四岁时又病。

清康熙三十五年(1696),成鹫法师因母亲去世悲伤过度,再次大病。成鹫自记:

"年六十,岁在丙子。夏之四月,家报凶讣,始知先母于去年腊月二十日见背,登即望空痛哭,褫衣绝食,跣足下山。倍值雇舟,兼程归里,舟中哭泣,达旦不寐。窃自思惟我佛之教,出家儿不丧其亲,过量人先率倡之,不及量者从而和之。予固不能为过量之为,亦不忍为不及量者之恝然也。当援例于《梵网经》十重之本,皆云无孝顺心者波罗夷,予独非人子乎?既为名教之罪人,复甘为佛法之弃人,两俱失之,吾尽吾性,伸吾情,畴得而禁之。归全里门,大哭而入,抵家抚灵,三踊一恸而绝,绝已还苏。临棺恸绝无度,出家俗僧见而笑之,弗恤也。时丧已逾卒哭矣,仍循典礼,绝粒粥食,晨号呼,夕泣奠,寝苦枕块,不违家礼。此不幸出家儿之创举也,不敢强吾徒以从我,惟此心无愧耳。六月而葬,躬自负土筑坟,既封而树之,复痛哭而后别去。盖出家舍家,眷属聚哭之次,非宜久居也。告别灵寝,复还丹霞。执心丧礼,再入僧次。二时粥饭,食不下咽,渐成关隔,不纳水谷,病将不起,予亦不愿有生也。"②

成鹫声称"既为名教之罪人,复甘为佛法之弃人,两俱失之",道出了他在佛儒两界的失序状态,内心是苦闷的,因为失望所以逃入空门,在空门也没有解决问题,他也没有做到心如死灰,而是还留恋关注着世俗社会的忠孝节义。胡方曾说,"师至孝,丁外艰时方为儒者,其尽礼固足以风末俗。至居内忧在出家后,而闻讣擗衣绝食,跣足奔丧,途中哭泣不寐。抵家,恸痛绝而复苏,饘粥苦块,一遵儒礼。"③成鹫母亲信佛,但在国人最为重视的丧葬之礼仪上,成鹫"一遵儒礼",很好地说明他的内心世界还是儒家的情感世界,他本质上还是儒家的士人。此次之病更是让成鹫元气大伤,直到第二年还一直处于难以恢复的状态。回到丹霞山别传寺,六十一岁的成鹫"以病不能随众作务"。此次之病在孝道之外,定然有成鹫自身脱离开社会生活的伦理纲常而出家为僧,不能尽孝,也不能养育妻子儿女,这是他的忠孝不能两全的无奈。因而老母亡故之际,成鹫倍感痛苦。

---

① 《咸陟堂诗集》卷十一,第178页。
② 《咸陟堂文集》附录,《纪梦编年》。
③ 《咸陟堂诗集》卷首。

成鹫六十三岁在香山县东林,病重。"最后过别药亭太史(梁佩兰),甫至门而病发,不能入室,扶病反寓,坚卧客次。身重千钧,力弱不能胜一羽,足蹇不能跬步,肩舆问渡,速还东林。病日有加,自知不起。"①成鹫六十四岁时,再次病重。此次病痛更胜往昔,几乎有生命危险。成鹫在《留别亦庵》中称,"三年衰病借闲房",就是病痛延续三年。成鹫在《纪梦编年》《四供册序》《藏稿自序》《藏稿后跋》《双照八景诗序》等诗文中提到此次东林重病。名医熊剑文慷慨解囊暗中资助名贵药材救治成鹫,成鹫在《题神楼图赠熊剑文》②、《与熊剑文书》③、《自春迄夏抱疴东林,承豫章熊剑文惠药得差,赋此致谢,兼送其行》④、《送熊剑文适安南行药》⑤、《送熊剑文归丰城因祝乔梓寿文》⑥等文章中都有所提及,心怀感念。长期的游历加上东林的条件艰苦造成了成鹫的不适。此后,成鹫在一些文章中也反复提及生病的问题。我们应该看到成鹫的病痛与他作为遗民僧的人生际遇与情感起伏波动有所关联。

　　成鹫可谓亦儒亦僧,一生岁月百味陈杂、况味深厚。他的思想内涵是复杂的,对于成鹫而言也许他从未摆脱乱世梦碎。即便是清贫有加,病痛缠身,也没有改变志向与操守。

第三节　"天下事,无不可为"

　　成鹫法师一生之中,情感激荡,思想多变。事实上,他早期坚决选择作遗民,经过几十年的漫长岁月,后期移民梦逐步淡化。笔者看到成鹫法师一生接触到清朝政府的大批官员,其密度之大、级别之高,差不多颇为惊人,这是我们研究探讨成鹫生平思想不能完全规避的,文化史、佛教史上也有其意义,也能充分说明成鹫在岭南的影响。交往过程主要集中于成鹫法师六十六岁以后。成鹫虽然作遗民几十年且不改初心,但时世改移,沧海桑田,情天恨海般的国亡家毁之痛也抵挡不住岁月的侵蚀,慢慢地淡漠下去并归于平静,成鹫对清朝政权不再抱有特别的敌

---

① 《咸陟堂文集》附录,《纪梦编年》。
② 《咸陟堂文集》卷十三,第181页。
③ 《咸陟堂文集》卷十五,第198页。
④ 《咸陟堂诗集》卷四,第62页。
⑤ 《咸陟堂二集》卷十,第207页。
⑥ 《咸陟堂文集》卷九,第133页。

意。"天下事,无不可为"①,这是成鹫法师出入佛儒之间,并没有完全放弃儒家理想的直接表现,也体现了他在软化与志节之间的矛盾取舍。

成鹫法师在《送吴宗猷从伯氏芥舟之阮江受学》等诗文中感叹自己的一生不能荣达之同时,显然也是看好并鼓励友朋后人积极入世,帝乡近在咫尺,追随前辈建功立业,显然对朝廷的态度已经异于成鹫本人的青少年以及壮年时期的决然做法。成鹫还在《送吴孝廉北上》诗中写道,"我生不能走马黄金台,年年送客空归来。旧游通籍十八九,天闲出厩嘶驽骀。……从来世眼重科名,何妨一第惊流俗。野老旁观知为谁,归来聊拭山中目。"②在"当今薄海方太平,纵横八极无战争"的历史情形之下,人心安定,成鹫作为从战争动荡中过来的老僧,感叹自己不能像其他诸多人士一样"走马黄金台",但对于后来的士子文人们他则希望,"从来世眼重科名,何妨一第惊流俗"。成鹫在《马将军杨恭人寿诗》中赞扬了好友马卧仙的母亲杨恭人教子有方,母慈子孝,"矢心矢志报明主,孺慕难忘白发人",这里的明主应该就是指康熙帝,说明成鹫自己认可了这位明主。

以成鹫之才学气概,大约他也有过空老深山的遗憾,在《赠罗伟甫举孝廉上公车》中成鹫写道,"平生同学据要津,目送飞鸿未曾有。须臾聚散等浮云,往事不堪更回首。一年一别一相寻,壮志销磨貌衰朽。老来匿影珠江南,枕流漱石临溪潭。秋风吹冷破茅庵,仰天搔首霜毛毵。故人惠我书一函,浣手拭目方开缄。闻君柳汁湿青衫,鹿鸣宴罢控两骖。旁观叹息真奇男,使我自笑还自惭。旧游已贵高岩岩,刘著岂免忘著簪。樗栎不材非梗楠,支离山泽分所甘。长歌短曲凌烟岚,送君北上乘风帆。长安春暖花可探,曲江酒酣乐且湛。乘车戴笠各努力,他日相逢方细谈。"③显然对于故友旧游的飞黄腾达,鹿鸣宴罢,显身长安,成鹫有尊崇之意绪,能有机会就去努力进取功名吧。成鹫也感叹自己年齿渐衰朽,隐居大通古寺,面对秋风激荡下的破庵,只有仰天搔白首,但"旧游已贵高岩岩",遥想当年,成鹫本人也有这样的机会,成鹫十三岁为诸生,也曾"覆髡发以儒冠,释斑衣而儒服,归于乡里,人争荣之"④,如今是"壮志销磨貌衰朽",他有遗憾之意绪。

当然,对清朝软化并改持正面看法的成鹫,在人生的后期并没有入世的打算,出世是他七八十年来的一贯行为,也是他一生志节的坚守,可能已经不涉及到政治态度的取舍。成鹫向来孤高,主动结交高官显然不可想象,"巨公大人时或闻风

---

① 《咸陟堂二集》卷三,第72页。
② 《咸陟堂诗集》卷二,第26页。
③ 《咸陟堂诗集》卷五,第84页。
④ 《咸陟堂文集》附录,《纪梦编年》。

过访,公未尝造门报刺",他在不少诗文中都表明隐居深山避世的思想态度。成鹫在《寿霍睡堂序》中说"予掩关却埽,未尝轻与人交、赠人以言,匪固也,从所好也。"①他在《赠马专城卧仙》中说,"世人相见贵揖让,山僧不识背与向。城市纷纷事迎送,山僧不识轻与重。沉埋日久无道力,出门每被尊官斥。"②他的风骨保持了一生,没有改变。

也许,随着岁月渐老,入世的意愿更加稀薄。成鹫在《彼美行,送杨邕侯归江南应举》中写道,"苎萝彼美名西施,浣纱溪上花开时。……环佩玎珰趋凤阁,珠玑璀璨映龙墀。玉堂金屋深如海,荜户蓬门知是谁。归来稽首空王道,此身长愿老茅茨。"③美人迟暮,已经没有再抛头露面的兴致与意愿,但并不排斥好友杨邕侯等友人追求自己的功名利禄。成鹫也在《与自破师书》中说,"我辈晚年止有入山一着,余无别路可行,尝笑当今山人,不过世间清客,身虽住山,心游城市,其间优劣,略有四等,多由名心未忘也。其上则饱粥饱饭,敷蒲团,坐磐石,挺起脊梁,东卜西度,自谓寒岩枯木,此住山而博禅定之誉也。其次则隐几青山,目送白云,阅外典数篇,吟诗数韵,长啸一声,自谓曲高和寡,此住山而博风雅之誉也。其下则凿石火,汲涧泉,与二三道伴,闲谈消日,送客出门,闭寮高枕,鼾鼾鼾睡,直至日出三竿,自谓无事于心,此住山而博清闲之誉也。其最下者,名虽烟霞,实则城市,下山乞缘,终年不返,山中茅屋,蛛网重封,石面苔痕,蜗涎篆遍,自谓垂手入廛,此住山而博随缘之誉也。"④重申了住山的因果缘由,坚持住山的愿望。成鹫也在《蒲典序》中作了些反思,"予夙抱微尚,逝将老死空山,谬为虚名见累,觍颜国士之席,顾兹涧蒲,惘然自失。"⑤也许交游过广,影响太大,在晚年岁月的成鹫看来,是有些过于彰显行迹了。成鹫在八十四时也曾自称"晚年泛交"。显然成鹫不再有入世之念,当然也没有反清复明之想,最后以八十六岁的高龄圆寂于大通古寺,以僧人的身份留名青史。

---

① 《咸陟堂文集》卷九,第123页。
② 《咸陟堂诗集》卷三,第40页。
③ 《咸陟堂诗集》卷五,第81页。
④ 《咸陟堂文集》卷十四,第186页。
⑤ 《咸陟堂二集》卷六,第122页。

第七章

"晚世之真儒"

成鹫侧身佛儒之间,终其一生,他都是一名儒者,只是生逢乱世,身披袈裟,但不变的是他的思想与情怀。成鹫生于明末1637年,八岁时即1644年明朝就灭亡了,而1644年的前前后后的几多岁月皆天崩地裂,腥风血雨。在国破家亡之际,文人士子们的心路历程长之又长,他们作隐士、作僧人、作遗民,不与新朝为伍,或躬耕郊野,隐藏深山,或作塾师授徒为生,但本质上还是抱有亡国之恨的儒者。我们看到,成鹫少年时就选择抛弃科考功名而随父亲归隐,然后出为塾师二十余年,在四十一岁时又断然出家为僧,作了彻彻底底的遗民,在佛门又四十六年,一生可谓复杂多变,起伏不定,作为心怀遗民异志的人他坚守了七十多年,而他又是以一位僧人出现在世人面前。但是,成鹫在实质上就是一位典型的秉持儒家思想情怀的文人士子,身为儒者而脱离儒家治国平身兼善天下的正常人生轨迹,终老乡野,需要的是志坚情深,面对的是明亡清兴的惊天巨变。成鹫用八十六岁的年月充分地表明在乱世之际,他选择了终其一生都是要做一名真儒者、一名纯儒,他不愿放弃儒家的传统思想典范。成鹫著述中包含儒释道三教内容,而儒学占据主要部分,成鹫是传统儒家思想的信奉者,自称向往作为"晚世之真儒",这是他具有核心意义的思想内涵。

成鹫为海内所重,知交遍及天下,少年成名,才学过人,但十几岁就避世归隐,先为遗民,后为遗民僧,在佛门就有四十六年之久。但是不论他的身份与情感如何的多变,他的最为真实的情感与思想特质仍然是儒家思想与儒家情怀,本质上他就是一代文人,这是成鹫著述中所体现的最为重要的思想特征。

第一节 成鹫法师的儒释道思想

成鹫的著述对儒释道三家思想都有涉及,一般认为明末三教合流是普遍现象。清初,岭南高僧著述中,成鹫是代表性著名高僧。此时岭南佛门高僧辈出,根据冼玉清《广东释道著作考》统计,顺治到康熙的清初 80 年间,留传下来的佛门著作有 174 种,作者 57 人①。从成鹫的著述中可知成鹫的创作著述的中心还是儒家的方式为主,从成鹫的十种著述中分析说明成鹫本质上还是儒家思想为主,佛教思想以及道家思想即便有,也是不占主要地位,他的思维方式和行文手法基本上都是传统文人的模式。

成鹫著述上充分体现了儒释道思想。成鹫在《高凉守吴母李太淑人寿文》中说,"性一也,本吾性以出之,仁民爱物,谓之慈;全吾性以归之,忠君顺亲,谓之孝;率吾性以由之,谓之道;修吾道以化之,谓之教;尽吾性而不违,谓之儒;觉吾性而不迷,谓之佛;养吾性而不杂,谓之老。性一也,岐而二之,鼎而三之。"②从中看出成鹫对儒释道三家文化的态度,他也多次阐明三教一体的看法。他的著述涵盖范围广,是其思想多元的体现。但就其核心而言成鹫的思想中儒家思想占据主要部分。成鹫曾说,"西方东土,三教一堂,无异车当无异辙。"③《自听编自序》中称,"三教圣人,卢博地众生迷悟之不齐也,思起而觉之。佛生西方,以三乘十二分教为铎。孔、老二氏,并出东土,以四子六经、《道德》五千言为铎,殊途同归。"佛门与儒门以及道家三教同源,他由儒入佛并不太突然。"西土东鲁两大圣人,造车合辙,殊途同归,初无彼此异同之辨。后之学者分门立户,各主其师之说。"④陈垣指出,在明末清初,"不独文艺,即诸子百家杂学,亦当日禅门所尚。其始由一二儒生参究教乘,以禅学讲心学,其继禅门宗匠,亦间以释典附会书传,冀衍宗风,于是《中庸直解》《老子解》《周易禅解》《漆园指通》等书,纷然杂出。国变既亟,遗臣又多遁空寂,老庄儒释,遂并为一谈。宗门虽盛,名山老宿,反有大法沦堕之忧。东南风气如此,西南不能独异。"⑤儒释道三教结合,在明清之际较为普遍已经是不争的事实。成鹫也在《寿瑞山长老文》中说,"人情莫不好名,儒者倡之以名教;人情莫不求福,佛氏诱之以果报;人情莫不欲寿,老氏动之以长生。此三教圣人善施权巧,方便说法,因修道而后有教也。"⑥对于成鹫的老庄思想,最为集中地体现在《南华问答》⑦一文中,采取问答体,较为全面地表现了成鹫对佛道思想的看法。成鹫也曾为时人羽士(道士)所作《道德真经》作序,他指出,"昔周柱史以太上清

---

① 杨权:《清初岭南禅史研究与佛教文献整理》,《深圳大学学报》,2014 年第一期,第 152 页。
② 《咸陟堂二集》卷三,第 64 页。
③ 《咸陟堂二集》卷二,第 40 页。
④ 《咸陟堂二集》卷二,第 45 页。
⑤ 陈垣:《明季滇黔佛教考》卷三,《陈垣全书》18 册,安徽大学出版社,2009 年 12 月版,第 101 页。
⑥ 《咸陟堂文集》卷九,第 131 页。
⑦ 《咸陟堂文集》卷二十,第 242 页。

虚之旨五千言授关吏尹喜,万古流传,与儒佛之教相为鼎峙。"①道士的著述也找成鹫作序,充分说明成鹫在儒释道三教皆有影响。成鹫在八十四时还注《庄子》,"庚子中秋,掩室注《庄》。"②"剩暑未消,新寒尚浅,此风日争秋时也。老山人方有事于《南华》,著书林下,至《齐物论》,挥汗搁笔,属有所思。"③《粤东诗海》亦称"论者谓其通于老庄而好儒者之言,盖墨名儒行者也"。端州知府宋志益称成鹫"通于老庄而好儒者之言"。成鹫在《送梁安道之灵宝》中说,"予老矣,倦于游矣,著书自娱,神游六虚,三教圣人庶几遇之。晚注《道德》五千言。"④成鹫还作有《送梁安道游灵宝即函关邑》:"我有道书方注就,赠君河上问遗民。"⑤我们读他的诗文,儒释道包括庄子在内基本上都是时常提及的内容。

　　成鹫原本是士子文人,出家为僧后虽然戒律森严,真参实修,为佛门高僧,但儒家风范依然,不能完全视为真正的佛门中人,"外释内儒"是其主要特征。故表现在著述上,多诗文,少佛门典籍,上述所列成鹫十种著述中,包括《咸陟堂集》《鼎湖山志》《消灾延寿药师宝忏》《金刚经集注》《楞严直说》《藏稿》《自听编》《渔樵问答》《鹿湖近草》《纪梦编年》中,只有《消灾延寿药师宝忏》《金刚经集注》《楞严直说》直接与佛教有关,《鼎湖山志》也保存了不少鼎湖山的佛教资料,再有一些寺院庵堂的记载、一些僧尼的纪传庆生寿文以及一些禅师和尚的像赞等涉及到佛门,其他著述基本上还是传统文人的创作路径。这正是遗民僧的主要表现方式,如与成鹫有所交往的岭南著名遗民僧屈大均也是如此。"僧服儒行的代表人物当属屈大均,他自言'余之出家,不得已也。'他因国乱不得以避祸而入山林,曾待曹洞尊宿道独、天然和尚函昰、觉浪道盛等大德高僧十余年。为其母亡故,还儒装,后复归释至终。其为僧12年间,只写过一篇《华严宝镜跋》,而屈大均一生著述丰富,足可见其身在释门,心归儒道之意。"⑥而成鹫却是儒释兼通,但以儒为主。

　　成鹫对自己的思想和著述路径也有一些评述。《陈氏家抄后跋》:

　　"子性陈先生,予同学故人也。予年十有三,与先生同受知于鳟石汪夫子之门,同时入学,同补郡博士弟子员。年齿相去,盖雁行也;声气之投,则缄芥也。先生世其家学,虽身列儒林,尝神明于《天官书》之言。间语予以吉凶休咎之应,若凿

---

① 《咸陟堂二集》卷四,第84页。
② 《咸陟堂二集》卷七,第158页。
③ 《咸陟堂二集》卷八,第161页。
④ 《咸陟堂二集》卷六,第136页。
⑤ 《咸陟堂二集》卷十四,第346页。
⑥ 刘雪梅:《明清之际遗民逃禅研究》,吉林大学博士论文,2015年,第42页。

凿而有据者。予之家学,则异是,日惟章句是务,未暇此也,闻先生之言,茫然莫辩。未几鼎革,予绝意场屋,尽弃所学,从异人游,授三式书,归而究之。忆先生昔日之言若合符节,乃就先生与之商榷,往来问难,多所发明。时先生名噪宇内,求克择者,门外之屦几满矣。予则书剑无成,持所学以问世,世尠知者。由是废然猛省,返而求之性命之旨。中年去家从佛,佛制,沙门不得肄习星历、机祥、风角之术,家不得藏,手不得执,口不得而谈也,遂焚而弃之,无片言之遗。尝闻先生自言其道日精,其验日确,其造福于人也,日以捷于影响,与予所闻于师者,殆华梵之不相晓,又茫然也。始悟庄生之言,谓道不欲杂,杂则扰,扰则忧,此仲尼所谓执御成名,子舆所谓专心学奕,杨朱所谓多岐亡羊,学贵乎专且一也。先生世守家学,始终不易所尚。在国为纯儒,在家为肖子,名闻著于一时,利泽施于后世,无他,专且一也。予年六十有奇,少而为儒,长而好游。壮而学仙。今老矣,乃返而求诸性命之旨。"①

成鹫所涉及的学问范围可谓很大,包括星历占卜之术等涵盖在内。此正好说明了成鹫人生的三个阶段,少年时期,聪慧异常,受到良好教育,并科举成名;经受一系列战乱,明清鼎革易代后,随父归隐林泉,以塾师为生计,从异人游,文才突显;四十一岁时,去家从佛,为一代高僧、诗僧。成鹫《答人促文字》:"我有两我,一禅定我,一文字我。凡作文字时,须听禅定我,放参方便从臾,伺其瞘喜,管城君乃敢受命。来谕不无欲速。姑俟之,得请乃报。"明清易代之际,社会动荡,士人逃禅成风,岭南佛门,会聚了大批逃禅遁世的社会精英。这些人士出家前深受儒家文化的熏陶,出家后又受到禅学思想的影响,"胸中儒、释合一,具有'外僧内儒'或'亦僧亦儒'的特征。他们身入空门而不能忘情于世事,常用文字寄托情怀、宣泄郁结,这种出世与入世的矛盾纠结,形诸文字,便成为了各具旨趣的方外诗文集。"②邓之诚指出,成鹫为文"尽情发泄,不拘守八家准绳。颇有似庄子处。南华问答,极赞逍遥。竟以三教并称。诗亦快吐胸臆。不作禅语,无雕琢模仿之习。仍是经生面目。"③成鹫中年削发为僧,所著述中大部分皆古歌诗杂文,无一般僧人的语录偈颂,这是成鹫著述中一个比较突出的特征。

成鹫少年成名,八十岁后仍然创作了大量诗文,笔力雄健,成鹫曾说,"予老矣,倦于游矣,著书自娱。"④似乎说明他后期的一段时间约二十年因为不再四处

---

① 《咸陟堂文集》卷三,第43页。
② 刘雪梅:《明清之际遗民逃禅研究》,吉林大学博士论文,2015年,第42页。
③ 邓之诚:《清诗纪事初编》卷二,上海古籍出版社,1984年版,第295页。
④ 《咸陟堂二集》卷六,第136页。

云游，基本固定行迹于广州大通古寺和鼎湖山庆云寺，从而有时间与精力以及其他条件来从事创作。成鹫八十六岁的十月份圆寂，可是在四月份还作《僧宝十训》。《僧宝十训》中说："亲受先师遗嘱，只许住山，不许为人。向住鼎湖，晚住华林，未曾拈槌竖拂，虽为人，犹住山也。壬寅（1722年）二月，退院（住持退隐）归林，至四月八日佛示生辰，诸方息慈求戒纷纷，恐其未知为僧之道，书十训语以警策之。此独非为人乎？遣师命矣。"①文思依然明晰畅达。广东崇正拍卖有限公司举行2017年春季拍卖会，拍品有成鹫法师于1722年作的书法作品，题识："野樵大士笑正之，八十六老人鹫草"；钤印："迹删"；藏印："黄氏与荷室藏、黄思潜家所藏"。题跋有二，第一条介绍成鹫生平，最后说，"和尚虽不以书法擅名，然后人得其片纸只字，莫不珍同拱璧。况是书，圆润苍老，资分格力兼而有之，余曾获观华林寺藏有轴册各一，尤以此帧为完善，渴望十年，一日得之，喜不自胜。爰节粤东遗民录所纪者以志景仰（遗民录为前清遗老九龙真逸所著），盖吉光片羽留于人间者，亦有数在耶，更祈龙天拥护，使我永世宝之。戊午小春并书于五十兰亭室古冈冯奉璋商巘。"第二条题跋征引南海县志所载成鹫生平，"己未夏五月商巘再志。"②成鹫的创作实际上延续到康熙六十一年（1722）夏秋之间。今天存世有成鹫草书《白发诗》轴，款题"白发诗似琰先生笑之八十六老人鹫草"，钤有"鹫山人"白文、"迹删"朱文印各一钮，据说为成鹫弥留之际所作，现藏何创时书法艺术基金会。一位九岁可随口吟诗、十三岁中秀才的神童，风雅了近八十年。

第二节 儒家思想是主要思想

　　成鹫逃入佛门，是出于政治取向的原因，身在佛门，他的思想情感和行为方式还主要保留了儒家士人的风习，"隐于浮屠，喜为文章"。成鹫的游历、结社、著述与交游都充分能说明这一点。他坚守儒家的理想与节操，是一位典型的儒者。

　　佛门寂寂，追求的是心性与超越生死。而真正的儒家士子文人则齐家治国平天下，关注现实的人生社会。成鹫诗文中完全是儒者的情感与抒写方式，他还充

---

① 《咸陟堂二集》卷八，第167页。
② http://auction.artron.net/paimai-art5106280664/。

分地表现出对现实生活的关注。成鹫有《烧畲歌》①：

"野人赤脚走官道，踏上盐田看监灶。灶丁烧畲不煮海，万井寒烟风浩浩。道旁老翁知是谁，手拨畲灰归去迟。相逢举手相劳问，自言生长升平时。寒乡旧是煮盐户，出门咫尺无旷土。自从斥卤变桑田，丁男始识农与圃。盐场作田田有租，场中无盐仍追呼。一田二税互逼迫，十年两役纷支吾。荒年百室如悬磬，年丰谷贱为农病。县主场官交索租，孤儿寡妇罢奔命。今冬尽室输官仓，明年枵腹春耕忙。新丝卖尽又新谷，空拳无计完秋粮。城中富人巧生殖，九分出钱十取息。娇儿稚女相随来，薄暮得钱朝雇役。得钱未煖便纳官，归来入室摧心肝。人生恩爱岂不重，践土食毛良独难。田家耕田食贵米，盐户无盐啖清水。可怜半死白头翁，回首升平如梦里。烧畲煮灰灰作盐，持盐易米堪养廉。殷勤致语道旁客，蓼虫习苦不知甜。我闻老翁呜咽语，咄嗟涕泣零如雨。九重天高唤不闻，老翁老翁徒自苦。"

盐农的悲惨生活困境引起了成鹫的深切同情和无奈的伤感，这是历代底层劳动者的共同遭遇，成鹫此诗与唐白居易的《卖炭翁》可以齐名。在成鹫文集中这样的诗文尚有一些。如《题赈荒图为马卧仙赋》："忆昔岭南丰稔日，岁取十千开百窖。田家击鼓更吹豳，稻粱饱杀仓中物。比年水旱成荒芜，潮田巨浸山田枯。南亩半收愁食力，西成未足填官租。岁之丁丑夏四月，米价高腾市春歇。当途仰屋心血乾，四野萧条烟火绝。烟火绝兮白日黄，同时十郡咸开仓。流民就食无远迩，一饱不敢嫌糟糠。香山在昔鱼盐地，回首沧桑见凋弊。海阔天高唤不闻，吞声欲诉凭谁济。"②然后成鹫在诗中歌颂了好友香山将军马卧仙的赈灾之举。从诗文中能感受到成鹫对民生和社会生活的关注，对于修桥铺路、赈灾济民、忠孝节义等褒扬有加，有别于心如枯木的高僧，心中一直留存着对社会人生的热度。

成鹫的种种行为，无不说明了成鹫八十六年的生涯就是一名典型的文人，有着文人操守志节和行为。成鹫在生活习性上也保持了文人的风尚。他工书、善画与爱石、通音律以及藏剑。在成鹫诗文集《咸陟堂集》中有很大篇幅是关于书画作品的鉴赏与应酬的，他与书家画家的交往以及对一些作品的品评时有所见，如《赠关东田写墨竹》等作品数量不少。至今，成鹫留存的书画作品还辗转于岭南等地。

---

① 《咸陟堂诗集》卷三，第41页。
② 《咸陟堂诗集》卷四，第55页。

成鹫有诗《草圣歌,赠张明府子白》①《题龚雪心白描罗汉卷》②《即席急就寄题王领军澹宁堂》③《再续前题备述园林花石之胜兼送领军入觐》④,对书法艺术的精髓和表现力仔细描摹。成鹫的书法作品,至今还有流传。

　　成鹫的广泛爱好是文人式的,其间的交游、游历、结社、出入寺院、为诗作文等丰厚人生都隐然显现着成鹫的儒家真面目。虽然儒释道三教思想在成鹫身上都有明显的体现,可是成鹫的文人思想与行为方式则十分明显,儒家思想是主体与核心,可以统摄成鹫的佛教思想和道教思想,而佛教思想和道教思想却不能统摄和压倒成鹫的儒家思想,外僧内儒是成鹫一生的总体特点。成鹫在《慰友人失意》中说,"我辈生今日,立身师周孔,为文追秦汉,作诗尚风雅,举业遵庆历,数者皆为造物所忌,以其不识时务故也。弟年来落魄无聊,大都坐此。辕轲一生,亦自甘之耳,不敢改辙。"⑤此几句话一是说明成鹫是儒生的本来面目;二是自己不识时务不随社会政治的巨变而改变操守,甘愿落魄清贫;三是对于信念理想顽强坚守,一生都没有妥协。他的一生所为者皆是作为儒生的这一份气节。

　　康熙五十八年(1719)冬腊月,成鹫好友罗颛甫逝,八十三岁的成鹫作《祭罗戒轩文》⑥,文中饱含着对罗颛甫去世,友朋凋零殆尽的哀伤之情,内涵十分丰富,从内容和文风文意上看都不是一位八十四岁高僧心如死灰的孤寂清冷,这中文人的文风文意在成鹫著述中一直存在贯穿始终,成鹫一生保持了儒者的情感与内心世界。成鹫在《留别马卧仙》中说"山僧出世还在世",这形象地说明了他外僧内儒的精神实质。我们更能感受到的是八十多年的漫长岁月中,他的一躲再躲,躲不开人生的痛苦际遇,终其一生他都没有能解决思想的苦闷。人生如梦,他的自编年谱或说回忆录命名为《纪梦编年》,在结尾时反复论述了如梦似幻的人生际遇,他的另一部主要著述《咸陟堂集》也是如此,"无思无虑感于物而通者谓之咸陟之梦"。乐沨在《咸陟堂集》题辞中说,"迹公英雄佛子,处梦泡之世,而与圣贤古佛同堂,此集'咸陟'之所名者。……彼世之梦境,行梦说梦,梦梦不醒,终于梦而不知为梦者,足悲已!"⑦成鹫一生都在梦中坚守着伦理道义,八十年沧桑岁月后依然不愿醒来,此乃悠远凄凉的悲剧人生。康熙六十年,成鹫为许兰谷作《秋帆诗

---

① 《咸陟堂诗集》卷五,第79页。
② 《咸陟堂诗集》卷五,第82页。
③ 《咸陟堂诗集》卷五,第94页。
④ 《咸陟堂诗集》卷五,第95页。
⑤ 《咸陟堂文集》卷十五,第197页。
⑥ 《咸陟堂二集》卷七,第155页。
⑦ 《咸陟堂诗集》题辞,第2页。

话》①,此文具体写照成鹫的生活情状,他是僧人,也是文人,文人的风雅才是真实的状态,八十五岁的老僧就是一位隐者,"求一可与谈禅论义、扬扢风雅者,不啻如空谷之足音"②,这事实上说明成鹫是盼望或希望有人来谈风论雅的,"坐谈至此,相视而笑,莫逆于心",谈及是何等的心灵契合,所关涉者,仍然是诗和游,他是诗僧、文僧,而不是心如止水的老僧、高僧。此类诗风文风在成鹫诗文集中比比皆是,即使是批判佛门的著述文章也保持了汪洋恣肆的文采。邓之诚在《清诗纪事初编》中,对成鹫的评价云:"诗亦快吐胸臆,不作禅语,无雕琢摹仿之习,仍是经生面目。"可谓精当。《岭南文学史》中说"《咸陟堂集》没有诗僧诗习气,竟是儒生面目。凡所抒写,多为旷达和易之言,绝无怨尤激烈之语。"整部《咸陟堂集》的一千多首诗六百多篇文八十多万字都给人这般印象,这就是一般的文人著述,具有儒生真面目。

成鹫曾自记,在康熙五年(1666)前后碧江梁氏任教授徒之时,他以道学自任,所讲求者,皆濂洛关闽之学,无复经生训诂之常谈。他专心理学,非圣人之言不言,非圣人之行不行,日与二三良友伯兄仲弟辈朝夕砥砺,期为晚世之真儒,维持风化。③ 这差不多就是成鹫最为主要的人生观。在佛山建武陈金吾家开馆,再在邻人冯氏家开馆,都是严格授徒,"立方设教,首以儒行为务"④。成鹫还曾在不同时期不同诗文中说过,"忆予少时,锐志于圣贤之道,遍历都邑埙塾间。""我年四十为腐儒,寻行数墨遵程朱"⑤。"相逢大笑腐儒禅,解道非心亦非佛"⑥,在佛与儒之间,本质上主要还在于儒。他在《咸陟堂集》自序中自题说,"道是儒却染薙,道是僧却文字"。他在《赠张秩咨》中说,"明明一个鲁诸生,被人唤作优婆塞",这是他对自己的精准评价,外释内儒是他的最基本的特征。

成鹫法师由儒生进入佛门,非释非儒,亦释亦儒,是佛门内的儒生。这正是他矛盾而又痛苦一生的真实写照。同样是出入佛儒的屈大均曾说,"嗟夫,圣人不作,大道失而求诸禅。忠臣孝子无多,大义失而求诸僧。春秋已亡,褒贬失而求诸诗。以禅为道,道之不幸也。以僧为忠臣孝子,士大夫之不幸也。以诗为春秋,史之不幸也。"⑦成鹫在明清之际出入佛儒之间是表象的存在,真正的原因还是生逢

---

① 《咸陟堂二集》卷五,第118页。
② 《咸陟堂二集》卷五,第118页。
③ 《咸陟堂文集》附录,《纪梦编年》。
④ 《咸陟堂文集》附录,《纪梦编年》。
⑤ 《咸陟堂诗集》卷四,第66页。
⑥ 《咸陟堂诗集》卷三,第39页。
⑦ 屈大均:《广东新语》卷十二,"僧祖心诗"条。引自蔡鸿生《清初岭南佛门事略》,广东高等教育出版社,1997年版,第24页。

乱世,遭受国破家亡的巨大痛苦而无以排遣,只好遁入空门以栖身,但苦痛依然。怀抱遗民思想的僧人,他们的思想和著述有着基本的一致性,外释内儒就是明确的特征。"在各种类型的僧人中,最值得关注的是那些以'亦释亦儒'或'外僧内儒'为特征的袈裟遗民,'清初岭南佛门的历史地位,是由亦儒亦释的高僧群体奠定的。他们的功业和智量,超越群伦,值得后人景仰和追思'。在他们身上,充满着法缘与俗缘的纠葛,他们既不能忘情于世务,又极欲参悟色空之理,出家而不出世,对世俗社会依旧保持深切关怀。他们多面的生活样态与复杂的人格特征,最能反映甲申鼎革对社会的冲击,也最能看出传统政治价值观与文化价值观在士人身上的作用。"①成鹫正是典型的外僧内儒者,本质上他就是一名士人文人,他见证了明清之际变幻的历史风云,有复杂多变的多重身份,不变的是一代遗民,是心怀家国的文人士子;曾经沧海难为水,不可能改变的是他一生都无法忘怀明清改朝换代所带来的痛伤。明朝灭亡、海内战乱,成鹫由神童之誉的天才少年,一步步退却沉寂为孤苦老僧,个人的命运在国家社会历史风云面前得到痛苦的诠释与展现。侧身佛门近五十年的老僧成鹫,虽然身披袈裟、古卷青灯,在思想和情感上却一直都是一位儒者,一生之中从未实质改变。

成鹫具有儒家文人的形象与特征,他也以晚世之真儒自诩,要维护儒家伦理,他人生思想才学、种种行为与行事方式都是出自于此。成鹫的一生不论在佛在儒,他的气质性情和生活以及思维方式都是文人式的,即外释内儒是他的根本特征。成鹫八十年间从未离开过文人集团,广泛的游历交游生活促进了他的著述创作。成鹫的丰富人生历程和情感体验增强了著述的意义与价值。

成鹫著述中包含和体现了他的思想。他的著述涵盖儒释道三教,其中以儒家著述为主。成鹫出家为僧后,他的大规模长时间的著述创作具体展示了成鹫的影响以及他的儒家思想范式,文人思想与习性一直都没有发生明显的改变,只是沾染上佛门僧人的一些外在特色。他的工书、善画、爱石、通琴,无不体现了他是传统的文人形象。他秉承了儒家文人的人生轨迹,只是被明清之际的历史文化大背景和国破家亡的大动荡所打断。他是身处佛门的文人,他的核心形象内涵是"晚世之真儒",颇具文人的风骨与志节。

回想成鹫法师一生八十六年的沧桑岁月,少年成名,出入佛儒,归隐于云烟最深处,仗剑云游,结交天下儒释道嘉士,笔走龙蛇惊风雨,情天恨海慰平生,都是难能可贵而又让人哀婉叹息的。成鹫法师的一生,是退却归隐的一生,也是奋发有

---

① 杨权:《清初岭南禅史研究与佛教文献整理》,《深圳大学学报》,2014年第一期,第142、143页。

为大气磅礴的一生。

通过成鹫法师的一生,使我们可以回顾清初岭南以及国内的时代风云,还有文人命运以及文人的思想与情感状况。也许,历代伟大先人之人物画廊中,又要添加一位"修干如鹤""豪杰倜傥"的成鹫法师,以无可阻碍的风雅,穿过历史的云烟,英气勃勃、栩栩如生地向我们走来。

结 论

　　成鹫法师乃一奇人奇僧,一生之间波澜壮阔,生活经历之多变、思想内涵之丰厚、精神情感世界之摇曳多姿、人生况味之慷慨悲歌,让我们认识和了解此位具有代表性的一代高僧,也随之走进那一段风云变幻的历史岁月。

　　成鹫法师前半生四十年为儒,后四十六年出家为僧,一生亲身历经明清之际的朝代更替大事件,清贫有加,但高洁品行丝毫未变,为"最典型的遗民僧"之一。成鹫一生八十六年是艰苦卓越而又痛苦不堪的,"百苦交煎",在矛盾中生存挣扎。中国五千年文明史上朝代兴亡更替时有发生,往往产生一系列重大事件与社会的激烈动荡,人们的生命财产受到严重威胁,人们的内心世界也往往遭受极大的痛苦与摧残。作为大明王朝的少年遗民,成鹫却在十三岁时劝说父亲不再与南明隆武帝合作,父子归隐二十多年。在父亲去世后,三藩之乱即将结束时他又怀着深深的失望出家为僧,比之普通遗民更进一步地远离了清朝朝廷,此时遗民们的反抗斗争基本上早已平息。成鹫才气超迈,屡遇奇人,虽多次跃跃欲试,也曾四处云游,接触大量遗民和遗民僧,但却早早地料定了明亡清胜的结局,并未参加反清复明的斗争。他归隐和出家为僧,本是为了避世,却又广泛地接触了大量的官员和文人,特别是后期与大批清朝军政高官往来。他出家为僧,是为了做彻底的遗民,却又是清朝顺治帝宠信的高僧木陈道忞的徒孙。成鹫个性孤高,奉师命远遁空山,不得出世,也在师父圆寂后四十三岁时拒绝了广州华林寺住持之位,但六十六岁后接连住持广州大通烟雨古寺和鼎湖山庆云寺,长达二十多年。成鹫进入佛门四十六年,心怀至诚,特别是最后二十年更是岭南佛门的领袖级人物,但他却对佛门深感失望,对佛门弊病展开了广泛而深切的长久批判,这又在佛教史上少有,反映了他脱离儒家世俗社会向佛门寻求理想生活愿望的破灭。他是最小的遗民,十来岁就归隐林泉。他又是最晚来者,处处晚来,在四十一岁时才出家,此时已经是三藩之乱即将失败之时,大明遗民和遗民僧们差不多基本凋零,但成鹫却作遗民僧又四十六年,一生坚守志节,这使他可能成为最老的遗民,八十六岁的岁月也就越发漫长痛苦。

  文武双全的少年才子,到年近九十的佛门僧人,统观成鹫法师一生波澜坎坷的生活道路,体现了文人知识分子在明清之际的百年动乱之中、国破家亡之时的共同人生命运。成鹫从儒而入佛,身份一变而再变,主动逃避,被动躲藏,他的思想与情感时常陷入难以解脱的两难之困境,漫长的心路情感状态正是当时历史状况的准确反映,"既为名教之罪人,复甘为佛法之弃人,两俱失之",这是他一生痛苦生活的真实写照。成鹫法师作为乱世中的一代文人,他以丰富的情感世界、波澜的人生历程见证了整个时代。成鹫法师的遭遇充分论证出,和平安宁的社会生活环境,是历代人民安身立命的基础,也是美好生活的源泉与根本。

后 记

著者对于成鹫法师的研究前后也有七年,先编写年谱,在年谱草稿成形的过程中,各种资料纷来沓至,万千景象与历史事实,特别是成鹫法师一生的悲欢离合和各种事件纷纷为我所熟悉。他的"童时、壮时、老时、衰时,种种人,种种物,种种事,种种因缘,种种苦乐"都一一展示出来,成鹫法师是颇具研究价值的一代高僧,内涵很丰富。过去的研究相对而言,是比较少,不足以说明成鹫法师自身的丰富内容,以及其中体现的时代与社会意义。

在复旦大学攻读博士学位,经导师邹振环教授的同意,博士论文以成鹫法师研究为题。博士论文要求主题明确,论述规范,字数不能太多不然就有堆积资料之嫌。最后,论文才形成正文十八万字,附录年谱四万字,答辩通过,获得学位。

一般来说,博士论文要修订后出版。成鹫法师的年谱草稿三十多万字,自然想年谱单独列出,不再于正文后附录其简谱。博士论文原草稿有三四十万字,为了节省篇幅,删除了种种资料,或舍弃,或压缩,但有些确实有价值的论述也不得不放弃了,没有能把问题说透彻,有言犹未尽之感。但众多材料堆积在一起,主题不明散乱无章,弊病也不小。

一日,灵光闪现,想到可以分开论述,分成两部分展开,构建两个大致有分别又相互联系的主题。如此,主题与内容则豁然开朗,分为两部分论述之后,不但能充分使用各种资料,而且主题明确,内容明晰,可避免资料猬集庞杂之弊。于是,成鹫法师之研究,我在原来博士论文草稿的基础上,形成两部书稿,即本书《佛儒之间:清初成鹫法师的遗民世界》,重点是以二十二万字的篇幅论述成鹫法师的遗民、遗民僧的一生,偏重于时代背景、思想、情感的研究。再就是形成二十三万字的《清初诗僧第一人成鹫法师研究》,通过文化世家、成鹫法师的文坛地位,成鹫法师的交游、游历、结社、著述等展示其作为岭南有名文人的历史事实,偏重于他的文坛地位与创作成绩,以及与文人集团的交游结社。两书各有侧重,内容略有重复,但基本上能各自成体系,且能自圆其说,并没有产生大量资料、观点反复使用的缺点。两书结合,从不同角度论述成鹫法师之漫长而又丰富多彩的一生。成鹫法师这位内涵非常丰富的高僧,他的思想情感与生活历史以及当时的社会状态,会因为笔者此两部著述而有所呈现,并丰满起来。此两书是对成鹫法师本人的研究,毫无疑问也是对中国古代博大精深的传统文化的研究,中华民族灿若群星的传统历史文化人物,是中华文化的凝聚者与体现者。希望成鹫法师的形象能由此成为中华文化人物系列中可亲可敬、可歌可泣的一位具有饱满精神和丰富情感世界的典型文人、遗民形象。